셀프트래블
미얀마

상상출판

셀프트래블
미얀마

초판 1쇄 | 2016년 1월 4일
초판 2쇄 | 2016년 8월 22일

글과 사진 | 한동철 · 이은영

발행인 겸 편집인 | 유철상
책임편집 | 이유나
디자인 | 서은주, 노세희
지도 | 서은주, 노세희
교정·교열 | 이유나
마케팅 | 조종삼, 조윤선

펴낸 곳 | 상상출판
주소 | 서울시 동대문구 정릉천동로 58, 103동 206호(용두동, 롯데캐슬피렌체)
구입·내용 문의 | **전화** 02-963-9891, 070-8886-9892 **팩스** 02-963-9892
이메일 cs@esangsang.co.kr
등록 | 2009년 9월 22일(제305-2010-02호)
찍은 곳 | 다라니

※ 가격은 뒤표지에 있습니다.

ISBN 979-11-86517-45-1(14980)
ISBN 979-11-86517-10-9(set)

© 2016 한동철, 이은영

※ 이 책은 상상출판이 저작권자와의 계약에 따라 발행한 것이므로
   본사의 서면 허락 없이는 어떠한 형태나 수단으로도 이용하지 못합니다.
※ 잘못된 책은 구입하신 곳에서 바꿔 드립니다.

www.esangsang.co.kr

셀프트래블
미얀마
Myanmar

한동철 · 이은영 지음

상상출판

Prologue

발길 따라 가는
자유로운 여행을 위한 길잡이

이 책은 미얀마에 푹 빠진 남자, 한동철과 그런 곳에는 전혀 관심 없었던 여자, 이은영이 함께 만들었습니다.
돈벌이 잘하던 남자가 갑자기 바간이라는 곳을 갔다 오더니 돈이고 뭐고 꿈을 이루겠다며 꿈같은 소리 해댈 때 도시락을 싸고 말려야 했으나, 그러다가 말겠지 하던 여자까지 말려들고 말았습니다. 정신을 차려보니 여자는 땡볕에서 우산을 손에 쥐고 도로 한복판에 서 있었습니다…. 전문가라고 잘난 척 떵떵거리던 남자는 어디로 가고 부부는 길 잃은 어린양처럼 헤매고 다녀야 했습니다.
때마침 외국인의 여행을 제한하던 미얀마가 드디어 미얀마~태국 간의 육로를 개방함과 동시에 서서히 여행자의 천국으로 변모하고 있었습니다. 미얀마 곳곳에는 재빠르게 찾아온 유럽여행자들로 활기가 넘쳤지만 여전히 동양인, 특히 한국인 여행자들은 드문 편이어서 한국인이라는 말에 갑자기 환한 표정을 짓는 미얀마 사람들을 쉽게 만날 수 있었습니다. 말로만 듣던 이 나라의 다채로움을 제대로 만날 좋은 기회였지만 카더라 하는 소문만 난무하던 국경지대와 남부 곳곳을 돌아보는 일은 생각보다 스펙터클한 일이었습니다. 특히 발로 그려놓은 듯한 온갖 잡다한 지도를 손에 쥔 채, 분명히 눈앞에 있어야 하는 곳을 찾아 같은 장소를 수십 번 돌다가 시내 한복판에서 화를 버럭버럭 내던 일은 신혼의 추억으로 남았습니다. 신혼이니까 참아준 한동철 씨의 넉넉한 마음씨에 심심한 감사를 표하는 바입니다. 또한 비행기로도 갈 수 있는 길을 직접 체험을 해야 한다며 굳이 에어컨도 나오지 않는 버스를 타게 했음에도 '평생 마지막'이라는 말 외에는 군말 없었던 이은영에게 사랑한다는 말을 전하고 싶습니다.
비록 많은 것들이 서툴렀습니다만 대책 없는 부부로서 모든 에너지와 시간과 사비를 털어 이 작은 책을 완성했습니다. 최고의 책이라고 말할 수는 없지만 이 책은 단 두 가지 원칙만은 고수하였습니다.
첫째, 이 책에 나오는 모든 지역의 볼거리, 숙소, 레스토랑은 저희가 직접 발로 찾아간 곳으로 다른 이의 의견만으로 싣지 않았습니다. 또한 최고로 정확한 지도를 만들기 위해 확인하고 또 확인하였습니다.
둘째, 물론 책에서 다룬 곳의 주관적인 호불호도 존재하겠지만 최대한 객관성 있게 쓰려고 했습니다. 취재 도중 숙소나 식당에서 저희가 받은 것이라고는 물이나 주스 한 잔이 전부였습니다.

저희 부부는 2003년 티베트에서 만나고 남미에서 티격태격하는 등 둘이서 많은 곳을 함께 했습니다. 그럼에도 불구하고 겁이 많았던 부부에게 미얀마는 매우 안전해서 편안하고 친근한 곳이었습니다. 그곳에선 늘 이 한국인 부부를 어떻게든 도와주려고 했던 많은 미얀마 사람들이 있었고, 그들을 위해 이 아름다운 미얀마의 여행지를 좀 더 제대로 알리려고 노력하였습니다. 미얀마를 여행하는 모든 분들이 경이로운 바간의 유적들과 아름다운 인레 호수의 정취뿐만 아니라 이곳 사람들의 따뜻함도 함께 얻어 가시길 기원합니다.

2014년 10월

4개월 이상의 취재기간 끝에 완성된 초판이 나온 지 이제 겨우 1년 남짓한 시간이 되었습니다. 비로소 마음 편하게 여행할 수 있을 것이라 생각하고 다시 떠난 미얀마는, 그때마다 늘 새로운 모습으로 가이드북 작가의 마음을 불편하게 했습니다. 결국 "개정판은 한 3년 간격으로 내면 되겠죠?"라고 했던 상상출판 대표님이 은근히 개정판 작업을 독촉하기에 이르렀습니다. '아니, 이게 무슨 유럽 가이드북도 아니고….'
결국 '초판 2쇄'가 아닌 '개정판'을 몇 번의 현지 취재 끝에(아까운 내 마일리지) 내게 되었습니다. 그러면서 느낀 것은, 지금 이 순간 지구상에서 가장 빠르게 변화하고 있는 국가가 바로 미얀마 아닌가 하는 점입니다. 25년만의 자유 총선이 치러진 지금, 앞으로 있을 위대한 변화를 가까이서 목도할 수 있는 행운을 누리는 대가라 생각하고 꾸준히 이 책을 다듬어 나가도록 하겠습니다. 아름다운 나라, 미얀마와 함께 하시게 될 더 많은 여행자분들과 함께요.

2015년 12월

일러두기

1. 현재 사용되는 지명 외에, 영국 식민지 시절 사용되던 지명이 아직도 혼용되어 사용되고 있습니다. 이 책에서는 현재 사용되는 지명의 현지 발음을 기준으로 표기하였습니다.
2. 2015년 11월 기준으로 취재하였으나, 숙소나 각종 교통 요금은 시기나 환율에 따라 유동적일 수 있습니다.

c★ntents

Photo Album • 4

Prologue • 10

Map of Myanmar • 16

Myanmar Highlight • 18

Try Myanmar
Try 1 스타일별 미얀마 여행 • 20
Try 2 7박 9일 굿초이스! 미얀마 여행 • 21
Try 3 15박 16일 미얀마 한붓그리기 • 22
Try 4 7박 9일 남부 미얀마 여행 • 23
Try 5 28일 미얀마 완전일주 배낭여행 • 24

Mission Myanmar
Mission 1 미얀마는 언제나 특별해! • 26
Mission 2 알면 알수록 맛있는 미얀마 푸드 • 28
Mission 3 미얀마에서 꼭 사야 할 필수 아이템 • 30
Mission 4 이것만은 꼭! 미얀마에서의 명상 • 32

Guide in Myanmar
Guide 1 미얀마 여행상식 • 34
Guide 2 한눈에 보는 미얀마의 일 년 • 36
Guide 3 미얀마 브리핑 • 40
Guide 4 미얀마의 다양한 민족들 • 46

Enjoy Myanmar

Yangon 양곤 · 48
  Intro 양곤, 세상 밖으로 나서다 · 50
  ★ Map of Yangon · 52
  ★ Map of Yangon Downtown · 54
  Special Sightseeing 쉐다곤 파고다 · 60

Bagan 바간 · 96
  ★ Map of Bagan · 98
  Intro 천년의 왕국, 바간 · 100
  ★ Map of Nyaung-U · 103
  ★ Map of New Bagan · 103
  Special Sightseeing 뽀빠 산 · 132

Mandalay 만달레이 · 134
  Intro 마지막 왕조의 숨결, 만달레이 · 136
  ★ Map of Mandalay · 137

Inle Lake 인레 호수 & 껄로 & 삔다야 · 160
  Intro 시공을 초월한 세계, 인레 호수 · 162
  ★ Map of Inle Lake · 163
  ★ Map of Nyaung Shew · 164
  Intro 여행자들의 고향, 껄로 · 187
  ★ Map of Kalaw · 188
  Intro 햇살 반짝이는 소호, 삔다야 · 194
  ★ Map of Pindaya · 194

Central Region 중부 내륙 & 주변 지역 • 198
　　　　　　　　Intro 그들만의 성채, 네피도 • 200
　　　　　　　　　★ Map of Naypyidaw • 201
　　　　　　　　Intro 푸른 호반의 도시, 삔우린 • 204
　　　　　　　　　★ Map of Pyin Oo Lwin • 205
　　　　　　　　Intro 작은 민족들의 사랑방, 시뽀 • 212
　　　　　　　　　★ Map of Hsipaw • 212
　　　　　　　　Special Sightseeing 곡테익 기차여행 • 220

Rakhine &　　라카인 & 벵골 만 해변 • 222
Bengal Beach　Intro 라카인의 땅, 시트웨 • 224
　　　　　　　　　★ Map of Sittwe • 224
　　　　　　　　Intro 잃어버린 왕국, 므락우(먀욱우) • 231
　　　　　　　　　★ Map of Mrauk-U • 233
　　　　　　　　Special Sightseeing 친족 마을 투어 • 238
　　　　　　　　Intro 시간이 멈춘 곳, 나팔리 비치 • 245
　　　　　　　　　★ Map of Ngapali Beach • 247
　　　　　　　　Intro 불타는 젊음의 해변, 차웅따 • 256
　　　　　　　　　★ Map of Chaungtha • 257
　　　　　　　　Intro 여행자들의 쉼터, 응웨싸웅 • 262
　　　　　　　　　★ Map of Ngwe Saung • 263

Southern Myanmar

남부 미얀마 · 268
Intro 즐거운 부다랜드, 바고 · 270
★ Map of Bago · 272
Intro 황금의 전설, 짜익띠요 · 277
★ Map of Kyaiktiyo · 277
Intro 파안, 옛 전설을 찾아서 · 282
★ Map of Hpa-an · 282
Intro 시인들의 바다, 몰라먀인(모울메인) · 291
★ Map of Mawlamyine · 293
Intro 트로피컬 시티, 더웨이 · 305
★ Map of Daway · 305
Intro 변화의 땅, 메익 · 310
★ Map of Myeik · 310
Intro 끝이 아니라 시작, 꼬따웅 · 316
★ Map of Kawthaung · 318

Step to Myanmar

Step 1 미얀마 여행 준비 · 322
Step 2 미얀마 들어가기 · 327
Step 3 지금은 여행 중 · 329
Step 4 SOS 미얀마 · 332
Step 5 서바이벌 여행 회화 · 334

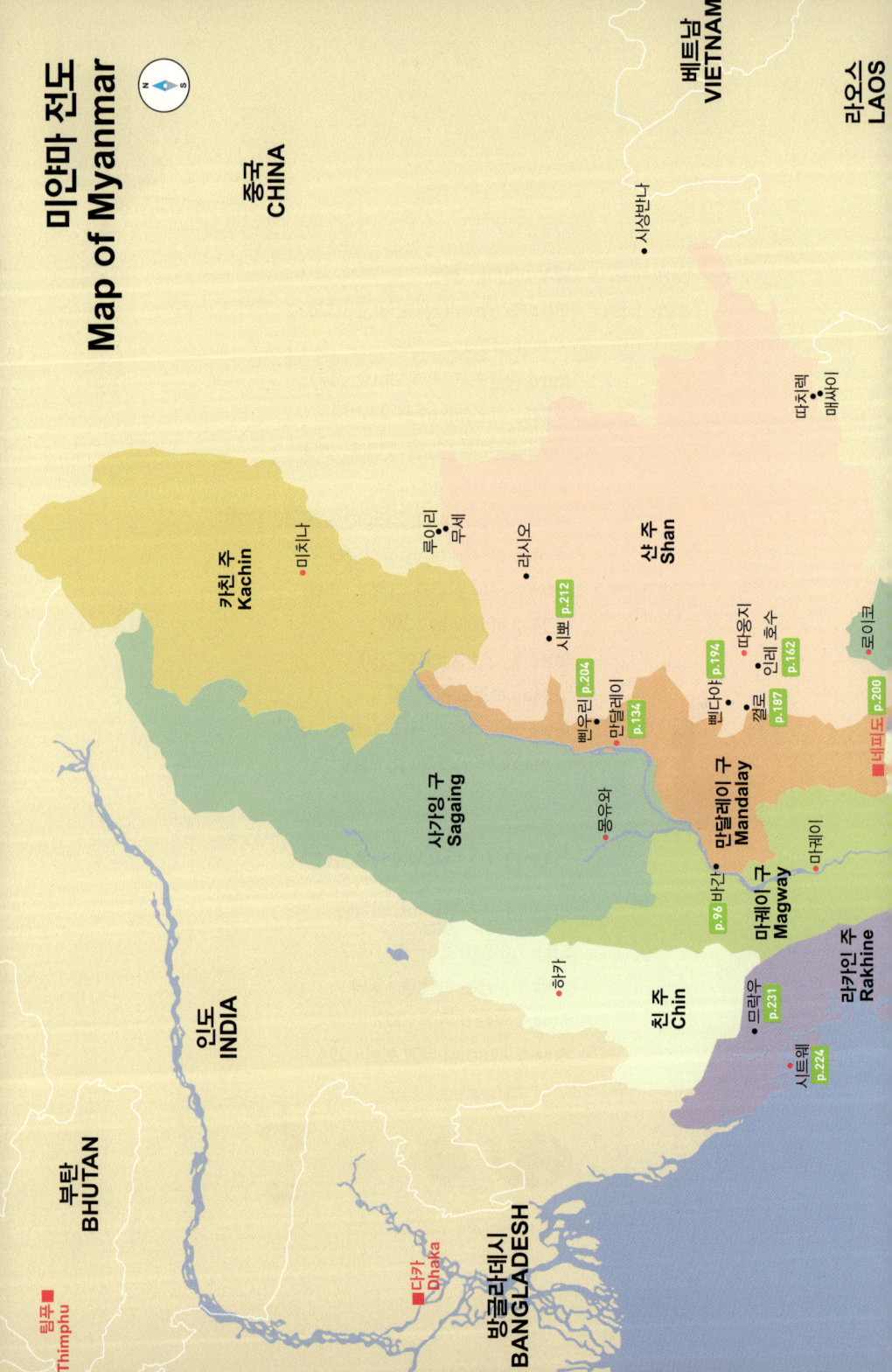

Myanmar Highlight
미얀마 하이라이트

동남아시아에서 가장 큰 나라, 미얀마에는 그 크기만큼이나 다양한 매력이 곳곳에 펼쳐져 있다. 넓은 평원에 펼쳐진 불탑의 장엄함이나 잔잔한 호수의 신비로움, 경건한 탁발의식 등…. 늘 색다름으로 가득한 미얀마에서 여행자들은 바쁜 발걸음을 옮기게 된다.

▼ 인레

늘 잔잔하고 풍요로운 어머니 같은 호수 인레는 오히려 흐린 날에 더욱 신비롭다. 강렬한 햇빛으로 더운 날에도 호수 위 보트에서 맞는 바람은 늘 상쾌하다. 호수 주변의 소박한 5일장을 구경하거나, 트레킹을 체험해 보자.

▲ 바간

세계 3대 불교 유적지, 동남아에서 가장 이색적인 곳, 신비로운 고대 도시, 최고의 로맨틱한 프러포즈 장소 등으로 늘 손꼽히는 바간. 바간은 이 모든 수식어를 듣고 방문한 여행자도 미처 예상치 못했을 신비로운 광경을 선사한다.

▼ 파안

북부와는 완전히 다른 미얀마 남부의 이국적인 풍광이 가장 아름답게 펼쳐진 이 한적한 도시, 파안은 사실은 그 풍경 속에 화려하고 웅장한 동굴 사원을 숨겨놓고 있다. 사원이 지루한 사람이라도 이곳에서 또 다른 감동을 얻을 수 있다.

▲ 짜익띠요

미얀마인에게 가장 신성시 되는 거대한 바위 탑. 깎아지른 듯한 벼랑 한쪽에 아슬아슬한 모습이 놀랍다. 특히 높은 짜익띠요 산 정상에서의 하룻밤은 절대 잊을 수 없는 시간이 된다.

▲ 만달레이

낮에는 시끄러운 오토바이 소리가 정신 없지만, 이곳 주변은 로맨틱한 우베인 다리, 옛 도성, 목조사원 등 다양한 볼거리가 가득하다. 변화의 바람이 몰아치는 양곤보다 차분한 이곳에서 더 친근한 미얀마 사람들을 만날 수 있다.

▼쉐다곤

거대한 황금 탑이 언덕 위에 사뿐히 놓여 우아한 자태를 뽐낸다. 수천 년 동안 이어져 온 불자들의 염원을 담은 그 자체로 신비스러운 분위기도 느껴진다. 쉐다곤 탑 주변을 천천히 돌며 미얀마 사람들과 함께 하는 시간은 더욱 특별하다.

▼므락우

진정한 탐험을 즐기는 여행자라면 므락우를 빼놓을 수 없다. 넓은 강변에 자리한 수많은 파고다군은 바간을 연상시키지만, 은빛 물동이를 든 라카인 사람들과 함께 어우러진 색다른 분위기의 파고다는 이곳만의 특별한 경험이다.

▲나팔리

원시의 웅장함이 느껴지는 해변과 고급 럭셔리 호텔이 만나 어리둥절한 느낌마저 드는 이곳은 미얀마 최고의 해변이다. 울창한 열대나무 아래에는 무척 부드러운 모래가 깔려 있고, 노점이나 잡상인이 거의 없다.

▼몰라먀인

풍요로운 강 한쪽에 자리한 남부 도시 몰라먀인은 그 낭만적인 분위기로 영국 시인 키플링의 시상을 자극하기도 했다. 키플링이 미얀마 소녀에 한눈에 반하게 되었다는 사원 계단에 앉아 어릴 적 감성을 다시 한 번 일깨워보자.

▲시뽀

시뽀에선 새벽에 더욱 부산한 아침시장에서 다양한 고산족들을 만날 수 있다. 주변의 소수민족 마을을 방문하는 트레킹은 때 묻지 않은 시골 사람들을 만나려는 여행자들에게 점점 더 각광을 받고 있다.

Try Myanmar 01
스타일별 미얀마 여행

넓은 지역, 수많은 볼거리가 있는 만큼 각자의 취향에 꼭 맞는 여행을 할 수 있다는 점은 미얀마 여행만의 장점이다. 저렴하고 모험 넘치는 여행에서부터 럭셔리하고 편안한 여행까지 나만의 여행 계획을 짜보자.

01
배낭여행 스타일
세계 각국의 배낭여행자들이 모이는 게스트하우스를 이용한다. 식사는 푸짐한 야채가 나오는 저렴한 현지인 레스토랑이나 간단한 음식을 파는 티 숍에서 해결할 수 있다. 자전거나 오토바이를 대여하거나 숙소에서 일행을 모아 일일투어를 하는 것이 비용을 절감하는 방법이다. 미얀마 전역에 도로가 잘 깔려 있으며 버스도 최신형으로 편안하게 이동할 수 있는 노선이 많으므로 야간버스를 이용하면 빠르고 알뜰하게 여행할 수 있다.

02
실속관광 스타일
미얀마 전역에는 저렴하면서도 깔끔하게 이용할 수 있는 중저가 호텔이 많다. 식사 역시 약간의 비용을 더 들이면 미얀마 음식 외에도 수준 있는 외국 음식까지 다양하게 경험할 수 있다. 최신형 택시를 대절하거나 관광지에 따라 마차나 보트 등도 쉽게 이용할 수 있고 가격도 저렴한 편이다. 미얀마 전역에 국내선 항공이 자주 운항하고 있으므로 각 지역 간 이동도 편안하게 할 수 있다. 많은 비용을 들이지 않아도 편안하면서도 무엇보다 남과는 다른 특별한 여행을 하기에 좋다.

03
톱클래스 스타일
영국의 식민지이자, 유럽여행자에게 인기 있는 여행지답게 동양적 색채와 서양적 세련미가 하나가 된 최고급 호텔과 레스토랑으로 가득하다. 인레 호수의 최고급 수상호텔이나 바간의 사원을 닮은 동양적인 호텔에서는 수려한 정원과 세심한 인테리어, 웅장함과 아기자기함이 절묘한 조화를 이룬다. 특히 미얀마의 숨은 보석, 나팔리 해변은 유럽 각지 출신의 매니저와 호텔주방장들이 앞다투어 세련된 분위기와 서비스를 선보인다. 덕분에 이곳은 미얀마의 독특한 아름다움을 경험하려는 많은 사람들로 예약이 밀려 있는 실정이다.

● **Travel Tip 숙박 예약**
최근 해외 여행 시 각종 숙소 예약 어플을 많이 이용하고 있다. 그러나 미얀마는 아직도 인터넷 상황이 좋지 않고, 대부분의 숙소가 전화로만 예약을 받는다. 미얀마 현지 상황이 하루가 다르게 빠르게 변화하고 있고 숙소도 계속해서 새로이 오픈하고 있으므로 직접 현지에서 눈으로 확인하고 예약하거나 혹은 여행사의 저렴한 호텔팩 상품을 이용하는 것도 좋다.
어린왕자의 작은별여행 02-775-8788

Try Myanmar 02

Plan 1 7박 9일 굿초이스! 미얀마 여행

● Travel Tip 대한항공 직항편과 홍콩을 경유하는 캐세이패시픽, 하노이를 경유하는 베트남항공, 방콕을 경유하는 타이항공 등이 있다. 양곤으로 들어가 1박을 하고, 만달레이(2박)–바간(2박)–냥쉐(1박)–인레 호수(1박)의 핵심 루트를 적극 추천한다.

1일차 인천 → 양곤
18:30 인천 출발(대한항공, 매일 운항)
22:30 양곤 도착

2일차 양곤 → 만달레이 ●국내선 이동
오전 쉐다곤 파고다 투어
      (국내선 이용하여 만달레이로 이동)
오후 잉와/우베인 다리 일몰 감상

3일차 만달레이
오전 밍군 투어
오후 만달레이 시티 투어

4일차 만달레이 → 바간 ●고속버스, 약 4시간 소요
오전 바간 이동
오후 쉐지곤, 틸로민로, 우팔리테인, 타라바게이트, 아난다 사원

5일차 바간
오전 바간 일출 감상, 뽀빠산 투어
오후 술라마니, 담마얀지, 쉐산도 파고다 일몰 감상

6일차 바간 → 헤호 ●국내선 이동
      (국내선 이용하여 헤호 공항 이동)
오전 약 2시간 소요로 까꾸 이동, 까꾸 파고다 투어
오후 냥쉐로 이동, 재래시장 등 마을 투어

7일차 인레 호수
오전 인레 호수 투어
오후 인데인 파고다 투어 후 수상호텔 숙박

8일차 헤호 → 양곤 ●국내선 이동
오전 인레 호수 일출 감상, 조식 후 공항 이동
오후 다운타운, 보족아웅산 마켓,
      세꼬랑 꼬치골목 저녁 식사, 식후 공항 이동

9일차 양곤 → 인천
23:45 양곤 출발(대한항공, 매일 운항)
07:35 인천 도착

Plan 2 15박 16일 미얀마 한붓그리기

- **Travel Tip** 소수민족마을 깊숙이 가본다면 진짜 미얀마를 만날 수 있다. 껄로 트레킹의 매력을 알고 싶은 여행자는 시간을 투자해보자.

1일차	**인천 → 양곤**
18:30	인천 출발(대한항공, 매일 운항)
22:30	양곤 도착
2일차	**양곤 → 바간** ● 야간버스 이동
	쉐다곤 파고다, 다운타운 등 양곤 투어
3일차	**바간**
	바간 도착 후 호텔 체크인
	쉐지곤, 틸로민로, 우팔리테인, 타라바게이트, 아난다 사원 등
4일차	**바간**
	바간 일출 감상, 뽀빠산 투어, 민카바 마을, 마누하 사원 등
5일차	**바간 → 만달레이** ● 고속버스, 약 4시간 소요
	만달레이 이동 후
	산다무니, 꾸고도, 짜욱또지, 쉐난도 사원 등
6일차	**만달레이**
	밍군 투어, 마하무니 파고다,
	우베인 다리 일몰 감상
7일차	**만달레이 → 삔우린** ● 트럭버스, 약 2시간 소요
	내셔널 깐도지 가든, 아운투칸타,
	뿌에까욱폭포 등
8일차	**삔우린 → 시뽀** ● 곡테익 열차, 약 7시간 소요
	시뽀 도착 후
	다운타운 및 센트럴마켓 탐방
9일차	**시뽀**
	미니트레킹(약 4시간), 샨 팰리스 탐방,
	선셋 포인트

10일차	**시뽀 → 껄로** ● 국내선 이동
오전	리틀바간 방문 후 라시오 이동(약 2시간)
16:00	라시오 출발(AIR KBZ, 월·수·금 운항)
16:50	헤호 공항 도착, 껄로 이동(약 1시간)
11일차	**껄로 트레킹 1일차**
	비용 : 약 40$~, 난이도 : 지리산 둘레길
	식사 : 모두 포함, 가이드 : 영어 가이드
12일차	**껄로 트레킹 2일차**
	인레 호수 도착 후 호텔 체크인
	낭쉐 마을 자유여행
13일차	**인레 호수**
	보트 투어 후 수상호텔 숙박
14일차	**헤호 → 양곤** ● 국내선 이동
	양곤 도착 후 짜익띠요 이동
	(택시, 약 4시간 소요)
	짜익띠요 도착 후 산 정상 숙박
15일차	**짜익띠요 → 바고 → 양곤** ● 택시 이동
	쉐모도, 세딸랴웅, 짜익뿐 등 바고 투어 후
	양곤 공항 이동
16일차	**양곤 → 인천**
23:45	양곤 출발(대한항공, 매일 운항)
07:35	인천 도착

Try Myanmar 04

Plan 3 7박 9일 남부 미얀마 여행

● Travel Tip 미얀마에서도 아직 개발이 더딘 지역이다. 반대로 말하면 가장 매력적인 모습이 남아 있는 곳이라고도 할 수 있다.
천연의 미얀마가 궁금하다면 가보도록 하자.

1일차 인천 → 양곤
18:30 인천 출발(대한항공, 매일 운항)
22:30 양곤 도착

2일차 양곤
양곤순환열차, 쉐다곤 파고다 등 양곤 투어

3일차 양곤 → 몰라먀인 ●국내선 이동
09:30 양곤 출발(Myanmar Airlines, 월 1회 운항)
10:00 몰라먀인 도착
놜라보 파고다, 윈세인또야 빅부다 등

4일차 몰라먀인
시티 투어, 몬족 박물관, 야시장 등

5일차 몰라먀인 → 파안 ●보트 이동, 약 4시간 소요
몰라먀인 시티 투어 후 파안 이동

6일차 파안
동굴 투어(08:30~17:00)
*성능 좋은 랜턴을 꼭 준비하세요.

7일차 파안 → 짜익띠요 ●고속버스 이동, 약 4시간 소요
짜익토에서 하차 후 낀푼 이동
트럭버스로 산 정상 이동 후 숙박

8일차 짜익띠요 → 바고 → 양곤 ●택시 이동
쉐모도, 세딸랴웅, 짜익뿐 등 바고 투어 후
양곤 공항 이동

9일차 양곤 → 인천
23:45 양곤 출발(대한항공, 매일 운항)
07:35 인천 도착

Try Myanmar 05

Plan 4 28일 미얀마 완전일주 배낭여행

● **Travel Tip** 태국에서 시작해 미얀마 전역을 여행하고 싶은 여행자에게 추천한다. 최대한 중복된 코스 없이 미얀마를 모두 여행할 수 있다. 인천에서 배를 타고 중국, 라오스, 태국으로 이어지는 육로 여행도 가능하며, 저렴한 방콕행 왕복 저가항공을 이용해 태국 여행 후 미얀마 완전일주 여행까지 가능하다. 다음 일정은 미얀마 관광비자 28일간의 추천 일정이다.

1일차 태국(매싸이) → 따치렉 → 라시오 → 시뽀
매싸이 출발
14:50 따치렉 도착 후 라시오 이동
15:50 라시오 도착
라시오 도착 후 시뽀 이동(2시간 소요)

2일차 시뽀
1박 2일 시뽀 트레킹

3일차 시뽀
점심쯤 시뽀 트레킹 마치고 샤워 후
리틀 바간

4일차 시뽀 → 삔우린
곡테익 열차 탑승 삔우린 이동

5일차 삔우린
아니사칸 폭포, 내셔널 깐도지 국립공원 등

6일차 삔우린 → 만달레이
픽업트럭으로 만달레이 이동(2시간 소요)
만달레이 시티투어

7일차 만달레이
만달레이 주변 1일 투어
밍군, 잉와, 사가잉, 아마라푸라

8일차 만달레이 → 바간
에야워디 강 보트트립(1일 소요)

9일차 바간
바간 1일 파고다 투어

10일차 바간 → 껄로
아침 껄로행 버스 탑승(9시간 소요)
껄로 도착 후 마을 산책

11일차 껄로 → 인레 호수
아침 쉐냥행 미니버스 탑승(2시간 소요)
쉐냥 하차 후 인레 호수 이동
마인따욱 빌리지 카누트립

12일차 인레 호수 → 양곤
인레 호수 아침 일출 및 1일 보트 투어
인데인 파고다
양곤행 야간버스 탑승(12시간 소요)

13일차 양곤
쉐다곤 파고다, 짜욱또지 파고다,
보족 아웅산 박물관, 순환열차 등 시티 투어

14일차 양곤 → 시트웨
양곤에서 시트웨 이동
시트웨 도착 후 벵골 만 일몰 감상

15일차 시트웨 → 므락우
므락우로 보트 이동
므락우 도착 후 시티 투어

16일차 므락우
므락우 1일 파고다 투어

17일차 므락우
친빌리지 1일 투어

24

> **Tip 미얀마 관광비자 28일이 오버될 경우**
> 미얀마비자는 28일이다. 일정이 불가피하게 늘어날 경우 출국할 때 +1일당 3$
> 의 비자피를 지불하면 된다. 중간에 껄로 트레킹을 하거나 차웅따, 응웨싸웅 비
> 치를 추가할 경우는 안다만 해역의 보트트립을 빼고 몰라먀인에서 바로 미야
> 워디 쪽으로 아웃하는 방법도 있다.

18일차 므락우 → 시트웨 → 나팔리
스피드보트를 이용하여 시트웨 도착
(2시간 소요)
시트웨 출발
탄드웨공항 도착

19일차 나팔리
나팔리 1일 보트 투어 & 스노클링

20일차 나팔리 → 양곤 → 바고
탄드웨공항 출발
양곤공항 도착 후 바고 이동(버스 2시간)
바고 파고다 순례

21일차 바고 → 짜익띠요
짜익띠요행 버스 탑승(2시간 소요)
낀뿐 도착 후 산 정상행 트럭버스 탑승
짜익띠요 골든락 파고다 순례 후
산 정상에서 숙박

22일차 짜익띠요 → 파안
산 정상에서 하산
짜익토에서 파안행 버스 탑승(4시간 소요)
파안 도착 후 시티 투어 및 판푸 마운틴

23일차 파안
파안 1일 동굴 투어

24일차 파안 → 몰라먀인
탄린 강 보트 투어 또는 버스로 몰라먀인 이동
(1시간 소요)
몰라먀인 도착
시티 투어 및 해변 야시장

25일차 몰라먀인 → 더웨이
몰라먀인 주변 투어
더웨이행 야간버스 탑승(10시간 소요)

26일차 더웨이
더웨이 도착
마웅마간 해변

27일차 더웨이 → 메익
아침 일찍 메익행 스피드보트 탑승
(4시간 소요)
메익 도착 후 시티 투어

28일차 메익 → 꼬따웅 → 라농(태국)
08:00 꼬따웅행 보트 탑승
안다만 해역 보트트립
꼬따웅 묘마 제티(선착장) 도착 후
바로 태국으로 출국
라농 숙박 또는 방콕행 야간버스

Mission Myanmar 01
See 1. Myanmar Unique Myanmar

미얀마는 언제나 특별해!

미얀마는 최근 개방을 시작한 덕분에, 시골뿐 아니라 도시에도 독특한 풍습이 살아 있다. 미얀마만의 특별한 모습 속에 담겨진 그들의 따뜻한 정도 함께 느껴보자. 얼굴에 타나카를 바르고 롱지를 챙겨 입는다면 미얀마 사람들에게 더욱 친근하게 다가갈 수 있다.

01 | 물항아리
나눔의 전통이 여전히 살아 있는 물항아리

02 | 타나카
피부를 보호하고 부드럽게 해주는 전통 화장품

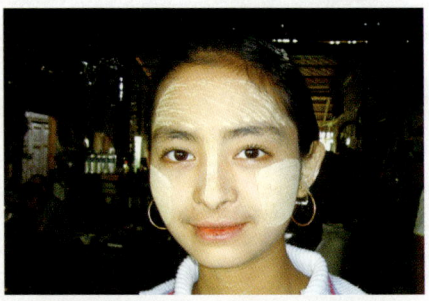

03 | 롱지
민족, 성별에 따라 다양한 정장 하의

04 | 신쀼
부처의 출가를 본뜬, 남자아이의 출가 의식

05 | 요일신
태어난 요일을 관장하는 신에게 복을 기원해 봐요.

06 | 탁발행렬
미얀마 어디서나 쉽게 볼 수 있는 탁발행렬

07 | 꽁야
각종 허브를 꽁야 잎으로 싸서 씹는 기호품. 입에 고인 침을 뱉을 때 조심해요.

08 | 미얀마 숫자
외우기 힘들지만 알아놓으면 유용해요.

09 | 반대편 운전석
우측 통행인데 운전석도 우측이라고 당황하지 말아요.

10 | 싸이카
자전거 한쪽에 붙은 좌석이 재미있는 에코 택시

11 | 마차
고대 유적을 여유롭게! 또 하나의 색다른 경험이 돼요.

12 | 티 숍
달달한 러펫예와 간식! 만남의 장소 티 숍에서 미얀마를 느껴봐요.

Mission Myanmar 02
Eat 2. Myanmar Delicious Food

알면 알수록 맛있는 미얀마 푸드

넓은 땅, 수많은 민족이 모여 사는 나라답게 다양한 먹거리가 있지만 식당에서 접하게 되는 메뉴는 한정적이다. 외국 음식 중에서는 중국과 인도 음식을 비교적 쉽게 접할 수 있다. 일반적으로 미얀마 음식점이라 불리는 곳은 보통 '버마 음식점'을 말하며, 그 외 샨 주 지방의 음식은 '샨 음식점'으로 불린다.

01 | 미얀마 정식
보통 커리나 고기반찬을 하나 주문하면 쌀밥과 채소반찬, 생야채와 국 등이 세트로 나온다. 대체로 젓갈을 많이 사용하고, 저장을 위해서 기름기가 많으며, 약간 짠 편이다. 밥을 다 먹으면 후식으로 라팟똑이라는 녹차 절임과 견과류를 먹어 입가심한다.

02 | 러펫예
인도에 짜이가 있다면 미얀마에는 러펫예가 있다. 홍차와 우유가 든 따뜻한 음료로 미얀마 남자들의 주된 만남의 장소인 티 숍은 미얀마 어디서든 쉽게 찾아볼 수 있다.

03 | 모힝가
메기 육수가 구수한 쌀국수로 주로 아침 식사로 먹는다. 비린 맛이 나는 경우가 많지만 유명한 집의 모힝가는 우리 입맛에도 잘 맞는 편이다. 라카인 주에는 이와 비슷하지만 깔끔한 맛의 '몽디'가 있다.

모힝가

04 | 샨카욱쉐
샨족 음식이 대체로 깔끔하고 담백하여 한국인의 입맛에 잘 맞는 편이다. '샨족 국수'인 샨카욱쉐는 노점이나 티 숍에서도 쉽게 찾아볼 수 있다.

샨카욱쉐

05 | 미셰
만달레이 지역 특유의 국수로, 통통한 면발이 특징이다. 매콤한 양념을 얹어 비벼먹는 비빔국수로 간단하게 끼니를 때우기 좋다.

06 | 째오
중국에서 유래된 담백한 맛의 국수로, 비빔국수 타입과 물국수 타입이 있다. 어묵이나 닭고기 혹은 돼지고기 등의 고명을 얹어 먹는다.

미셰

07 | 거리 음식

미얀마 어디에서든지 잠시 더위를 식히고 한 끼 식사를 해결할 수 있는 노점을 쉽게 찾아 볼 수 있다. 튀긴 빵이나 쌀떡, 요구르트와 색색의 젤리를 섞은 음료 등 종류도 다양하다. 위생이 좋지 못한 경우가 많으므로 각별한 주의를 요한다. 끓이거나 튀긴 음식이 그나마 안전하다. 가격은 보통 200짯.

08 | 미얀마 맥주

특이하게도 국호인 '미얀마'를 이름으로 하고 있는 미얀마 맥주는 각종 국제 맥주대회의 수상경력을 가지고 있다. 병맥주도 맛있지만 꼬치구이와 함께 마시는 시원한 생맥주(시비야)를 마셔보자.

09 | 꽁야

노점상에서 쉽게 볼 수 있는 꽁야는 빈랑나무 열매에 석회를 묻혀 잎에 싸서 씹는 기호품이다. 상쾌한 느낌이 특징인 꽁야는 각성 효과와 양치 효과도 있다. 미얀마 사람들의 치아를 빨갛게 물들이는 원인이기도 하다.

10 | 샨친

김치가 그리운 한국인의 속을 달래주는 샨족 김치로, 샨카욱쉐를 주문하면 곁들여져 나온다. 샨 주의 시장에서도 쉽게 찾아볼 수 있는데, 매콤한 맛은 적지만 상큼하고 시원한 맛이다.

11 | 난남베

본인이 정통 한국인의 입맛이라면 꼭 잊지 않아야 할 단어는 바로 '난남베'이다. 한국어로 '고수', 태국어로 '팍치'라고 불리는 이 풀은 강한 향으로 인해 적응하기 힘들어 하는 한국인이 많다. 미얀마에서는 많은 음식에 이 풀이 들어가는데 먹기 싫다면 음식을 주문하기 전에 미리 이것을 빼달라고 해야 한다. 그럴 땐 "노, 난남베" 또는 "난남베 마테바네~"라고 이야기하면 된다.

12 | 삼채

최근 한국에서 각광받고 있는 삼채의 원조는 미얀마다. 미얀마어로 쥬미에라고 불리는 삼채는 히말라야 끝자락 고산지대에서 생산되는 부추과 작물이다. 마늘의 6배나 많은 식이유황성분과 인삼보다 많은 사포닌을 함유하고 있다고 한다. 요리에 첨가하거나 혹은 말린 삼채를 국수와 함께 내놓기도 한다. 오랜 여행이 지칠 때는 삼채를 듬뿍 넣은 백숙을 직접 해먹어 보자. 샨 김치를 곁들이면 새로운 여행을 떠날 힘을 얻을 수 있다.

Mission Myanmar 03

Buy 3. Myanmar Shopping Item

미얀마에서 꼭 사야 할 필수 아이템

풍부한 자원 덕분에 최근 세계적인 투자처로 손꼽히고 있는 미얀마. 루비와 옥으로도 유명하지만 여행자들이 이런 보석을 제값에 구입하기는 쉽지 않다. 그러나 인레나 만달레이 등지의 수준 높은 수공예품이나 세계적으로 유명한 스피루리나 등 다양하고 실속 있는 쇼핑품목은 놓치지 말자.

01 | 마트
양곤의 수많은 마트에는 각종 미얀마 물건뿐만 아니라 한국 라면이나 초코파이, 김치까지 없는 게 없다. 다양한 물품이 모여 있고 가격도 정해져 있어, 특색 있는 물품들을 쉽게 구할 수 있는 최고의 쇼핑장소다. 먹거리를 구입할 경우 유통기한은 반드시 확인하자.

정션스퀘어

오션마트

시티마트

02 | 재래시장
아직도 미얀마의 각 지역에서는 전통 그대로의 생활방식으로 살아가고 있다. 각 부족 전통 의상이나 가방, 모자 등을 현지인들이 이용하는 재래시장에서 찾아보자.

낭쉐 재래시장

대나무 모자

장바구니

작은 소품

03 | 공예품점
좀 더 섬세하고 고급스러운 수공예품을 원한다면 공예품점을 찾아보자. 양곤의 세련된 숍에서는 더 고급스러운 물건을 살 수 있다. 엄선된 물품들을 구비한 만큼 가격은 다소 높은 편이지만 흥정의 부담은 덜 수 있다.

실크 스카프

연실크 공방

양곤 수공예점

종이 우산

Best Item

전통 인형
인형극에도 사용되는 앙증맞은 인형

인스턴트 러펫예·커피
미얀마의 티 숍이 그리울 때 간단하게 한잔

칠기그릇(래커웨어)
세계적으로 발달한 섬세한 그릇

유기농 캐슈너트
저렴하면서도 질 좋아 인기가 높다.

말린 망고
각종 열대과일은 최고의 기념품

전통음악 CD
여행의 기억을 오래 간직하고 싶다면 좋은 기념이 된다.

스피루리나
세계에서 유일한 천연 스피루리나

유기농 커피
삐우린 고원에서 재배된 부드러운 커피

유기농꿀
높은 보리수나무 위에서 채취한 석청이 유명하다.

Mission Myanmar 04
Act 4. Myanmar Must Do

이것만은 꼭! 미얀마에서의 명상

미얀마에는 석가모니 부처가 깨달음을 얻은 방식 그대로 수행하는 위빠사나 명상 수행법을 지도하는 명상센터를 곳곳에서 찾아볼 수 있다. 위빠사나 명상법은 사띠빠따나 수행법 혹은 사념처 수행법이라고도 하는데, 몸의 물질현상, 느낌, 생각, 그리고 법이라고 하는 네 가지의 대상을 놓치지 않고 주시하여 지혜를 얻고 열반에 이르는 수행방법이다.

미얀마인들이 각 명상센터에서 수행을 하기 위해서는 길게는 6개월 전에 미리 신청을 해야 할 정도지만, 외국인의 경우 특별히 원하는 기간에 수행할 수 있도록 배려해 주는 편이다. 또한 현지인들에 비해 좀 더 깨끗한 숙박시설에서 머물게 하는 등의 편의를 제공한다. 각 명상센터는 특별한 비용 없이 머물 수 있지만, 마하시 명상센터의 경우 자율적인 수행 분위기를 악용하는 외국인 방문객을 걸러내기 위해 50달러의 보시를 비공식적으로 받고 있다. 각 수행처에 머물기를 원하는 경우, 미리 메일이나 전화로 연락해 허락을 받아야 하며 대체로 10일 이상의 기간 동안 수행할 것을 요구한다.

수행자는 팔계를 지켜야 하므로 12시 이후 음식물 섭취는 금하며 술이나 담배는 허용되지 않고 부득이한 경우를 제외하면 묵언이 원칙이다. 하루의 일정은 새벽 3시부터 밤 9시까지 명상수행으로 짜여 있으며 수행기간 동안 읽거나 쓰는 행위는 최소로 하고 오로지 수행에 집중할 것을 요구한다. 여행비자로도 수행센터에서 수행하는 데는 큰 지장이 없지만, 28일 이상의 수행을 원할 경우에는 미리 수행비자를 받아가거나 현지 수행센터에서 비자 연장을 의뢰하여야 한다. 복장은 반드시 긴팔의 흰 셔츠나 블라우스와 롱지(여성의 경우 어두운 갈색의 롱지)를 준비해야 한다.

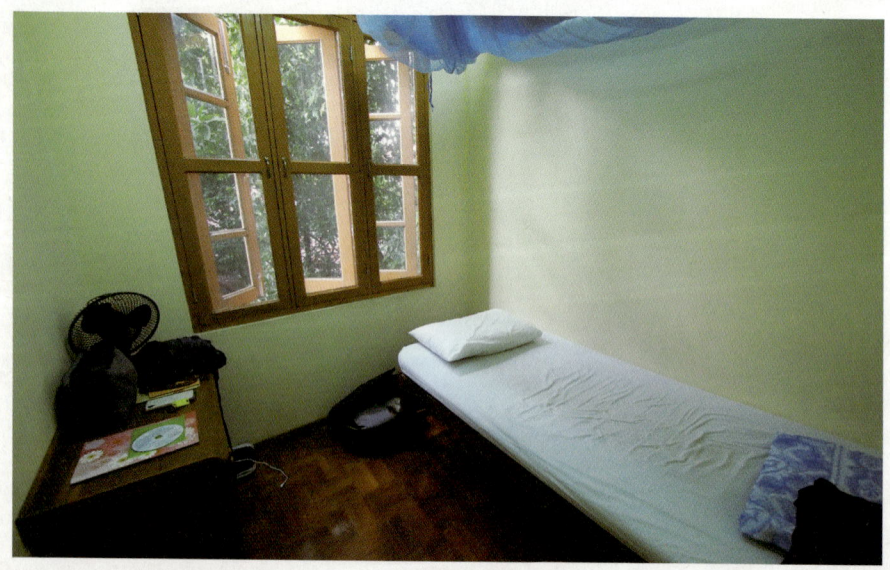

빤디따라마 명상센터 Panditarama Sasana Yeiktha

빤디따라마는 마하시 사야도의 제자인 우 빤디따 큰스님이 1991년에 설립한 곳으로 바고 지역의 숲속 수행처와 양곤의 쉐따웅곤 Shwe Taung Gone 센터, 뻰우린과 몰라마인의 분원 외에도 네팔, 호주, 영국, 싱가포르, 미국 등지에 분원이 있다. 이곳에서 수행하는 승려들은 정부가 주관하는 법사시험을 통과한 스님들이 대부분이며, 특히 엄격한 수행과정으로 유명하다. 매년 12월 1일부터 2개월간 숲속 수행처에서 외국인을 위한 특별 수행코스가 진행되며 100명 이상의 외국인 수행자들이 이곳을 방문한다.

Address No. 80 (A), Thanlwin Road, Yangon Bahan 11201
Tel 535448, 705525
Email com2panditarama@gmail.com
Web www.panditarama.net

마하시 명상센터 Mahasi Sasana Yeiktha

미얀마의 위빠사나 명상수행법을 체계화한 마하시 큰스님에 의해 설법한 뒤부터 마하시 선원으로 알려지기 시작했다. 마하시 큰스님의 지도로 미얀마 국내 외에 300곳 이상의 명상센터가 설립되었으며 이곳을 거친 수행자만 70만 명이 넘는 것으로 알려졌다. 마하시 큰스님이 1982년 입적한 뒤 우빤디따 스님이 곧바로 마하시 선원의 큰스님이 되었고, 이후 그 제자들이 뒤를 이어 수행지도를 하고 있다. 미얀마 정부의 후원을 받는 곳으로, 비교적 자율적인 분위기에서 수행이 가능하다.

Address No. 16 Sasana Yeiktha Road, Bahan Township, Yangon
Tel 545918, 541971
Email mahasi.meditationcenter@gmail.com
Web www.mahasi.org.mm

쉐우민 명상센터 Shwe Oo Min Dhamma Sukha Tawya

마하시 큰스님의 제자인 쉐우민 스님에 의해 1999년 설립되었다. 쉐우민 큰스님은 2002년 입적하고, 현재는 그 제자인 우테자냐 스님이 지도를 하고 있다. 쉐우민 센터에는 한국인 스님이 상주하고 있어 많은 한국인 수행자들이 찾는 곳이기도 하다.

Address Aung Myay Thar Yar Road, Kon Tala Paung Village, Mingalardon Township, Yangon
Tel 638170, 638294
Email shweoomindskt@gmail.com, jutivara@gmail.com

찬매 명상센터 Chanmyay Yeiktha

마하시 큰스님의 제자인 우자나카 큰스님에 의해 1977년 설립되었다. 외국인 수행자는 언제든지 원하는 기간에 수행이 가능하고 큰스님과 직접 영어인터뷰를 할 수 있어 많은 외국인 수행자들이 찾는다.

Address 55a Kaba Aye Pagoda Road, Yangon
Tel 661479
Fax 667050
Email chanmyayinform@gmail.com

Guide in Myanmar 01
Myanmar Travel Tip
미얀마 여행상식

여행준비에서부터 현지 여행 중 필요한 정보까지 모두 이 책의 뒤편에 정리해 놓았다. 이곳에서는 미얀마를 여행하려고 결심한 사람이라면 알아야 할 기초적인 사항들을 간략하게 살펴보자.

비자
입국 전 미리 비자를 받아야 하며 국적에 상관없이 28일의 기간 동안 여행할 수 있는 여행비자를 발급해 준다. 한남동 미얀마 대사관이나 방콕의 미얀마 대사관에서 발급받거나 인터넷으로 E-VISA를 신청하면 된다. 최근 태국-미얀마 간 국경 이용이 자유로워졌지만, 국경에서 입국비자를 받을 수는 없으므로 미리 비자를 받아가야 한다.

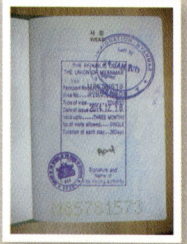

환전
한국에서 달러로 환전해 간 후 미얀마에서 다시 미얀마 '짯'으로 환전해야 한다. 100달러짜리가 가장 환율이 좋으며, 반드시 빳빳한 새 달러를 가져가야 한다. 달러에 한 번이라도 접은 흔적이 있으면 환전이 쉽지 않다. 또한, 숙소비를 계산할 때 달러로 계산하는 것이 유리한 경우가 종종 있으므로 한 번에 모두 다 환전하지는 말자.

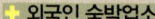 외국인 숙박업소
외국인은 외국인 숙박허가가 난 곳에서만 묵을 수 있으며, 원칙적으로 민박은 불가능하다. 숙박업소에서는 외국인 숙박 시 정부에 추가로 세금을 내야 하므로, 외국인의 숙박비는 현지인보다 비쌀 수밖에 없다.

외국인 입장료
바간, 인레, 삔다야의 경우 그 지역을 들어서는 외국인에게 일정한 금액(3~20달러)의 지역 입장료를 받고 있다. 만달레이나 바고에서는 각 사원 통합입장료를, 쉐다곤 파고다나 술레 파고다는 각각 입장료를 받는 등 외국인에게만 특별히 입장료를 받는 곳이 많다.

여행제한구역
일부 국경지역 및 소수민족과의 분쟁지역에 외국인 여행자의 출입이 제한되어 있으나 점차 완화되고 있는 추세다. 그러나 주요 관광지는 별 무리 없이 여행이 가능하다. 여행제한구역의 경우 여행허가증을 받아서 이동할 수 있는지 여부를 미얀마 국영여행사(MTT)에서 확인해야 한다.

➕ 3G

최근 통신기술의 급격한 발달과 더불어, 미얀마 데이터 통신의 질이 확연히 좋아졌다. 미얀마에는 3개의 통신회사(MPT, Ooredoo, Telenor)가 현재 저렴한 가격에 유심칩과 데이터 통신 패키지 상품을 판매하고 있다. 주요 관광지에서는 불편 없이 통화 및 데이터 이용이 가능하다.

➕ 육로 국경

미얀마는 중국, 인도, 방글라데시, 태국, 라오스와 국경을 접하고 있으며, 이중 외국인에게는 태국과의 국경에서만 자유로운 왕래를 허용한다. 중국과 인도 방면 국경은 미리 허가증을 받아야 통행이 가능하다. 최근 미얀마-라오스 간 우정의 다리가 완공됨에 따라, 라오스간의 육로 이동이 조만간 외국인에게 허용될 것이라는 소식이 있다.

➕ 교통

많은 VIP 버스회사 및 각종 사설버스회사가 치열한 경쟁을 하고 있다. 덕분에 주요 관광지 간의 이동은 대체로 최신식 에어컨버스를 이용하여 편안하게 할 수 있다. 그러나 국내선 항공의 경우 상대적으로 비싼 요금과 잦은 경유로 불만을 사고 있다.

➕ 시내버스, 픽업트럭

양곤의 시내버스는 우리나라 중고버스가 주로 운행되고 있으며, 만달레이의 경우에는 픽업트럭(트럭을 개조해 만든 차량)이 번호를 달고 노선버스로 이용되고 있다. 버스의 번호는 미얀마 고유의 숫자로 적혀 있어 알아보기 쉽지 않다.

➕ 오토바이, 전기자전거

오토바이가 각지의 주요 이동수단으로 이용되고 있지만, 양곤 중심가와 바간 올드타운 지역에서는 운행이 금지되었다. 덕분에 바간에서는 전기자전거가 새로운 교통수단으로 이용되고 있다. 원칙적으로 외국인은 모든 종류의 차량 이용 시 미리 허가를 받고 현지인을 동반해야 하지만 현실적으로는 각 지역 내에서의 오토바이나 자전거 자가 운전에는 별 지장이 없다.

Guide in Myanmar 02
Big day in Myanmar
한눈에 보는 미얀마의 일 년

미얀마의 일 년은 더위를 식혀주는 4월의 물 축제와 함께 시작된다. 여행자들은 주로 건기인 11월에서 3월 사이 가장 많이 방문하지만, 논밭에 활기가 넘치는 우기의 풍광 또한 매우 특별하다. 미얀마에서는 각 지방마다 그곳만의 특색이 살아 있는 다채로운 축제가 일 년 내내 펼쳐진다.

➕ 계절

미얀마의 계절은 겨울(11~2월), 여름(3~5월), 우기(6~10월) 세 시즌으로 나뉜다. 비록 겨울이 가장 시원한 계절이지만, 중부지역이나 해안지역은 여전히 30도 이상까지 기온이 유지된다. 우기가 끝난 뒤에는 청명한 하늘과 초록빛 초원으로 많은 여행자들을 불러 모은다. 해변을 방문하기에도 제격이지만, 인레 호수나 북부 고산 지역은 추위에 대비해야 한다. 기온은 2월 말부터 서서히 오르기 시작하여 3월 말이나 4월 중순에 바간과 만달레이 지역은 40도까지 오르기도 한다. 5월 중순부터 하루에 한두 차례 비가 내리기 시작해서, 6월부터 본격적으로 우기가 시작된다. 비는 주로 8월에 몬순지역인 양곤과 해안지역 외에 북부의 고산지대에 집중적으로 쏟아지며 바간과 만달레이 지역은 강수량이 높지 않고, 주로 밤에 비가 내린다. 그러나 태풍이 인근 벵골 만 지역에 도달할 경우 그 범위에 따라 며칠씩 비가 내리기도 한다. 여행자들은 주로 겨울에 집중적으로 미얀마를 방문하며, 최근 그 숫자가 기하급수적으로 늘고 있으므로 이 시기에 여행하고자 한다면, 인레 호수의 수상 호텔이나 국내선 항공권 등은 최대한 빨리 예약을 하는 것이 좋다.

➕ 공휴일

1월 4일	독립기념일 Independence Day
2월 12일	연방의 날 Union day
2~3월	미얀마력 타바웅 보름축제 Full Moon Day of Tabaung
3월 2일	농민의 날 Peasants' Day
3월 27일	국군의 날 Armed Forces Day
4월 13~17일	미얀마 설날, 띤짠 물 축제 Thingyan
4~5월	미얀마력 까쏜 보름축제 Full Moon Day of Kason
5월 1일	노동절 Worker's Day
6~7월	미얀마력 와소 보름축제 Full Moon Day of Waso
7월 19일	순교자의 날 Martyrs' Day
9~10월	미얀마력 더딘쪼 보름축제 Full Moon Day of Thadingyut
10~11월	미얀마력 따자웅몬 보름축제 Full Moon Day of Tazaungmon
10~11월	미얀마력 국민의 날 National Day (따자웅몬 보름축제 후 10일째 날)
12월 25일	크리스마스 Christmas Day

➕ 축제

미얀마의 축제는 중요한 사회적 행사일 뿐만 아니라 대체로 불교와 깊은 관계가 있는 문화 종교적 행사로 여겨진다. 많은 축제들이 그 지역에서 가장 중요한 불탑(파고다)을 중심으로 열리며, 이 축제에 인근에 살고 있는 많은 사람들이 모인다. 파고다 축제는 승려들에 의해 주관되며 성스러운 종교의식을 동반한다. 축제 기간에는 오락 행사도 있고, 각종 먹거리 등 다양한 생산품을 파는 야시장이 열린다. 대부분의 축제는 농경으로 바쁜 우기철 이후, 추수가 끝나 사람들이 한가하고 기후가 좋은 시기에 가장 많이 열린다. 소수민족 고유의 축제나 불교 외의 종교 및 정령신앙과 관련된 축제들도 있다. 축제는 미얀마력을 기준으로 열린다. 미얀마 이민국(evisa.moip.gov.mm)에서 공휴일과 몇몇 축제의 양력 날짜를 확인할 수 있다.

1월
- 아난다 파고다 축제 Ananda Pagoda Festival (바간)

바간에서 가장 유명한 파고다 축제로 15일간 열린다. 바간 왕조 시절부터 내려온 이 축제에는 바간 인근 지역의 수많은 사람들이 마차를 타고 와서 방문한다.
- 나가족 신년축제 Naga New Year Festival (사가잉 주)
- 카친족 신년축제 Kachin Manaw Festival (미찌나)

2월
- 짜익까욱 파고다 축제 Kyaik Khauk Pagoda Festival (탄린 지역)
- 마하무니 파고다 축제 Mahamuni Pagoda Festival (만달레이)
- 떡 경연대회 Htamane Glutinous Rice Festival (전국)

아침 일찍 부처님께 보시하기 위한 떡을 만드는 경연대회가 보름에 열린다. 여러 팀이 떡을 만드는 모습을 구경하기 위해 많은 인파가 몰린다.

3월
- 꼬지쪼 낫 축제 Ko Gyi Kyaw Nat Festival (파칸)
- 인도지 파고다 축제 Inndawgyi Shwe Mitzu Pagoda Festival (카친 주)
- 보조 파고다 축제 Bawgyo Pagoda Festival (시뽀)
- 삔다야 쉐우민 축제 Pindaya Shwe Oo Min Festival (삔다야)
- 까꾸 파고다 축제 Kakku Pagoda Festival (까꾸)
- 쉐다곤 파고다 축제 Shwedagon Pagoda Festival (양곤)
- 쉐산도 파고다 축제 Shwesandaw Pagoda Festival (삐)
- 예레 파고다 축제 Yale (Kyauktan) Pagoda Festival (탄린)
- 아롱 보보지 낫 축제 Aon Bo Bo Gyi Nat Festival (몽유와)

⦿ 신쀼 Shin Pyu Ceremonies

미얀마의 남자 아이들은 7세 정도에 이르면 '신쀼'라는 단기 출가의식을 치르게 된다. 최소한 1주일 이상 출가자가 되는 의식으로 불교도들에게는 일생에 한 번은 반드시 치러야 할 의식으로 여겨진다. 신쀼 의식은 승려가 택한 날짜에 치르게 되는데, 부유한 집안의 아이들은 단독으로 행사를 치르기도 하지만 대체로 여러 아이들이 모여 공동으로 행사를 치른다. 때론 가난하거나 고아인 아이들도 초대하여 함께 행사를 치르기도 한다. 이 의식을 행할 때 아이는 화려한 복장으로 백마 타고 사원으로 들어가는데, 이는 화려한 왕자로서의 삶을 버리고 승려로 출가한 석가모니를 본뜬 것이라고 한다. 이때에는 가족은 물론이고 마을사람들까지 모두 나와 축원을 해주는데, 며칠 동안 고승의 법문을 듣기도 하고 다 같이 음식을 나눠 먹는 등 잔치를 벌인다. 비록 현지인들과 말은 통하지 않아도 함께 즐기면 기쁨이 배가 되므로 기회가 된다면 놓치지 말자.

4월
- 띤짠 물 축제 Thingyan New Year Festival (전국)
- 쉐모도 파고다 축제 Shwemawdaw Pagoda Festival (바고)
- 까손 축제 Kason Fullmon Festival (전국)

미얀마의 석가탄신일로, 양동이에 물을 담아 보리수에 뿌리고 경전을 외운다.

5월
- 파오 로켓 축제 Pa-O Rocket Festival (타웅지)

우기에 앞서 비를 부르는 로켓을 쏘아 올리는 축제
- 뽀빠 낫 프웨 축제 Pope Nat Pwe (뽀빠산)

6월
- 뽀야신 파고다 축제 Ponnyashin Pagoda Festival (사가잉)

7월
- 설법일 Thammasetkya (전국)

부처의 첫 설법을 기념한 날로, 3개월 동안 지속되는 우안거의 시작을 알리는 날이기도 하다. 사람들은 지역의 사원을 들러 가사나 방석 등 승려들의 물품을 보시한다.
- 친롱 경연대회 Chinlon Competition (만달레이)

마하무니 사원에서 전국의 친롱 선수들이 경기를 펼친다. 각종 연주회도 열린다.
- 따웅브용 낫 축제 Taungbyone Nat Festival (따웅브용)

만달레이 인근 따웅브용에서, 미얀마의 가장 유명한 형제 낫 위한 축제로, 1만 명 이상의 사람들이 모여 노래를 하고, 악기를 연주하는 등 떠들썩한 잔치를 벌인다.

9월
- 마누하 파고다 축제 Manuha Pagoda Festival (바간)

10월
- 파웅도우 파고다 축제 Phaungdaw Oo Pagoda Festival (인레)

다섯 개의 불상으로 유명한 파웅도우 파고다의 네 불상이, 거대한 새 '함사'의 보트에 실려 호수 주변을 순례하는 축제로, 매일 보트경기가 열린다.
- 더딘쬬 불 축제 Thadingyut Lights Festival (전국)

우안거를 끝내고, 하늘로 올랐던 부처가 다시 땅으로 돌아온 것을 축하하는 축제. 전등과 촛불로 집 앞을 장식하고 파고다를 방문하여 초를 밝힌다. 불꽃놀이도 펼쳐진다.
- 코끼리 춤 경연대회 Elephant Dance Festival (짜욱세)

만달레이 인근 짜욱세에서 색색의 옷으로 치장한 코끼리의 춤 경연이 펼쳐진다.

11월
- 열기구 축제 Festival of Air Balloon (타웅지)

각종 모양과 크기의 화려한 열기구를 하늘로 날리는 모습이 장관을 이룬다.
- 가사 직조 경연대회 Weaving Competition (전국 사원)

아직 결혼하지 않은 처녀들이 사원에 모여 밤새 승려들의 가사를 짜는 경연대회. 대회를 마친 후 완성된 가사는 절에 보시한다.
- 쉐지곤 파고다 축제 Shwezigon Pagoda (바간)

12월
- 짜익띠요 파고다 축제 Kyaiktiyo Pagoda Festival (짜익띠요)

➕ 띤짠, 모두가 행복한 축제
Water Festival

우리는 신년을 맞으면 앉아서 윷놀이를 즐기지만 찌는 듯한 더위 한가운데 맞이하는 미얀마의 신년축제는 훨씬 역동적이다. 4월 중순, 신년을 맞이하기 전 4~5일간 미얀마 전역에서 이뤄지는 물 축제인 '띤짠'은 축제가 많은 미얀마에서도 전 국민이 온 힘을 다해(?) 준비하는 최대의 명절이다. 3월부터 태양과 함께 슬슬 끓어오르는 열기는 축제 직전에 거의 터질 듯한 분위기에 다다르는데, 막상 축제의 날이 밝으면 누군가 발동을 걸어주기를 기다리는 듯 어색한 정적이 감돈다. 수줍게 뿌리는 물총으로 서서히 시작되는 축제는 한 번 발동이 붙으면 그다음부터는 그 누구도 돌이킬 수 없는, 그야말로 신나는 여정이 시작된다.

신년이 되기 전 서로 물을 뿌리는 풍습에 대해서는 이전의 과오를 씻어내고 깨끗하게 새해를 시작한다는 의미가 있다. 또한 현실적으로는 너무나도 더운 4월의 열기를 식히고 축제의 분위기를 내는 데 큰 도움이 된다. 이 기간 동안 사람들은 이웃들과 음식을 나눠 먹기도 하고, 주변의 절을 방문하여 불공을 드리기도 한다. 거리에는 각종 공연이 열리고 거대한 호스를 동원해 지나가는 차량에 쉴 새 없이 물을 뿌려댄다. 각종 음향기기가 총동원된 트럭들이 거리를 누비고 다니며 어른이나 어린이 할 것 없이 음악에 맞춰 춤을 춘다. 미얀마 전역의 모든 해변은 친구들과 신나게 즐기려는 젊은이들로 발 디딜 틈이 없다. 공식적인 버스운행은 이 기간 동안 중단되지만, 친척이나 친구들과 함께 띤짠을 즐기기 위해 수많은 사람들이 이동하고, 모든 해변이나 유명 관광지의 숙박비는 두 배로 뛴다.

이 기간에 여행하는 여행자는 교통이나 숙소문제를 미리 해결해야 하며, 한 곳에서 며칠간 발이 묶이는 불편함도 염두에 둬야 한다. 그래도 그 어느 때보다도 미얀마 사람들과 가까워질 수 있는 최고의 기회이기도 하다. 양곤이나 만달레이의 물 축제도 유명하지만, 만약 이 축제를 제대로 즐기고 싶다면 전통적인 분위기가 살아 있는 시골 마을을 방문할 것을 추천한다. 평소에는 수줍어하던 사람들도 물을 흠뻑 맞아가며 눈에 보이지 않는 거리감을 털어내고 나면 스스럼없이 자신들의 집에 초대하여 음식을 나누고 서투른 말로 덕담을 건넨다. 말은 잘 통하지 않지만 한층 더 가까워진 미얀마를 느낄 수 있다.

Guide in Myanmar 03
Myanmar Briefing
미얀마 브리핑

동남아에서 가장 넓은 국가이자, 다섯 개의 나라와 국경을 닿고 있는 미얀마. 고대의 찬란한 왕조에 서부터 최근 영국 식민지배와 군부의 독재에 꾸준히 저항해온 강인한 사람들이 사는 미얀마는 이제 서서히 날개를 펼쳐 도약을 꿈꾸고 있다. 수많은 민족들과 풍부한 역사를 가진 미얀마의 매력에 푹 빠져보자.

➕ 국가 개요

국명	1989년 버마 Birma 에서 미얀마 Republic of the Union of Myanmar 로 개칭
수도	네피도 Nay Pyi Taw
면적	676,578㎢ (인도차이나 반도에서 가장 큰 나라. 한반도의 3배)
언어	버마어(미얀마어)
인구	약 6,000만 명
국가형태	연방제 공화국
정부형태	대통령제
행정단위	7개의 구, 7개의 주

➕ 역사

기원
이 지역 최초의 인류는 기원전 1100년에서 5000년 사이 에야와디 강 유역에서 발견된 석기시대의 유물에서 그 흔적을 찾아볼 수 있다. 이후 청동기를 거쳐 작은 부족이 형성되었으나, 본격적인 부족국가는 중국 윈난 성에서 내려온 티베트-버마어족인 쀼족 Pyu 에 이르러 이루어졌다. 이들은 기원전 200년경에 에야와디 강 유역인 현재의 삐 인근에 터를 잡았다.

쀼족, 라카인족, 몬족 국가의 형성
쀼족은 광범위한 수송로를 연결하여 서쪽 지방의 소금을 중국에 수출하기도 하고, 농사를 위한 각종 물자를 옮기기도 하는 등 많은 발전을 이루었다. 인도 안드라 왕국의 영향으로 불교와 힌두교, 정령신앙이 혼합된 독특한 문화를 이루었으나 점차 상좌부불교가 우세하게 된다. 쀼족의 문화는 훗날 바간 왕조의 틀을 마련하는 바탕이 되었으며, 오늘날 버마족의 문자나 미얀마력, 파고다의 형태 등에 영향을 끼쳤다.

같은 시기, 미얀마 북서쪽 해안지대에는 라카인족 Rakhin 이 현재의 므라욱 Mrauk U 지역 인근에 벼농사와 인도와의 물류 교역을 중심으로 하는 도시국가를 형성하였다. 남서쪽에는 중국 서부지역에서 기원한 몬족이 9세기 현재의 타톤 지역에 도시국가를 형성하였다. 몬족 은 당시에는 미얀마에서 종교 문화적으로 가장 발전된 국가로 성장하였으나, 훗날 버마 왕국에 복속되게 된다.

바간 왕조의 성립
9세기 초, 쀼족의 왕조인 한린 Hanlin, 스리크세트라 Sriksetro 등의 고대국가가 차례로 중국 윈난 지역에서 내려온 세력에 의해 사라졌다. 이들은 곧 에야와디

강 유역에 바간 왕국을 세우고 버마족으로 불리기 시작하였는데, 문헌에 의하면 849년 뼨뱌Pyinbya 왕이 12개의 문을 가진 성벽으로 둘러싸인 도시국가를 건설한 것으로 알려졌다. 이 바간 왕국은 점차 융성하기 시작하였으며 1044년, 아노라타Anawrahta 왕이 바간의 민카바 지역에서 일어난 사촌과의 전투에서 승리하고 왕위를 잇게 된 이후부터 최소한 20년간 일으킨 일련의 전투를 통해 버마족 최초의 통일국가를 형성한다. 이 시기에 만난 몬족 승려 신 아라한Shin Arahan 에 의해 불교를 국가의 기틀로 삼기로 하고 적극적인 불교육성정책을 펼쳤으며, 몬족 왕국인 타톤을 멸망시키고 몬족 왕가와 더불어 수많은 예술가, 건축가, 불경을 약탈하여 바간 왕조의 번영의 기반을 닦았다. 그 아들인 짠시타Kyansittha 왕 시기에는 수많은 수도원과 스투파, 사원과 기념비가 세워졌다.

그러나 13세기에 들어서 바간 왕조는 급격하게 쇠퇴하기 시작하여 1277년에서 1283년 사이 쿠빌라이칸의 몽골군에 의해 멸망하기에 이른다. 그러나 몽골은 1310년에 미얀마에서 물러나고, 혼란기를 거쳐 동쪽으로는 샨Shan 왕국, 북서쪽으로는 아라칸Arakan 왕국, 중부에는 잉와Inwa 왕국이, 남부에는 몬족이 바고 지역에 세운 한따와디Hanthawady 왕조가 융성하게 된다. 한따와디 왕조의 신소부Shinsawbu 여왕은 쉐다곤 파고다에 자신의 몸무게만큼의 황금을 보시하는 등 불교의 번영에 큰 관심을 쏟았다.

따웅우 왕조

샨 주의 공격으로 잉와를 중심지로 하던 많은 버마인들이 따웅우 지역으로 내려와 따웅우Taungoo 왕조를 형성하였다. 따웅우의 왕 따빈쉐티Tabinshwehti 는 몬족의 항구인 페구(현재 바고)를 점령하고 부를 축적하여 마침내 두 번째 통일왕국을 건설한다. 그의 후계자이자 미얀마 역사상 가장 위대한 왕으로 꼽히는 바이나웅Bayinnaung 왕은 나아가 중국 윈난 지방과 라오스, 태국, 인도까지 세력을 확장하여 동남아 최대의 강국으로 군림하게 된다. 그러나 동남아 지역에 진출하기 시작한 유럽 세력 및 몬족의 반란에 의해 왕조는 급격하게 쇠퇴하기 시작하여 그 수도를 잉와로 옮기게 된다.

꼰바웅 왕조

몬족이 쇠퇴하는 따웅우 왕조를 위협하고 수도인 잉와까지 점령하기에 이르렀으나, 한 버마족 족장이 군대를 일으켜 몬족을 무찌르고 새로운 버마 왕조를 건설한다. 미얀마 역사상 세 번째 통일왕조인 꼰바웅Konbaung 왕조의 알라웅파야Alaungpaya 왕의 네 번째 아들 보도파야Bodawpaya 왕은 1784년에 결국 아라칸 왕국까지 버마에 편입시킨다.

버마-영국 전쟁

보도파야 왕의 후계자 바지도 왕은 당시 인도를 점령하던 영국군과 충돌하여 1824년 제1차 버마-영국 전쟁이 일어났으며 결국 얀다보 조약에 의해 라카인 지역을 포함한 많은 영토를 잃고 큰 경제적 타격을 입게 되었다. 이후 제2차 버마-영국 전쟁에 의해 영국은 양곤을 포함하여 하부 버마를 점령하게 된다.

민돈 왕은 당시 아마라푸라에서 만달레이로 왕조를 옮기고 파고다를 건설하는 등 새로운 번영을 도모하고자 하였다. 그 뒤를 이은 띠보 왕이 영국을 견제하기 위해 프랑스와의 통상조약을 체결하려는 움직임을 보이자 영국군은 만달레이 궁전을 에워싸고 무조건적인 항복을 요구하였다. 결국 띠보 왕이 인도로 유배되면서 버마 왕조는 막을 내리게 되었다.

영국의 지배

영국은 버마를 인도의 한 주에 편입시키고 인도인을 버마에 이주시켰으며, 버마의 풍부한 자원을 약탈하기 위한 일환으로 철도와 도로를 건설하였다. 심각한 가난에 시달리던 버마인들은 점차 반기를 들고 영국 식민지배에 대항하기 시작했으며, 승려들의 집회를 시작으로 양곤대 학생들까지 시위에 나서기에 이르렀다. 당시 양곤 대학 출신이자 아웅산 수치 여사의 아버지인 아웅산은 1936년 학생파업을 이끌며 독립의 발판을 마련한다.

2차 세계대전과 일본의 지배

2차 세계대전이 발발하고, 아웅산과 그 혁명동지들은 일본의 세력을 이용해서 영국의 축출을 도모하였다. 아웅산이 모집한 버마 독립군은 일본과 연합하여 영국을 인도로 몰아냈으나, 이후 일본은 상부 버마 곳곳에 포격을 가하여 버마를 식민지화시키기에 이른다. 일본의 식민지배는 고작 3년에 불과하였으나 태국-버마간 철도 건설과정에서의 가혹한 강제노동이나 민간인 무차별 학살, 부녀자의 위안부 강제동원 등 일본군이 저지른 만행은 심각한 수준이었다고 한다.

독립

아웅산은 다시 일본을 몰아내기 위해 버마독립군을 재결집하고 영국군과 연대하는 데 합의한다. 일본이 2차 세계대전에서 패망한 이후 아웅산은 다시 영국 정부를 설득해 결국 1947년, 버마의 독립을 합의한다. 3개월 후 아웅산의 정당은 총선에서 압도적인 승리를 거두게 되지만, 반대파인 우 쏘 일파에 의해 아웅산 및 6명의 각료가 모두 아웅산의 자택에서 살해당하고 만다.

군부독재와 888민주항쟁

버마는 1948년 1월 4일에 독립을 선포하고 아웅산의 동지였던 우 누 가 독립 버마 연방공화국의 초대 총리에 오른다. 독립 이후 수많은 당이 난립하고, 소수민족들 역시 아웅산이 독립 과정에서 약속했던 자치권을 요구하면서 정국이 혼란스러워지게 되자, 불교를 중심으로 버마식 사회주의 국가를 건설하고자 하였다.

각종 사회적 혼란으로 인해 잠시 국정을 운영했던 네윈 은 소수민족의 자치권 요구로 정국이 혼란에 빠졌다는 명분으로 1962년 군사 쿠데타를 일으킨다. 네윈은 버마식 사회주의를 천명하며 전 분야에 걸친 국유화를 추진하고, 자본주의의 개입을 막는다는 명목으로 쇄국정책을 펼쳐 외국인 기업을 해체하고 재산을 몰수했으며 외국인 관광객의 방문을 제한해 버마의 경제가 급격하게 하락하기에 이른다. 결국 1981년 대통령직을 사퇴하지만 국가 최고권력기구 의장의 자리에서 각종 경제파탄의 원인이 되는 정책을 펼쳐 국민의 원성을 사게 된다. 1988년에는 경찰의 과잉진압으로 인해 한 대학생이 사망하게 되고 이에 반발한 학생들의 항의를 유혈진압하는 과정에서 군부 독재에 반대하는 시위가 전국적으로 확산되는 888민주항쟁이 일어나게 된다. 네윈은 결국 의장직을 사임하고 국민투표를 약속한다. 이 시기에 잠시 버마에 체류하던 아웅산 장군의 딸 아웅산 수치 여사가 국민들의 새로운 희망으로 등장하게 된다.

국가법질서회복위원회(SLORC)

민주화의 요구가 확산되는 가운데, 다시 쏘마웅(Saw Maung) 장군이 군사 쿠데타를 일으킨다. 쏘마웅 장군은 기존의 권력기관을 해체하고 군인으로 이루어진 국가법질서회복위원회를 구성한 뒤 의장의 자리에 올라 스스로 최고권력자임을 선포하였다. 국명을 버마에서 미얀마로 바꾸고 영국 식민지 시절의 지역 이름을 모두 미얀마식으로 바꾸는 등 민족적인 목적에 의한 집권의 정당성을 내세우기 위해 노력했다. 또한 정적인 아웅산 수치 여사를 내란죄를 이유로 가택연금시킨다. 그럼에도 불구하고 1990년 실시된 총선에서 참패를 당하게 되자 아웅산 수치 여사가 이끄는 NLD의 지도부를 모두 구속시키고 선거결과를 무효화하였다.

쏘마웅 장군의 뒤를 이은 탄쉐(Than Shwe) 장군은 정권을 잡은 뒤 점진적인 민주화를 약속했으나 군부의 부의 축적과 갑작스러운 네피도(Naypyidaw)로의 수도이전 외에 별 성과가 없어 미얀마는 장기적인 경제침체에 빠지기에 이른다.

사프론 혁명

2007년 갑작스러운 석유가격 인상과 함께 치솟은 국민들의 분노가 전국적인 시위를 불러일으켰다. 시위는 승려들이 앞장서서 '사프론 혁명'이라고 불리게 되는데, 무력으로 진압하는 과정에서 최소한 31명이 사망하고 수천 명이 체포되었다. 2010년 11월 두 번째 총선에서 야당인 NLD는 불공평한 선거를 이유로 정당등록을 포기해 결국 여당이 전체 의석의 80%를 차지하였다. 총선이 끝난 뒤 탄쉐는 아웅산 수치 여사의 가택연금을 해제하고 은퇴를 선언하였다.

민간정부의 출범

2011년 2월, 군부의 집권이 종식하고 공식적인 민간정부가 출범하게 되지만 대부분의 장·차관이 군부출신이어서 여전히 군부 세력이 강하게 자리하고 있다. 그러나 떼인 세인(Thein Sein) 대통령은 개혁조치를 단행하고 정치범을 석방하며 분쟁이 잦았던 소수민족 반군들과의 협상을 통해 평화를 이끌어내는 등 적극적인 행보를 보이고 있어 국제사회의 긍정적인 평가를 얻고 있다. 이에 따라 서방세계 역시 경제적인 제재조치를 해제하여 각종 투자가 이루어지고 있어 경제적인 발전 역시 가속화되고 있다. 2015년 11월에 이루어진 총선에서는 아웅산 수치 여사가 이끄는 NLD가 압승하는 결과를 얻었으며, 현 정권의 평화적인 권력 이양을 약속받았다.

➕ 지리, 자연환경

미얀마는 풍부한 천연자원과 매력으로 고대 시기부터 '황금의 땅'으로 알려졌다. 67만㎢의 면적을 가진 미얀마는 동남아시아에서 가장 큰 나라로 북동쪽으로는 산맥으로, 남서쪽으로는 안다만 해와 벵골 만으로 둘러싸여 있다. 미얀마는 방글라데시, 인도, 중국, 라오스, 태국 다섯 개의 국가와 국경을 접하고 있다.

남북으로 2,090km, 동서로 925km의 미얀마에는 수많은 섬과 호수, 넓은 평야와 강, 밀림과 산맥이 있다. 에야워디 강이 가로지르는 평야의 중심지대는 라카인-요마 언덕으로 보호되어 비가 많이 오지 않고 건조한 사막지대를 형성하고, 강이 벵골 만과 만나는 남부 델타지역은 넓고 비옥한 습지를 이룬다. 미얀마 중심지대를 둘러싼 고원지대에는 미얀마의 특산물인 티크나무 외에도 수많은 야생동물의 서식지로 알려져 있다. 인도양에 총길이 2,932km에 걸친 해안선 중 1,930km 이상이 자연 그대로의 모습을 간직한 채 열대 나무와 맹그로브로 숲을 이루고 있으며 인근 바다에서는 지구상에서 가장 잘 보존된 해저에 서식하는 해양 동물들을 만날 수 있다.

히말라야 산맥의 동쪽에서부터 시작하는 에야워디 강은 전체 길이 2,000km로 벵골 만까지 연결된다. 고대부터 중국과 해양을 연결하는 역할을 해 왔으며 수많은 사람들이 생활의 중심지로 삼고 있다. 상인, 선교사, 침략자들이 이 강을 통해 주요 도시를 방문했으며 미얀마를 점령했던 영국군도 이 강을 통해 물자와 병력을 운반했다. 오늘날에는 드넓은 강의 풍광을 즐기려는 많은 여행자들이 이곳에서 여유로운 보트 여행을 떠난다.

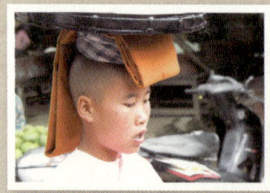

✚ 종교

종교	분포도
불교	89%
기독교	4%
이슬람교	4%
정령신앙	1%
기타	2%

미얀마는 대표적인 상좌부 불교국가이다. 상좌부 불교는 소승불교라고도 하며, 석가모니 붓다의 가르침을 원형 그대로 유지하고 경전을 중시하며 불교의 전파보다는 개인의 깨달음을 더욱 중시한다. 세계적으로는 스리랑카, 태국, 라오스, 캄보디아에 상좌부 불교가 전파되어 있다. 미얀마 전체인구의 80%가 넘는 사람들이 불교도이며, 독실한 불자들이 많다. 때문에 미얀마 대부분의 도시 중심에 불교 사원이 있고, 사람들의 일상생활에서 불교를 떼어놓고는 설명할 수 없다.

미얀마에 처음 불교가 전파된 것은 기원전 3세기경으로 인도의 아소카 왕이 보낸 포교승에 의해 몬족 왕국인 타톤 왕국에 처음 불교경전이 전해졌다고 한다. 동일한 시기에 존재하던 쀼 왕조에도 불교가 전해졌지만, 힌두교와 밀교가 섞여 있는 형태였다고 한다. 이후 바간 왕조를 세운 아노라타 왕이 국가발전의 수단으로 불교를 받아들이면서 기존에 존재하던 토착신앙인 '낫' 신앙을 불교와 융합시켜, 여타 상좌부 불교국가와는 차별되는 독특한 형태로 전해져 내려왔다. 미얀마의 각 사원에는 불상을 모신 사원 외에 한쪽 구석에 정령들을 모시는 낫 사당이 자리하고 있으며, 사람들은 부처님께 내세의 복을, 낫 사당에서는 현세의 복을 기원한다.

상좌부 불교는 중생의 구제를 강조하는 대승불교와 달리 열반을 얻기 위한 개인적인 수행을 강조한다. 미얀마의 모든 남자 불교도는 일생에 두 번 출가를 해야 하는데, 10살 무렵 신뷰 의식을 통해 사마네라(사미)로 출가하며 성인이 된 이후 다시 정식으로 수계를 받아 일정기간 동안 출가한다. 상좌부 불교에서는 여성의 경우 남자 승려(빅쿠)와 완전히 동일하게 인정하지는 않지만 '식카와디(여성 출가자)' 혹은 '틸라신(팔계를 지키는 여자)'이라고 하여 머리를 깎고 분홍 가사를 입으며 승려와 동일하게 수행을 닦는다.

미얀마에는 불교 외에도 이슬람교, 기독교, 유대교 힌두교, 정령신앙을 믿는 사람들도 있다. 이 중 불교도와 이슬람교도 사이의 분쟁은 여전히 현재진행형으로, 특히 방글라데시계 이슬람교도인 로힝야족 사람들에 대한 처우에 관한 문제는 세계적인 관심사가 되고 있다.

Guide in Myanmar 04
People of Myanmar

미얀마의 다양한 민족들

미얀마는 135개의 소수민족으로 이루어져 있으며, 그중 버마족이 대표적 다수 종족으로 6천만 인구의 70%를 차지하고 있다. 각 민족은 서로 다른 언어를 사용하며, 독특한 문화와 전통을 가지고 있다.

버마족 Bamar

중국 티베트민족에 속하는 버마족은 북쪽 히말라야 방면에서 이주해 온 것으로 알려져 있다. 미얀마 인구의 반 이상을 차지하며 전역에 걸쳐 거주한다. 버마족 남자들은 롱지와 칼라 없는 셔츠 그리고 전통 재킷을 입고 여자들은 머리를 위로 묶고 롱지와 단추가 있는 블라우스를 입으며 양 어깨를 감싸는 숄을 두른다.

샨족 Shan

미얀마에서 두 번째로 많은 민족인 샨족은 주로 인레 호수가 있는 샨 주에 살고 있다. 태국과 라오스, 중국 원난성의 타이 민족들과 관련된 민족으로 샨족 사람들은 스스로를 '타이'라고 부른다고 한다. 역사적으로 독립 왕조를 이룩하였으며 버마의 아노라타 왕이나 베인나웅 왕에 의해 버마 왕국에 흡수되곤 하였으나 그때마다 고도의 자치를 유지하였다. 샨족의 남자들은 전통적인 카키 재킷과 배기바지를 입는다. 샨족 여성들은 롱지와 블라우스를 입는다.

➕ 몬족 Mon

몬 주 등 미얀마 남부에 주로 거주하는 몬족은 미얀마에 처음으로 상좌부 불교를 전파한 민족이기도 하다. 동남아시아에 가장 초기부터 거주하며 미얀마 문화의 기초를 쌓았다. 몬족 남자들은 체크무늬의 롱지를 입고 칼라가 없는 셔츠와 전통적인 재킷을 걸친다. 여자들은 긴 머리를 감싸서 빗으로 꽂고 롱지와 단추가 있는 블라우스를 착용한다.

➕ 카인족 Kayin

카렌족으로도 불리는 카인족은 주로 카렌 주에 살고 일부는 카야 주, 샨 주 남부, 이라와디 구, 타닌타리 구와 타이 서부에 산다. 카인족의 남자들은 천으로 머리를 감싸고 롱지를 입고 재킷을 걸치는데 롱지에는 중간에 수평으로 줄무늬가 나 있다. 여자들은 롱지 위에 긴 튜닉을 입고 헤어밴드를 묶어 앞으로 늘어뜨린다. 긴 목과 링 모양의 목걸이로 유명한 빠다웅족도 카인족에 속한다.

➕ 카야족 Kayah

태국의 매홍손과 접한 국경 고산지대인 카야 주에 거주하는 민족으로 카렌니 혹은 레드카렌이라고 불린다. 본래 정령신앙을 믿었으나 영국 식민지 시절 선

교사들의 노력으로 기독교 신앙도 널리 퍼져 있다. 카야족 남자들은 흰색의 두건을 쓰고 셔츠와 검거나 붉은 롱지나 바지를 입는다. 여자들은 머리를 높게 묶고 붉은 천으로 감싼다. 카야 주는 아직 외국인 여행자들의 출입이 허가되지 않은 미지의 지역으로 남아 있다.

➕ 카친족 Kachin

친족과 유사하게 티베트에서 유래한 민족으로 자연 경관이 아름다운 파안이 속한 카친 주에 주로 거주한다. 기존에 정령신앙을 믿던 민족이나 영국 식민지 시절 전파된 기독교를 믿는 인구가 상당하다. 남자들은 셔츠와 전통 재킷, 롱지를 입고 머리에 터번을 두른다. 여자들은 꽃이나 다이아몬드 무늬가 있는 롱지를 입고 블라우스에는 은색의 동전 등을 장식한다.

➕ 친족 Chin

티베트에서 이주해 온 사람들로 알려져 있으며 인도와 방글라데시 국경의 고산지대인 친 주에 살고 있다. 원래 불교가 잘 전파되지 않아 대부분 정령신앙을 믿었으나, 영국 식민지 시절 기독교가 전파되어 상당수가 기독교 신앙을 가지고 있다. 수렵과 사냥, 화전으로 살아가는 친족은 척박한 환경에 적응하기 위해 단순한 생활방식을 고수하고 있다. 의복 역시 단순하여 남자들은 바지를 입고 셔츠를 걸치며 여자들은 긴 롱지와 블라우스를 입는다. 그러나 특별한 날에는 화려하게 장식된 옷을 입는다.

➕ 라카인족 Rakhine

방글라데시 남동부인 치타공 주에 사는 민족으로 미얀마에서는 라카인 주에 주로 거주한다. 라카인 주에서는 불교를 믿는 라카인족과 무슬림을 믿는 로힝가족의 대립이 종종 문제가 되고 있다. 이 지역의 문화와 음식, 의복 등 생활풍습은 전반적으로 인근 국가인 인도의 영향을 받았다. 라카인족 남자들은 잘 짜인 롱지와 칼라 없는 셔츠와 전통적인 재킷을 입고 매듭이 왼쪽으로 오게 한 터번을 머리에 두른다. 여자들은 다양한 헤어스타일을 하고 버튼이 있는 블라우스와 아름답게 디자인된 롱지를 입고 왼쪽 어깨를 숄로 감싼다.

➕ 와족 Wa

미얀마에서는 흔히 라와족으로 불리는 와족은 미얀마 동부와 중국 윈난성의 산악지역에 거주한다. 이들은 인간의 두개골이 풍성한 수확과 건강을 보장해 준다고 믿어서 일부 지역(특히 미얀마의 동부 산악지역)에서는 아직도 사람사냥을 하는 풍습이 남아 있다고 한다.

➕ 모켄족 Moken

바다의 집시라고 불리는 모켄족은 메익 군도에 흩어진 섬 주변 바다 위에 살고 있다. 대략 3천 명 정도로 추산되는 이들은 섬 사이에서 배를 집으로 삼아 살면서 주로 낚시를 하고 조개를 잡으며 생활한다.

Yangon 양곤

Intro

양곤, 세상 밖으로 나서다
Yangon

본래 미얀마 남부의 주요 항구도시였던 양곤은 100여 년의 영국 식민지 시대를 거치면서 폭발적인 인구 증가와 함께 미얀마의 중심지로 성장하였다. 비록 2005년 공식적인 수도 자리는 네피도에 물려주었지만 여전히 미얀마에서 가장 핫한 곳임을 부인할 수 없다. 온갖 종교를 가진 인종, 종족들이 한데 모여 거리마다 시시각각 다양한 모습을 하는 가운데 각종 종교사원들 사이로 화려한 호텔과 최신식 쇼핑몰이 가득하다. 이러한 가파른 변화 속에서도 여전히 새벽이 되면 새들이 지저귀는 나무 아래 롱지를 입은 사람들이 모여 앉아 러펫예를 마시며 하루를 시작하고, 밤이면 복잡했던 거리가 고요함이 가득한 가운데 멀리 파고다의 황금빛이 어둠을 뚫고 나와 보는 이들에게 감동을 선사한다.

Travel Tip
1. 양곤은 4월 말~5월 초에 굉장히 덥고 5월 중순부터 비가 간헐적으로 내리기 시작하여 7, 8월에 가장 많은 비가 온다. 한 번 비가 내리면 양곤 일부 지역은 물이 빠지지 않아 한동안 고여 있다.
2. 양곤 시내에서는 오토바이 운행이 금지되어 있다. 미얀마의 다른 지역에서는 오토바이를 직접 대여하거나 오토바이택시를 저렴하게 이용할 수 있지만 이곳만은 예외다.
3. 소매치기, 강도, 성추행 등의 위험은 거의 없어 동남아에서 가장 안전한 나라로 손꼽힌다. 물론 여행할 때는 평소보다 더 큰 주의를 기울여야 하며 어두워진 밤거리나 유흥업소에서는 당연히 범죄가 일어나기 쉽다.
4. 시내에서 가장 위험한 것은 곳곳의 '맨홀'과 각종 부딪히기 쉬운 '거리 설치물'이다. 밤에는 거리가 어두우므로 랜턴을 가지고 다니며 발밑을 특히 조심하자.
5. 24시간 레스토랑도 있지만 대부분의 음식점이나 가게들은 10시쯤에 문을 닫는다.
6. 간혹 전기 공급이 중단되며 그때마다 각종 발전기가 돌아가 소음이 심각할 정도다. 숙소에 머물 때 발전기 근처에 위치한 방은 피하자.

➕ 여행정보센터

◎ Myanmar Travels & Tours (MTT)
우리나라 한국관광공사처럼 국가에서 운영하는 것은 맞으나, 여기도 여행사다. 국영여행사지만 친절과는 거리가 멀다. 서양 여행자들은 여기서 국경정보들을 알아보러 들르는데 현재 변하고 있는 국경소식들을 정확히 알려줄 수 있는 능력이 되는지 살짝 의문. 간단한 양곤 시티 여행정보만 물어보러 들른다면 괜찮다.

Address No.118, Mahabandoola Garden St., Kyauktada Tsp.
Access 양곤 시청을 등지고 정면에 마하반둘라 공원 왼편에 위치
Tel 01-371286
Email gm.mtt@mptmail.net.mm

➕ 주요 여행사

◎ VIVO 항공 & 버스티켓
술레 파고다 바로 근처에 있는 여행사로 항공티켓과 버스티켓을 전문적으로 취급하고 있다. 매우 친절하고 믿을 만하다. 직원 중엔 한국 드라마를 아주 좋아해 한국말을 조금 할 줄 아는 직원도 있으므로 다운타운에 머물고 있다면 이용해보자.

Address No.458/460, Mahabandoola St., Between 31st St. & 32nd St., Pabedan Tsp., Yangon
Access 술레 파고다에서 서쪽으로 5m 방향에 위치
Tel 01-377117
Email vivo@myanmar.com.mm

◎ UA Ticketing & Tours
다운타운 근처에 위치한 여행사 중 가장 많은 정보를 가지고 있는 여행사가 아닐까 생각이 든다. 전국적인 네트워크를 갖고 있는 만큼 국경정보도 국영여행사보다 많은 편이다. 이미 배낭여행자들 사이에서 소문이 자자하다.

Address No.152, Sule Pagoda Rd., Kyauktada Tsp., Yangon
Access 술레 파고다 앞 양곤 시청에서 사쿠라타워 방향에 위치(버스정류장 뒤편)
Tel 01-398400
Email uatours@uniqueasiatravel.com
Web www.uniqueasiatravel.com

◎ Columbus Travels
양곤에도 몇 개의 사무실이 있다. 직원들이 많으며, 언제나 현지사람들로 북적이는 곳이다.

Address No.69/71, Sule Pagoda Rd., Kyauktada Tsp., Yangon
Access 술레 파고다에서 남쪽 방향으로 10m 거리에 위치
Tel 01-378535
Email lwinlwinhtun.clb@gmail.com

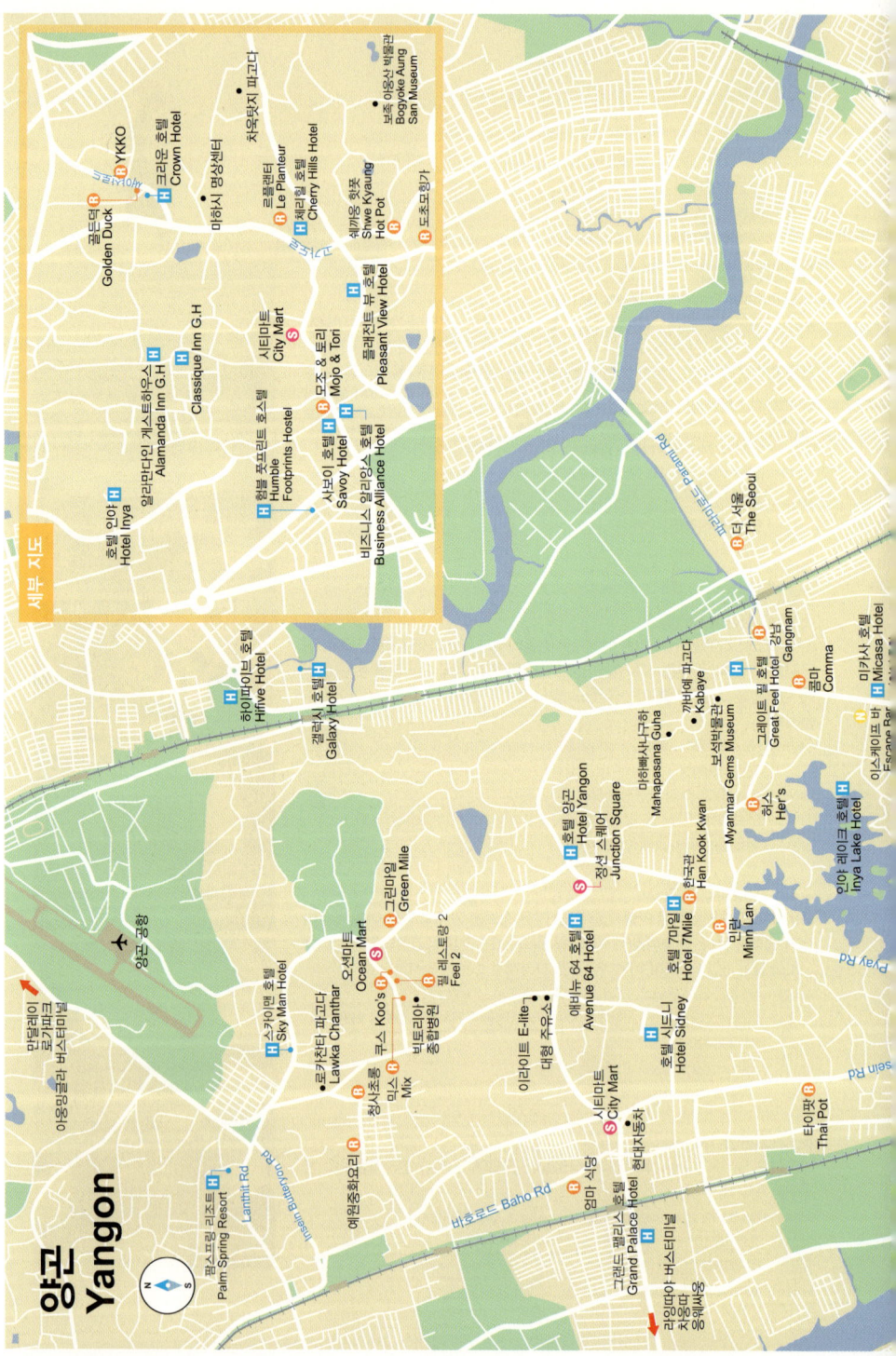

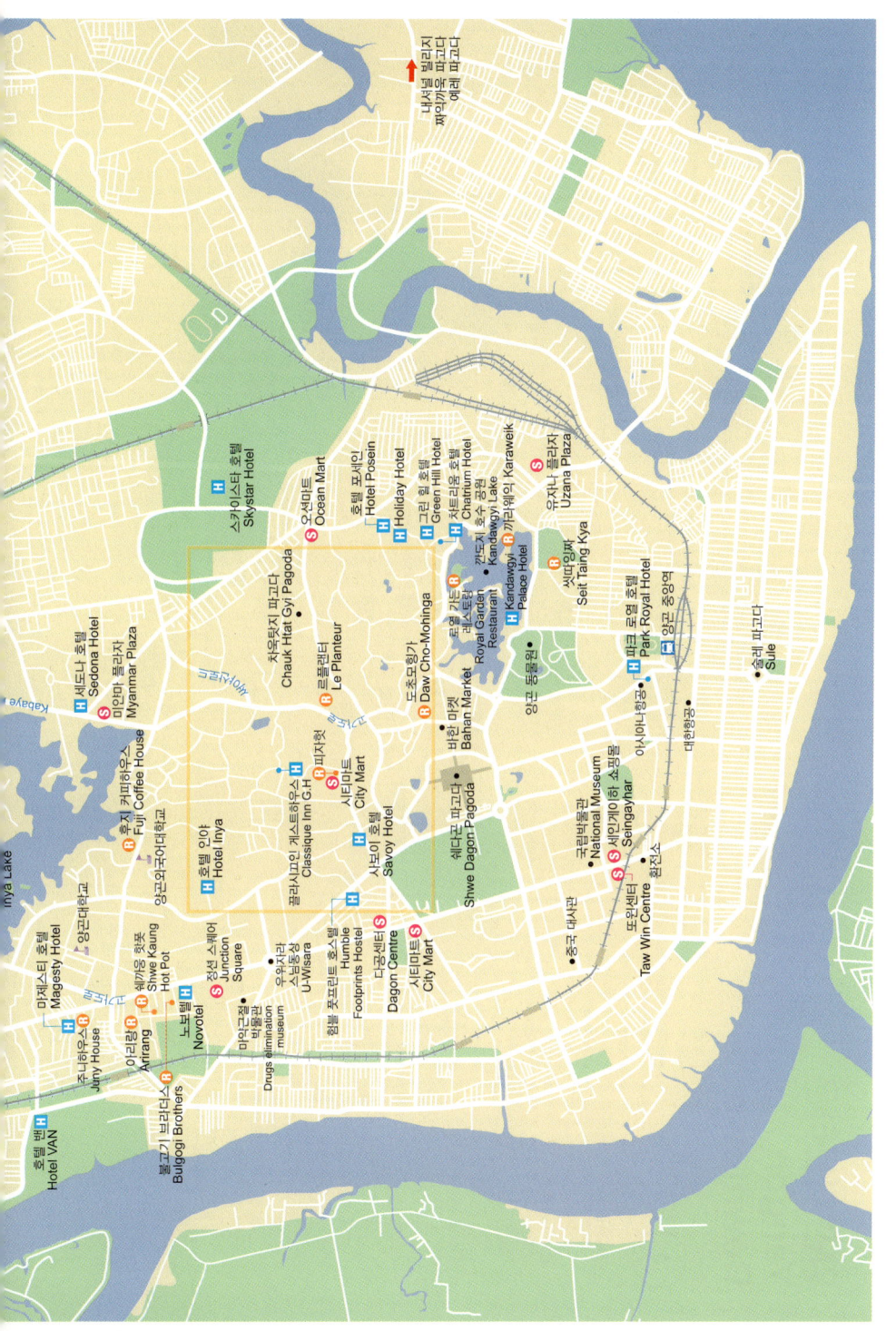

Myanmar | **Yangon**

주요 도시에서 양곤 들어가기

✚ 항공
◎ 국제선

우리나라에서도 가장 작은 공항만 한 크기의 국제공항이므로 비행기에서 내려서 입국수속장까지 5~10분 내외면 충분하다. 공항입구를 나와 주차장을 지나면 마찬가지로 1~2분 사이에 공항을 나설 수 있다. 공항버스는 아직 개통되지 않아 택시를 이용해야 한다. 공항 내에는 무료로 제공되는 와이파이 서비스가 있어 편리하며, 직원들도 대부분 친절하다. 급한 사정으로 공항에서 바로 비행기표를 구하는 경우, 아직까지는 달러로만 구입이 가능하다. 공항 내에는 임시로 짐을 맡길 수 있는 서비스가 있어 타 지역에서 도착한 뒤 잠시 양곤을 돌아보고 당일 미얀마를 떠나고자 하는 여행자에게 유용하다.

출발국	출발도시	항공사	출발시간	소요시간
한국	인천	대한항공	18:30	6시간 30분
태국	방콕	에어아시아	07:15, 08:15, 11:35, 16:20	1시간 15분
		녹에어	06:30, 10:30, 19:25	1시간 20분
		미얀마항공	10:15, 19:20	1시간 15분
		방콕에어웨이	16:45	1시간 20분
	치앙마이	방콕에어웨이	11:00	1시간 25분
베트남	하노이	베트남항공	16:40	2시간
	호찌민시티	베트남항공	08:30	2시간 10분
인도	캘커타	에어인디아	10:30	1시간 45분
싱가포르	싱가포르	싱가포르항공	07:55	2시간 55분
일본	도쿄	전일본공수	11:45	8시간
중국	쿤밍	에어차이나	11:10	1시간 50분
		중국동방항공	13:50	2시간 10분

◎ 국내선

인도차이나 반도에서 가장 큰 나라인 미얀마는 항공이 중요한 교통수단이다. 국내선 공항은 양곤국제공항 옆에 붙어 있으며 공항에는 국내선 항공사들의 카운터가 쭉 자리해 있다. 본인의 항공티켓(종이티켓, E-티켓)을 보여주고, 짐은 큰 저울에 달아서 무게(20kg)를 체크한다. 환전이 필요한 경우 국내선 건물에는 환전소가 없으므로 국제선으로 가서 환전해야 하지만 만달레이나 인레 공항에는 모두 환전소가 있다. 대부분의 미얀마 국내선은 완행으로 운행되며 오전은 양곤에서 바간-만달레이-헤호-양곤 순으로(오후에는 반대로) 도는 식이므로 출발시간을 잘 선택하는 것이 좋다. 국내선은 대부분 간단한 빵이나 음료를 제공하며 특정 좌석번호 없이 선착순으로 자리가 결정되는 편이다. 국내선을 공항에서 직접 구하기는 힘들며 미리 시내의 항공사 사무실이나 인터넷 사이트 혹은 개별 여행사에서 구입해야 하는데 시내의 항공사 사무실이나 여행사를 통하는 것이 가장 저렴하게 구입할 수 있는 방법이다.

미얀마 국내선 항공사(2016년 기준)

로고	IATA코드	영문명	설립년도	전화번호	웹사이트
myanma	UB	Myanmar Airways	1948	01-378603	www.flymna.com
yangon airways	YH	Yangon Airways	1996	01-383100	www.yangonair.com
AIR MANDALAY	6T	Air Mandalay	1994	01-501520	www.airmandalay.com
airBagan	W9	Air Bagan	2004	01-514861	www.airbagan.com
AIR KBZ	K7	Air KBZ	2010	01-373787	www.airkbz.com
Asian Wings Airways	YJ	Asian Wings Airways	2011	01-516654	www.gmairlines.com
Golden	Y5	Golden Myanmar Airlines	2012	01-8604035	www.gmairlines.com
Mann Yadanarpon Airlines	7Y	Mann Yadanarpon Airlines	2014	01-659969	www.facebook.com/MannYadanarPonAirlines
FMI Air	ND	FMI Air	2016	01-373537	www.fmiair.com

➕ 양곤국제공항 이용하기

최근 양곤국제공항을 새롭게 단장하였으나 여전히 작은 규모에 불과하다. 입국장에는 택시부스와 두 곳의 환전소, 여행안내소와 MPT, Ooredoo 통신사 부스와 간단한 커피 판매점이 있다. 입국장과 출국장은 내부로 연결되어 있고 출국장에 짐 보관소(6시간에 2$)가 있다. 건물을 나서면 왼쪽 1분 거리에 국내선 청사가 자리한다. 건물 외부에는 싱가포르 커피체인점 야쿤커피Ya Kun Coffee가 있고, 국내선 2층에 간단한 음식점이 있으며 공항입구의 넓은 도로 건너편에는 식사와 생맥주, 딤섬 등을 판매하는 산또원San Taw Win 푸드센터가 있다. 공항버스는 없고, 보통 다운타운으로 향할 경우 8,000짯, 아웅밍글라 버스정류장으로 향할 경우 6,000짯의 택시비가 든다. 출국할 경우 제대로 된 면세품 쇼핑을 기대하지는 말자.

양곤에서 다른 도시로 이동하기

➕ 기차

미얀마 전역이 기차로 연결되어 있으나 상당히 낡고 지저분한 편이어서 장기 여행에는 적합하지 않다. 좌우나 상하의 움직임이 심하여 안 그래도 느린 속도로 움직이는 기차가 고장으로 종종 연착이 되기도 한다. 전반적으로 낡은 관계로 보수가 필요하지만 예산이 부족하여 제대로 이루어지지 않고 있다.

➕ 버스

미얀마의 장거리 버스들은 각 버스회사별로 버스종류, 출발시간, 요금이 달라 아래 표에 시간대를 정리해놓았다. 이 출발시간대 이외에도 주요 노선들은 많은 회사에서 여러 종류의 사설버스가 운행되므로 표 구입 시 미리 확인해야 한다. 터미널이나 여행사 외 각 숙소에서도 버스표를 구입할 수 있는데 대부분의 노선은 아웅밍글라 버스터미널에서 출발하며 차웅따, 응웨싸웅 해변의 경우에는 라잉따야 버스터미널에서 출발한다. 현재 주요 여행지로의 버스나 도로사정은 상당히 좋은 편이며, VIP버스와 고속버스의 대부분이 최근에 들어온 신형 에어컨버스로 밤에는 추울 정도로 에어컨을 틀어주며 담요와 생수 및 간단한 빵을 제공하기도 한다.

도착	출발시간	요금 (VIP버스/고속버스)	소요시간
만달레이	08:00, 08:30, 09:00, 09:30, 16:00, 17:00, 18:00, 19:00, 20:00, 21:00, 21:30, 22:00	14,500짯/10,500짯	9시간
바간	07:00, 08:00, 18:00, 19:30, 20:00, 21:30	18,000짯/15,000짯	10시간
인레 호수	08:00, 17:00, 18:00, 19:00	20,000짯/15,000짯	12시간
껄로	08:00, 17:00, 18:00, 19:00	20,000짯/15,000짯	10시간
삔우린	08:00, 09:00, 18:00, 19:00, 20:30	16,000짯/11,500짯	10시간
시뽀	16:00, 16:30, 17:00	16,500짯/14,500짯	12시간
라시오	16:00, 16:30, 17:00	16,500짯/14,500짯	13시간
무세	16:00	(고속)23,000짯	20시간
네피도	06:30~22:00(수시운행)	(고속)6,000짯	5시간
바고	05:30~22:00(수시운행)	(고속)5,000짯	2시간
짜익띠요(낀푼)	06:30~16:30(수시운행)	(고속)8,000짯	4시간
몰라먀인	07:00, 07:30, 08:00, 08:30, 12:00, 15:00, 17:00, 19:00, 20:30, 21:30, 22:00	11,000짯/10,000짯	8시간
파안	06:30, 07:00, 08:00, 10:00, 18:30, 19:00, 19:30, 20:00	(고속)6,000짯	8시간
먀워디	12:00, 18:30, 20:00	(고속)12,000짯	12시간
빠테인	06:00, 07:00, 10:00	(고속)8,000짯	4시간
차웅타	06:00, 09:00, 22:00	(고속)10,000짯	5시간
응웨싸웅	06:30, 09:00, 22:00(금요일만 출발)	(고속)10,000짯	5시간
므락우	08:00	25,000짯	27시간

✚ 양곤의 시내교통

양곤 시내에서 가장 효율적으로 이동할 수 있는 수단은 택시로, 타기 전에 먼저 목적지를 운전기사에게 말하고 요금을 협상해야 한다. 요금은 계속 오르고 있지만 10분 정도의 거리당 기본 1,500짯부터 시작한다. 몇 대의 택시를 잡아보면 대충 요금을 파악할 수 있는데 허름한 택시일수록 좀 더 저렴한 편이다. 시내버스는 다양한 회사와 노선에 번호판도 미얀마 숫자로 표시되어 있어 타기가 쉽지 않지만, 한 번쯤 도전해 보자. 아직은 때 묻지 않은 미얀마에서 외국인이라고 지나친 바가지를 씌우는 경우는 많지 않다.

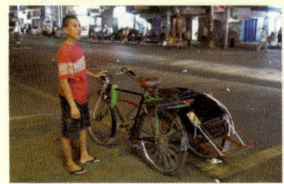  

Travel Tip

1. 양곤에서 택시 잡기
대체로 대기 중인 택시보다는 지나가는 택시를 잡는 것이 더 저렴하며 방금 손님이 내린 택시라면 더 싸다. 운전기사에게 목적지를 말해주고 기사가 부르는 요금에서 500짯 정도는 더 깎아서 이동하자. 웃는 얼굴로 흥정을 하면 대부분 적당한 금액으로 이동할 수 있다.

2. 양곤의 택시 좌석
원래 좌측통행이었다가 갑자기 우측통행으로 교통체계가 바뀌는 바람에 많은 차량들은 여전히 오른쪽에 운전석이 있다. 급작스러운 변화로 한동안 혼란이 있었다고 하는데, 이는 고위층이 받은 점패에 의한 것이라거나 우측에 운전석이 있는 차들이 추월을 할 수 없게 하기 위함이라는 등 다양한 이야기가 난무한다. 무심코 타려다가 운전석 문을 여는 해프닝이 벌어지기도 하며, 운전석 옆 좌석으로 타고 내리기 위해서는 주변을 잘 살펴야 한다.

교통편	이동	시간/번호	요금	설명
택시	공항–술레 파고다	1시간 이상	8,000짯	정체가 심한 경우 2시간 이상 예상해야 한다.
	술레 파고다–아웅밍글라 버스터미널	1시간 이상	9,000짯	아웅밍글라의 택시 호객꾼들이 택시를 잡아줄 경우 더 비싸다.
	양곤 시내	1일 대여	40,000~45,000짯	
시내버스	술레 파고다–공항	51번, 231번	200짯	Merchant 로드, 31번가 입구에서 승차. 공항 앞까지 가는 버스는 없으며, 공항 가까운 정류소에서 내려서 다시 택시를 타야 한다(10분 거리).
	술레 파고다–아웅밍글라 버스터미널	43번	300짯	술레 파고다 앞 시청 쪽에 버스정류소에서 승차.
	술레 파고다–쉐다곤	204번	200짯	Merchant 로드, 31번가 입구에서 승차.
사이카	10분 거리		2,000짯~	양곤에서는 사이카가 다닐 수 있는 도로가 한정되어 있으니, 이용하기 전에 목적지를 미리 말해야 한다.

Sightseeing

양곤 시내 양곤은 온갖 인종과 종교, 과거와 현재가 한곳에 뒤섞여 풍부하고도 색다른 경험을 할 수 있는 곳이다. 불교 국가답게 많은 불교 사원들이 있지만 독특한 외관의 힌두 사원이나 거대한 무슬림 사원, 100년이 넘는 중국 사원 외에 영국 식민지 시절 지어진 고풍스러운 교회들까지 한곳에 모여 있다. 각 사원들을 중심으로 열리는 시장에서는 다양한 사람들이 서로 어울려 양곤의 오늘을 만든다.

Sightseeing

쉐다곤 파고다 Shwedagon Pagoda

전설에 따르면 석가모니 부처가 열반에 이르기 전, 두 몬족 형제가 보드가야에서 부처님을 직접 만나 8개의 머리카락을 얻어 이곳에 안치하였다고 한다. 본래 작은 탑에 불과하였으나 지진 및 화재로 인한 붕괴와 재건을 반복하여 오늘날의 거대한 모습이 완성되었다. 100m에 이르는 높이, 탑 꼭대기에 박혀 있는 76캐럿의 다이아몬드를 포함한 총 4,351개의 다이아몬드, 2,317개의 루비와 사파이어, 대형 에메랄드, 경내 북서쪽에 위치한 24톤의 거대한 마하간다 종, 64개의 작은 불탑과 주변에 흩어져 있는 72개의 건물들 내에 모셔진 수많은 불상들. 이 모든 것들이 이 파고다의 어마어마한 규모를 짐작하게 만들지만 쉐다곤 파고다의 진짜 모습은 파고다 그 자체가 아닌 그곳을 향하는 모든 미얀마 사람들의 마음에 있다. 새벽부터 밤늦게까지 끊임없이 이곳을 드나들며 불공을 드리는 사람들이 파고다 주위를 둘러싼 신비로운 분위기와 하나가 되어 마치 또 다른 세상에 온 듯한 느낌마저 들게 한다.

Access	동쪽 출입구 입장 후 시계 방향으로 관람
Open	04:00~22:00
Cost	8,000짯
Web	www.shwedagonpagoda.com

- 오칼라파Okkalapa 왕 건립
- 높이 99m

Special Sightseeing

쉐다곤 파고다
Shwedagon Pagoda

★ 입장방법 (동쪽 문으로 입장)

해발 58m 높이 언덕 위에 세워진 사원은 사방으로 진입로가 나 있으며 엘리베이터나 계단 혹은 에스컬레이터(서쪽 입구) 어디로든 진입할 수 있지만 네 방향으로 배치된 불상의 순서상, 동쪽으로 진입하는 것이 일반적이다. 외국인은 8,000짯의 입장료를 내야 하며, 엘리베이터를 이용하거나 계단으로 오르거나 요금은 동일하다. 아래쪽에서 신발을 벗고 입장을 해야 하고 짧은 치마나 바지를 입은 경우에는 롱지(보증금 5,000짯)를 대여해준다. 입장료를 내면 쉐다곤에 대한 설명이 적힌 영문 팸플릿과 스티커를 주는데, 스티커의 색이 매일 달라지므로 다음 날 다시 방문하려면 새로 입장료를 내야 한다.

★ 내부 볼거리

중앙의 탑 주위에는 각종 금이나 옥으로 만든 불상과 부처님의 발자국 모형, 금으로 만든 작은 쉐다곤 모형 등이 있고 뒤쪽으로 석가모니 부처가 깨달음을 얻었던 보드가야의 보리수 씨앗을 가져와 1926년에 심었다는 5그루의 보리수가 있다. 북쪽 입구 근처에 예불을 드리는 넓은 공간이 있고 그 뒤쪽에는 쉐다곤의 옛 모습 및 꼭대기의 다이아몬드를 찍은 사진 등이 전시된 전시실이 있다. 북동쪽에는 46m 높이의 나웅도지 탑이 있는데 그 뒤쪽으로 담마제디 왕이 쉐다곤의 역사에 대하여 몬족어와 버마어, 팔리어 세 종류의 문자로 기록해놓은 비석이 있다. 북서쪽에 쉐다곤 파고다에 관한 박물관이 있어 수세기에 걸쳐 박물관에 기증된 물건들이나 예술작품을 감상할 수 있다.

미얀마인들의 지혜를 볼 수 있는 마하간다 종

1779년 꼰바웅 왕조의 신구 왕(Singu King)이 청동 종을 주조해 보시한 것이다. 1825년 영국군이 이를 강탈하여 영국으로 가져가려 했으나 배가 종의 무게를 못 견디고 양곤 강에서 좌초해버렸다. 영국인들은 종이 무거워 강에서 꺼내지 못했으나 미얀마인들은 대나무를 이용해 강에서 종을 꺼냈다.

각 방향 불상 및 출생요일(상징동물) 소개

언덕을 오르면 대리석이 깔린 넓은 장소와 금으로 덮여 눈부신 쉐다곤 파고다가 보인다. 중앙의 탑 기단에는 네 방향으로 지어진 기도실에 불상을 모시고 있는데 각 불상은 동쪽에서부터 시계 방향으로 까꾸산다(구루손), 꼬나가마나(구야함모니), 카사파(가섭), 고타마(석가모니) 불상을 모시고 있다. 이는 석가모니 부처의 전생에 깨달음을 얻은 순서로 미얀마 사원에서 4개의 불상을 모시는 경우에는 모두 이 네 부처를 뜻한다. 네 개의 기도실 사이에는 아기를 점지해준다는 브라흐마 상, 처음 쉐다곤 파고다를 지은 오칼라파Okkalapa 왕의 형상 외에 태어난 요일을 상징하는 동물의 형상들이 있으며 이 형상에 물을 뿌리며 복을 기원하는 미얀마 사람들을 볼 수 있다. 전통적으로 미얀마에는 8개의 요일이 있어 모두 8종류의 동물모양을 볼 수 있으며 현재는 서양의 달력에 맞추어 수요일을 오전과 오후로 나누었다.

각 방향 부처님 소개

부처님이름	순서	위치
❶ 까꾸산다(구루손불)	25번째 깨달음을 얻으신 부처님	동쪽
❷ 꼬나가마나(구야함모니불)	26번째 깨달음을 얻으신 부처님	남쪽
❸ 카사패(가섭불)	27번째 깨달음을 얻으신 부처님	서쪽
❹ 고타마(석가모니불)	28번째 깨달음을 얻으신 부처님	북쪽

출생요일(상징동물) 소개

출생요일	상징동물	위치
❶ 월	호랑이	동쪽
❷ 화	사자	남동쪽
❸ 수(오전)	상아 있는 코끼리	남쪽
❹ 수(오후)	상아 없는 코끼리	북서쪽
❺ 목	쥐	서쪽
❻ 금	돼지(두더지)	북쪽
❼ 토	용(뱀)	남서쪽
❽ 일	독수리(가루다)	북동쪽

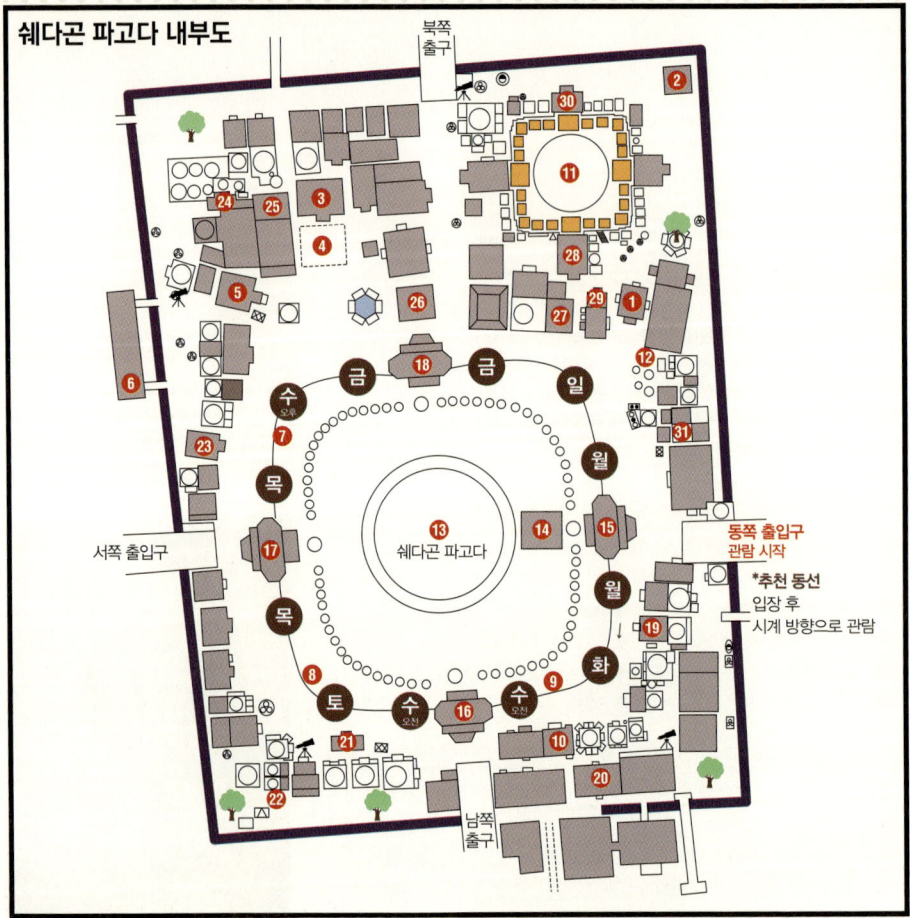

기타 볼거리
1. 따리야와디 종
2. 담마제디 비석
3. 사진 전시관
4. 승리의 지점(소원 성취)
5. 마하간다 종
6. 박물관
7. 오칼라파 왕(쉐다곤 전설)
8. 보에토티캬르(오칼라파의 아버지)
9. 아이를 안고 있는 브라마

파고다
10. 쉐다곤 모형(미니어처) Replica of Shwedagon
11. 나웅도지 파고다 Naungdawgyi
12. 티도 파고다 Htidaw
13. 쉐다곤 파고다(99m)

불상
14. 파다먀 멧신 불상 Padamya Myetshin
15. 까꾸산다(구루손불) Kakusanda Buddha
16. 꼬나가마나(구야함모니불) Kawnagammana Buddha
17. 카사파(가섭불) Kassapa Buddha
18. 고타마(석가모니불) Gautama Buddha
19. 파다신 불상 Padashin Buddha
20. 세도모 불상 Saedawmu Buddha
21. 옥 불상 Jade Buddha
22. 썬문 붓다 Sun-Moon Buddha
23. 부처님 모조 치사리 Buddha's Sacred Tooth Relic Replica
24. 신소뷰 불상 Shin Saw Pu's Buddha
25. 찬타르지 불상 Chanthargyi Buddha
26. 부처님의 불발을 씻었던 물 Sacred Hair Relic Washing Well
27. 보보아웅 불상 Boe Boe Aung's Buddha
28. 신이자고나 불상 Shin Izzagona's Buddha
29. 피도빤 불상 Pyidawpyan Buddha
30. 신마티 불상 Shin Ma Htee's Buddha
31. 담마제디 불상 Dhamazedi Buddha

🔭 망원경

Sightseeing
②
술레 파고다 Sule Pagoda

양곤 도심의 기준이며 모든 상업적, 문화적 중심지에 자리한 술레 파고다의 탑 중간까지 팔각으로 이루어진 독특한 모양은 바간시대 이전에 이 사원이 지어졌음을 말해준다. 내부에는 부처의 머리카락이 안치되어 있다고 전해지며, 영국이 점령한 당시 술레 파고다를 중심으로 도시를 건설함에 따라 주변에는 옛 영국 식민지 시절에 지어진 건축물 및 그 당시 영국으로 이주해 온 인도인과 중국인들이 건설한 각종 힌두 사원, 중국 사원, 교회 등이 밀집되어 있다. 관공서나 은행들 역시 술레 파고다 주변에 밀집해 여행자뿐만 아니라 모든 양곤 사람들의 생활의 중심지인 만큼 차가 많이 막히기도 한다. 외국인 입장료가 있지만 내부에 특별한 볼거리가 있는 것은 아니다.

Access	다운타운에서 한가운데 위치
Open	07:00~21:00
Cost	3$

Sightseeing
③
차욱탓지 파고다 Chauk Htat Gyi Pagoda

오른손으로 머리를 받치고 옆으로 누운 모습이 더욱 편안해 보이는 와불은 1973년에 현재의 모습이 완성되었다. 성별을 가늠할 수 없을 정도로 아름다운 눈매와 입술이 미소를 지을 듯 말 듯한 표정을 하고 있는데, 거대한 크기와는 달리 섬세하게 흘러내리는 옷의 끝단이 유리모자이크로 화려하게 장식되어 있다. 와불이 모셔진 사원은 철골건물과 패널지붕으로 특별한 멋은 없지만 거대한 와불 아래에서 기도를 올리는 미얀마인들은 더 없이 진지한 표정들이다. 와불의 발바닥에는 108개로 나눠진 사각형 안에 온갖 형상이 새겨져 있는데 이는 불교에서 말하는 삼계를 표현한 것이라고 한다. 와불 발아래에는 미얀마의 전통 신앙인 낫의 형상이 모셔져 있다.

Access	깐도지 호수와 인야 호수 중간에 위치
Open	06:00~21:00
Cost	무료

Sightseeing
④
보족 아웅산 박물관 Bogyoke Aung San Museum

아웅산 수치 여사의 생가로 보족 아웅산 장군이 1945년 5월부터 1947년 사망 당시까지 살던 집이다. 서재와 응접실, 주방 외에 부부와 아이들의 침실이 있는 서양식 2층집으로 아웅산 장군과 부인, 세 아이들의 사진과 쓰던 물건, 가구 등이 전시되어 있다. 조용한 주택가 가운데 나지막한 언덕에 자리하고 있으며 내부에서는 사진 촬영이 금지되어 있다.

Access	깐도지 호수 북쪽에 위치
Open	09:30~16:30(월·공휴일 휴무)
Cost	300짯(내부 촬영금지)

Sightseeing ⑤

보타타웅 파고다 Botahtaung Pagoda

보드가야에서 석가모니를 만난 두 형제가 8개의 불발을 가지고 양곤 강에 도착하자, 오칼라파 왕이 1,000명의 장군들과 함께 불발을 받아 현재의 보타타웅 파고다 자리에 임시로 모셔놓았다. 6개월 후 현재의 쉐다곤 파고다 자리에 탑을 세워 안치했다. 그중 하나를 왕의 형이 받아 이곳에 모셔놓고 보타타웅 파고다를 세웠다고 전해지며 그 이후 몇 차례에 걸쳐 몇 개의 불발과 불사리가 더 안치되었다고 한다. 현재의 모습은 영국에 의해 파괴된 사원을 복구하는 과정에서 불발 하나와 두 개의 불사리가 발견되어 이를 모시기 위해 1953년에 새로이 건설된 것이다. 동쪽으로 들어서면 온통 황금으로 칠해진 벽면과 천장이 독특한 분위기를 자아내며 수많은 보석으로 장식된 단 위에 불발이 모셔져 있어 방문객들이 직접 눈으로 확인할 수 있다. 사원 한쪽에는 미얀마 전통 신앙인 낫 사당이 있어 이곳에도 불자들이 찾아와 현세의 복을 기원한다.

Access	술레 파고다에서 남동쪽 강가에 위치
Open	06:00~21:30
Cost	3$

Sightseeing ⑥

까바예 파고다 Kaba Aye Pagoda

미얀마 초대 수상 우누에 의해 1950년대에 지어진 것으로, 세계 제6차 불교 회의가 열리는 것을 기념하여 건립한 것이다. 특이하게 아래 부분이 원형으로 된 사원에는 5개의 출입구가 있는데, 출입구 사이사이에 각 나라와 지방의 불상을 본떠 만든 20개의 불상이 서 있다. 내부를 들어서면 바깥쪽에는 원형의 통로가 있고 다섯 개의 좌불이 안치되어 있는데 이 중에는 한국의 법화정사에서 헌납한 불상도 있다고 한다. 중앙의 방 안에 들어서면 만달레이의 마하무니 불상을 본떠 만든 불상과 각 나라에서 기증받은 불상이 안치되어 있다.

Access	인야 호수 북동쪽에 위치
Open	06:00~21:00
Cost	무료

Sightseeing ⑦

깐도지 호수공원 Kandwagyi Lake Park

복잡한 양곤 시내 한가운데 위치한 이 넓은 호수에 들어서면 울창한 나무들과 잔잔한 호수, 조용히 지저귀는 새소리로 평화로운 분위기가 낯설기까지 하다. 호수 주변으로 나무나 돌 등으로 잘 정비된 길이 깔려 있어 저녁이면 일과를 마치고 돌아온 가족들이 아이들과 함께 산책하는 모습을 종종 볼 수 있다. 호수의 동쪽 끝에는 미얀마 전통공연이 열리는 최고급 레스토랑인 까라웨익 팰리스 Karaweik Palace 외에 간단한 맥주와 식사를 하기 좋은 야외음식점과 연인들을 위한 작은 나무다리 등이 조성되어 있는 까라웨익 공원(입장료 300짯)이 있다. 깐도지 공원과 분리 운영되므로 쉐다곤 파고다의 야경을 감상하는 게 목적이라면 다른 쪽 입구가 아닌 까라웨익 공원으로 입장하는 것이 유리하다. 호수에 비친 쉐다곤 파고다의 야경이 특히 아름다워 밤이면 많은 사람들이 이곳을 찾는다.

Access	다운타운에서 북동쪽에 위치
Open	09:00~18:00
Cost	2$, 카메라 700짯 (까라웨익 식사 시 무료)

Sightseeing

국립박물관 National Museum

미얀마를 대표하는 박물관답게 5층으로 된 박물관 내부에는 여러 볼거리가 있다. 먼저 1층Ground Floor에 위치한 '사자' 왕좌Lion Throne부터 관람을 시작하자. 만달레이 궁에서 사용된 왕좌로 9종류의 미얀마 왕좌 중 현재까지 보존된 유일한 진품이다. 둘레에는 다른 종류의 왕좌 모형들이 전시되어 있는데 각 왕좌의 차이점을 알아내는 것도 흥미롭다. 19세기에 만들어진 예술성 높은 나무 조각품들이나 미얀마 고대어가 적힌 물품들을 지나 2층1st Floor에는 보석이 박힌 금 쟁반이나 화려한 장식의 베텔컵, 왕이 사용하던 단검, 우산, 루비 장식의 금 슬리퍼 등 왕실에서 쓰던 보물들이 전시되어 있다. 3층2nd Floor의 민속 공예품이나 4층3rd Floor의 미술품도 볼만하지만 무엇보다 눈에 띄는 것은 가장 꼭대기 층의 여러 민족에 관한 전시장이다. 전국에서 여전히 고유한 풍습대로 생활하는 각 민족만의 전통복장, 악기, 물품들을 전시해 놓았다.

Access 다운타운에서 삐로드로 접어들면 오른쪽에 위치
Open 09:30~16:00(월·공휴일 휴무)
Cost 5,000짯(내부 촬영금지)

Sightseeing

차이나타운과 인디아 거주 지역

마하반둘라 거리의 광동관음(Guang Dong Kwan Yin 20번가) 사원과 스트랜드 거리의 경복궁(Kheng Hock Keong 18번가) 사원을 중심으로 넓은 지역에 형성된 차이나타운은 양곤에서도 가장 붐비는 곳으로 아침부터 밤늦게까지 갖가지 종류의 노점으로 눈길을 끈다. 특히 마하반둘라 거리에는 저녁이 되면 온갖 종류의 과일노점이 들어서는데 잘 흥정하면 가격도 적당하게 싱싱한 과일을 구입할 수 있다. 좀 더 북쪽으로는 힌두 사원인 스리칼리 사원Sri Kali Temple 및 몇 개의 거대한 모스크가 모여 있으며 영국 식민지 시절 이곳으로 이주해 온 수많은 힌두계 혹은 무슬림계 인도인이 거주한다. 인도에서 흔히 먹는 탈리 등을 파는 음식점이나 요구르트인 라씨를 파는 노점 등이 러펫예나 샨국수를 파는 노점과 어우러져 독특한 풍경을 자아낸다. 무슬림 모자를 쓴 인도계 사람들이 롱지를 입고 러펫예를 마시는 모습이 낯설기도 하다.

Access 술레 파고다 주변 및 서쪽

Sightseeing

마하반둘라 공원 Maha Bandula Garden

술레 파고다 옆 잔디가 깔린 넓은 공원으로 평소에는 한쪽에 세워진 독립 기념탑과 함께 한적한 모습이지만 주말에는 젊은 연인들이 삼삼오오 모여 각종 놀이를 하거나 이야기를 나누는 공원으로 변한다. 주변에 영국 식민지 시대에 지어진 건물들이 많이 남아 있어 공원에 앉아 주위 건물들을 감상하기에도 좋은 곳이다. 우리나라로 치자면 서울의 시청 앞 광장 같은 곳이다.

Access 양곤 시청 바로 앞
Open 24시간
Cost 무료

Sightseeing
⑪
피플스 파크 People's Park

쉐다곤 파고다 서쪽에 위치한 넓은 공원으로, 최근 재단장을 해 양곤 청년들의 데이트장소가 되고 있다. 꽃과 호수, 사랑의 터널, 분수, 전망대가 아기자기하며 쉐다곤 파고다가 보이는 탁 트인 전망 역시 시원스럽다. 선선한 바람이 부는 저녁에 산책하기도 좋다.

Address	U Wisara Rd. Dagon
Access	쉐다곤 파고다 서쪽에 위치
Open	09:00~21:00
Cost	300짯

Sightseeing
⑫
바하두르 샤자파 묘역 Dargah of Bahadur Shah Zafar Ziwaca St. Dagon

인도 무굴제국의 마지막 왕, 바하두르 샤자파와 그 가족의 묘역이다. 영국의 식민지 상황에서 왕은 지배에 저항하는 세포이 항쟁이 실패로 돌아가자 1858년에 왕비와 함께 미얀마 랑군으로 망명하였다. 버마의 마지막 왕인 띠보 왕이 인도로 끌려가 그 말년을 알 수 없게 된 것처럼 인도의 마지막 왕인 바하두르 샤자파 역시 사망 후 영국군이 그의 시체를 아무도 모르는 곳에 매장하여, 이곳에는 그의 상징적인 무덤만이 자리하고 있다. 왕비와 손녀딸의 묘도 함께 조성되어 있다.

Address	Ziwaca St. Dagon
Open	08:00~20:00
Cost	무료

Sightseeing
⑬
보석 박물관 Gems Museum

까바예 파고다 바로 남쪽에 위치하며 정교하게 세공된 보석과 가공 전의 원석이 전시되어 있다. 각종 루비와 사파이어, 옥 등이 전시되어 있는데 본래는 만달레이 주 모곡에서 생산된 세계에서 가장 큰 루비, 거대한 크기의 천연 진주, 카친 주에서 가져온 세계에서 가장 큰 옥 등 다양한 볼거리가 있었으나 현재는 대부분이 네피도의 보석 박물관으로 이전된 상태다. 박물관 아래에는 1층부터 3층까지 각종 보석 상점들이 입점해 있다.

Access	까바예 파고다 바로 옆, 남쪽에 위치
Open	09:30~16:00 (월·공휴일 휴무)
Cost	5$

Sightseeing
⑭
인야 호수 Inya Lake

깐도지 호수의 5배 크기의 인공호수로 깐도지 호수처럼 아름답게 조성되지는 않았지만 호숫가에는 잘 정돈된 도보와 벤치, 노점들이 늘어서 있다. 주말이면 이곳에 모여 데이트를 하는 연인들로 활기가 넘친다. 호수 주변에는 유명 나이트클럽과 고급 레스토랑도 있어 시원한 호숫가에서 기분 좋은 한때를 보낼 수 있다.

Access	삐로드와 까바예로드로 둘러싸여 있음
Open	24시간
Cost	무료

Sightseeing

양곤 주변 볼거리 양곤 동쪽 바고 강을 지나 약 30분을 달리면 탄린(Thanlyin) 지역에 도착한다. 한때 중요한 항구였으나 지금은 나무가 우거진 한적한 도로가 양쪽으로 펼쳐진 곳이다. 초목과 짚으로 만들어진 전통가옥들 사이로 보이는 크고 작은 파고다들이 답답했던 가슴을 탁 트이게 한다. 복잡한 양곤을 떠나 당일치기 짧은 여행을 하기에 안성맞춤으로, 오가는 길에 흥미로운 전통가옥들이 가득한 민속촌도 둘러볼 수 있다.

Sightseeing

신메이눈 파고다 Shin Mway Noon Pagoda

호수 바로 옆 나무가 우거진 언덕 위에 조그맣게 조성된 동네 파고다로 공주인 신메이눈의 이름을 본떠 신메이눈 파고다라고 한다. 이곳은 공주의 슬픈 사랑이야기가 얽혀 있어 연인들이 함께 방문하면 비극적인 결말을 맞는다는 전설이 있다. 한쪽의 작은 파고다 옆에는 뱀 위에서 수행하는 부처의 모습이나 탁발행렬 등 각종 부처님의 형상 외에도 미얀마 전통 신앙인 낫의 형상까지 아기자기한 모습이다.

Access	예레 파고다에서 양곤으로 돌아가는 길에 방문가능
Cost	무료

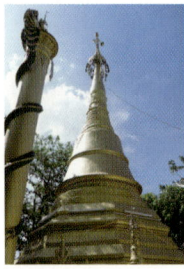  

Sightseeing

짜익까욱 파고다 Kyaik Khauk Pagoda

외형은 쉐다곤 파고다와 비슷하지만 좀 더 몬족 파고다의 특징을 간직하고 있는 곳으로, 남부 미얀마에서는 상당히 중요하게 여겨지는 사원이다. 파고다 옆에는 마하무니 파고다와 비슷한 모습의 불상이나 와불 등 다양한 모습의 불상이 있으며 한쪽에서 스님의 말씀을 경청하거나 불상에 절을 하는 사람들이 눈에 띈다. 높은 곳에 위치한 만큼 주위 전망을 바라볼 수도 있고 시원한 바람에 쉬어가기도 좋다.

Access	예레 파고다에서 양곤으로 돌아가는 길에 방문가능
Open	07:00~17:00
Cost	무료(엘리베이터 이용 시 1,000짯)

Sightseeing

국립민속촌 National Races Village

미얀마의 여러 민족들의 생활상을 보여주는 민속촌으로 전통 생활용품 등이 전시되어 있다. 높이 솟은 전망대를 중심으로는 각 민족 고유의 건축양식으로 지어진 가옥을 볼 수 있다. 가옥들 사이사이에는 각 지역을 대표하는 건축물이나 사원들의 모형이 자리하며 인레 호수도 깨알같이 조성되어 있다. 부실한 곳도 있지만 아직까지도 여행이 제한적인 지역의 경우, 더더욱 그 지역만의 독특한 생활상이 잘 재현되어 있어 흥미롭다.

Access	술레 파고다에서 택시 5,000짯 (다운타운 동쪽 다리 건너에 위치)
Open	07:00~17:30
Cost	3,000짯(내부 촬영 시 500짯), 전동카트 1바퀴 500짯, 자전거대여 500짯/1시간

Sightseeing

예레 파고다 Yele Pagoda

'물 위의 파고다'라는 이름처럼 강 중간에 조성된 파고다로, 오직 보트로만 접근할 수 있다. 파고다 맞은편 선착장에서 외국인 전용 보트티켓을 살 수 있는데 작은 보트들도 많지만 외국인은 안전상 반드시 중간 크기의 보트를 타도록 되어 있다. 보트 하나당 가격을 받기 때문에 되도록 많은 인원을 모아 투어를 떠나는 것이 좋으며 파고다에 들어서면 1인당 2달러의 입장료를 별도로 내야 한다. 파고다 내부에는 나들이를 온 가족들이 모여 앉아 이야기를 나누거나 사원에서 파는 물고기밥을 사서 주변을 지나는 물고기에게 주기도 한다. 꽤나 큰 물고기밥을 강을 향해 던지면 메기들이 한 번에 꿀꺽 삼키는데 그 모습이 신기하다. 굳이 파고다를 방문하지 않더라도 사원 맞은편에 늘어서 있는 노점에 앉아 시원한 바람을 맞으며 차를 한잔하기에도 좋다.

Access	양곤에서 택시대절 30$ (편도 1시간 소요)
Open	06:00~17:00
Cost	2$ (왕복보트 5,000짯, 물고기밥 500짯)

Sightseeing

달라 지역 Dala

스트랜드 호텔 길 건너 판소단 스트리트 제티Pansodan Street Jetty에서 약 10분 정도 페리를 타고 강을 건너면 바로 달라 지역으로 도착한다. 이 지역은 양곤에서도 좀 더 낙후된 지역으로 가난한 사람들은 이곳에 머물면서 양곤으로 출퇴근을 한다고 한다. 달라 지역에 도착하면 오토바이나 릭사할 것 없이 수많은 호객꾼이 달라붙어 투어를 흥정하는데 몇 군데의 파고다와 고아원 등을 돌아볼 수 있다. 한국의 대형 여행사에서 주로 포함하는 코스인 만큼 상업화된 면이 있어 가격 흥정은 쉽지 않으며 한국인이라면 더 높게 부르는 경향이 있으므로 여유를 가지는 것이 좋다. 양곤 지역만 여행할 경우에는 작은 시골 마을을 둘러본다는 점에서 나쁘지 않은 선택이 될 수 있지만 지저분하고 낡은 마을 자체는 큰 볼거리가 있다기보다 양곤 강을 페리를 타고 건너본다는 데 더 큰 의미가 있다. 여기서 택시를 흥정하여 전통 도자기나 직물 제조로 유명한 트완테Twante를 다녀올 수도 있다.

Access	판소단 스트리트 제티에서 페리를 타고 이동
Open	06:00~18:00
Cost	왕복보트 2$

Sightseeing

로가 파크 Hlawga National Park

양곤 북쪽 외곽에 위치하며 사슴이나 원숭이가 숲속에서 자유롭게 뛰어다니는 사파리 형식의 동물원이자 공원이다. 많은 종류의 동물 외에 우거진 나무 안에 갖가지 종류의 새들도 관찰할 수 있다. 공원 안에는 정기적으로 돌아다니는 사파리 차가 있어 편하게 넓은 지역을 둘러볼 수 있다. 우기 때는 습하고 벌레가 많아 쾌적하지 않으므로 건기에 돌아보는 것을 추천한다. 양곤에서 다소 멀고 규모도 큰 편이므로 시간을 넉넉하게 잡는 것이 좋다.

Access	술레 파고다에서 택시를 타고 이동 (1시간 30분 소요)
Open	08:00~17:00(총 관람 2시간 소요)

Activity
①
양곤순환열차 Yangon Circular Train

양곤 전체를 천천히 순환하는 오래된 열차로 좀 더 양곤 사람들을 가까이 느낄 수 있는 좋은 방법이기도 하다. 양곤역 6/7번 플랫폼에서 표를 끊고 기다리면 타야 할 기차를 알려준다. 총 38개의 역을 지나며 전체를 시계, 혹은 반시계 방향으로 도는 데 약 3시간 정도 걸리는데 아무 역에서나 타고 내릴 수 있다. 기차는 예전 비둘기호만큼이나 구식이지만 깨끗한 편이며 좌우로 덜컹대며 천천히 움직이는 모습이 더욱 정겹다. 초반에는 철도 주변의 가난하고 지저분한 풍경이 눈살을 찌푸리게도 하지만 양곤 외곽에 이르면 한적한 시골 풍경이 아름답고, 잠시 정차한 기차역 내에서 열리는 시장의 모습은 흥미롭고도 신선한 경험이다. 2014년 4월 1일부로 외국인 요금이 폐지되어, 외국인 여행자들도 현지인들과 동일한 요금으로 저렴하게 이용할 수 있게 되었다.

Cost 일반 200짯(에어컨 열차 300짯)

Tip 다운타운에서 접근할 때
양곤 다운타운에서는 양곤 기차역 입구를 통과하지 않고 보족 아웅산 로드 쪽(파노라마 호텔 앞)에서 고가도로로 올라가 바로 플랫폼으로 내려갈 수 있는 길이 있다.

Activity

리버크루즈 River Cruise

양곤 리버크루즈 Yangon River Cruise
오후 4시에 보트 체크인을 하고 배에 오르면 4시 30분부터 운항을 시작한다. 외국인은 1인당 20$를 내면 맥주와 음료, 둘 중 하나를 고를 수 있고, 간단한 스낵이 제공된다. 이용객이 적은 경우 비상시적으로 운항이 중단된다.

로열 그린리버 Royal Green River
선상에서 저녁을 즐기며 일몰을 볼 수 있다. 3명 이상 승차했을 때 운행을 하며, 30명까지 정원이 정해져 있다. 요리는 바비큐 뷔페이다.

양곤 리버크루즈
Access 보타타웅 파고다 앞 제티에서 탑승
Open 16:00~18:00(월·화·금~일)
Cost 20$
Tel 01-546668
Email kingwhalemm@gmail.com
Web www.yangonrivercruise.com

로열 리버크루즈
Access 보타타웅 파고다 앞 제티에서 탑승
Open 16:00~18:00(우천 시 휴무)
Cost 50~60$(인원별로 다름)
Tel 01-531313
Email doracruise@fastmail.fm
Web www.cruiseinmyanmar.com

Activity

마하시 명상센터 Mahasi Sasana Yeiktha

1950년 마하시 대선사에 의해 건립되었으며 현재 약 25,000여 평의 대지에 100여 개의 건물이 있으며 매일 500여 명의 인원이 모여 수행을 한다고 한다. 매일 열리는 법문과 인터뷰를 통해 수행자들을 바로잡는 지도를 하는데, 부처님께서 깨달음을 얻으신 위빠사나 수행법을 기본으로 하고 있다. 세계 각국에서 국적과 종교를 불문하고 무료로 참여할 수 있으며 식사 등의 모든 비용은 보시로 충당된다. 일주일 이상 머물 외국인에 한하여 참여가능하며 처음에는 50달러의 보시를 받는다.

Address No.16 Sasana Yeiktha Rd., Bahan Tsp, Yangon
Tel 01-595918
Email mahasi-ygn@mptmail.net.mm
Web www.mahasi.org.mm

Activity ④

양곤에서 한국으로 엽서보내기

요즘은 숙소나 각 커피숍에서도 느리나마 와이파이가 되므로 실시간으로 한국의 가족들과 연락을 할 수 있다. 그러나 외국 스탬프가 찍힌 아름다운 엽서는 별 내용이 없어도 친구나 가족들에게 더할 나위 없이 좋은 선물이 될 수 있다. 평소에 전하기 쑥스러운 마음을 전하는 좋은 기회가 될 수 있고 생각보다 절차도 간단하므로 짬을 내 우체국에 들러보자. 우체국을 들어서면 오른쪽에 간단한 엽서를 보낼 때 필요한 우표를 파는 곳이 있다. 가지고 있는 엽서를 보여주면 우표와 풀을 건네준다. 우표를 엽서에 붙이고 전할 말을 쓴 뒤 주소까지 한글로 쓴 다음, 주소 맨 위나 아래쪽에 영어로 'South Korea'를 써주면 끝! 엽서가 한국으로 배달되는 데는 보통 2주 정도의 시간이 소요된다.

Access 스트랜드 호텔 옆 우체국
Open 09:00~16:30   Cost 우표 500짯

Food

온갖 인종이 모여 있는 만큼 미얀마 음식 외에도 인도, 일본, 중국 혹은 최고급 서양음식까지 취급하는 다양한 종류의 레스토랑이 있다. 최근 몇 년 사이 양곤을 방문하는 외국인이 급증해 세련된 레스토랑이 폭발적으로 증가하는 추세이나 아직도 미얀마 현지인들은 허름하지만 저렴하고 맛있는 티 숍을 주로 찾는다.
<U>다운타운</U>에는 술레 파고다 근처 차이나타운 방면이나 우체국 뒤쪽으로 많은 노점들이 있어 간단히 식사를 해결할 수 있으며 이슬람 사원이나 힌두 사원 주변에는 여러 인도음식점이 있고 시내 곳곳 각종 노점에서 간식거리를 판매하기도 한다. 인야 호수 동남쪽에 있는 <U>써야산로드</U> Sayarsan Road는 각국의 대표 식당들이 모여 있다.

Food : 추천

르플랜터 Le Planteur

프랑스인 셰프가 직접 요리하는 레스토랑으로, 양곤에서 최고로 꼽히는 곳답게 가격도 최고 수준이다. 한없이 우아한 분위기의 야외 레스토랑에서 하나부터 열까지 세심하면서도 끝없는 음식들의 향연이 펼쳐져 식사하는 내내 감탄을 자아낸다. 스위스인 매니저의 섬세한 서비스도 특별하다. 여행하면서 사이가 나빠진 커플이라면 꼭 한 번 들러보자.

Address	No.22, Kaba Aye Pagoda Rd., Yangon
Access	엑셀타워에서 까바예 파고다 방향으로 오르막길에 위치
Open	11:00~22:00
Cost	코스요리 64$
Tel	01-541997
Email	info@leplanteur.net
Web	www.leplanteur.net

Food : 추천

후지 커피하우스 Fuji Coffee House

커피하우스지만 맛있는 커피 외에도 각종 식사메뉴가 저렴하고 맛도 괜찮다. 넓고 세련된 장소로 양곤 사람들에게도 인기 있는 편이며 테이블이 많지 않아 식사 때는 미리 예약하는 것이 좋다. 여러 사람들이 이용할 수 있는 룸도 구비되어 있어 주말에는 각종 사교모임을 갖는 곳으로도 유명하다. 양곤 전역 몇 곳에 체인점이 있다.

Address	No.116, University Avenue Rd., Kamaryut Township, Yangon
Access	양곤외국어대학교 정문 건너편에 위치
Open	10:00~22:00
Cost	스키야키 8,500짯, 야키소바 3,500짯, 김치나베 3,500짯, 룸대여 1시간 10,000짯
Tel	01-535371

Food : 추천

몬순 Monsoon

아시아 음식 전문점으로 맛있는 미얀마 음식을 우아한 분위기에서 맛볼 수 있다. 저녁이면 서양 사람들이 테이블의 대부분을 차지할 정도로 외국인에게 인기 있는 곳으로 가격도 분위기에 비해 저렴한 편이다. 미얀마 음식에 흥미가 있고 깔끔한 분위기를 원한다면 이곳이 적격이다.

Address	No.85/87, Theinbyu Rd., Botataung Township, Yangon
Access	보타타웅 파고다에서 서북쪽 방향으로 위치
Open	11:00~22:00
Cost	미얀마요리 5,800짯, 아시아푸드 3,800~5,500짯
Tel	01-295224
Email	monsoon.ygn@gmail.com

Food

스카이 비스트로 Sky Bistro

맛보다는 술레 파고다를 내려다보는 훌륭한 전망이 더욱 유명한 곳으로, 간단한 식사를 하러 온 비즈니스맨이 대부분이다. 전반적으로 비싼 편이지만 술레 파고다의 야경을 배경으로 맥주 한잔 가볍게 하기에 더없이 좋다.

Address	20th Floor, Sakura Tower, 339, Bogyoke Aung San Rd., Kyauktada Township, Yangon
Access	사쿠라타워 20층에 위치
Open	09:00~22:00
Cost	식사류 7,000~14,000짯, 음료 3,500짯
Tel	01-255277
Email	skybistro@myanmar.com.mm

Food

샤키스 Sharky's

로컬보다 서양 여행자에게 더 유명한 이곳은 비싼 만큼 최고급 재료를 사용하여 그만큼 맛있는 식사를 할 수 있는 검증된 곳이다. 캐주얼 레스토랑이 깔끔하지만 특별히 로맨틱하진 않다. 건물 1층에서는 각종 고급 식자재와 아이스크림도 판매한다.

Address	No.117, Dhamazedi Road, Kamayut Township, Yangon
Access	사보이 호텔에서 서쪽으로 5m 거리에 위치
Open	11:00~22:00
Cost	스테이크 100g 9,500짯, 피자 9,500짯, 아이스크림 2,000~3,000짯
Tel	01-524677
Email	sharkys.yangon@gmail.com

Food
❻
불고기 브라더스 Bulgogi Brothers

처음에는 한국인이 오픈했지만, 현재는 미얀마인이 직접 운영하는 불고기 집으로, 깔끔한 인테리어뿐만 아니라 맛까지 제대로 전수받은 듯하다. 불고기 외에도 소고기 등심과 삼겹살도 즐길 수 있어 양곤의 부유한 젊은이들 사이에서 인기를 끌고 있다.

Access	노보텔 호텔 옆, BMW 쇼룸 뒤
Open	10:00~22:00
Cost	5,000~10,000짯
Tel	01-515193

Food
❼
골든 시티 Golden City

도사, 탈리, 짜이, 각종 커리를 파는 인도음식점으로 아침이면 현지인들로 자리가 없을 정도로 인기 있다. 현지 음식점치고는 깔끔한 분위기에 저렴하고 여러 커리도 비교적 청결하게 진열되어 있어 메뉴선택이 좀 더 편리하다.

Address	No.111, Sule Pagoda Road, Yangon
Access	술레 파고다에서 북서쪽으로 5m 거리에 위치
Open	07:00~21:00
Cost	도사 600짯, 짜이 300짯
Tel	01-246953

Food
❽
로열 가든 레스토랑
Royal Garden Restaurant

오전에는 딤섬을, 저녁에는 오리구이 등 중국 정찬요리를 판매하는 중국음식점이다. 넓은 정원 한쪽에 자리하고 홀 공간도 넓어서 주말에는 결혼피로연이나 각종 모임이 자주 열리는 곳이기도 하다. 딤섬이 저렴하면서도 다양해서 많은 사람들이 모여 앉아 푸짐하게 쌓아놓고 즐기는 모습을 볼 수 있다.

Address	Kandawgyi National Park, Nat Mauk Road, Bahan Township
Open	06:30~14:15, 18:00~22:15
Cost	딤섬 1,000~2,000짯, 디너 6,000짯~
Tel	01-546923
Web	www.royalgardenmyanmar.com

Food
❾
토모 스시 Tomo Sushi

저렴한 스시를 맛볼 수 있는 레스토랑은 양곤에 상당히 많지만 이곳에서는 저렴하게 판매하는 한국 소주를 곁들일 수 있다는 장점이 있다. 스시가 신선하고 레스토랑 분위기도 깔끔하다. 바로 옆에 세꼬랑 골목이 있어 식사 후 2차로 맥주 한잔하기에도 좋은 위치다.

Address	No.702, Mahabandoola Street, Latha, Yangon
Access	19번가 세꼬랑 입구 오렌지 마트에서 서쪽에 위치
Open	10:00~22:00
Cost	초밥 세트 2,000~5,000짯, 사시미 3,000~9,500짯
Tel	01-251302

Food : 추천

파리지앵 커피 & 베이커리 Parisian

이름만큼의 분위기는 아니지만 맛은 상당히 만족스럽다. 2층까지 넓은 매장인데도 대낮에 와도 자리를 찾기 힘들 정도로 현지인들에게 인기 있다. 세련된 맛에 비하면 가격은 상당히 저렴한 편으로 와이파이가 안 되는 단점이 있다.

Address No.132, Sule Pagoda Rd., Kyauktada Township, Yangon
Access 술레 파고다 앞 버스정류장 뒤편에 위치
Open 09:00~21:00
Cost 조각케이크 300짯, 아이스커피 1,200짯
Tel 01-387298

Food : 추천

뉴 라이프 아이스크림 New Life

아주 좁은 매장이 허름하면서도 볼품없어 보이지만 각종 천연 과일을 첨가한 아이스크림의 맛은 일품이다. 시내에 비슷한 가게가 여럿 있지만 이곳이 가장 맛있다.

Access 마하반둘라로드 28번가와 29번가 사이 코너에 위치
Open 09:00~21:00
Cost 아이스크림 600짯~
Tel 01-385821

Food : 추천

똥빤라 티 숍 Thone Pan Hla

앉은뱅이 의자와 낮은 테이블이 미얀마 현지인들의 티 숍답다. 간단한 영어메뉴판이 있어 주문이 쉽고, 샨국수나 볶음밥 등 몇 안 되는 메뉴는 양이 많지 않아도 우리 입맛에 잘 맞는 편이다. 술레 파고다 바로 옆에 있으므로 출출할 때 들러 간단한 식사나 차 한잔하며 쉬어가기 안성맞춤이다.

Access 술레 파고다에서 서쪽 방향 마하반둘라로드변에 위치
Open 06:00~17:00
Cost 라펫예 250짯, 산누들 700짯

Food

쉐까웅 핫폿 Shwe Kaung Hot Pot

중국식 샤브샤브를 판매하는 곳이다. 먼저 육수를 선택한 후 다른 재료들을 직접 냉장고에서 가격을 확인하며 담아 먹을 수 있다. 시원한 생맥주도 함께 곁들여 먹을 수 있다.

Address Nar Nat Taw Street, Kamayut
Access 정션스퀘어 북쪽 나낫토 거리
Open 11:00~21:00
Cost 샤브샤브 8,000~10,000짯, 방 대여 8,000짯
Tel 01-559339, 09-73559339

Food : 추천
⑭
YKKO

중국식 국수 전문점으로 미얀마 전역에 분점이 있을 정도로 유명하다. 그중에 써야산로드에 있는 이곳이 본점이며 가장 분위기가 좋다. 작지만 쾌적한 공간에서 먹는 국수는 깔끔한 맛이 특징이며 각종 생과일주스도 수준 있다. 메뉴에는 없지만 저렴하게 파는 닭죽도 일품이다.

Access	까바예 파고다로드에서 써야산로드로 들어서면 오른편에 위치
Open	10:00~21:00
Cost	국수 3,000짯, BBQ 3,700짯, 수박주스 600짯
Tel	01-703208

Food : 추천
⑮
믹스 Mix

양곤 공항에서 가까운 9마일에 위치한 고급 레스토랑으로 미얀마 음식 외에도 중국 음식이나 태국 음식을 맛볼 수 있다. 깨끗한 실내와 세련된 인테리어가 그리운 사람이라면 방문할 만하다. 저녁에 각종 주류를 즐기며 시간을 보내기도 좋다.

Access	빅토리아 종합병원 맞은편
Open	10:00~22:00
Cost	5,000~10,000짯
Tel	09-253059922

Food
⑯
골든덕
Golden Duck(중국 식당)

중국식 훈제 오리를 파는 체인점으로 양곤과 만달레이에 다섯 개의 분점이 있다. 어느 지점이나 식사 시간이면 사람들로 가득하며 각종 샐러드나 볶음밥 등의 메뉴도 괜찮지만 역시나 훈제 오리가 가장 인기 있다. 가격대비 훌륭한 맛과 분위기에서 잘 대접받은 느낌을 받을 수 있다.

Access	까바예 파고다로드에서 써야산로드로 들어서면 왼편에 위치
Open	10:30~21:30
Cost	오리훈제 반마리 7,200짯, 한마리 14,400짯
Tel	09-73163366

Food
⑰
씨클로 베트남 음식점 Cyclo

2014년 말에 오픈한 깔끔한 분위기의 베트남 국숫집이다. 시원하면서도 약간 달달한 베트남 국수나 찰기가 있는 밥맛이 그립다면 방문해 보자.

Address	133 Lanmadaw St., Lanmadaw Township, Yangon
Access	16, 17번가 사이 란마도 스트리트(마하반둘라 거리 쪽)
Open	07:00~22:00
Cost	베트남국수 2,900짯, 치킨덮밥 2,500짯, 베트남커피 2,000짯, 미얀마맥주 2,000짯
Tel	01-251062
Email	cycloresto.yangon@gmail.com

Myanmar | Yangon

Food : 추천

아웅밍글라 샨누들 Aung Mingalar Shan Noodle

파크로열 호텔 뒤 각종 음식점이나 커피숍이 밀집한 지역에 위치한다. 샨누들 외에 중국식 누들을 판매하는 곳으로 각종 향신료가 약간은 거북한 중국식 누들만 잘 피한다면 깔끔한 국물의 샨누들 맛은 수준급이다. 식탁에 미리 놓인 작은 고추와 마늘장아찌도 한국 사람에게 안성맞춤.

Address	No.34, Boyarnyunt St, & Corner of Nawaday St., Yawmingyi Quarter, Dagon Township
Access	파크로열 호텔 뒤쪽으로 100m 지점 코너에 위치
Open	09:00~21:00
Cost	샨누들 1,500짯, 만두 3,000짯
Tel	09-5070778

Food : 추천

필 레스토랑 2 Feel 2

미얀마 음식을 제대로 한 번 먹고 싶다면 꼭 한 번 방문하게 되는 곳으로, 전역에 분점이 있는 유명한 음식점이다. 기본으로 제공되는 생야채와 국 외에 여러 종류의 커리와 요리를 골라 먹을 수 있다. 본점은 프랑스 대사관 옆에 있으며, 최근 오픈한 이곳은 분점 중 하나로 깔끔하고 넓은 공간과 세련된 시설, 분위기 있는 주변 경관으로 큰 인기를 끌고 있다.

Access	빅토리아 종합병원 앞
Open	10:00~22:00
Cost	5,000~10,000짯
Tel	09-253059994

Food : 추천

씻따잉짜 티 숍 Seit Taing Kya

깐도지 호수 옆이지만 호수는 보이지 않는 곳에 위치한다. 입구는 허름하나 안쪽에 위치한 공간은 넓고 비교적 깨끗한 편이다. 달지 않고 제대로 된 러펫예, 부드럽고 깊은 맛의 커리가 저렴하기까지 하다. 방콕에도 분점이 있을 정도로 유명한 곳으로 택시 기사들도 대체로 잘 알고 있다.

Address	Upper Thein Byu St., Bank of Kandawgyi, Mingalar Taung Nyunt Township, Yangon
Access	깐도지 호수 남쪽 방향에 있는 주유소 뒤쪽에 위치
Open	06:00~17:00
Cost	러펫예 300짯, 치킨커리 1,400짯
Tel	09-8617649

Food

모조 레스토랑 & 토리 바 Mojo & Tori

한국인 매니저가 운영하는 레스토랑 & 바! 저녁 식사 시간 때면 서양 여행자들로 빈자리를 찾을 수 없을 만큼 인기가 자자하다. 2층 토리 바는 오픈한 지 얼마 되지 않았지만 비빔밥도 있고, 소주도 판매하고 있다.

Address	No.135, Inya Rd., Bahan, Yangon
Access	사보이 호텔 길 건너편 1층에 모조 레스토랑 그리고 2층에 토리 바 위치
Open	모조(10:00~), 토리(18:00~)
Cost	모조(런치세트) 7,900짯~, 토리(한국비빔밥) 5$
Tel	09-250175730

Food : 추천

먀웅먀 도초모힝가 Myaung Mya Daw Cho-Mohinga

미얀마의 대표 메뉴라고 할 수 있는 모힝가만을 전문적으로 파는 음식점. 한 번 먹으면 잊을 수 없을 정도로 깔끔한 맛을 자랑한다. 모힝가를 노점에서 먹기 두렵다거나 먹어도 비린 맛에 적응이 안 되는 사람을 위한 최고의 모힝가 집으로 현지인 식당이지만 청결한 편이다. 레몬과 난남베는 별도로 넣게 되어 있어 취향에 맞게 먹기에도 좋다. 여기는 아침 일찍 찾아가자.

Access	쉐다곤 파고다 동쪽 바한 마켓 길 건너편에 위치. 대부분의 택시 기사들은 알고 있음
Open	05:00~11:00
Cost	모힝가 500짯
Tel	01-708685

Food : 추천

민란 시푸드 Minn Lan

해산물요리로 유명한 곳으로 저녁이면 넓은 식당 안이 각종 새우나 로브스터 구이를 먹는 사람들로 가득하다. 맘 먹고 이곳을 오기로 했다면 초장과 소주를 시티마트 마켓플레이스점에서 미리 준비해 오는 센스가 필요하다.

Address	No.16, Corner of Parami Rd. & West Maykha Rd., Mayangone Tsp, Yangon
Access	삐로드와 파라미로드 교차점 지역에 위치
Open	07:00~22:00(매달 23일은 휴무)
Cost	시푸드 3,000~10,000짯
Tel	09-73112984

Food

한인식당

양곤에는 한국인뿐 아니라 현지 미얀마 사람들에게도 인기 있는 한인식당들이 곳곳에서 성업중이다. 품격 있는 한정식 집에서부터 간단하고 저렴한 음식을 판매하는 레스토랑까지 다양하게 있다. 대부분 가격대비 만족스러운 맛을 낸다.

상호	전화번호	주소
강남일식	01-663252	No.22, Myintzu Rd., 8 Ward, Yanking Township, Yangon
그린마일	01-661336	No.1, Boga Lane, Pyay Rd., 9Mile
주니하우스	09-3186-7622	No.1 Zayyar Thiri Lane, Hleden, Kamayut
서울식당	01-579624	No.142, Parami Rd., South Okkalapa Tsp.
아리랑	01-536508	No.8, Near Hladan Traffic, Thiri Mingalar St., Kamayut Tsp.
엄마 식당	09-4320-0052	Tower(A), R-132, Muditar, Baho Rd., Mauagone Tsp.
예원중화요리	01-647162	No.128, Mahar Thu Khi Tar Rd., East Gyoe Khone, Insein Tsp.
청사초롱	09-4250-14091	No.724, Maharthukhitar Rd., Gyo Kone East, Insein Tsp.
쿠스	09-504-6076	A-1, Taw Win Rd. 9Mile, Mayangone Tsp.
한국관	01-662757	No.24(B) Pyithu Lane 7Mile, Mayangon Tsp.
허스본점	01-663636	No.33, B-1, Ayeyeiknyein, Parami Rd., Mayangone Tsp.
한국마트	01-666519	No.25/27, Airport Rd., Insein Tsp.

Night Life : 추천

19번가 세꼬랑 꼬치골목

19번가 골목을 들어서면 꼬치구이와 미얀마 생맥주를 파는 레스토랑으로 가득하다. 여러 레스토랑 중 아무래도 좀 더 큰 규모의 레스토랑 맥주가 더 맛이 좋은 편이며 꼬치구이는 윈(Win) 레스토랑이 제일 맛있다. 맥주를 즐기지 않는다면 골목 끝에 위치한 꼬산(Kosan) 레스토랑에서 간단한 칵테일이나 럼샤워, 모히또 등을 저렴하게 마실 수 있다. 원래 외국인 배낭여행자들을 위한 거리였으나 입소문이 나 현재는 현지인들에게 더 유명한 거리가 되었으며, 외국인들은 꼬산 레스토랑에 몰리는 추세다. 입구의 오렌지 마트 근처에는 간단한 한국식 꼬마김밥이나 짜장면을 파는 노점도 있다.

Address 윈(Win), 쉐밍글라(Shwe Mingalar), 코산 19번가(Kosan 19th St.)
Access 마히반돌라로드 19번가 입구의 오렌지 마트부터 골목으로 쭉 직진
Open 17:00~
Cost 미얀마생맥주(시비야) 600짯, 꼬치 500짯~

Night Life : 추천

이스케이프 바 Escape Bar

각종 외제차가 입구에 즐비한 이곳은 양곤에서도 최상류층 젊은이들이 최고로 손꼽는 바이다. 프리미어리그를 방영하는 대형 TV 앞 테이블과 한쪽에 위치한 바에는 세련된 차림의 현지인들로 가득하다. 야외에는 조금 더 차분한 분위기에서 한잔할 수 있는 테이블도 마련되어 있다.

Address	No.31D, Kan Yeiktha St., Yangon
Access	까바예 파고다로드에서 인야 레이크 호텔 들어가는 골목 근처에 위치
Open	18:00~
Cost	5,000짯~
Tel	01-660737

Night Life

클럽 5 Club 5

2014년에 오픈한 곳으로 각종 라이브공연이 연주되는 약간은 차분한 분위기의 클럽이다. 중앙에 놓인 바에서 제조되는 칵테일도 수준급이다. 이곳은 남녀 모두 입장료가 있어 양곤에서 건전하게 한잔할 수 있는 몇 안 되는 곳이다.

Access	파크로얄 호텔 지하 1층에 위치
Open	18:00~
Cost	10,000짯~

Night Life

50번가 바 50th Street Bar

입구를 들어서면 마치 영국 어느 스포츠 바에 들어온 듯한 인상을 풍기는 곳이다. 중앙의 대형 스크린을 바라보며 맥주를 한잔하는 외국인들로 가득하며 유럽 분위기인 만큼 가격이 만만치 않지만 한 번쯤 기분전환하기에 좋다.

Access	멀천트로드 50번가 골목에 위치
Open	18:00~
Cost	5,000짯~

Shopping

양곤 쇼핑 센터 Yangon Shopping Center

상호	특징
오션마트	새로이 큰 매장들이 속속 오픈을 하고 있어 앞으로가 더욱 기대되는 곳이다. 여행자들은 주로 9마일의 오션마트에 출몰한다.
시티마트	시내 곳곳에 있으나 가장 인기 있는 곳은 담마제디로드의 마켓플레이스다. 다른 곳에서 찾을 수 없는 고급 식자재가 많아 외국인이나 상류층들이 주로 출입한다.
정션스퀘어	엄청난 크기와 현대식 시설들을 자랑하는 양곤의 대표적 쇼핑몰이다.
다공센터	오래된 역사를 자랑하는 만큼 이제는 다소 밋밋한 쇼핑몰이다. 하지만 유명 레스토랑이 많이 입점하여 센터 내외부 곳곳에 맛집들이 숨어 있다.
또원센터	세인게이하 쇼핑몰과 마주보고 있는 세련된 쇼핑센터이다.
세인게이하 쇼핑몰	현대식 쇼핑몰로 1층에 한국프랜차이즈인 BBQ 매장이 넓게 자리하고 있다.
미얀마 플라자	세도나 호텔 바로 앞에 2016년에 오픈한 대형 쇼핑몰로 고급스러운 매장들과 함께 시티마트, 스파센터, 한식당 3개를 포함한 각종 식당들도 성업 중이다. 운영시간은 10:30~21:00.

오션마트 / 정션스퀘어 / 시티마트 / 미얀마 플라자

Shopping

포멜로 Pomelo

각 지역의 농장이나 개별 디자이너와 직접 거래하는 공정무역숍이다. 미얀마 전통 수공예품 중에서도 좀 더 고급스러운 물건들을 합리적인 가격대에 구매할 수 있어 생산자, 소비자에게 모두 이롭다. 천막을 재활용한 가방 등 친환경적이면서도 세련된 물건이 가득하다.

Address	89 Thein Pyu Road, Botataung Township(3층)
Access	44, 45번가 사이 떼인 쀼 로드, 몬순 레스토랑 옆 계단
Open	10:00~22:000
Cost	유기농커피 5,000짯, 유기농꿀 8,000짯, 면스카프 10,000짯, 재활용가방 12,000짯
Tel	01-295358
Email	pomeloyangon@gmail.com
Web	www.pomeloyangon.com

Shopping
③

보족 아웅산 마켓 Bogyoke Aung San Market

1926년 영국 식민지시대에 지어진 것으로 원래 스콧마켓으로 불렸지만 독립 이후 국가 영웅인 보족 아웅산의 이름을 따 보족 아웅산 마켓으로 불리게 되었다. 양곤 시내의 수많은 시장 중 가장 유명하면서도 활기 넘치는 시장으로 규모도 가장 크다. 1,800개가 넘는 작은 상점들은 보석이나 장신구부터 각종 전통 공예품이나 옷감, 신발과 의류, 화장품 외에 미술품까지 다양한 물건을 판매한다. 시장 곳곳에는 각종 중고책에서부터 과일이나 온갖 간식거리를 파는 노점들도 빽빽하게 들어서 있다. 기념품을 구입하거나 다양한 볼거리를 구경하고 싶은 여행자라면 꼭 한 번쯤은 들르게 되는 곳이다.

Access 센트럴 호텔에서 서쪽으로 50m
Open 08:00~16:00(월·공휴일 휴무)

Shopping
④

떼인지 시장 Theingyi Market

나란히 서 있는 건물들 안팎에서 열리는 시장이다. 신선한 채소와 과일부터 각양각색의 무늬가 화려한 롱지, 샴푸와 비누, 가정용품이 가득하다. 때를 잘 못 맞추면 통로 한가운데에서 옴짝달싹하기 힘들 정도로 붐비는 시장이지만, 장을 보러 나온 양곤 시민들로 늘 활기차다.

Address Shwedagon Pagoda Rd. Pabedan
Access 다운타운 술레 파고다와 19번가 세꼬랑 골목 사이

Stay

양곤숙소 이 책에 소개된 숙소들은 모두 직접 확인한 곳으로, 유명한 호텔들과 배낭여행자들이 선호하는 숙소 중에서 특히 추천할 만한 곳을 선발하였다. 비수기 요금으로 성수기에는 보통 10% 정도 높은 요금을 받는다. 최근 많은 여행자들이 미얀마로 몰려 숙박요금이 전체적으로 상승하고 있다. 숙소마다 다양한 수준의 방을 구비하고 있으므로 미리 예약을 해야 좀 더 좋은 방을 얻을 수 있다.

한인숙소 양곤에는 많은 한인민박집들이 있으나 숙박 허가증을 구비한 곳은 얼마 되지 않아 정식으로 가이드북에 싣지 못해 아쉽다. 아직까지는 큰 문제가 없었으나 언제든지 상황이 바뀔 수 있으므로 미리 인터넷으로 확인하고 가도록 하자.

Stay : ★★★ 추천

센트럴 호텔 Central Hotel 📶

보족 아웅산 마켓과 술레 파고다가 지척에 있어 최고의 입지조건을 자랑한다. 덕분에 성수기에 이곳의 방을 잡기란 하늘의 별따기. 오래된 호텔이지만 관리가 잘 되는 편이다.

Address	No.335/337, Bogyoke Aung San Rd., Pabedan Tsp.
Access	다운타운 중심
Cost	수피리어-싱글 60$, 더블 80$, 디럭스 90$, 주니어스위트 120$, 이그제큐티브스위트 195$
	부대서비스 조식
Tel	01-241001
Email	centralreservationygn@gmail.com
Web	www.centralhotelyangon.com

Stay : ★★★★★

술레 샹그릴라 호텔 Sule Shangri-La Hotel 📶

거대한 건물이 웅장하면서도 고급스러운 분위기로, 샹그릴라 계열 호텔답게 모든 면에서 최고의 수준을 자랑한다. 사쿠라타워가 인근에 위치하여 주로 비즈니스맨들이 많이 찾는다.

Address	No.223, Sule Pagoda Rd., G.P.O. Box888, Yangon
Access	다운타운 중심
Cost	디럭스 190~210$
	부대서비스 조식, 수영장 스파
Tel	01-242828
Web	www.shangri-la.com

Stay : ★★★★★
❸
스트랜드 호텔 The Strand Hotel

영국 대사관 근처에 위치한 전통 있는 호텔로 전반적으로 우아한 분위기가 살아 있다. 특히 이곳의 바와 레스토랑은 영국 느낌의 고풍스러운 분위기와 수준 높은 메뉴로 더욱 유명하다.

Address	No.92, Strand Rd., Yangon
Access	다운타운 남쪽
Cost	수피리어 338$, 디럭스 375$, 이그제큐티브 420$, 스트랜드스위트 575$ 부대서비스 조식
Tel	01-243377
Email	info@hotelthestrand.com
Web	www.hotelthestrand.com

Stay : ★★★★★
❹
파크 로열 호텔 Park Royal Hotel

우리나라 신라 호텔 느낌의 호텔로 우아하면서도 단정한 분위기다. 시내 중심에서 약간 떨어져 있지만 인근에 맛집이나 커피숍 등이 많아 편리하다. 전반적인 시설만큼 서비스도 세련되어 편하게 이용하기 좋다.

Address	No.33 Alan Pyaphaya Rd., Dagon Tsp.
Access	다운타운 북쪽
Cost	디럭스 220$~, 프리미어 250$~, 오키드클럽 270$~, 스위트 360$~ 부대서비스 조식, 수영장, 스파
Tel	01-250388
Web	www.parkroyalhotels.com

Stay : ★★★
❺
호텔 K 양곤 Hotel K Yangon

2014년에 새로 지은 만큼 깔끔한 편이지만 스탠더드룸은 창문이 없으며 욕실이 비좁다. 수피리어는 욕실을 통해 드나들 수 있는 작은 테라스와 넉넉한 공간의 욕실로 좀 더 쾌적하다.

Address	No.190/194, Pansodan Rd., Kyanktada Tsp.
Access	다운타운 동쪽
Cost	스탠더드 70$, 수피리어 80~90$ / 부대서비스 조식
Tel	01-373904
Email	info@hotelk.asia
Web	www.hotelk.asia

Stay : ★★★
❻
밀레니엄 호텔 Millennium Hotel

2013년 오픈한 밀레니엄 호텔은 약간 외진 곳에 위치하지만 보타타웅 파고다가 바라다 보이는 옥상 레스토랑 전망이 특히 멋지다. 룸이나 욕실도 비교적 수준 있고 깔끔하다.

Address	No.7, 54th St., Botataung Tsp.
Access	다운타운 남쪽
Cost	수피리어 80$, 디럭스 90$ / 부대서비스 조식
Tel	01-299024
Email	reception@myanmarmillenniumhotel.com
Web	www.myanmarmillenniumhotel.com

Stay : ★★★
❼

그랜드 유나이티드 호텔(아론 브랜치)
Grand United Hotel(Ahlone Branch)

규모로 보자면 같은 체인인 차이나타운의 호텔보다 아론 브랜치의 그랜드 유나이티드 호텔이 크다. 이곳은 새로 오픈한 곳으로 모던한 로비와 무료 셔틀, 사우나 등 각종 서비스나 시설이 편리하다. 객실은 깔끔하지만 몇몇 창이 없는 방과 전반적으로 작은 침대, 세련되지 않은 방 구조가 실망스럽다.

Address	No.35, Min Ye Kyaw Swa Rd., Ahlone Tsp.
Access	다운타운 서쪽
Cost	수피리어 130$, 주니어스위트 170$ / 부대서비스 조식
Tel	01-218061
Email	grandunited.ahlone@gmail.com
Web	www.hotelgrandunited.com

Stay : ★★★
❽

더 로프트 호텔
The Loft Hotel

2014년 오픈한 호텔. 작은 규모지만 독특하면서도 고급스러움을 지향하는 곳으로 인테리어나 방 구조가 상당히 모던하고 세련된 느낌이다. 괜찮은 맛집들이 가까이에 있는 점도 편리하다.

Address	No.33, Yaw Min Gyi St., Dagon Tsp.
Access	다운타운 북쪽
Cost	디럭스 180$, 스위트 280$ 부대서비스 조식
Tel	01-372299
Email	theloftyangon@gmail.com
Web	www.theloftyangon.com

Stay : ★★
❾

이스트 호텔
East Hotel

몇 년 전 오픈한 호텔이지만 전반적으로 깔끔하면서도 모던한 분위기를 풍긴다. 술레 파고다 근처 시내에서 가장 번화한 곳에 위치하고 있다.

Address	No.234/240, Sule Pagoda Rd., Kyauktada Tsp.
Access	다운타운 중심
Cost	디럭스 110~120$ / 부대서비스 조식
Tel	09-7313-5311
Email	reservation@east.com.mm
Web	www.east.com.mm

Stay : ★★
❿

다이아몬드 크라운 호텔
Diamond Crown Hotel

2014년 오픈한 호텔로 전반적으로 깔끔하며 장판과 벽지로 꾸며진 밝은 내부의 객실이 만족스럽다. 높은 천장의 레스토랑도 비교적 쾌적하다.

Address	No.142, Minyekyawswar St., Lanmataw Tsp.
Access	다운타운 서쪽
Cost	스탠더드 70$, 패밀리 100$ / 부대서비스 조식
Tel	01-2300136
Email	hoteldiamondcrown@gmail.com

Stay : ★

와단 호텔 War Dan Hotel 🛜

2014년 오픈한 작은 규모의 호텔로 전체적으로 깔끔하다. 천장이나 바닥 등의 마감이 고급스러우며 인테리어도 아늑한 분위기다. 세련된 욕실과 넓은 방에 라탄의자가 편안한 느낌을 준다.

Address	No.85/86, Wardan St., Bahosi Housing, Lanmadaw Tsp.
Access	다운타운 서쪽
Cost	수피리어 70$, 디럭스 90$ / 부대서비스 조식
Tel	01-228456
Email	info@hotelwardan.com

Stay : ★

호텔 에스타 Hotel Esta 🛜

블랙 앤 화이트의 모던한 인테리어가 고급스럽지는 않지만 캐주얼하고 깔끔하다. 2014년 오픈한 곳으로 큰길가에 위치하여 편리하다.

Address	No.19/20, Bogyoke Aung San Rd., Bahosi Compound, Lanmadaw Tsp.
Access	다운타운 서쪽
Cost	수피리어 70$, 디럭스 90$ / 부대서비스 조식
Tel	01-223701
Email	enquiry@hotelesta.com
Web	www.hotelesta.com

Stay : ★

클로버시티 센터플러스 호텔 Clover City Center Plus Hotel 🛜

클로버 호텔답게 작지만 모든 것을 갖추고 깔끔하게 꾸며져 있다. 3층에 위치한 로비가 쾌적하다. 바로 옆에 클로버시티 센터 호텔이 있고, 깐도지 호수 근처에 클로버 호텔과 같은 계열이다.

Address	No.229, 32nd St., Pabbedan Tsp.
Access	다운타운 중심
Cost	디럭스 80$, 프리미어디럭스 90$ / 부대서비스 조식
Tel	01-377975
Email	info2@clovercitycenter.asia

Stay : ★★

호텔 바호시 Hotel Bahosi 🛜

큰길에서 약간 들어선 곳에 있는 호텔로, 객실은 약간 작은 편이지만 최근 오픈한 덕에 특히 깨끗한 욕실과 전체적으로 아늑한 분위기가 괜찮다. 조식은 국수나 서양음식으로 소박하게 제공되는데 푸짐하지는 않지만 깔끔하다. 1층에 편의점이 있고, 가까운 곳에 은행이 있어 편리하다.

Address	No.63/64, Bahosi Housing Estate, Lanmadaw Township
Access	와단 호텔 뒤편에 위치
Cost	스탠더드 55$
Tel	01-223589, 223587
Email	inquiry@hotelbahosi.com
Web	www.hotelbahosi.com

Stay : Guesthouse 추천

오키나와 2 게스트하우스 Okinawa 2 Guesthouse 🛜

맞은편의 오키나와 1과 함께 운영되는 곳으로 2014년에 오픈했다. 양곤에서 가장 저렴하면서도 실내공간이 상당히 깨끗하고 아늑하다. 게스트하우스 중 술레 파고다에서 가장 가까운 곳에 위치하여 시내 관광에도 편리하다. 양곤 인근으로의 택시 투어도 저렴하게 연결해준다.

Address	No.89, 32nd St., Pabedan Tsp.
Access	다운타운 중심
Cost	도미토리 9$, 10$(에어컨), 더블 23$(공용욕실), 더블 30$(욕실) 부대서비스 조식
Tel	01-385728

Stay : Guesthouse 추천

마더랜드 인 2 Mother Land Inn 2 🛜

오래된 숙소인 만큼 조금은 낡은 방과 욕실, 도심 외곽에 자리한 위치 등으로 불편할 법도 하지만 이곳은 늘 방이 모자랄 정도로 인기가 있다. 친절한 스태프들과 푸짐하고도 다양한 조식, 저녁 6시까지 공항에서의 무료 픽업서비스 등 여행자의 마음을 어느 곳보다 잘 알고 있는 숙소다. 이곳에 묵고 싶다면 미리미리 예약을 하자.

Address	No.433, Lower Pazundaung Rd., Yangon
Access	다운타운 동쪽
Cost	도미토리 12$(선풍기), 싱글 29$(선풍기), 더블 35$(에어컨) 부대서비스 조식, 핫샤워, 공항픽업
Tel	01-291343, 01-290348
Email	motherlandinn2@gmail.com
Web	www.myanmarmotherlandinn.com

Stay : Guesthouse

아가 게스트하우스 Agga Guesthouse 🛜

양곤에서 가장 저렴한 편인 숙소로 더블룸 외에는 대부분의 방에 창이 없어 답답한 느낌이지만 비교적 청결하게 관리된다. 각종 여행정보와 서비스도 잘 갖춰져 있어 배낭여행자들에게 인기가 있다.

Address	No.88th/13th St., Middle Block, Lanmataw Tsp.
Access	다운타운 서쪽
Cost	도미토리 11$, 싱글 16$, 더블 25$ 부대서비스 조식
Tel	01-224654
Email	aggaguesthouse@gmail.com

Stay : Hostel
⑱
30번가 코너 부티크 호스텔
30th Corner Boutique Hostel

2014년 오픈한 곳으로 전체적으로 깔끔하면서도 모던한 분위기다. 공동욕실도 깨끗한 편이지만 정기적으로 욕실에서 나는 소음이 상당히 시끄러워 되도록이면 욕실에서 먼 쪽에 위치한 방을 구하자.

Address	No.241/251, Anawyahtar Rd., 30th Corner, Pabedan Tsp.
Access	다운타운 서쪽
Cost	도미토리 22$(에어컨), 싱글 30$(에어컨), 더블 44$(에어컨)
Tel	01-251818
Email	info@30thcorner.com
Web	www.30thcorner.com

Stay : Hostel 추천
⑲
리틀 양곤 호스텔
Little Yangon Hostel

2015년 11월에 오픈한 편리하고 저렴한 호스텔이다. 8인실과 6인실에 있는 2층 침대가 비교적 넉넉한 공간에 배치되어 있고, 각 침대에는 두툼한 매트리스를 두어 편안하게 묵을 수 있다. 공동욕실과 쉴 수 있는 공간이 깨끗하면서도 충분하게 마련되어 있다.

Address	No.102, Lower 39st, Kyauktada Township
Access	39번가, 머천트 스트리트 북쪽에 위치
Cost	도미토리 15,000~18,000짯
Tel	09-791677731, 791677741
Web	www.littleyangonhostel.com

Stay : Hostel
⑳
20번가 호스텔
20th Street Hostel

2014년 새로 오픈한 곳으로 빽빽한 2층 침대가 나열된 도미토리가 군 막사를 연상시킨다. 공동욕실은 깔끔하지만 더블룸은 간이시설처럼 판자로 분리해 놓은 느낌이다. 로비는 비교적 쾌적하며 넓은 골목에 위치하여 드나들기는 나쁘지 않다.

Address	No.23, 20th St., Latha Tsp.
Access	다운타운 서쪽
Cost	도미토리 15$, 더블 40$ / 부대서비스 조식
Tel	01-251931
Email	hostel20street@gmail.com

Stay : Guesthouse
㉑
윌리스 21 게스트하우스
Willys 21 Guesthouse

다운타운에 갓 오픈한 한인 숙소로, 낯선 미얀마에서 처음 지내기에 제격이다. 미얀마 생맥주를 마시기 좋은 세꼬랑(19번가)과 도심에서 가장 큰 떼인지 시장이 가까운 편리한 위치에 있다. 양곤에 다섯 군데의 숙소를 운영하는 윌리스 사장님의 최신 숙소답게 여행자들을 세심하게 배려한 점이 곳곳에 돋보인다. 저렴한 공항 픽업서비스나 버스 티켓 예매서비스도 제공한다.

Address	9F, No.6/8/10, corner of 19 St. & Strand Rd., Latha tsp, Yangon
Access	19번가, 강변 스트랜드 로드
Cost	2~4인실 도미토리 15$ / 부대서비스 조식
Tel	09-420285732/카카오톡 ID Willysguest
Email	Maruachy@naver.com

Stay : ★★★★★ 추천
㉒
깐도지 팰리스 호텔 Kandawgyi Palace Hotel

깐도지 호숫가에 위치하여 전체적으로 고급스럽고도 로맨틱한 분위기가 가득하다. 아늑하면서도 고급스러운 객실 외에도 호수 옆 큰 나무 아래 위치한 야외 수영장과 넓고도 우아한 로비 및 야자나무들에 둘러싸인 정원과 레스토랑이 여유로운 휴식을 선사한다.

Address	Kan Yeik Tha Rd., Yangon
Access	깐도지 남쪽
Cost	스탠더드 185$, 수피리어 195$, 디럭스 213$, 레이크프런트 280$ 부대서비스 조식, 수영장, 스파
Tel	01-249255
Email	reservation@kandawgyipalace-hotel.com
Web	www.kandawgyipalace-hotel.com

Stay : Hostel
㉓
험블 풋프린트 호스텔
Humble Footprints Hostel

신세대 느낌의 블랙 앤 화이트의 외관이 눈에 띄는 게스트하우스. 2014년에 오픈한 곳답게 전반적으로 깨끗하며 로비도 넓어 쾌적하지만 더블룸은 좁다. 비교적 빠른 와이파이가 편리하다.

Address	No.4, Thukha St., San Chaung Tsp.
Access	쉐다곤 주변
Cost	도미토리 16~18$, 더블 50$, 60$ 부대서비스 조식, 공항픽업
Tel	01-1222587
Email	info@humblefootprints.com
Web	www.humblefootprints.com

Stay : ★★★★★
㉔
더 거버너스 레지던스 호텔
The Governor's Residence Hotel

양곤의 중심에 위치하지만 호텔 입구에 조성된 넓은 수영장과 탁 트인 레스토랑이 마치 해변에 있는 듯한 여유로움을 느끼게 해준다. 객실이나 정원 역시 완벽하게 꾸며져 있지만 가격에 비해 실내 공간이 좁은 편이며 엘리베이터가 없어 불편하다.

Address	No.35, Taw Win Rd., Dagon Tsp.
Access	쉐다곤 주변
Cost	디럭스 460$, 거버너스 490$, 주니어스위트 570$ 부대서비스 조식, 수영장, 스파
Tel	01-229860
Email	myomin.sithu@belmond.com
Web	www.facebook.com/TheGovernorsResidence

Stay : ★★★★★

차트리움 호텔 Chatrium Hotel 📶

현대적이면서 최고급 호텔다운 규모와 시설을 갖추고 있다. 이곳만의 특색이 있는 것은 아니지만 편안하게 묵을 수 있다. 높이 솟은 빌딩과 잘 꾸며진 로비, 넓은 야외 수영장이 모두 세련되게 관리되고 있다.

Address	No.40, Natmauk Rd., Tamwe Tsp.
Access	깐도지 북쪽
Cost	디럭스 300$, 클럽 350$, 스위트 550$ / 부대서비스 조식, 수영장, 스파
Tel	01-544500
Email	info.chry@chatrium.com
Web	www.chatrium.com

Stay : ★★★★

로즈가든 호텔 Rose Garden Hotel 📶

최근에 오픈한 대형 호텔로 독특한 외관과 섬세하게 갖춰진 내부 인테리어로 미얀마만의 정취를 느낄 수 있다. 조사 당시 아직 완전히 시설이 갖추어지지는 않은 상태로 앞으로 수영장이나 레스토랑, 바 등의 시설을 추가할 예정이라고 한다.

Address	No.171, Upper Pansodan Rd., Yangon
Access	깐도지 남쪽
Cost	수피리어 180$, 디럭스 240$ / 부대서비스 조식
Tel	01-371992
Email	info@theroseyangon.com
Web	www.theroseyangon.com

Stay : ★★★★

사보이 호텔
Savoy Hotel 📶

고풍스러운 영국 저택을 연상케 하는 분위기로 로비나 객실 내부도 고급스럽지만 그 밖에 나무가 우거진 작은 수영장과 한 사람만을 위한 스파, 분위기 있는 키플링 레스토랑이 더욱 특별하다. 전체적인 규모는 작지만 어느 한 곳도 소홀함이 없이 우아한 분위기를 풍긴다.

Address	No.129, Dhammazzdi Rd., Yangon
Access	쉐다곤 주변
Cost	디럭스 315$, 스위트 418$ / 부대서비스 조식, 수영장, 스파
Tel	01-526289
Email	reservation@savoy-myanmar.com
Web	www.savoy-myanmar.com

Stay : ★★★

서미트 파크뷰 호텔
Summit Parkview Hotel 📶

취재 당시 프리미어 룸만 리노베이션 된 상태로 그 외의 룸들은 모두 낡고 저렴한 분위기다. 수영장은 밋밋한 편이지만 로비와 바, 레스토랑은 깔끔하면서도 세련된 느낌을 준다. 대규모 호텔답게 부대시설이 잘 갖춰져 있어 편리하게 묵기에는 좋다.

Address	No.350, Ahlone Rd., Dagon Tsp.
Access	쉐다곤 주변
Cost	디럭스 194$, 수피리어 207$, 프리미어 220$ / 부대서비스 조식, 수영장
Tel	01-211888
Email	summit@summityangon.com.mm
Web	www.summityangon.com

Stay : ★★★
㉙
그린 힐 호텔
Green Hill Hotel

2013년 베스트웨스턴 호텔 체인에서 오픈한 중급 비즈니스 호텔로 전체적으로 깔끔하고 단정한 분위기다. 깐도지 호수 주변 조용한 곳에 위치하며 쉐다곤 파고다가 바라보이는 아늑한 객실도 구비하고 있다.

Address	No.12, Pho Sein Rd., Tamwe Tsp.
Access	깐도지 북쪽
Cost	디럭스 103~150$, 이그제큐티브디럭스 150~170$, 그랜드디럭스 180~200$ / 부대서비스 조식
Tel	01-209299
Email	reservation@greenhillhotel.com.mm
Web	www.greenhillhotelyangon.com

Stay : ★★
㉚
비즈니스 알리앙스 호텔
Business Alliance Hotel

2014년 오픈한 소규모 호텔이지만 사보이 맞은편에 위치하여 입지가 좋은 편이며 넓은 주차장과 비즈니스센터가 편리하다. 깔끔한 외관과 달리 객실은 약간 낡은 편이며 좋지 않은 냄새가 나는 경우도 있다. 넓은 편인 욕실엔 욕조도 구비되어 있다.

Address	No.126, Dhamazedi Rd., Bahan Tsp.
Access	쉐다곤 주변
Cost	수피리어 80$, 디럭스 120$ / 부대서비스 조식
Tel	01-524844
Email	hotelbah@gmail.com
Web	businessalliancehotelyg n.com

Stay : ★
㉛
로열 크라운 호텔 Royal Crown Hotel

대로변에 위치한 작은 규모의 호텔로 로비도 작은 편이지만 내부 공간은 넉넉하고 깔끔하다. 써야산로드에 위치한 만큼 일정을 마치고 돌아온 후에도 식사를 하거나 가볍게 술을 한잔 마시며 남은 시간을 여유롭게 보내기에도 좋다.

Address	Sr-Y5(A), Sayasan Rd., Bahan Tsp.
Access	써야산로드
Cost	스탠다드 60$, 수피리어 70$ / 부대서비스 조식
Tel	01-401214

Stay : ★★
㉜
체리힐 호텔 Cherry Hills Hotel

전 객실에서 취사가 가능하도록 주방이 갖춰진 곳으로 일본인이 소유한 호텔답게 깔끔하고 단정한 분위기다. 내부 공간이 비교적 넓지만 거실과 분리된 침실이 약간 답답한 느낌을 주기도 한다.

Address	No.520, Kanar Aye Pagoda Rd., Shwe Gon Taing, Bahan Tsp.
Access	깐도지 북쪽
Cost	디럭스 130$, 디럭스플러스 150$ / 부대서비스 조식
Tel	01-559720
Email	info@cherryhillshotel.com
Web	www.cherryhillshotel.com

Stay : ★★ 추천

㉝

끌라시끄인 Classique Inn

단 11개의 객실을 소유한 소규모 숙소로 나무가 우거진 정원 안쪽에 위치한 저택과 고급스러운 인테리어가 누구나 한 번쯤 꼭 묵어보고 싶게 한다. 인기가 많으므로 미리 예약을 하는 것이 좋다.

Address	No.53B, Shwe Taung Kyar St., Bahan Tsp.
Access	인야 호수 남쪽
Cost	더블 80~120$ / 부대서비스 조식
Tel	01-525557
Email	kalyaaye@gmail.com
Web	www.classique-inn.com

Stay : ★★

㉞

알라만다인 Alamanda Inn

괜찮은 프렌치 레스토랑과 함께 운영되는 작은 규모의 숙소로 끌라시끄인과 가까이에 위치하고 있다. 작지만 잘 꾸며진 정원과 내부 인테리어가 아늑한 느낌이다. 조식은 나무가 우거진 프렌치 레스토랑에서 제공된다.

Address	No. 60, Shwe Taung Gyar Rd., Bahan Tsp.
Access	인야 호수 남쪽
Cost	싱글 90$, 더블 100$ / 부대서비스 조식
Tel	01-534513
Email	alamanda.inn@gmail.com
Web	www.hotel-alamanda.com

Stay : ★★★★★

㉟

세도나 호텔 Sedona Hotel

넓고 큰 규모의 최고급 호텔로 입구의 열대나무와 분수가 이국적인 느낌이다. 고급스러운 객실 외에 레스토랑과 라운지도 잘 갖춰져 있지만 특별한 분위기는 없다. 인야 호수가 바로 보이는 곳에 위치하고 있다.

Address	No.1, Kaba Aye Pagoda Rd., Yankin Tsp.
Access	인야 호수 동쪽
Cost	디럭스 260$ 부대서비스 조식, 수영장, 스파
Tel	01-666900
Email	reservation@sedonamyanmar.com
Web	www.sedonahotels.com.sg

Stay : ★★★★

㊱

팜 스프링 리조트 Palm Spring Resort

조용한 길 안쪽의 위치한 작은 리조트형 호텔이다. 수영장 옆에 작은 나무들이 꾸며져 있어 비교적 도심의 분위기를 잊을 수 있다. 객실 역시 넓은 편이고 아주 세련되진 않았지만 새로 오픈한 곳답게 쾌적하다.

Address	No.7, Mingalar Street, Insein Road
Access	공항 인근, 란칫 로드 안쪽에 위치
Cost	수피리어 90$, 디럭스 145$
Tel	01-646467, 646462
Email	palmspring.resort12@gmail.com
Web	www.palmspringresort.com.mm

Myanmar | Yangon

Stay : ★★★★
㊲
인야 레이크 호텔 Inya Lake Hotel

인야 호수 옆에 위치한 호텔로 넓은 정원과 그 옆에 바라보이는 호수가 시원스럽다. 잘 갖춰진 주차장과 로비 등 전체적인 외관은 현대적인 느낌이지만 낡은 욕실이나 맛없는 객실은 기대에 못 미치는 편이다.

Address	No.37, Kana Aye Pagoda Rd., Yangon
Access	인야 호수 동쪽
Cost	수피리어 160~180$, 디럭스 180~200$ 부대서비스 조식, 수영장, 스파
Tel	01-9662866
Email	inyalake@inyalakehotel.com
Web	www.inyalakehotel.com

Stay : ★★★ 추천
㊳
더 RGN 호텔 The RGN City Lodge

2015년에 오픈한 현대식 중급 호텔로 전체적으로 비교적 세련되고 현대적인 인테리어로 꾸며져 있다. 다운타운이면서도 복잡하지 않은 위치도 편리하다. 직원들은 서툴지만 친절한 서비스를 제공하려고 노력하는 편이다.

Address	No.142, Min Ye Kyaw Swar Road, Lanmawdaw Township
Access	판다 호텔 맞은편, 다이아몬드 크라운 호텔 옆
Cost	수피리어 75$, 디럭스 80$, 스위트 100$
Tel	01-2300150, 2300152
Email	reservations@rgncitylodge.com
Web	www.rgncitylodge.com

Stay : ★★★
㊴
애비뉴 64 호텔 Avenue 64 Hotel

고급스러운 로비 디자인이 인상적이지만 룸 내부에 비치된 가구가 저렴한 재질로 되어 있어 가격대비 실망스럽다. 특이하게도 아이스가 담겨 있는 냉장고가 복도에 비치되어 언제든지 이용할 수 있다. 2013년 오픈했으며 프라이버시를 원하는 양곤 부유층이 종종 이용한다.

Address	No.64, Kyitewin Pagoda Rd., Mayangone Tsp.
Access	8마일 주변
Cost	수피리어 155$, 디럭스 205$, 발코니스위트 245$ 부대서비스 조식
Tel	01-656912
Web	www.facebook.com/pages/Avenue-64-Hotel/310713989029964

Stay : ★★
㊵
호텔 시드니 Hotel Sidney

다소 한적한 곳에 위치하였으나 높은 천장의 로비나 레스토랑의 분위기가 괜찮은 중급호텔이다. 룸 내부도 깔끔하면서도 고급스럽다.

Address	No.8, Mindhama Rd., Between Parami Rd., Kyaik Wine Pagoda Rd., Mayangone Tsp.
Access	8마일 주변
Cost	싱글 70$, 수피리어 115$, 시드니수피리어 135$, 로열시드니스위트 310$ 부대서비스 조식
Tel	01-655770
Email	info@hotelsidneymyanmar.com
Web	www.hotelsidneymyanmar.com

Stay : ★★
④
호텔 인야 Hotel Inya

인야로드변에서 고급주택가 안쪽으로 조금만 더 들어가면 이 호텔이 있다. 조용한 곳을 선호하는 서양 사업가들이 주 고객이다. 작은 규모의 호텔인 만큼 이곳에 묵으려면 미리 예약하는 것이 좋다.

Address	No.24, Inya Rd., Kamayut Tsp.
Access	인야 호수 남쪽
Cost	스탠더드 90$, 수피리어 100$ 부대서비스 조식
Tel	01-502506
Email	hotelinya@gmail.com

Stay : ★★★
㊷
갤럭시 호텔 Galaxy Hotel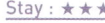

공항 가까이에 위치한 호텔 중에서는 최근 지어진 쾌적한 호텔 중 하나이다. 비교적 현대적인 인테리어로 편안하게 묵을 수 있고, 바로 옆에 수도원이 자리한다. 덕분에 호텔 입구를 지나는 승려를 보며 미얀마의 정취를 느낄 수 있다. 다만 이따금씩 시끄러운 건 아쉽다.

Address	No.(2A/5A), Okkalar Thiri Garden Street, (D) expand, North Okkalapa Township
Access	양곤공항에 가까운 8마일 지역
Cost	스탠더드 60$
Tel	01-691870, 09-73111118
Web	www.galaxymyn.com

Stay : ★★★
㊸
호텔 민다마 Hotel Mindhama

2014년에 새로 오픈한 곳으로, 특별한 점은 없지만 낡은 분위기가 없어 편안하게 묵을 수 있다. 스탠더드룸은 조금 저렴한 느낌이며, 간혹 청소상태가 불량하다. 그에 비해 디럭스룸은 쾌적한 편. 큰길에서 떨어져 있어 조금 불편하지만 조용하게 쉬기에는 좋다.

Address	No.22/A, Padauk Street, Royal Cherry Villa (Mindhama Road), Mayan Gone Township
Access	시드니 호텔 반대쪽 골목 안
Cost	스탠더드 70$, 수피리어 90$, 디럭스 100$
Tel	01-9669564, 09-681923
Email	reservation@hotelmindhama.com
Web	www.hotelmindhama.com

  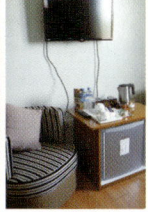

Stay : ★★★ 추천
㊹
스카이맨 호텔 Sky Man Hotel

양곤공항 가까운 곳에 위치한 중급 호텔로 외관은 다소 어색하다. 넓은 로비와 식당, 새로 단장하여 깨끗하고 넓은 객실 및 청결하게 관리되는 욕실은 만족스럽다. 특별한 멋은 없고 대낮에는 비행기소리가 거슬리지만 아침 일찍 다른 지역으로 떠나려는 여행자에게는 확실하게 공항 호텔의 기능을 하는 곳이다. 조식 뷔페도 잘 나온다.

Address	No.1002, Pyay Road, Sawbwar Gyi Gone, Insein Township
Access	양곤 공항 근처, 피로드
Cost	수피리어 60$, 디럭스 80$
Tel	01-646569, 09-5150550
Email	reservation@skymanhotel.com
Web	www.skymanhotel.com

Bagan 바간

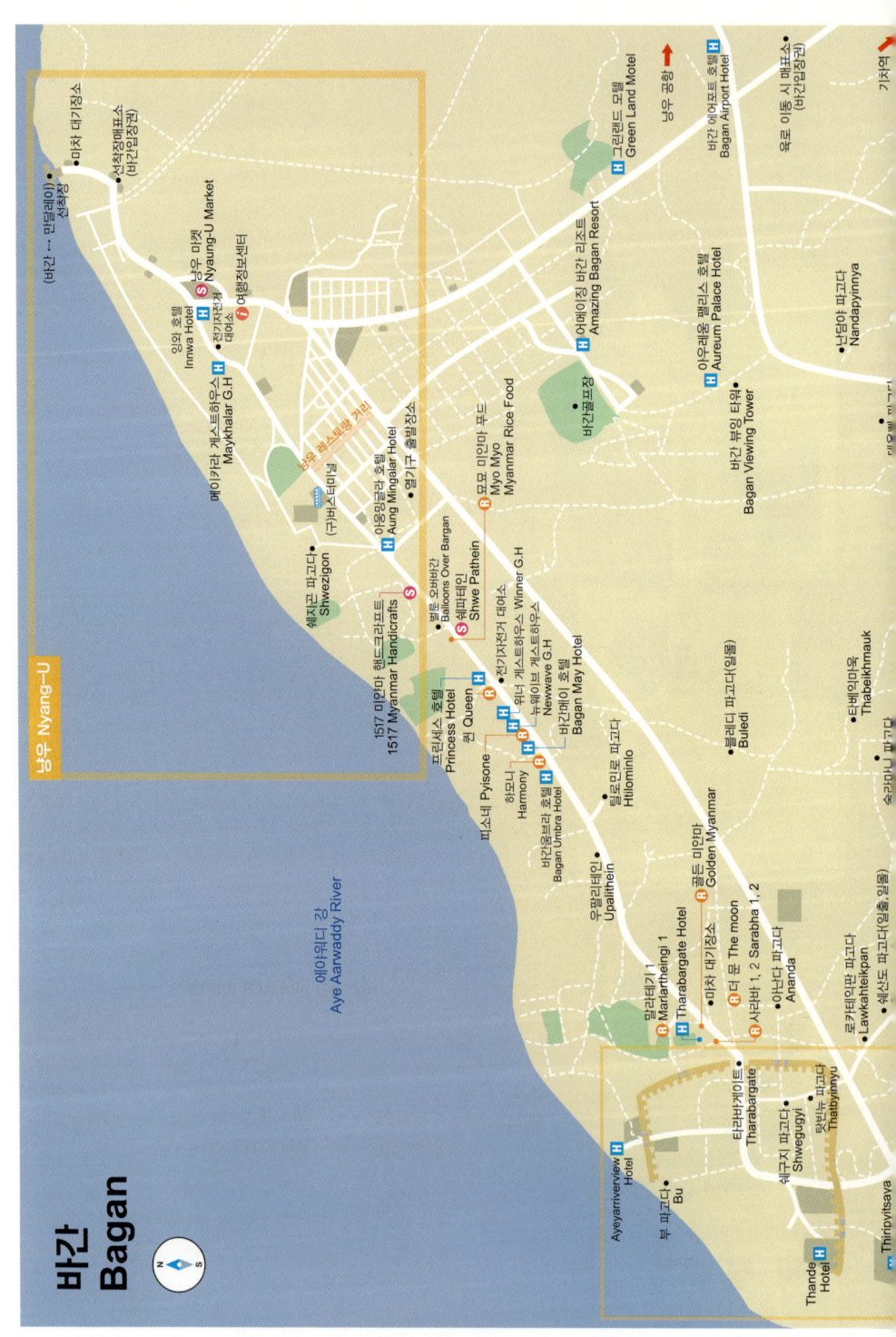

Intro

천년의 왕국, 바간
Bagan

캄보디아의 앙코르와트, 인도네시아의 보로부두르 사원과 함께 세계 3대 불교유적지 중 하나인 바간은 그 규모로는 단연 압도적이다. 42평방킬로미터의 광활한 지역에 수도 없이 세워진 사원들은 천년에 걸친 세월 동안 많은 부분이 소실되었음에도 불구하고 2,400여 개가 여전히 남아 있다. 또한 이곳의 모든 사원들은 현세의 복을 쌓기 위한 불자들의 자발적인 보시로 이루어져 비록 작은 사원이라 할지라도 하나하나 정성이 가득하다. 각 사원들은 섬세하고도 아름다운 불화로 벽면 가득 신비로운 분위기를 하고 있거나, 익살맞은 부조가 당시의 생활상을 보여주기도 하고 서늘하고 음침한 분위기가 감돌기도 하는 등 다양한 규모와 분위기를 가지고 있어 심심하지 않다. 나무가 우거진 한적한 길들을 돌아보다 발견한 이름 모를 사원에서 극락왕생의 기원을 담은 옛 사람의 마음을 상상하다 보면 어느새 한없이 평온해진 나를 발견하게 된다.

*지역입장료 : 20$(27,000짯)

Travel Tip
1. 미얀마의 건조한 지대에 위치하여 다른 지역보다 더운 편이다. 특히 4, 5월에는 40도를 웃도는 더위이므로 열사병에 주의하자. 6월에서 8월 사이 우기에도 간간이 스콜성의 비가 내릴 뿐이다.
2. 바간으로 들어가는 골목마다 곳곳에 지역입장료를 받는 매표소가 있다(현지 사람들이 친절하게 지역입장 티켓을 사라고 할 테니 위치는 굳이 알아둘 필요가 없다). 이외에도 일몰 시간에 많은 사람들이 몰리는 쉐산도 파고다나 몇몇의 주요 파고다에서 티켓검사를 한다. 검사가 엄격한 편이므로 꼭 입장표를 지참하자.
3. 벽면의 아름다운 불화들을 보존하기 위해 조명시설이 되어 있지 않으므로 성능 좋은 손전등은 필수다. 간혹 사원 한쪽에 설치된 조명을 빌릴 수 있지만 보시(도네이션)의 압박이 있다.
4. 벽화가 보존되어 있는 사원들은 촬영을 금지하고 있으니 매너를 지키자.
5. 냥우 마을에 은행과 여행사, ATM기기, 자전거 대여점 등 각종 여행 편의시설이 몰려 있다.

추천 일정

1일

낭우 마을(재래시장)  → 쉐지곤 파고다  → 틸로민로 파고다  → 우팔리 테인

부 파고다 ← 타라바게이트 ← 중식(더 문 레스토랑) ← 아난다 파고다

고도팔린 파고다  → 쉐구지 파고다  → 탓빈뉴 파고다  → 낫라웅짜웅

선셋 가든(석식) ← 쉐산도 파고다 ← 로카테익판 파고다 ← 파토타먀

Myanmar | Bagan

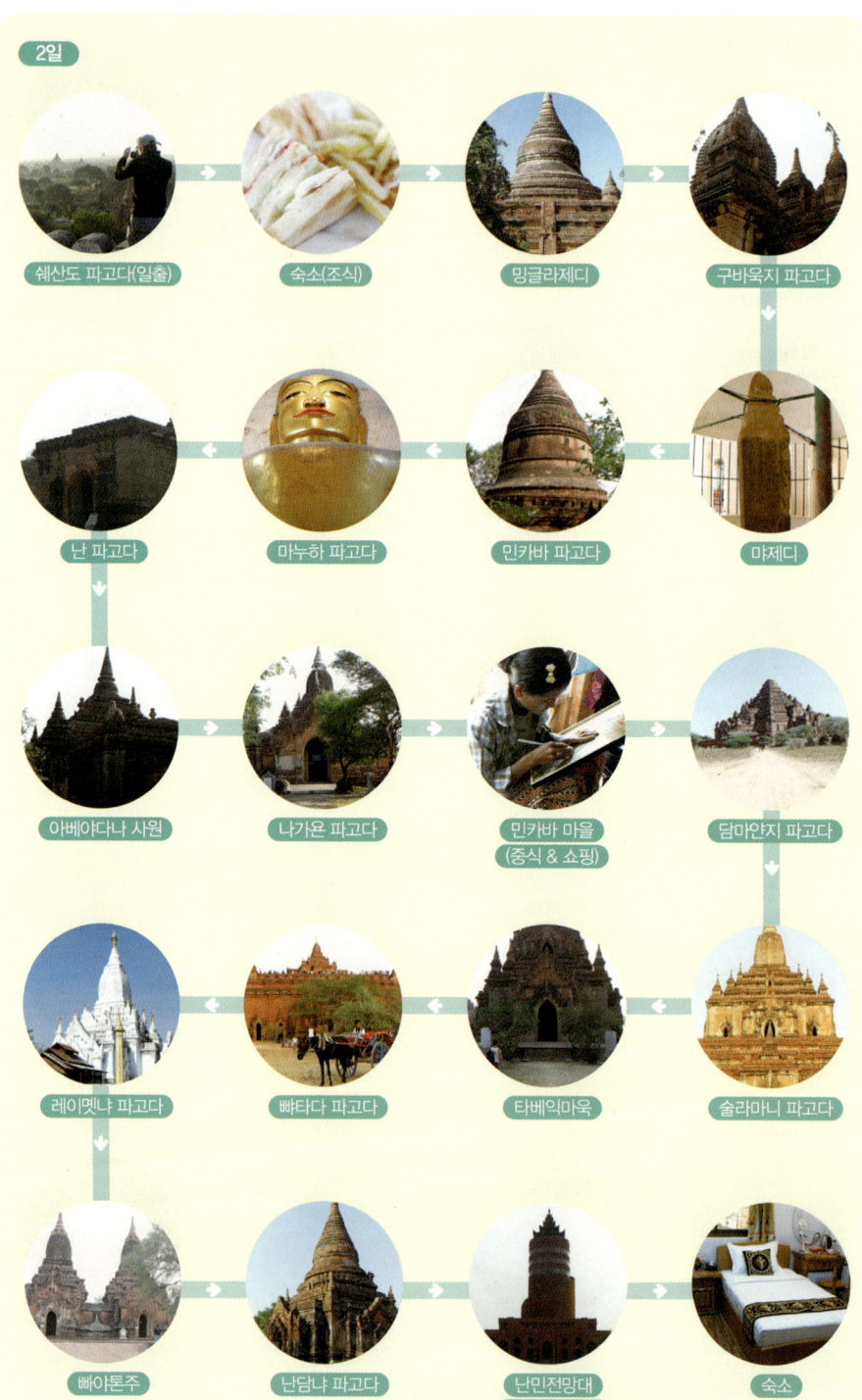

주요 도시에서 바간(냥우) 들어가기

미얀마 최고의 여행지답게 각 지역에서 바간을 향하는 교통편이 많다. 본인의 여행일정과 스타일에 맞게 교통편을 선택하자.

➕ 항공

◎ 국내선

출발	항공사	소요시간	요금	설명
양곤	YH, 6T, YJ, W9, K7, 7Y	직항(1시간 20분), 경유(2시간 10분)	90~110$	양곤에서 바간까지 모든 항공사가 매일 운항한다. 소요시간은 동일하다. 오전에는 모든 항공사가 직항으로 운행하며 6시~6시 30분 사이에 출발한다. 항공사별로 요금만 조금씩 다르다.
만달레이	W9, K7, YH, Y5, 6T, 7Y	직항(30분)	50~60$	배낭여행자들은 만달레이에서 바간을 갈 때 대부분 버스나 보트를 이용하지만 비행기를 타면 30분 만에 도착한다.
헤호	K7, Y5	직항(40분)	70~90$	직항으로 가는 비행기는 몇 안 되고, 대부분의 항공사들은 만달레이를 경유한다.
공항에서 시내로 들어가기 공항 → 냥우 : 5,000짯 공항 → 뉴바간 : 7,000짯		공항에 도착하여 지역입장료를 내고 밖으로 나오면 입구 주차장에 많은 택시들이 대기하고 있다. 공항에서 시내로 향하는 버스가 없으니 택시를 이용할 수밖에 없다. 승합택시는 사람을 모아 출발하니 흥정을 하고 이용하면 된다.		

※ 항공사코드 : Yangon Airways(YH), Air Mandalay(6T), Asian Wings(YJ), Air Bagan(W9), Air KBZ(K7), Mann Yadanarpon(7Y), Golden Myanmar(Y5)
※ 공항코드 : 냥우(NYU)

바간에서 주요 도시 이동하기

➕ 버스

도착	교통편	출발시간	요금	소요시간
양곤	VIP버스	20:00	18,000짯~	10시간
	고속버스	07:00, 19:00	13,000짯	
만달레이	고속버스	05:00, 13:00, 16:00, 18:00	9,000짯	6시간
껄로, 인레 호수	고속버스	08:00(미니), 19:00(고속)	10,000짯	9시간
버스터미널에서 시내로 들어가기		2014년 4월에 장거리 버스터미널이 냥우공항 인근 외곽으로 이전하였다. 터미널에서 시내로 들어가기 위해선 픽업트럭이나 택시를 이용해야 한다. 호텔을 미리 예약할 경우 무료픽업이 가능한지 꼼꼼히 물어보자. 반대로 시내에서 터미널로 이동할 때는 버스회사에 따라 무료픽업을 해주는 곳이 있으니 버스예약을 할 때 문의해보자. 바간-만달레이 간을 오가는 사설버스의 경우에는 냥우 중심에 위치한 구 버스터미널에 도착하는 경우도 있다.		

Travel Tip
바간 마차 이용에 주의하세요!
최근 일부 마차기사들이 바가지요금과 불친절한 투어 진행으로 문제를 일으키고 있다. 공항이나 터미널에서 호객행위를 하는 마차의 이용은 삼가고, 호텔에 적당한 기사 섭외를 부탁하자. 비용은 투어를 마친 후 지급하도록 한다.

➕ 바간 시내교통

바간은 아주 넓다. 수많은 파고다를 둘러보기 위해서는 교통편 이용이 필수적인데 다행히도 바간에는 여행자가 고를 수 있는 다양한 탈거리들이 있다. 최근에 인기를 누리고 있는 전기자전거에서부터 마차, 택시, 일반자전거까지 다양하다. 특히 마차와 전기자전거가 많은 편으로 이는 오토바이 운행이 금지되어 있기 때문이다. 마차에는 각자 고유번호가 있다.

교통편	시간	요금	설명
5인승 자가용택시	1일 렌트 (아침~일몰)	30,000~35,000짯	시원한 에어컨과 함께 편하고 빠르게 넓은 지역 곳곳을 돌아볼 수 있다. 가이드와 동행하는 단체 여행객들이 주로 이용한다.
7인승 승합차	1일 렌트 (아침~일몰)	40,000~50,000짯	4인 이상이라면 승합차를 빌려 여행하는 것도 좋은 방법이다. 빠른 시간에 많은 파고다를 볼 수 있고, 요금도 나누어 낼 수 있어 경제적이다.
마차	1일 (08:00~일몰)	20,000~25,000짯 (일몰 혹은 일출만 원할 경우 10,000짯)	마차를 타면 고즈넉한 길을 따라 지어진 크고 작은 사원들을 둘러보며 마치 고대 속으로 들어온 듯한 기분을 만끽해 보자. 마차는 성수기·비수기 가격이 유동적이며 흥정은 필수다. 보통 아침 8시부터 일몰까지 마차투어를 하게 되며 일출을 포함하면 요금이 올라간다. 여행자들에게 인기 있는 만큼 요금도 비싼 편이지만 바간에서 마차를 타지 않는 것은 상상할 수도 없다.
전기자전거	1일 (아침~일몰)	5,000~6,000짯	오토바이 운행이 금지된 바간에서 유용한 아이템으로, 자전거를 가장하고 있지만 스쿠터와 비슷하므로 약간의 연습과 안전운전이 필요하다. 거의 중국산이고 성능은 천차만별이므로 잘 골라야 한다. 또한 잘 포장되어 있는 큰 길 이외에는 대부분 모래밭이므로 자전거로 이동하기 곤란한 문제가 있다. 일부의 경우 배터리가 빨리 닳는 경우가 있으므로 멀리 이동하기 전에 틈틈이 충전해 놓는 것이 좋다.
자전거	1일 (아침~일몰)	2,000~3,000짯	전기자전거 때문에 점차 사라져가고 있긴 하지만 아직도 많은 서양 배낭여행자들이 자전거를 이용한다. 바간은 굉장히 넓고 더워서 자전거를 도중에 버리고 싶을 수도 있으므로 신중하자.

만달레이 → 바간 보트트립

도착	에야워디 강 보트트립 Ayeyarwaddy River Boat Trip			
	보트종류	출발시간	요금	소요시간
바간(냥우)	슬로보트(정부 보트)	05:00~05:30(수, 일)	15$	13시간 이상
	Rv Shwe Keinnery (익스프레스 보트)	06:30(매일)	40$	11~12시간
	MGRG(스피드 보트) (Myanmar Golden River Group)	07:00(매일)	40$	9시간
	Malikha Boat 말리카(스피드 보트)	07:00	40$	9시간
	선착장에서 시내로 들어가기	선착장에서 냥우 초입에 있는 잉와 호텔까지는 걸어서 20~30분가량 걸린다. 선착장 입구에서 마차나 택시, 혹은 사이카를 흥정할 수도 있다. 선착장에서 냥우로 가는 길목에 지역입장료를 살 수 있는 매표소가 있다.		

◎ **에야워디 강 보트트립 (만달레이-바간)**

만달레이와 바간을 에야워디 강을 통해 이동할 수 있는 세 종류의 보트가 있다. 그중 가장 오래 걸리지만 현지 사람들과 특별한 하루를 보낼 수 있는 슬로 보트가 인기다. 새벽 5시에 유유히 에야워디 넓은 강을 따라 미끄러지는 보트는 일출과 함께 하루를 시작한다. 강을 따라 내려가는 도중에 여러 마을에 정차하는데, 그때마다 수많은 사람들이 타고 내리는 모습이 활기가 넘친다. 지루할 수도 있지만 조급함을 버린다면 아름다운 에야워디 강의 일출, 일몰과 함께 한껏 여유로운 시간을 보낼 수 있다. 슬로 보트는 강의 수위에 따라 소요시간이 더 걸릴 수 있고 건기에는 운항이 중단되기도 한다. 익스프레스 보트는 조식이, 스피드 보트는 조·중식이 보트요금에 포함되어 있다. 바간에서 만달레이 쪽으로도 운행하며 출발시간과 요금은 비슷하다.

Sightseeing

바간은 볼거리들이 광활하게 펼쳐져 있다. 바간 지도를 펼쳐놓고 마부나 택시 기사와 함께 이동경로를 정해보자. 꼭 가고 싶은 곳 몇 군데와 일출, 일몰 포인트 외에는 여유롭게 돌아보는 것도 좋다. 점심은 아난다 파고다 근처의 식당에서 먹는 게 편리하다.

바간 왕조

9세기에 바간의 에야워디 강을 중심으로 생성된 부족은 11세기 아노라타(Anawratha) 왕이 왕위에 오른 후 남쪽으로 북부말레이반도와 동쪽의 살윈 강, 서쪽으로 아라칸 지역과 위로는 현재의 중국 국경까지 이르는 거대한 왕국으로 성장하였다. 이후 몽골에 의해 쇠망하기까지 약 250년 동안 크메르 왕조와 더불어 동남아시아 최대의 왕조로 널리 그 힘을 과시하였다. 미얀마 최초의 통일왕조로서 소승불교를 받아들이고 언어와 문화의 기본을 다진 미얀마 최초의 르네상스 시대를 열었던 곳이기도 하다. 아노라타 왕이 몬 왕국으로부터 소승불교를 받아들인 이후 바간의 왕족들은 현세의 복을 쌓고자 앞다투어 사원을 건설하였으며 그중 현재까지 약 2,400여 개의 사원들이 남아 있다.

바간 둘러보기

체력이 좋은 사람들은 자전거를 대여하겠지만, 더위에 쉽게 지치는 체력이라면 전기자전거나 마차, 혹은 택시의 대절을 고려하게 된다. 전기자전거는 종류에 따라 쉽게 방전되기도 하므로 틈틈이 배터리를 체크해야 한다. 마차는 운전자 옆자리 혹은 뒷자리에 최대 2명이 앉을 수 있으며 기울어진 뒷좌석은 상당히 불편하다. 대부분의 마차기사는 자신의 마차를 가지고 있으며 친절하게 사원들을 안내해 주지만 최근 일부 마차기사의 심한 바가지가 문제가 되고 있다. 먼 거리를 이동하기 싫어하는 기사도 있으므로 신중하게 마차를 예약하자. 냥우와 올드바간, 민카바, 뉴바간 사이를 비정기적으로 다니는 픽업트럭은 종종 오래 기다려야 하고 마을사람들로 꽉 차서 불편하지만 저렴하게 이동할 수 있는 장점이 있다.

일출과 일몰은 대부분 쉐산도 파고다에서 감상하지만, 그 외에도 오를 수 있는 작은 사원도 여럿 있다. 그러나 사원의 옥상에 오르는 것이 점차 금지되고 있으므로 나만의 일출, 일몰장소를 찾기를 원한다면 현지에서 직접 확인하여야 한다. 바간을 둘러보기 전에, 지역입장권과 사원의 벽화를 감상하기 위한 손전등, 일부 사원의 문지기를 위한 잔돈(100~200짯 정도), 벗기 쉬운 슬리퍼, 따가운 햇살을 가려주는 모자와 마실 물을 챙기자.

> **Tip** 미얀마 건축물(파고다)의 분류

파야Paya
제디Zedi 일반적으로 탑 모양을 하고 있고, 안으로 사람이 들어갈 수 없는 게 특징이다. 대표적으로는 밍글라제디와 먀제디가 있다.

파야Paya
파토Phato 미얀마를 대표하는 양곤의 쉐다곤 파고다가 파토라 할 수 있다. 위로는 탑 모양이지만, 아래는 불상을 모신 사원으로 안으로 사람이 들어갈 수 있다. 대표적으로 담마얀지와 술라마니가 있다.

짜웅Kyaung
스님들이 수행하는 장소인 수도원을 짜웅이라고 한다. 미얀마의 대표적인 짜웅으로 만달레이 우베인 다리 옆에 있는 마하간다용 짜웅이 있다. 여행자들은 탁발식을 보기 위해 짜웅을 방문하기도 한다.

우민Umin
초창기 불교는 동굴에 불상을 모시고 탑을 쌓고 수행을 하였는데 이처럼 동굴 파고다를 우민이라 한다. 대표적인 동굴사원은 삔다야Pindaya에 있는 쉐우민Shwe Umin이다.

테인Thein
승려들의 수계의식을 치르던 공간이나 장소를 테인이라 한다. 중요한 장소인 만큼 상당히 아름답게 지어진 점이 특징이다. 대표적으로 유네스코 문화유산에 등재된 바간의 우팔리 테인이 있다.

타익Taik
불교 경전을 보관하던 서고로 현재의 도서관으로 볼 수 있다. 대체로 화려하고 아름답게 지어지는데, 현재 미얀마에 남아 있는 타익 중 므락우(라카인 주)의 피타카 타익이 가장 아름답다고 평가된다.

Sightseeing

① 아난다 파고다 Ananda Phato

- **건립연도** : 1105년
- **특징** : 바간의 대표적인 사원

바간의 수많은 사원 중에서 가장 중요하게 여겨지는 사원으로, 꼭대기가 티베(우산)로 장식된 옥수수 모양의 독특하고 세련된 황금 탑이 멀리서부터 눈에 띈다. '아난다'라는 이름은 석가모니 부처의 첫 번째 제자의 이름에서 유래된 것으로 알려져 있으며 '무한한 지혜' 혹은 '행복'이라는 의미의 산스크리트어에서 유래하였다는 설도 있다. 이 사원은 짠시타Kyanzittha 왕이 1105년에 세운 것으로 알려져 있는데 바간 시대의 여타 탑들과 구분되는 형태로, 몬 왕국과 인도의 불교 예술이 융합하여 완성된 걸작으로 평가된다. 사원은 1975년에 있었던 지진으로 부서졌지만 곧 완전히 복구되었으며 그 이후로도 지속적인 보수작업으로 인해 잘 보존되고 있다. 1990년에 설립 900주년을 기념하며 탑의 윗부분에 금을 입혔다. 전설에 의하면 인도에서 여덟 명의 승려가 이곳을 방문하여 자신들이 수행하던 히말라야 동굴 사원의 형상을 왕에게 보여주었고, 왕은 기뻐하며 이 사원을 지어줄 것을 요청했다고 한다. 그러나 사원이 완성된 뒤 이와 비슷한 사원이 더 지어지는 것을 두려워한 왕이 승려들을 모두 죽였다고 한다.

사원은 벽돌로 지어졌으며 그 위에 석회를 덧바른 뒤, 불교와 관련된 벽화로 장식했다. 사원의 기단과 테라스 부분을 장식한 연녹색 타일에는 석가모니 부처의 전생담이 그려져 있다. 사원의 모서리마다 사자 모습의 석상이 서 있고, 동쪽과 서쪽 홀 입구에는 섬세하게 조각되고 색이 입혀진 문지기를 볼 수 있다. 그리스 십자 모양으로 난 홀 안으로 들어서면 거대한 티크나무 문 안쪽에 모셔진 입불상이 강한 인상을 남긴다. 불상은 나무로 조각되어 금색 칠이 입혀진 것으로, 남쪽의 가섭Kassapa 불상과 북쪽의 구류손Kakusanda 불상만이 원래부터 존재했던 것이며 동쪽의 구나함모니Konagamana 불상과 서쪽의 석가모니Gautama 불상은 화재로 소실되어 후대에 새로 복원된 것이다. 석가모니 불상 아래에는 무릎을 꿇어앉은 짠시타 왕과 바간에 소승불교를 전파한 몬족 승려 신 아라한Shin Arahan의 형상을 볼 수 있다.

사원 내부의 통로 양쪽으로는 수많은 불상이 놓여 있고, 부처의 전생담을 묘사하는 부조가 조각되어 있으며 입구의 천장과 통로에 그려진 아름다운 벽화를 감상할 수 있다. 사원의 2층 테라스에는 사원에서 가장 훌륭한 벽화가 그려져 있다고 하지만 현재 이곳은 일반인들에게 공개되지 않고 있다. 매년 1월에는 15일 동안 성대한 파고다 축제가 열리며 수많은 승려와 불자들이 이곳에 모인다.

Sightseeing

쉐산도 파고다 Shwe San Daw Paya

미얀마를 통일한 아노라타 왕이 지은 것으로 알려진 이 탑에는 우사 바고 Ussa Bago 왕에게서 받은 불발이 모셔져 '성스러운 금빛 머리카락'이라는 이름이 붙여졌다. 이후의 많은 탑들이 이 탑을 본떠 세워졌으며 쉐지곤 파고다의 원형이 되기도 하였다. 다섯 층의 테라스와 그 맨 위에 자리한 둥근 종 모양의 탑 꼭대기에는 금빛 우산 모양이 장식되어 있으며 한때는 부처의 일생이야기가 담긴 타일장식이 있었다고 하나 현재는 바간 고고학박물관에 일부만이 보관되어 있다고 한다. 높은 경사로 된 계단을 오르면 테라스 맨 위쪽에는 넓은 공간이 있고 일몰이 되면 각종 카메라로 무장한 관광객들로 발 디딜 틈이 없다. 파고다 입구에서 바간 입장표를 검사한다.

- 건립연도 : 1057년
- 특징 : 일출 & 일몰 포인트

Sightseeing

쉐지곤 파고다 Shwezigon Paya

여러 상인들의 호객행위로 성가신 긴 통로를 뚫고 들어가면 불상을 모신 법당 뒤에 금빛 테라스 형식의 탑이 서 있다. 이 탑은 양곤의 쉐다곤이나 바고의 쉐모도 파고다의 원형이 된 것으로 알려졌다. 아노라타 왕이 아래 세 층을 짓고 급사한 후 그의 아들인 짠시타 Kyansittha 왕이 일곱 달 일곱 날에 걸쳐 완성하였다고 전해지며 이곳에는 아노라타 왕이 스리랑카의 왕으로부터 받은 부처님의 치사리가 모셔져 있다. 테라스 맨 아랫부분은 타일로 된 부조로 장식되어 있고 그 주변을 화려한 꽃모양의 장식이 둘러싸고 있다. 주변 곳곳에는 여러 형태의 부처상과 소원을 비는 종들이 있으며 많은 불자들이 이곳을 방문하여 소원을 비는 종소리가 들리곤 한다. 사원 오른쪽 구석에 위치한 작은 낫 신전 내부에는 불교가 전파되기 이전부터 숭배되던 37낫의 형상이 모셔져 있다.

- 건립연도 : 11세기 말~12세기 초
- 특징 : 부처님의 치사리를 모심

Sightseeing

틸로민로 파고다 Htilominlo Phato

이 파고다는 테라스 형식으로 사각형의 기단 위에 인도 사원의 영향을 받은 원통형 탑신이 세워져 있다. 틸로민로는 '우산의 뜻대로'라는 뜻으로, 왕을 상징하는 흰 우산을 날려 끝이 향하는 사람을 왕으로 선출하는 의식에서 비롯되었다. 이곳에서 난타웅먀 Nantaungmya 왕이 다섯 왕자 중에서 왕위를 이을 세자로 선출되었다고 한다. 사각 모서리마다 작은 첨탑들이 세워져 있고 수많은 기념품 가게가 탑을 둥글게 둘러싸고 있다. 부조가 둘러 새겨진 입구를 들어서면 천장과 벽면에 아름다운 무늬의 불화가 그려져 있고 탑 안에는 4개의 불상이 모셔져 있다. 위층으로 오르는 계단이 있지만 현재는 입구가 잠겨 있다. 사원 입구에서 입장권 검사를 한다.

- 건립연도 : 1218년
- 특징 : 바간에서 두 번째로 큼

Sightseeing

우팔리 테인 Upali Thein

승려의 수계 장소로 사용된 곳으로 입구에서부터 색색으로 칠해진 불화가 빽빽하게 그려져 있다. 내부에는 높은 대좌에 불상이 안치되어 있으며 그 뒤쪽에도 또 하나의 불상이 약간 낮게 위치하고 있다. 벽화는 동쪽으로부터 시작되어 시계 방향으로 진행되며 제일 위쪽에는 28불의 모습이 그 이름과 함께 그려져 있고 중앙은 부처들이 출가하는 모습, 아래쪽은 석가모니의 설법장면을 묘사하였다. 13세기 승려인 우팔리의 이름을 본뜬 이곳은 1975년에 일어난 지진으로 많은 부분 소실되었음에도 불구하고 여전히 아름다워 현재 유네스코 문화유산으로 등재되어 있다.

- 건립연도 : 1794년
- 특징 : 아름다운 불화

Sightseeing

담마야지카 파고다 Dhammayazika Phato

오각형의 기단과 금색의 사리탑이 독특한 파고다로, 스리랑카의 왕에게서 받은 성물을 보관하기 위해 1198년에 나라파티시투 왕이 건립하였다. 3층의 테라스는 석가모니 부처의 전생담이 그려진 타일로 장식되어 있고, 기단의 각 방향으로는 다섯 기의 불상이 모셔진 방이 있다. 미얀마의 사원에 다섯 불상이 있는 경우, 석가모니불과 그 전생불인 가섭불, 구류손불, 구나함모니불 외에 미래를 상징하는 미륵불을 모셔놓은 것이라고 한다. 전망 좋은 테라스는 더 이상 오를 수 없게 되었지만 담마얀지 파고다와 이곳 사이의 한적한 길을 달리며 바간의 정취를 느껴보자.

- 건립연도 : 1198년
- 특징 : 오각형 기단

Sightseeing

피타카타익 Pitakat Taik

아노라타 왕이 몬 왕국을 정복하고 32마리의 흰 코끼리에 실어 가져온 30세트의 경전을 보관해 두었던 서고로서 바간 지역에서 절이 아닌 다른 건물 중 현재까지 살아남은 몇 안 되는 건물 중 하나이다. 한 개의 층으로 된 이 건물의 입구는 동쪽으로만 나 있으며 다른 세 면에는 작은 창들만 있을 뿐이어서 거의 빛이 들지 않는다. 이러한 단단한 구조로 인하여 더욱 오래도록 살아남아 현재에 이른 것으로 추정된다. 서고 내부는 예전에는 각종 불화나 불상으로 채워졌을 것으로 여겨지지만 현재는 텅 비어 있다.

- 건립연도 : 1057년
- 특징 : 경전을 보관했던 서고

Sightseeing

낫라웅짜웅 Nathlaung Kyaung

바간 유일의 힌두 사원인 이 사원은 아노라타 왕이 불교를 받아들이면서 불교 이외의 종교에서 유래한 여러 형상들을 한 군데 모아놓았던 곳으로 대부분은 1975년 지진으로 소실되고 현재는 사원의 중심부만이 남아 있다. 힌두의 신인 비슈누에게 바쳐진 사원으로 입구를 들어서면 여러 힌두신의 형상들이 다양한 모습을 하고 있는데 대부분은 도둑맞거나 소실되어 새로 복원된 것이라고 한다.

- 건립연도 : 11세기
- 특징 : 유일한 힌두 사원 양식

Tip 타라바게이트 마하기리^{Mahagiri} 낫의 슬픈 전설

만달레이 북부에 위치한 따가웅^{Tagaung} 왕국에 사는 뷰^{Byu}족 대장장이는 사나운 코끼리의 상아도 부러뜨릴 정도의 괴력을 가지고 있었다. 그의 존재에 위협을 느낀 버마 왕은 그를 없애려는 계략으로 그의 여동생을 왕비로 맞이한 뒤, 오빠인 대장장이를 왕궁으로 불러들였다. 이윽고 그가 나타나자, 왕은 그를 체포하고 강가의 큰 나무에 매달아 화형에 처했다. 오빠의 절규를 들은 여동생은 뛰쳐나와 불 속에 몸을 던졌다. 나무의 낫이 된 오누이는 누구든 그 나무에 다가오는 사람을 죽였고, 이에 놀란 왕은 나무를 베어 강에 버렸다. 에야워디 강을 따라 쁘이^{Pyav} 지역에 다다른 나무를 띤리짜웅^{Tinlikyaung} 왕이 건져내어 오누이의 상을 새긴 뒤 뽀빠 산 정상에 사당을 세워 안치하였다고 한다. 이로써 오빠는 뽀빠 산의 산신인 마하기리 낫이 되었고 여동생은 흐나마도지 낫이 되었다. 마하기리 낫은 불의 뜨거움을 식히는 부채와 대장장이의 망치를 쥐고 있는 모습으로, 여동생은 불에 타오르는 황금빛의 얼굴로 묘사되고 있다.

Sightseeing

타라바게이트
Tharaba Gate

올드바간 동쪽에 자리하며 9세기에 건설된 도시 벽면 중에서 가장 잘 보존된 이 문의 왼쪽에는 오빠인 마하기리^{Mahagiri} 낫, 오른쪽에는 여동생인 흐나마도지^{Hnamadawgyi} 낫의 형상이 모셔져 있다. 이 문 앞에는 방지턱이 있어 속도를 줄이고 지나가도록 되어 있으며 때때로 양쪽 형상 앞에 앉아 점을 치는 사람들이 있다.

- 건립연도 : 849년
- 특징 : 올드바간의 관문

Sightseeing

쉐구지 파고다
Shwegugyi Paya

작은 아난다 파고다로 알려진 이 파고다는 입구를 들어서면 역시 불상으로 통하는 입구에 티크나무로 된 문이 있으며 문 위쪽으로 새의 모양이 아름답게 조각되어 있다. 내부에는 2층으로 오르는 좁은 계단이 있으며 주위에 무수히 많은 작은 탑들이 있어 전망이 좋다. 많은 사람들이 몰리는 곳이 아니어서 조금은 한적하게 주변 풍경을 즐길 수 있다.

- 건립연도 : 11세기
- 특징 : 주위 조망이 예쁜 파고다

Sightseeing

탓빈뉴 파고다
Thatbyinnyu Phato

바간에서 가장 높은 크기로 멀리서도 하얀색의 웅장한 모습이 눈에 띈다. 사각의 3층 테라스 끝은 금빛 첨탑으로 장식되어 있으며 내부에는 벽화가 거의 남아 있지 않다. 내부로 통하는 계단은 현재 막혀 있는 상태다.

- 건립연도 : 11세기
- 특징 : 바간에서 가장 높은 사원

Sightseeing

파토타먀
Pahtothamya

거대한 좌불상과 좌우의 작은 부처가 모셔진 법당으로 들어서는 입구 주변으로 보이는 석고 부조와 벽면 전체의 섬세한 벽화가 눈을 사로잡는다. 예전에는 위층에 올라 바깥을 조망할 수 있었다고 하나 현재는 막혀 있다.

- 건립연도 : 11세기
- 특징 : 아름다운 좌불상

Sightseeing ⑬
고도팔린 파고다
Gawdaw Palin Phato

'경의를 표하는 단'이라는 이름의 이 사원은 하얗고 거대한 형태가 멀리서도 위용이 넘친다. 술라마니 사원과 함께 대표적인 후기 건축물로서 바간 후기 건축양식의 정점으로 여겨진다. 내부는 현대식 타일을 통로 바닥에 깔고 요즘도 현지의 많은 불자들이 방문한다.

- 건립연도 : 11세기
- 특징 : 후기양식 중 가장 뛰어남

Sightseeing ⑭
부 파고다 Bu Paya

9세기경 올드바간 도시의 벽을 건설할 당시에 세워진 것으로 바간의 대부분의 사원들보다 훨씬 이전에 지어진 것으로 알려져 있다. 에야워디 강변을 내려다보는 위치에 있는 금빛의 둥그런 돔 모양이 독특한데, 당시 에야워디를 드나드는 배에 도시의 위치를 알리는 역할을 하였다고 한다. 주변의 레스토랑이나 강변의 노점에 앉아 에야워디 강을 바라보며 잠시 더위를 식히기에 좋다.

- 건립연도 : 9세기경
- 특징 : 가장 오래된 파고다

Sightseeing ⑮
밍글라제디 Mingla Zedi

'행운의 탑'이라는 의미의 이 탑은 바간 왕조의 마지막 탑으로 전해진다. 그만큼 바간 왕조의 건축미가 최대한으로 표현되어 탑 전체의 균형 잡힌 형태와 거대한 종 모양의 돔, 테라스에 촘촘히 붙여진 아름다운 타일이 조화를 이룬다. 상당수의 타일이 부서지거나 도둑맞았으나 아직도 561개의 타일이 남아 탑을 돋보이게 한다.

- 건립연도 : 1274년
- 특징 : 아름다운 타일

Sightseeing ⑯
구바욱지 파고다 Gubyaukgyi Paya

이 사원은 입구부터 촘촘히 그려진 작은 부처와 벽에 그려진 흰 코끼리, 연꽃무늬 등 내부의 아름다운 벽화로 특히 유명하다. 짠시타 왕의 아들이 아버지의 죽음을 기리며 이 사원을 지었다고 한다. 사원 입구에는 시바신이 그려져 있고, 사원 입구를 지나면 내부에 모셔진 불상의 뒤쪽으로 코끼리를 타고 활을 든 마라와 괴물들이 중앙의 부처를 공격하는 모습과 그들이 패해서 도망가는 모습이 좌우에 그려져 있다. 좌측 벽에는 부처님의 전생을 담은 타일이 배열되어 있는데 몇 개는 독일인이 도굴해갔다고 한다. 북쪽에는 보드가야에서 보낸 석가모니의 49일이 그려져 있고 남쪽에는 그가 행한 몇 가지 기적이 그려져 있다. 내부는 무척 어두우므로 밝은 손전등이 필요하다.

- 건립연도 : 13세기
- 특징 : 아름다운 벽화

Sightseeing

마누하 파고다 Manuha Paya

아노라타 왕에 의해 정복된 몬족 왕인 마누하 왕이 현세의 복을 쌓고자 하였으나 재산이 없어 딸의 보석을 팔아 이 사원을 세웠다고 한다. 입구를 들어가면 거대한 불상 세 개가 좁은 공간 안에 모셔져 있고, 그 뒤쪽에는 역시 좁은 공간 안에 북쪽을 향하고 누운 와불상이 곧 열반에 들기 직전의 부처를 상징하고 있다. 전체적으로 매우 좁은 공간 안에 모셔진 불상들은 포로가 된 마누하 왕의 답답한 심정을 말해주는 듯하다. 와불상 발아래에는 위층으로 오를 수 있는 계단이 있으나 현재는 막혀 있다.

- 건립연도 : 13세기
- 특징 : 거대한 와불상

Sightseeing

먀제디 Mya Zedi

구바욱지 바로 옆에 있는 사원으로 구바욱지와 통하는 문으로 연결되어 있다. 사원 자체는 특별할 것은 없으나 사원 입구의 오른쪽에 있는 작은 방 내부에 보관된 비석은 표쥬어와 몬족어, 고대 버마어와 팔리어로 적혀 있어 미얀마의 '로제타 스톤'으로 학술적으로 매우 중요한 역할을 하고 있다.

- 건립연도 : 12세기
- 특징 : 팔리어가 적힌 비석

Sightseeing

난 파고다 Nan Paya

마누하 사원 와불상의 뒤편에는 남쪽으로 향한 작은 문이 있고 이 문을 나서면 바로 난 파고다가 보인다. 이곳은 마누하 왕이 생전에 거처하던 궁 혹은 그 궁의 사원으로 알려져 있다. 내부에 들어서면 지붕을 받치고 있는 네 기둥에 세 개의 얼굴을 하고 꽃을 들고 있는 형상이 각각 새겨져 있다. 네 기둥 중간에는 예전에 부처상을 세워둔 듯한 받침대가 있으며 현재는 그 위에 보시함이 놓여 있다. 기둥의 부조가 생생하면서도 섬세하다. 독특한 형상의 부조로 인해 원래는 힌두 사원이었다는 설도 있지만 대체로 초기 몬족 불교의 원형으로 본다.

- 건립연도 : 12세기
- 특징 : 섬세한 조각의 기둥

Sightseeing

아베야다나 사원 Apeyadana Temple

나가욘 파고다 길 건너편에 위치한 이 사원은 짠시타 왕의 아내인 아베야다나 왕비가 사루 왕의 추적을 피해 몸을 숨긴 남편을 위해 음식을 제공하며 그를 보살폈던 장소에 세워졌다. 중앙에 모셔진 거대한 불상을 둘러싼 섬세한 부조와 통로의 갖가지 색깔로 칠해진 벽화가 특히 아름답다.

- 건립연도 : 11세기 말
- 특징 : 화려한 벽화

Sightseeing ㉑
나가욘 파고다 Nagayon Phato

'나가(뱀)가 보호하는 사원'이라는 뜻의 나가욘 파고다는 그 이름답게 내부의 거대한 불상 뒤에서 그를 감싸는 듯한 모습의 뱀 형상이 특징적이다. 짠시타 왕이 왕이 되기 전에 그를 죽이려는 사루 왕의 추적을 피해 이곳에서 거처할 때 전설 속의 뱀 나가가 야외에서 거처하던 짠시타 왕을 지켜주어서 이후 왕이 됐다 하여 이곳에 사원을 세웠다고 한다. 나가가 지키고 선 불상이 있는 법당으로 통하는 입구 좌우로 섬세하면서도 아름다운 모습의 두 불상이 있으며 사원 통로에 아름다운 불화도 남아 있다.

- 건립연도 : 11세기 말
- 특징 : 아름다운 입불상

Sightseeing ㉒
로카난다 파고다 Lawkananda Paya

에야와디 강가 높은 곳에 위치한 이 높다란 종 모양의 탑은 바간 왕조 시대에 스리랑카에서 출발하여 인도양을 건너 에야와디 강에 도착한 배에 도시가 가까워짐을 알리는 역할을 했다고 한다. 이 탑은 본래 흰색이었으나 몇 년 전에 금칠을 하였다. 이곳에는 아노라타 왕이 스리랑카의 왕으로부터 받은 부처님의 치사리가 모셔져 있어 현재까지도 많은 불자들이 방문한다. 파고다 입구에는 각종 음식이나 기념품을 파는 상인들이 있으며 파고다를 오르면서 내려다보이는 에야와디 강의 탁 트인 전망이 시원스럽다.

- 건립연도 : 1059년
- 특징 : 탁 트인 전망

Sightseeing ㉓
민카바 파고다 Myinkaba Paya

최초로 미얀마 통일왕조를 건설하고 소승불교를 들여온 아노라타 왕은 그 이전 왕이자 의붓 형제인 소카테 왕을 전투에서 쓰러뜨리고 왕이 되었다. 소카테 왕의 시신은 민카바 냇물에 휩쓸려 사라지고 안장만이 발견되었는데 여기에서 '안장이 발견된 곳(민카바)'이라는 이름이 유래되었다고 한다. 이후 아노라타 왕은 형제를 죽인 것을 후회하며 그를 위로하는 의미로 이 파고다를 세웠다고 한다. 이 파고다는 이후 쉐지곤 파고다를 비롯하여 아노라타 왕이 세운 많은 탑들의 원형이 되었다.

- 건립연도 : 11세기
- 특징 : 미얀마 파고다의 원조

Sightseeing ㉔
난민전망대 Nann Myint Viewing Tower

버마어로 '높은 궁전'이라는 뜻을 가지고 있는 이 난민전망대는 2005년 4월부터 일반에 공개되었다. 전망대의 입장료로 5달러를 내야 하지만 10층 레스토랑에서 10달러 이상의 음식을 주문하는 경우 별도의 입장료를 내지 않아도 된다. 높이 60m 13층으로 구성되어 있으며 정부 소유의 아우레움 팰리스 호텔에서 관리하고 있다. 바간의 건물들은 모두 고도제한이 있어 높이 지어진 건물은 이 전망대가 유일하다.

- 입장료 : 5$
- 특징 : 파노라마 전망과 식사

Sightseeing

담마얀지 파고다 Dhammayangyi Phato

거대하면서도 어두운 피라미드형 사원으로 멀리서도 위용 있는 모습을 하고 있다. 그러나 사원에 가까이 다가갈수록 어딘지 모르게 비밀스럽고도 음산하기까지 한 분위기를 풍긴다. 나라투 왕은 자신의 부모와 형제, 아내까지도 죽인 잔인함으로 유명한데, 스스로의 죄를 씻기 위해 이 사원을 건설한 것으로 알려져 있다. 사원의 벽면은 특히나 기술적으로 완벽하게 쌓여진 벽돌들이 유명하다. 나라투 왕은 완벽하게 벽돌을 쌓았는지 시험해보고자 그 사이에 핀을 찔러보고 만일 완벽하지 않을 경우 벽돌 장인의 팔을 잘랐다고 전해진다. 서쪽 불상 뒤쪽에는 팔 모양의 홈이 팬 돌이 있는데 당시 장인들의 팔을 자르는 데 쓰인 것이라고 한다. 사원 내부에는 이중의 통로가 있고 매우 높은 천장 아래 거대한 벽화와 네 방향의 불상으로 채워져 있다. 안쪽 통로 벽면의 불상이 위치해야 할 자리는 불상 대신 벽돌로 메워져 있고 그 내부로 향하는 통로 역시 벽돌로 막혀 있다. 각 방향으로 부처를 모시고 있는데 그중 동쪽으로 돌출된 모양의 입구와 벽면으로 둘러싸인 부처가 마치 동쪽의 햇빛을 감싸 모으는 듯하다. 불상 뒤에는 왼쪽부터 부처님의 해탈에서부터 열반까지의 이야기가 담긴 불화가 그려져 있다. 이 사원은 건설 도중 나라투 왕이 사망하여 미완성인 채로 남겨졌다고 전해지며, 악명 높은 전설 때문인지 규모에 비해 아직까지 충분한 연구가 이루어지지 않고 있다.

- 건립연도 : 1167년
- 특징 : 거대하면서 촘촘한 건축물

Sightseeing

로카테익판 파고다
Lawkahteikpan Phato

쉐산도 파고다 북쪽에 위치한 이 작은 크기의 사원은 얼핏 그냥 지나치기 쉽지만 그 내부에 들어가면 아직도 그 색과 선이 살아 있는 화려한 무늬의 벽화를 볼 수 있다. 전체적으로 다양한 그림이 촘촘히 있어, 작은 공간이지만 충분한 볼거리를 준다. 안을 지키고 있는 노인은 알 수 없는 영어로 내용을 설명해주고 보시를 요구한다. 부담스러울 수도 있지만, 보시는 100짯으로도 충분하니 놓치지 말자.

- 건립연도 : 12세기
- 특징 : 화려한 벽화

Sightseeing

술라마니 파고다 Sulamani Phato

'작은 루비'라는 이름의 이 사원은 입구부터 매우 섬세하고 특이한 모양의 불화로 유명하다. 외부의 유려한 테라스의 부조들과 매우 촘촘하면서도 단단하게 쌓여진 벽면들이 인상적이며 내부로 들어가면 통로에 그려진 천장까지 닿은 거대한 와불과 좌불 및 그에 바쳐진 꽃과 부처를 감싸는 뱀의 비늘이 하나하나 부드러운 곡선으로 아름답다.

- 건립연도 : 1183년
- 특징 : 아름다운 벽화

Sightseeing

타베익마욱 Thabeikhmauk

술라마니와 비슷한 생김새로 미니 술라마니로 불리는 이 사원은 내부의 벽화는 지진으로 대부분이 소실되고 일부만이 남아 있다. 부분 부분 남아 있는 불화들이 한때 화려했을 사원 내부를 추측하게 할 뿐이다.

- **건립연도** : 12세기
- **특징** : 1975년 지진으로 손상

Sightseeing

빼따다 파고다 Pyathada Paya

아직도 테라스에 올라 주변의 경치를 감상할 수 있는 몇 안 되는 곳 중 하나로, 단단한 육각형의 아랫부분 위에 넓은 테라스가 있어 일몰 무렵에는 현지 미얀마 단체 관광객들로 붐비는 곳이다. 내부는 특별하진 않지만 통로나 창틀 무늬를 보면 이곳이 처음의 형태에서 변형되어 새로 지어진 곳임을 알 수 있다.

- **건립연도** : 12세기
- **특징** : 일몰 포인트

Sightseeing

빠야톤주 Payathonezu

이곳은 세 개의 작은 사원이 연결된 특이한 모양을 하고 있다. 이 건물의 형태는 불교의 삼보를 표현하고 있다고도 추정되는데 불교에서는 매우 드문 것으로 주로 인도 힌두 사원에서 볼 수 있다고 한다. 내부는 세 개의 좌불상을 모시고 있는데 가장 왼쪽 사원의 화려한 불화는 잘 보존되어 있고 불상을 모신 방이나 입구 모두 촘촘하게 그려져 있으나 중간은 불상을 모신 방만이 불화로 장식되어 있을 뿐이며 오른쪽 벽면이 모두 비어 있다. 왼쪽과 중간 사원을 연결하는 통로 한쪽에는 아직 그리다 만 스케치 단계의 불화가 남아 있어 이 사원이 미완성인 채로 남겨진 것임을 알 수 있다. 그러나 내부에 그려진 그림은 섬세하면서도 다양한 크기와 구도가 아름답고, 중국이나 티베트에서 주로 볼 수 있는 그림체도 독특하다.

- **건립연도** : 13세기
- **특징** : 아름다운 벽화

Sightseeing

난담냐 파고다 Nandapyinnya Phato

여러 사원들 한쪽에 위치한 이 작은 사원은, 동쪽으로 들어가는 작은 입구 외에 세 방향으로 난 창으로 조그만 구멍이 나 있어 안은 무척 어둡다. 그러나 불을 밝히면 네모 난 방의 벽면 전체에 펼쳐진 갖가지 형상들이 매우 섬세하면서도 화려하다. 이곳은 '마라의 사원'이라는 별명답게 가슴을 드러내며 부처를 유혹하는 여자의 형상이나 활을 들고 공격하는 마라의 모습들로 볼거리가 가득하다. 이곳의 독특한 그림체는 빠야톤주에 그려진 불화와 닮아 있어 같은 화공이 그린 것으로 추정된다.

Sightseeing

레이멧나 파고다 Laymyethna Phato

흰색 외관으로 눈에 띄는 이 사원은 내부의 불화가 매우 화려하거나 아름답지는 않지만 수많은 부처의 형상이나 부처의 일생을 담은 벽화가 아직 잘 보존되어 있다. 입구에는 예전에 존재하였다가 지진으로 무너진 또 다른 사원의 흔적이 남아 있다.

- 건립연도 : 13세기
- 특징 : 흰색 외관

- 건립연도 : 13세기
- 특징 : 부처를 유혹하는 여자 형상

Activity

바간 열기구

현재 3개의 회사가 운영을 하고 있다. 이른 아침 5시에 호텔에서 픽업을 한 뒤 넓은 공터에서 간단한 커피와 스낵을 먹으며 열기구에 대해 설명을 듣고 해 뜨기 20분 전에 열기구를 탄다. 대략 1시간가량 일출과 함께 고대도시 바간의 장관을 감상할 수 있다. 모험을 좋아하는 서양 여행자들은 바간에서 반드시 할 것 중 하나로 이것을 꼽는다. 인기 있는 만큼 예약이 힘들어 심한 경우 두 달 전에 예약이 마감된다.

바간 열기구 회사

벌룬 오버 바간 Balloons Over Bagan
- Cost   320$
- Tel   01-371280
- Email   resmgr@balloonsoverbagan.com
- Web   www.easternsafaris.com/home

오리엔탈 벌루닝 Oriental Ballooning
- Cost   360$
- Tel   09-3111-3116
- Email   info@orientalballooning.com
- Web   www.orientalballooning.com

Food

미얀마에서 가장 유명한 여행지답게 종류나 맛, 수준까지 다양한 레스토랑들이 즐비하다. 배낭여행자들이 주로 묵는 냥우 마을의 구 버스터미널 길 건너편에는 레스토랑 거리가 있다. 세계 각지에서 몰려오는 여행자들의 입맛을 사로잡기 위해 정갈하게 음식이 나오는 집들이 많다. 냥우 마을에 머문다면 저녁에 이 거리를 찾아보자.

낮에는 한참 사원들을 돌아보고 점심때면 마차, 전기자전거 부대가 올드바간 쪽의 아난다 사원 근처로 몰려든다. 아난다 사원 입구와 타라바게이트 앞에는 푸짐하면서도 맛있는 미얀마정식에서부터 로맨틱한 서양식 음식까지 다양한 음식을 내놓는 식당들이 많으니 경험해보자. 올드바간이나 뉴바간에 호텔을 잡았다면 해 질 녘 난민전망대나 에야워디 강변의 선셋 가든 식당을 이용하면 분위기 좋은 저녁 식사를 할 수 있다.

Food : 추천

블랙 뱀부 The Black Bamboo

분위기나 음식 모두 상당히 세련된 분위기인 이곳은 식사도 괜찮지만 밀크셰이크나 아이스커피, 와인을 한잔하며 쉬기에 딱 맞는 잔잔한 음악과 조명으로 더욱 편안하고 고급스럽다. 대나무 의자와 지붕 위에 늘어진 꽃나무가 조명과 어우러져 더욱 무드 있는 저녁을 보낼 수 있다. 프랑스 여주인의 세련된 음악과 음식에 항상 서양 여행자들로 붐빈다. 이곳에서 파는 옷이나 가방도 다른 곳보다 특히 예쁜 것들만 모아놓았다.

Address	Yar Khin Thar St., Nyaung U
Access	냥우 레스토랑 거리
Open	11:00~22:00
Cost	음료 1,500~3,500짯, 칵테일 3,500~5,000짯, 아이스크림 2,000짯, 요리 4,000~7,000짯
Tel	061-60782

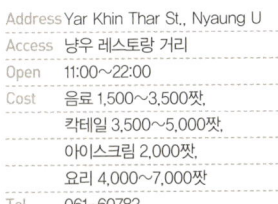

Food : 추천

쉐야수 Shwe Ya Su

미얀마 생맥주를 마시며 축구를 보려는 현지인들로 붐비는 술집이다. 저녁이면 사람들이 모여 떠들썩한 분위기가 흥을 돋운다. 맥주 외에 식사도 괜찮은 수준이며 닭튀김요리나 돼지고기 바비큐가 인기 있다. 건물 자체는 깔끔하거나 특별한 분위기는 아니지만 저녁이 되어 조명이 밝혀진 야외 레스토랑은 분위기가 훨씬 좋다. 시험 삼아 다공 흑맥주에 도전했다가는 후회하기 십상이니 무난한 미얀마 생맥주(시비야)를 주문하자.

Access	냥우 레스토랑 거리
Open	11:00~23:00
Cost	치킨윙바비큐 800짯, 요리 2,000~3,000짯, 생맥주 700짯

Food ③

아로마 2 Aroma 2

전반적으로 상당히 맛있는 인도음식을 먹을 수 있다. 가격이 싸진 않지만 대나무로 엮은 식당 분위기가 세련된 편이다. 서양 여행자들에게 특히 인기가 있다.

Access	냥우 레스토랑 거리
Open	11:00~21:00
Cost	라씨 1,500짯, 치킨탈리 5,000짯, 맥주 2,000짯
Tel	09-204-2630

Food ④

웨더 스푼 Weather Spoon's

작은 공간에 약간은 정신없지만 아기자기하면서도 여행지에 온 분위기가 물씬 난다. 테이블에는 미얀마 전통 테이블보가 깔려 있고, 음식들도 저렴하면서도 우리 입맛에 잘 맞는다. 햄버거와 서양식 음식도 깔끔하여 서양 여행자에게도 인기 있다.

Access	냥우 레스토랑 거리
Open	11:00~21:00
Cost	라씨 1,000짯, 미얀마푸드세트 2,500짯, 미얀마맥주 1,200짯
Tel	09-4309-2640

Food ⑤

쉐모 Shwe Moe

주변보다 좀 더 밝고 잘 꾸며진 분위기의 중국식당으로 피자나 파스타도 판매한다. 전체적으로 외국인의 입맛에 잘 맞는 요리들로 각국에서 모인 여행자들에게 인기가 있다. 메뉴에 없는 음식이라도 손님의 입맛에 맞게 요리를 해준다.

Access	냥우 메인로드
Open	11:00~21:00
Cost	볶음밥 1,500짯, 맥주 1,600짯
Tel	061-60653

Food ⑥

퍼펙트 티 숍 Perfect Teashop

냥우 지역의 번화가에 위치한 티 숍으로, 비교적 깨끗하고 활기찬 분위기다. 적당히 달달한 러펫예와 볶음국수, 딤섬, 찐빵을 판매한다.

Address	Bagan-Nyang U Rd., Nyang U
Access	아웅수삐에 호텔 맞은편
Open	06:00~17:00
Cost	국수 1,000짯, 러펫예 300짯, 딤섬 400짯~
Tel	063-27565, 27566

Food : 추천

더 문 The Moon

올드바간 사원군 사이에 꽃과 새들이 어우러진 이 멋진 곳은 지친 여행자의 한 줄기 오아시스와 같다. 태양이 한참 뜨거워진 대낮에도 이곳은 작은 어항과 미얀마식 전통 파라솔이 여행자의 열기를 식혀준다. 채식레스토랑이지만 여기서 파는 셰이크나 생과일 음료, 아이스커피도 일품이다. 어디서도 맛볼 수 없는 최고의 라임진저티도 추천한다.

Access	올드바간 타라바게이트에서 아난다 사원 입구
Open	09:00~22:00
Cost	라임진저티 1,500짯, 요리 2,500~4,000짯
Tel	09-4301-2411
Email	themoon.oldbagan@gmail.com

Food : 추천

묘묘 미얀마 푸드 Myo Myo Myanmar Rice Food

냥우와 올드바간을 잇는 메인 도로 중간 비교적 분위기 좋은 곳에 위치한 미얀마 식당으로, 외관은 대단하지 않지만 미얀마 내에서도 가장 맛있는 정식을 맛볼 수 있다. 정식을 주문하면 수많은 그릇에 담긴 미얀마 음식을 한 상 거하게 차려준다. 느끼하거나 짜지 않고, 가격도 저렴해서 가족들끼리 식사하는 많은 현지인들을 만날 수 있다. 음식을 먹은 양에 따라 가격이 조금 달라진다.

Address	Bagan-Nyang U Road, Bagan
Access	냥우와 올드바간의 중간에 위치
Open	07:00~18:00
Cost	미얀마 정식 2,000~3,000짯

Food : 추천

선셋 가든 Sunset Garden

바간의 수많은 사원들을 내려다보며 맞는 일몰도 멋지지만 하늘이 투명하게 비치는 잔잔한 에야워디 강이 일몰과 함께 붉게 물들어가는 광경을 바라보며 분위기 있는 저녁 식사를 하는 건 어떨까? 주변의 여러 레스토랑이 있지만 이곳이 가장 분위기가 좋고, 식사도 맛있는 편이다. 매일 저녁 8시에는 간단한 마리오네트 공연도 열린다.

Access	뉴바간 에야워디 강변
Open	11:00~22:00
Cost	3,000~13,000짯
Tel	061-65140
Email	sunsetbagan@mpt.net.mm

Food

골든 미얀마 Golden Myanmar

유명한 미얀마음식 전문점으로 각지에 분점이 있다. 현지인에게도 인기 많은 3,500짯짜리 미얀마정식은 무제한 제공하는 밥과 여러 육류 및 채소 반찬, 각종 생야채로 푸짐한 한 끼를 먹을 수 있다. 반찬의 양은 주변의 말라테기 레스토랑이 좀 더 다양한 편이지만 이곳이 더 찾기 쉽다.

Access	올드바간 타라바게이트 호텔 옆
Open	11:00~21:00
Cost	1인 미얀마정식 3,500짯

Food

퀸 Queen

올드바간과 냥우 사이 큰길가에 위치하는 식당으로 주변에 몇몇 게스트하우스와 호텔에서 식사를 하러 오는 사람들이 많다. 크게 맛있다거나 분위기가 좋은 것은 아니지만 메뉴에 따라 괜찮은 식사를 할 수 있다. 면요리보다는 커리음식이 나은 편이다.

Access	올드바간과 냥우 마을 중간쯤
Open	11:00~21:00
Cost	요리 2,500~6,000짯

Food

사라바 Sarabha

올드바간에 위치한 중국식 레스토랑으로 현지인들에게도 잘 알려져 있는 식당이다. 맛도 상당히 괜찮은 편인데 특히 이곳에서 파는 똠얌꿍은 지나치게 향신료를 쓰지 않고도 시원한 맛을 낸다. 다른 메뉴들도 대부분 푸짐하면서도 잘 차려진 형태로 제공되며 맛도 좋다. 식당이 주변보다 깔끔하면서 고급스러운 분위기가 난다. 1호점과 2호점이 붙어 있다.

Access	올드바간 타라바게이트 호텔 앞쪽
Open	11:00~21:00
Cost	요리 2,500~5,000짯

Food

하모니 Harmony

올드바간과 냥우 사이, 위너 게스트하우스 부근에 위치한 꼬치구이 집으로 각종 꼬치구이의 종류가 다양하여 주변의 현지인들에게 인기 있다. 생맥주를 팔지는 않지만 저녁식사를 하거나 맥주 한잔하기에 좋은 곳으로 내외부의 넓은 공간이 저녁이 되면 자리가 없을 정도이다.

Access	올드바간과 냥우 마을 중간쯤
Open	11:00~22:00
Cost	생맥주 700짯, 꼬치 400짯~

Stay

바간은 크게 냥우, 올드바간, 뉴바간으로 나뉜다. **올드바간**은 고급스러운 리조트들이 몰려 있다. 진짜 바간에 왔다는 느낌을 받을 수 있고 바간의 중심에 위치한 만큼 각종 사원들을 둘러보기에도 편리하지만 상당히 비싼 감이 있다. **뉴바간**은 새로이 생긴 호텔지역으로 중저가의 호텔들이 많다. 배낭여행자들은 주로 **냥우**의 저렴한 게스트하우스를 선호한다. 2014년 초 버스터미널이 외곽으로 이전하여 접근성이 많이 떨어졌지만 냥우는 여전히 배낭여행자들의 베이스캠프 역할을 하고 있다. 은행이나 여행사, 식당가도 냥우 지역에 밀집되어 있다.

Stay : ★★
① 잉와 호텔 Innwa Hotel

전통의 잉와 게스트하우스가 새롭게 단장하고 호텔로 탈바꿈했다. 구관 건물을 새로 리모델링한 스탠더드룸은 게스트하우스 급이지만 가격대비 깔끔하고 쾌적하다. 뒤쪽에 새로 지은 건물에 위치한 수피리어와 디럭스룸은 비교적 넓고 아늑한 분위기로, 고급스러운 인테리어에 커다란 화장대와 미니바까지 갖추고 있다. 냥우 시장과 각종 편의시설, 식당가 및 여행사와 가깝다.

Address	Bagan-Nyang U Rd., Nyang U. near Nyang-U market
Cost	스탠더드 25$, 수피리어 35$, 디럭스 45$ 부대서비스 에어컨, 조식
Tel	061-60902, 60849
Email	innwa.gh@gmail.com

Stay : Guesthouse
② 메이카라 게스트하우스
May Kha Lar Guesthouse

전반적으로 낡았으나 나무로 된 계단과 바닥 인테리어로 아늑하고 편안한 분위기다. 방은 넓은 편이지만 욕실은 약간 지저분하고 부실하다. 매니저가 굉장히 친절하며 버스나 보트 티켓을 예약하거나 여행 정보를 얻기에도 좋다. 2층 테라스에서 조식을 제공하는데 특별한 맛이 있는 것은 아니지만 분위기는 좋다. 와이파이는 2층 테라스 한쪽에서만 가능하다.

Address	Main Rd., Nyaung-U
Cost	더블 25~30$, 싱글 15$(공용화장실) / 부대서비스 조식
Tel	061-60304

Stay : ★★★
③ 바간 에어포트 호텔
Bagan Airport Hotel

냥우에서 공항쪽으로 들어서는 도로 입구에 자리한 호텔로 2015년에 오픈하였다. 넓은 룸에 기분 좋은 마룻바닥, 전통적인 장식들이 고급스러우면서도 바간과 잘 어울린다. 한적한 곳에 위치해 있지만 호텔에서 자전거를 대여할 수 있다.

Address	Airport Rd., 6 Quarter, Aung Myay Thar Yap, Nyang U
Cost	수피리어 70$, 디럭스 80$, 이그제큐티브 150$ / 부대서비스 조식, 무료 공항셔틀 운영, 전기자전거 대여
Tel	061-612287, 61229
Email	baganairporthotel@gmail.com

Stay : Guesthouse

④
에덴 모텔 Eden Motel

복도나 리셉션은 깔끔하지만 별 특징이 없다. 그러나 방 내부의 벽이나 천장이 모두 대나무로 처리되어 있고 TV도 최신식으로 다른 곳보다 분위기가 좋다. 욕실은 약간 낡았지만 깨끗하게 관리되며 바닥도 깔끔한 편이다.

Address	Near the Market Myoma Quatthit Qtr, Nyaung-U
Cost	싱글 17$, 더블 25$, 도미토리 10$ / 부대서비스 조식
Tel	061-60639

Stay : ★★★

⑤
로열 바간 호텔 Royal Bagan Hotel

입구에 있는 두 석상이 바간의 분위기를 물씬 풍기는 호텔로, 비교적 충분한 크기에 적당히 꾸며진 깔끔한 방 등 전반적으로 잘 갖춰져 있다. 2015년에 오픈한 곳으로 전반적으로 깨끗하고 세련된 느낌이다. 뷔페식 조식은 때마다 약간씩 수준이 달라진다.

Address	Anawrahta Rd., near Sapada Pagoda, Nyang U, Bagan
Cost	수피리어 80$, 패밀리 145$ / 부대서비스 조식, 수영장
Tel	061-61156, 60668
Email	royalbaganhotel@gmail.com

Stay : Guesthouse

⑥
쏘녜인산 게스트하우스
Saw Nyein San Guesthouse

기본 시설에 욕조도 있고 깔끔한데 로비는 좁고 특별할 건 없다. 조식이 잘 나오고 무료 생수를 제공하는 등 부가서비스에 신경을 쓰고 있다. 비수기에는 요금이 확 줄어들기도 하는 만큼 요금을 먼저 문의하고 이용하자. 2014년 오픈.

Address	Main Rd., Ywa Thit Quarter, Nyaung-U
Cost	싱글 20$, 더블 35~45$ (비수기 50% 할인) 부대서비스 조식
Tel	061-60651
Email	Kolwinminzee@gmail.com

Stay : Guesthouse

⑦
판체리 게스트하우스
Pann Cherry Guesthouse

약간은 유치할 수 있는 핑크색 외관이 눈에 띄며 리셉션이나 입구가 전반적으로 밝은 이미지를 갖고 있다. 공동욕실과 화장실이 비교적 깨끗하게 유지되어 저렴한 방을 원한다면 추천할 만하다. 그 외의 방들도 깔끔한 편이며 특히 새로 지은 건물들에 위치한 방은 더욱 쾌적하게 지낼 수 있다. 3, 4인실 등이 다양하게 구비되어 있어 편리하다. 매니저인 Mr. 쟈니 씨는 한국어도 약간 할 수 있다.

Address	Near the Shwezlgone Pagoda, Nyaung-U
Cost	이코노미 15$, 스탠더드 25$, 수피리어 35$ / 부대서비스 조식
Tel	061-60075

Stay : ★★ 추천
⑧
탄테 호텔 Thante Hotel

로비를 지나면 온갖 꽃들과 아름다운 열대나무들 가운데 작은 수영장이 마치 해변의 어느 호텔에 들어온 듯한 느낌이다. 방갈로의 외관은 이따금씩 페인트가 벗겨진 낡은 모습이나 내부는 아늑하면서도 깔끔한 호텔 침실 그 자체다. 바로 옆에 맛있는 빵과 아이스크림을 파는 베이커리도 함께 운영하며, 예약 시 공항픽업도 가능하다.

Address	Myo Ma Quarter, Nyaung-U
Cost	싱글 50$, 더블 65$, 트리플 90$ 부대서비스 조식, 수영장, 공항픽업
Tel	061-61116
Email	nyaunguthante@gmail.com
Web	www.thantenyu.com

Stay : ★★ 추천
⑨
아웅수삐에 호텔 Aung Su Pyae Hotel

호텔 입구가 작고 방 인테리어도 벽면이 타일로 되어 있는 등 약간 저렴한 느낌이 든다. 그래도 침구나 욕실문 등 디테일한 부분은 고급스러운 분위기다. 뒤편에 수영장도 새로 짓고 있으며 오픈한 지 얼마 안 되어 깔끔하다. 로비도 나름 갖추고 도어맨도 있으며, 특히 친절한 서비스가 인상적이다. 음식점이 밀집된 거리와도 가까워 편리하다.

Address	Lanmadaw St., Tike Gon Quarter, Nyaung-U
Cost	스탠더드 40$, 수피리어 45$, 패밀리 55~65$ 부대서비스 조식, 수영장
Tel	061-60755
Email	aungsupyae.hotel@gmail.com

Stay : ★★
⑩
아웅밍글라 호텔 Aung Mingalar Hotel

쉐지곤 파고다 바로 길 건너편에 위치한 호텔이라서 전망은 좋다. 입구의 작은 잔디 정원도 잘 관리되고 있으며 전체적으로 깔끔하다. 2014년 리모델링으로 새로이 꾸며지고 있는 중이다.

Address	In front of Shwezigon Pagoda, Sepintharyar Qr., Block No.5, Nyaung-U
Cost	수피리어 48$, 디럭스 60$, 스위트 78$ / 부대서비스 조식
Tel	061-60848
Email	aungmingalar_res@gmail.com
Web	www.aungmingalarhotel.com

Stay : ★★★
⑪
즈프리티 호텔 Zfreeti Hotel

냥우의 식당거리와 가까운 편리한 위치 덕분에 인기가 많은 곳이다. 작지만 아늑한 수영장에는 늘 서양여행객들로 가득하다. 아담한 규모의 정원은 곳곳에 조성된 열대나무로 여유로운 분위기다. 화려한 맛은 없어도 비교적 잘 꾸며진 편리한 호텔이다.

Address	5th Thiripyitsayar Street, Nyaung U, Bagan
Cost	스탠더드 75$, 수피리어 90$, 디럭스 100$
Tel	09-259628745, 061-61003
Email	info@zfreetihotel.com, reservation@zfreetihotel.com
Web	www.zfreetihotel.com

Stay : ★★★★ 추천

어메이징 바간 리조트 Amazing Bagan Resort

바간의 탑 형식으로 된 여러 호텔들이 이 지역에 있지만 그중 가장 분위기 있다. 멋지게 지어진 건물들이 잘 꾸며진 정원에 자리하여 마치 사원 사이에서 머무는 것 같다. 둥근 로비 중간에 거대한 전통양산이 더욱 아늑하면서도 고급스럽고, 마치 탑 사이에 위치한 듯한 넓은 수영장도 바간만의 독특한 분위기를 풍긴다. 방갈로 형식의 디럭스룸은 입구부터 작은 사원으로 들어가는 듯하며, 내부의 넓은 공간과 밝고 군더더기 없는 고급스러운 가구들이 더욱더 편안하고 세련된 느낌을 준다.

Address	Bagan, Mandalay Division
Cost	디럭스 150$, 스위트 210$
	부대서비스 조식, 수영장, 스파
Tel	061-60035
Email	onlinesale@amazing-hotel.com
Web	www.amazing-hotel.com

Stay : ★★★ 추천

바간 프린세스 호텔
Bagan Princess Hotel

벽돌 모양으로 고풍스럽게 장식된 건물 2층에 위치한 아늑한 수영장과 그 주위를 둘러싼 디럭스 방갈로 내부의 자쿠지가 로맨틱하다. 방안은 창문 커튼부터 욕실 앞 거울까지 모두 세심하게 꾸며져 있다. 수피리어룸의 경우 2층에 위치한 트윈베드룸은 디럭스 못지않게 수준 높지만 그 외의 방은 실망스러우므로 무조건 2층에 위치한 방을 선택하자.

Address	Bagan-Nyaung-U Main Rd., Wetkyee Inn Village, Bagan
Cost	스탠더드 50$, 수피리어 80$, 디럭스 90$(자쿠지)
	부대서비스 조식, 수영장
Tel	061-60661
Email	soelin.baganprincess@gmail.com
Web	www.baganprincesshotel.com

Stay : Guesthouse 추천

위너 게스트하우스
Winner Guesthouse

올드바간과 접하여 사원들을 둘러보기 편리한 위치에 있다. 원래의 본 건물은 공동욕실을 사용하고 방도 낡은 편이지만 옆에 새로 지은 건물은 내부의 욕실이 깨끗하고 침대도 어느 정도 편한 편이다. 새 에어컨도 시끄럽지 않다. 친절하고 세심한 서비스로 서양 배낭족들에게도 인기가 많다. 주변에 식당들도 여럿 있어 저녁 식사를 하기에도 괜찮다.

Address	Bagan-Nyaung-U Main Rd.
Cost	더블 15$(공동욕실), 18$, 25$(개인욕실, 에어컨), 트리플 35$
Tel	061-61069

Stay : ★★★★★

⑮

아우레움 팰리스 호텔 Aureum Palace Hotel

스탠더드룸은 로비나 메인 수영장에서 떨어진 뒤편에 모여 있고 내부는 큰 특색이 없다. 최고급 빌라들은 마치 고위층 인사의 별장에 온 듯 최고급시설로 이루어졌으나 다소 무거운 분위기다. 주니어스위트는 1층짜리 건물에 거대하진 않지만 독립적인 방갈로 내부에 욕조 위에서 내려오는 자연광이 로맨틱한 분위기를 연출하며 전반적으로 세련된 구조다. 멀리 세 개의 탑이 물위에 비치는 멋진 수영장에서 바라보는 일몰은 환상적이다.

Address	Near Bagan Viewing Tower, Min Nanthu Village, Old Bagan
Cost	아일랜드빌라(1개) 1,149$, 팜트리빌라(2개) 809$, 주니어스위트빌라(9개) 가든뷰 489$/파고다뷰 529$, 자스민빌라(15개)/오키드빌라(36개) 가든뷰 399$/레이크뷰 429$, 디럭스(빌딩타입) 299$ 부대서비스 조식, 수영장, 스파
Tel	061-60046
Email	reservation.online@aureumpalacehotel.com
Web	www.aureumpalacehotel.com

Stay : ★★★

⑯

타라바게이트 호텔
Tharabar Gate Hotel

깔끔함이 세세하게 무장된 호텔로 로비와 수영장 바가 서로 가까이 위치하여 식사를 하거나 바를 이용하기 좋은 분위기다. 방갈로 사이사이 수많은 나무들이 빽빽하게 들어차 있고 작은 인테리어 하나에도 신경썼다. 스위트룸의 경우 침실과 거실로 나뉘어져 있고 마치 별장을 온 듯한 느낌이 든다. 뒤에는 작은 파고다가 서 있어 야외 테라스에서 파고다를 바라보며 개인적인 시간을 보내기에 최상이다. 전체적으로 최고급 시설로 단정하게 꾸며져 있다.

Address	Near Tharabar Gate, Old Bagan
Cost	디럭스 250$, 스위트 350$ / 부대서비스 조식, 수영장, 스파
Tel	061-60037
Email	fom@tharabargate.com
Web	www.tharabargate.com

Stay : ★★★

⑰

탄데 호텔 Thande Hotel

리셉션은 단순하고 저렴한 분위기고 방갈로도 외관이 낡았다. 내부 역시 가격대비 상당히 저렴한 가구에 약간 지저분하다. 그러나 나무가 우거진 정원 사이 작은 방갈로가 늘어서 아늑하며 그 사이 강을 조망하는 레스토랑은 특히 야간에 조명을 밝히면 로맨틱하다. 영국 왕자가 바간에 방문했을 때 묵기 위해 지은 건물의 프린스스위트룸은 고풍스러운 최고급 인테리어로 왕실의 분위기를 느낄 수 있어 추천할 만하다.

Address	Near Archeological Museum, Old Bagan
Cost	프린스스위트 245$, 디럭스리버뷰 200$, 디럭스가든뷰 150$, 수피리어방갈로 110$, 뉴빌딩수피리어 110$ / 부대서비스 조식, 수영장, 스파
Tel	061-60025
Email	frontoffice@baganthandehotelgroup.com
Web	www.baganthandehotel.net

Stay : ★★★★
⑱
에이야 리버뷰 리조트
Aye Yar River View Resort

리버뷰룸 외에도 올드바간 쪽의 여러 사원들을 향한 방도 오히려 바간의 정취를 느끼기에 좋다. 침실은 단순한 편이지만 욕실의 욕조나 기타 모든 가구가 고급스럽다. 최고급 리버뷰룸은 욕실이 특히 멋지고 사방으로 전망이 시원스럽다. 강에 인접한 전망대도 있으며 그 인근 방갈로에서 쉽게 접근할 수 있다. 그러나 가격이 시설에 비해 상대적으로 높고 리버뷰 외에 큰 특징은 없다.

Address Near Bu Pagoda, Old Bagan
Cost 디럭스 175$(파고다뷰), 그랜드디럭스 195$, 프리미어 250$ (리버뷰), 스위트 600$ / 부대서비스 조식, 수영장, 스파
Tel 061-60313
Email rsvn@ayeyarriverviewresort.com.mm
Web www.ayeyarriverviewresort.com

Stay : ★★★
⑲
바간 호텔 리버뷰
Bagan Hotel River View

전체적으로 관리도 안 되고 인테리어도 촌스러우며 곳곳에 전깃줄도 어지럽다. 바닥은 시멘트바닥에 최고급 방들도 나름 바간 벽돌 모양으로 꾸며놓았지만 유치한 디자인으로 되어 있다. 특히 욕실이 평범하고 낮은 편이다. 내부의 작은 사원과 강 전망이 있는 레스토랑은 멋지다.

Address Near Archeological Museum, Old Bagan
Cost 디럭스 180$, 주니어스위트 250$, 리버뷰스위트 300$, 프레지던트스위트 500$, 바간빌라 630$
부대서비스 조식, 수영장, 스파
Tel 061-60316
Email rsvbagan@kmahotels.com
Web www.bagan.kmahotels.com

Stay : ★★★★
⑳
티리피싸야 리조트 Thiripyitsaya Resort

일본인이 소유한 호텔로 미얀마 왕궁 스타일의 금칠을 한 독특한 리셉션 홀을 지나 에야와디 강을 조망하는 탁 트인 데크와 레스토랑이 인상적이다. 전반적으로 나무가 거의 없어 그늘이 부족하지만 레스토랑에서 휴식하기에 좋고 다양한 종류의 투어프로그램이나 스파코스도 있다. 다만 방 자체는 나무바닥과 가구들이 고급스럽고 깔끔할 뿐 특별하진 않고, 호텔 구석에 일본군 추모비가 있어 한국인들에겐 비호감일 수 있다.

Address Bagan Archeological Zone, Old Bagan
Cost 디럭스리버뷰 250$, 디럭스가든뷰 190$, 리버뷰스위트 500$
부대서비스 조식, 수영장, 스파
Tel 061-60048
Email thiri@myanmar.com.mm
Web www.thiripyitsaya-resort.com

Stay : ★★★
㉑
바간 움브라 호텔 Bagan Umbra Hotel

비교적 저렴한 방들은 깔끔한 게스트하우스 수준이고 1층짜리 방갈로 형식이라는 점만 차이가 있다. 가격대가 높아도 침대와 바닥이 좀 더 좋다는 차이가 있을 뿐이라서 비싼 감이 있다. 수영장도 딱히 예쁘지 않고, 새로 짓는 빌딩도 멋없이 설계된 것으로 보인다. 다만 옆에 파고다가 있어 전망은 좋을 듯하므로 가격이 저렴하다면 고려해 볼만하다. 비수기에 수영장 관리가 부실한 것도 감안하자.

Address Bagan-Nyaung-U, Main Rd.
Cost 스탠더드 45$, 수퍼스탠더드 50$, 수피리어 65$, 디럭스 75$
부대서비스 조식, 수영장
Tel 061-60034
Email baganumbra@gmail.com

Stay : Guesthouse
㉒
뉴웨이브 호텔 New Wave Hotel

2014년에 리모델링한 곳으로 그만큼 좀 더 깨끗하고 좋은 가구들로 방들이 채워져 있다. 로비는 호텔보다는 게스트하우스 느낌이 나며 큰 특색은 없다. 본 건물 뒤에 따로 떨어진 방은 큰길에서 조금 떨어져 조용하고 밝은 느낌이다.

Address Bagan-Nyaung-U, Main Rd.
Cost 스탠더드더블 40~65$ / 부대서비스 조식
Tel 061-60731
Email newwavebagan@gmail.com

Stay : ★★★ 추천
㉓
꾸무다라 호텔 Kumudara Hotel

정원은 빈약하고 로비도 작으며 레스토랑도 큰 특징이 없지만, 룸 내부는 세련된 침대와 가구들에 여러 전통 나뭇조각이나 그림들이 걸려 있으며 욕실도 고급스럽게 꾸며져 있다. 2층에 위치한 방들은 1층보다는 단순한데 주변의 사원들이 보이는 바간만의 매력적인 전망을 가지고 있다. 드문드문 사원들이 보이는 넓은 평원에 한적하게 자리한 수영장은 작지만 마치 오아시스를 본 듯한 느낌이 낭만적이다.

Address Kumudara Hotel Corner of 5th and Daw Na St., New Bagan
Cost 수피리어 56$, 주니어스위트 77$, 스위트 95$
       부대서비스 조식, 수영장
Tel 061-65142
Email kumudarahotelbagan@gmail.com
Web www.kumudara-bagan.com

Stay : ★★★ 추천
㉔
타진가든 호텔 Thazin Garden Hotel

모래가 덮인 도로로 접근해야 하지만 덕분에 이곳의 전망은 무척 아름답다. 주변의 몇몇 파고다 사이에 위치하며 멋진 꽃나무가 늘어진 수영장과 그 옆의 야외 레스토랑은 작지만 로맨틱한 구조와 분위기다. 객실은 파고다 혹은 정원을 바라보는 객실로 나뉘는데 가격은 같으나 파고다를 바라보는 객실의 전망이 유명하다. 객실 한쪽 벽면 전체가 나무 부조로 독특하면서도 아늑한 분위기를 풍기며 그 사이사이에 놓인 작은 소품들도 매력적이다.

Address Thazin Rd., Old Bagan
Cost 디럭스 90$~130$ 파고다뷰(30개)/가든뷰(37개)
       부대서비스 조식, 수영장, 스파
Tel 061-65035
Email thazingardenbagan@gmail.com
Web www.thazingarden.com

Stay : ★★★★
㉕
미얀마 트레저 리조트
Myanmar Treasure Resort

정부 소유의 호텔답게 입구부터 웅장한 느낌을 준다. 가운데 자쿠지가 있는 수영장과 그 옆의 야외 레스토랑이 비교적 밝은 분위기로 꾸며져 있고 객실 내부도 침대부터 소파까지 차분하면서도 고급스러워 최고급 호텔 분위기다. 건물 벽면 역시 바간의 탑처럼 벽돌로 쌓은 모양이 독특하다. 전체적으로 무거운 분위기에 건물 사이 공간은 좁은 편이며 레스토랑과 수영장을 제외하면 특별한 구석은 없다.

Address Khayay Rd., Anawrahta Qtr, New Bagan
Cost 수피리어(92개) 180$, 스위트(2개) 300$
       부대서비스 조식, 수영장, 스파
Tel 061-65443
Email rsv-mtr@myanmar.com.mm
Web www.myanmartreasureresorts.com

Stay : ★★★

㉖

까데이아웅 호텔 Kaday Aung Hotel

입구를 들어서면 마치 바간의 사원에 둘러싸인 듯한 분위기가 인상적이다. 로비는 어둡고 낮은 느낌이지만 각 방들은 대나무 벽이나 라탄 소파, 원목 벽으로 둘러싸여 미얀마만의 분위기를 느낄 수 있다. 사원에 묵는 듯한 느낌이 들고 욕실도 깨끗한 편이지만 정원이나 수영장 등 전반적으로 관리가 잘 안 되는 점은 아쉽다.

Address	Hninn Pann St., Hteeminyin Block, Kyansittha Quarter, New Bagan
Cost	스위트가든 70$, 스위트풀 75$, 스위트 65$, 수피리어 55$, 주니어수피리어 45$ / 부대서비스 조식, 수영장
Tel	061-65071
Email	kadayaunghotel@gmail.com

Stay : ★★★

㉗

바간 로지 Bagan Lodge

베이지색 천막으로 덮여 있는 여러 방갈로가 모여 독특한 분위기가 난다. 프랑스인이 디자인한 호텔로 고급스러운 마루가 깔린 방안에는 대나무로 짠 캐비닛과 유럽풍의 가죽의자, 청동손잡이와 수도꼭지 등이 하나하나 고급스럽고 우아한 분위기를 풍긴다. 방갈로 사이사이 나무그늘이 빈약하고 작은 수영장은 큰 특색은 없지만 수영장 주변의 파라솔들이 마치 유럽의 휴양지를 연상시킨다.

Address	Myat Lay Rd., New Bagan
Cost	디럭스(82개) 180~210$ / 부대서비스 조식, 수영장
Tel	061-65456
Email	dos@bagan-lodge.com
Web	www.bagan-lodge.com

Stay : ★★★

㉘

수띤산 호텔 Sutinesan Royal Palace Hotel

2015년에 새로 오픈한 호텔로, 작은 파고다가 세워져 있는 뉴바간 한쪽에 자리하고 있다. 화려하게 장식된 로비와 복도는 고급스럽지만 카펫이 깔린 침실은 약간 딱딱해 보이는 매트리스가 있는 단순한 분위기다. 한쪽에는 넓은 수영장도 있다.

Address	Pho Nyat Street, Kyansitthar Qtr., New Bagan
Cost	크라운디럭스 70$, 로열디럭스 100$, 스위트 180$ 부대서비스 조식, 수영장
Tel	061-65001, 65002
Email	gm.sutinesanhotel@gmail.com, rsv.sutinesanhotel@gmail.com

Stay : ★★

㉙

루비 트루 호텔 Ruby True Hotel

로비를 들어서면 벽지와 깔끔한 의자가 단정한 느낌을 준다. 갈색과 황토색, 녹색의 대나무 벽지가 무엇보다 독특하면서도 아늑하다. 방안의 가구들도 고급스럽진 않지만 깔끔하다. 그러나 전체적으로 볼 때 정원은 약간 황량한 편이고 수영장도 없다.

Address	Myat Lay Rd., New Bagan
Cost	수피리어(30개) 50~60$, 디럭스(8개) 60~70$-대나무 방갈로 타입 / 부대서비스 조식
Tel	061-65043
Email	rubytruehotel@gmail.com
Web	rubytruebagan.com

Stay : ★★★
③⓪
보가테디히 호텔 Bawga Theiddhi Hotel

로비의 나무 부조가 멋지게 장식되어 있으며 나무바닥으로 된 스위트룸의 경우 내부 공간이 넓다. 테라스의 의자나 내부의 각종 전통공예품 장식들이 미얀마의 정취를 느끼게 해주며 고급스럽고 편안한 느낌을 준다.

Cost	수피리어(32개) 75$, 디럭스(12개) 85$ 부대서비스 조식, 수영장, 스파
Tel	061-65045
Email	bawgatheiddhi.bagan@gmail.com
Web	www.bawgatheiddhihotel.com

Stay : ★★
③①
스카이 팰리스 호텔 Sky Palace Hotel

크게 고급스럽진 않지만 저가 호텔 수준의 청결함과 분위기를 유지하는 곳이다. 기다란 수영장과 그 앞의 야외 레스토랑에 인접한 그랜드디럭스룸은 특히 넓은 침실과 발코니의 아늑한 전망으로 편안하다.

Address	Shwe Loung Qtr., New Ni Rd., New Bagan
Cost	수피리어(17개) 50$, 디럭스(9개) 60$, 그랜드디럭스(14개) 70$ / 부대서비스 조식, 수영장
Tel	061-65454
Email	bagan@skypalace.asia

Stay : ★★
③②
바간 센트럴 호텔 Bagan Central Hotel

큰 특징은 없지만 방안의 침실이나 가구들이 호텔의 분위기를 풍긴다. 내부에 레스토랑이나 수영장은 없지만 각 방이 방갈로 형태로 되어 독립적이니 개인적인 공간을 원한다면 고려해볼 만하다. 어설프지만 정원도 조성되어 있다. 양곤 오키나와 게스트하우스도 함께 운영한다.

Address	Khayay St., New Bagan
Cost	수피리어(26개) 50$ / 부대서비스 조식
Tel	061-65057

Stay : ★
③③
오스텔로 벨로 바간 호스텔
Ostello Bello Bagan Hotstel

이탈리아에 본점이 있는 숙박업체가 뉴바간 지역 중심에 배낭여행자용 숙소를 오픈했다. 저렴하진 않지만 푹신한 매트리스와 깨끗한 시트, 세련된 디자인의 숙소로 각종 여행정보도 풍부하다. 입구와 옥상의 테이블에는 늘 수다를 떠는 여행자들로 가득하며, 서양여행자들에게 인기 있는 만큼 미리 예약하지 않으면 이곳에 머물기는 쉽지 않다.

Address	Hkan Latt Qtr., Main Road, New Bagan
Cost	도미토리 17~25$, 더블 55$
Tel	061-65069, 09-257039009
Email	booking.bagan@ostellobello.com
Web	www.ostellobello.com

Special Sightseeing

뽀빠 산
Popa

바간에서 넓은 밀림지역을 지나 약 1시간 30분을 달리다 보면 멀리 기묘하게 솟아오른 돌산이 보인다. 화산활동으로 인해 형성된 해발 1,507m 높이의 이 산은, 미얀마 민간신앙인 낫 신앙의 중심지인 따웅브용 Taung-byone 과 함께 낫 신앙의 고향으로 여겨진다. 전설에 따르면 아노라타 왕의 신하로서, 매일 뽀빠 산 정상의 꽃을 바치는 임무를 수행하던 우브야띠 U Byat Tha 가 꽃을 먹고 사는 뽀빠 산의 여신인 뽀빠메도와 사랑에 빠지게 되어 두 아들을 낳았는데, 점점 꽃을 바치는 일을 게을리 하여 왕에 의해 죽임을 당했다고 전해진다. 이후 두 아들마저 만달레이 근처인 따웅브용에서 살해되어 결국 37위의 낫 중 하나가 되었다고 한다. 이에 따라 매년 8월에는 따웅브용에서 거대한 낫축제가 열리며, 미얀마식 굿인 '낫브웨'의 둘째 날에는 뽀빠메도의 낫이 굿의 중심이 된다. 현재의 뽀빠 산은 37위의 낫 신앙과 구분되는 또 다른 영적 존재인 보민가웅 Bo Min Gaung 을 기리는 사당이 주류를 이룬다. 그는 뽀빠 산에서 명상을 하다가 그 육체를 버리고 영적인 존재로 부활하였다고 믿어지는 인물로, 지금도 여전히 신통력을 가지고 사람들과 대화하며 가난한 사람들을 돕는다고 전해진다. 매년 9월이면 뽀빠 산에서 이 인물을 기리는 축제가 열리며, 2002년에는 육체를 버리고 영혼으로 부활한 지 50주년이 되는 해를 맞이하여 성대한 축제가 벌어졌다고 한다. 마을 입구에서부터 온갖 소원을 빌기 위해 찾아온 미얀마 사람들과 각종 신기한 모습을 한 사원들이 한데 있어 시끌벅적한 분위기를 형성한다.

- 입구부터 정상까지 777개의 계단
- **위치** 바간에서 동남쪽으로 약 70km
- **소요시간** 바간에서 약 1시간 30분
- **비용** 셰어버스 10,000짯(1인), 5인승 택시 35,000~45,000짯(1대)

🔸 가는 방법

뽀빠 산으로 가는 방법은 여러 가지가 있으나 각 숙소에서 택시를 대절해서 가는 방법이 가장 간편하다. 이 경우, 도중에 전통주나 팜유 등을 만드는 곳을 들르기도 하고 작은 과일시장이나 마을에서 현지인들과 섞여 즐거운 한때를 보낼 수 있다. 뽀빠 산 아래에 도착하면 입구에서부터 정상의 사원까지 777개의 계단이 있고 계단 중간에는 주로 보민가웅을 기리는 사당 외에 여러 낫 신들과 몇몇 힌두신이나 불상을 모신 사원들이 각종 기념품 가게에 빽빽하게 둘러싸여 있다. 산 아래까지 원숭이들이 내려와 작은 땅콩을 얻어먹는데, 음료나 단 아이스크림이 든 비닐봉지를 채가는 경우도 있으므로 각별한 주의가 필요하다. 외국인뿐 아니라 현지인들에게도 꽃을 파는 상인들이 끈질기게 따라다니며, 경전을 외우거나 계단을 닦고 보시를 요구하는 사람들이 곳곳에 포진해 있어 정상에 오르는 길은 심심하지 않다. 어느 정도 계단을 오르다 보면 주변의 탁 트인 전망이 지친 마음을 시원하게 씻어준다.

🔸 '낫'이란?

산스크리트어로 '나타Natha'라는 말에서 유래된 '낫'은 '정령' 혹은 '수호자'라는 의미를 가지고 있다. 11세기 무렵 바간의 아노라타 왕에 의해 불교가 도입되기 이전부터 존재했던 민간신앙으로 토지나 산, 나무 등의 자연정령 외에도 특히 전설 속의 비극적인 인물들이 36위의 낫으로 숭배되어 왔다. 아노라타 왕은 이 낫들 위에 불교에서 말하는 신들의 왕인 타갸민Thagyamin을 두어 총 37위로 구성된 공식적인 낫 신앙 체계를 확립하였다. 미얀마의 낫 신앙은 우리나라의 무속신앙과는 달리 불교와 자연스럽게 융화되어 전해 내려오고 있으며, 이에 따라 미얀마의 불교사원 곳곳에는 불상과 함께 모셔져 있는 낫 형상을 발견할 수 있다. 내세지향적인 소승불교와는 달리 현세의 복을 기원하는 낫 신앙은 힘든 현실을 살고 있는 미얀마 사람들에게 큰 의지처가 되고 있다. 미얀마 사람들은 낫을 잘 모시면 보호를 받고, 그렇지 않으면 해를 입는다고 믿고 있으며 지금도 사업을 하거나 중요한 일을 시작하기 전에 낫을 찾아가 행운을 비는 굿을 벌이곤 한다.

Mandalay 만달레이

Intro

마지막 왕조의 숨결, 만달레이
Mandalay

미얀마 제2의 도시이자 미얀마 마지막 왕조였던 꼰바웅 왕조의 수도인 만달레이는 지금도 양곤과 함께 미얀마 최대의 종교문화 중심지로 남아 있다. 전설에 의하면 석가모니가 제자인 아난다 존자와 함께 이곳, 만달레이 언덕에 올라 새로운 도시의 탄생을 예언했다고 하며, 그 전설에 따라 민돈 왕이 아마라푸라에서 만달레이로 수도를 이전했다고 전해진다. 비록 만달레이가 수도의 지위에 있었던 것은 영국에 의해 점령되기까지인 24년이라는 짧은 기간이었다. 하지만 그 이전부터 에야워디 강을 중심으로 밍군, 잉와, 사가잉 지역과 함께 오랜 시간 동안 미얀마의 중심지 역할을 해 왔던 만큼 이 지역 주변에는 수많은 볼거리가 남아 있다. 한적하고 어두컴컴한 만달레이의 밤거리는 날이 밝으면 어지럽게 오가는 오토바이로 분주하며 하루가 다르게 솟아오르는 빌딩 역시 이 도시가 세계의 어느 곳보다도 빠르게 변화하고 있음을 말해준다.

*만달레이 주 지역입장료 : 10,000짯(만달레이, 잉와, 아마라푸라)
*사가잉 주 지역입장료 : 5,000짯(밍군, 사가잉)

Travel Tip
1. 건기에는 미얀마의 다른 지역보다 훨씬 더 더워진다. 특히 4, 5월에는 일사병에 주의해야 한다. 우기 때는 오히려 비가 더위를 식혀주어서 여행하기 좋은 편이다. 11월부터 3월 사이는 미얀마의 다른 지역과 마찬가지로 최적의 여행시기이다.
2. 만달레이 지역입장권은 왕궁과 쉐난도 수도원 입구에서 구입이 가능하다. 잉와에서도 구입할 수 있다.
3. 만달레이는 시내는 물론, 주변도 함께 돌아봐야 하니 공항에서 택시를 잡을 때 주변투어비용까지 함께 흥정해보자. 시간 조율을 잘하면 아마라푸라, 잉와, 사가잉까지 하루에 한꺼번에 돌아볼 수도 있다.
4. 미얀마 제2의 도시인만큼 환전이나 숙소 예약, 버스표 구입 등에 큰 어려움 없이 여행이 가능하다.

주요 도시에서 만달레이 들어가기

✚ 항공

◎ 국제선

출발	항공사	출발시간	소요시간	운항
방콕 돈무앙	에어아시아	10:55	1시간 55분	매일
방콕 수완나폼	방콕에어웨이	12:05	1시간 50분	매일
쿤밍	중국동방항공	13:15	1시간 30분	매일

◎ 국내선

출발	항공사	소요시간	요금	설명
양곤	YH, 6T, YJ, W9, K7, 7Y, Y5	직항 (1시간 10분)	40~115$	모든 항공사가 양곤-만달레이 구간을 운항한다. 그중 골든 미얀마(Y5) 항공사가 직항 운항을 하며 가격도 가장 저렴한 편이다. 배낭여행자들은 이 구간을 주로 야간버스를 타고 이동한다. 쭉 뻗은 직선도로라서 편안하게 이동할 수 있다.
냥우	W9, K7, YH, Y5, 6T, 7Y	직항(30분)	50~70$	배낭여행자들은 바간에서 만달레이로 이동할 때 보트나 버스를 주로 이용한다.
혜호	YH, K7, Y5, 7Y	직항(30분)	50~70$	양곤-혜호-만달레이-바간-양곤을 순환하는 비행기가 많으니 쉽게 이용가능하다.
공항 → 시내 택시 15,000짯 시내 → 공항 택시 12,000짯 (45분 소요)				공항 밖 주차장에는 많은 사설택시들이 손님을 기다리고 있으므로 택시를 이용하는 것은 어렵지 않다. 에어아시아와 골든미얀마 항공에서는 만달레이 시내와 공항 간 무료 셔틀버스를 운행하고 있다.

※ 항공사코드 : Yangon Airways(YH), AirMandalay(6T), AsianWings(YJ), AirBagan(W9), AirKBZ(K7), MannYadanarpon(7Y), GoldenMyanmar(Y5)

Tip 미얀마 픽업트럭

양곤을 제외한 미얀마 전역에서 버스 노릇을 하고 있는 픽업트럭은 트럭의 짐칸을 개조해 승객용으로 만들었다. 대부분의 픽업트럭은 운전사 외에 호객꾼이 호객행위를 하며 지나가는 사람을 태우는데 인원이 차야 출발한다. 비용은 거리에 따라 다양하며 주로 시 외곽을 연결하는 장거리가 대부분이지만 가까운 시내교통의 경우 대체로 200~500짯 정도면 충분하며 외국인이라고 바가지를 씌우는 경우는 드물다. 운전석 옆자리는 좀 더 비싼 요금을 받지만 가장 안전하게 이용하는 방법이며 사람이 많다고 지붕에 타거나 바깥에 매달리는 것은 몹시 위험할 수 있다. 보통 2~3시간 거리의 지역까지 운행한다.

만달레이에서 다른 도시로 이동하기

✚ 버스 · 보트 · 기차

도착	교통편	출발시간	요금	소요시간
양곤	VIP버스	09:00, 09:30, 21:30, 21:00	18,500짯~	9시간
	고속버스	07:30, 09:00, 19:00, 20:00, 21:00	11,000짯	
바간 (보트트립 106p 참고)	고속버스	08:00, 10:00, 12:00, 15:00, 17:30	9,000~12,000짯	6시간
	슬로보트	05:30(수, 일)	15$	13시간 이상
	익스프레스 보트	06:00, 07:00, 07:30	40$(아침 포함), 55$	7~12시간
껄로, 인레 호수	VIP버스	20:30	14,000짯	10시간
	고속버스	19:00	12,000짯	
삔우린	기차	04:00	2$	4시간
	픽업트럭	05:00~17:00 (27, 82번가 교차로에서 출발)	2,000짯	3시간
시뽀	기차	04:00	4$	14시간
	시외버스	06:00, 14:30 (31, 82번가 교차로에서 출발)	5,000짯	6시간
므락우	고속버스	16:00	25,000짯	22시간
시트웨	고속버스	16:00	25,000짯	25~26시간

버스터미널에서 시내로 들어가기 (장거리 버스터미널 → 시내) 택시 6,000짯(25분 소요)	장거리 버스터미널은 만달레이 시내에서 25분가량 떨어져 있다. 버스로 도착했다면 픽업트럭이나 택시를 이용해 시내로 들어와야 한다. 호객행위를 하는 택시나 정차되어 있는 택시보다는 터미널 밖 큰길가를 지나는 택시를 잡아 흥정하는 게 더 저렴하다.

✚ 만달레이 시내교통

만달레이는 왕궁을 중심으로 바둑판 모양으로 도시가 건설되어 있고 숫자로 거리를 표시하여 주소를 찾기가 매우 쉽다. 버스 대신 픽업트럭이 현지인들의 간편한 교통수단인데 만달레이 언덕에서 왕궁까지 시내의 웬만한 곳은 모두 갈 수 있으므로 용기를 내 말을 걸어보자. 신호등 등의 교통체계 부실하므로 오토바이나 자전거를 이용할 때 각별한 주의가 필요하다.

교통편	시간	요금	설명
5인승 자가용택시	1일 렌트 (아침~일몰)	30,000~35,000짯	빠른 기동력으로 짧은 시간 내에 만달레이 시내와 주변을 모두 둘러볼 수 있다.
트럭택시	1일 렌트 (아침~일몰)	30,000짯	대부분 작은 용달차 뒤에 적재함을 개조하여 사람이 양옆으로 앉을 수 있게 만들었다.
오토바이택시	시내 편도	2,000~4,000짯	이동거리에 따라 다르지만 요금은 보통 3,000짯 내외를 부른다. 밍군 보트선착장까지는 1,500~2,000짯 정도.
오토바이 렌트	1일 (아침~일몰)	8,000짯~	오토바이택시 기사와 직접 협상하여 하루 종일 오토바이를 빌릴 수 있다. 저렴한 비용으로 다닐 수 있는 장점도 있지만, 자칫 사고가 나면 큰돈을 물어줘야 하니 안전운행은 필수.
사이카	시내 편도	2,000짯~	다운타운 골목길 코너에 가끔씩 사이카들이 보인다. 많은 차량과 오토바이로 인해 사이카를 타고 이동하기란 쉽지 않다. 여행자들은 그냥 한 번쯤 경험 삼아 이용하곤 한다.
자전거	1일 (아침~일몰)	2,000~3,000짯	각 호텔이나 다운타운 길거리에 자전거 대여점이 있다. 자전거를 타고 외곽으로는 못 나가지만 만달레이 시내를 돌아다니기에 좋다.

Sightseeing

버마의 마지막 왕조, 꼰바웅(1752~1885)

꼰바웅 왕조는 버마를 통치한 마지막 왕조이자 버마 역사상 두 번째로 거대한 왕국을 이루었다. 타웅고 왕조는 몬족의 반란으로 인해 바고에서 잉와로 수도를 이전했으나, 당시 버마 족장이었던 알라웅파야 왕이 반란을 진압하고 바고를 거쳐 남부 미얀마까지 영토를 넓혔다. 태국의 아유타야 지방까지 진격했던 왕은, 도중에 암살당하고 그의 아들 신뷰신Hsinbyushin에 의해 그 목적을 달성할 수 있었다. 알라웅파야의 또 다른 아들인 보도파야Bodawpaya 왕은 인도와 접해 있는 아라칸 지방과 마니푸르 지방을, 그의 손자인 바지도Bagyidaw 왕은 인도의 아삼 지역을 점령하였다. 그리하여 당시 인도를 점령했던 영국과 국경이 맞닿게 된다. 수도는 잉와에서 아마라푸라로, 다시 잉와로 옮겨졌다가 타라와디Tharawaddy 왕 이후 민돈 왕이 만달레이로 천도하는 1853년까지는 아마라푸라가 수도의 역할을 하게 된다. 아마라푸라는 원래 세 겹의 성곽으로 둘러싸여 있었으며 12개의 성문이 있었다고 하나, 버마 역사속의 모든 수도가 그랬듯이 만달레이로 수도를 이전하는 과정에서 성벽의 벽돌과 왕궁 건물이 만달레이로 옮겨졌다.

인도를 점령한 영국은 버마로 넘어와 양곤을 시작으로 점차 지배를 확대하였다. 꼰바웅 왕조의 마지막 왕 티보Thibaw의 아버지인 민돈 왕은 영국에 대항하여 새롭게 국가를 정비하고자 하였으며 그 일환으로 아마라푸라에서 만달레이로 수도를 이전하고 만달레이 궁전을 건설하였으나 후계자를 정하지 못하고 1878년에 사망하였다. 그 아들 중 하나인 티보 왕은 민돈 왕의 왕비인 신뷰마신 여왕의 세 딸과 결혼할 후계자로 지목되었으나 정작 티보 왕보다는 신뷰마신 여왕과 그 두 번째 딸 수파얄랏Supayalat 왕비가 더 강한 권세를 발휘하였다. 수파얄랏 왕비는 티보 왕의 지위를 공고히 하기 위해 80명 이상의 왕족을 학살한 것으로도 유명하다.

영국은 결국 세 번째 버마-영국 전쟁을 일으켜 만달레이 왕궁을 둘러싸고 항복을 요구하였다. 티보 왕과 그 가족들이 영국군이 제공한 증기선에 몸을 싣고 인도로 떠나면서 꼰바웅 왕조도 그 막을 내리게 된다.

만달레이 둘러보기

만달레이는 꼰바웅 왕조의 마지막 수도였던 곳으로, 불교를 육성시켜 재부흥을 일으키고자 한 민돈 왕의 노력으로 곳곳에 많은 불교사원이 남아 있다. 만달레이 언덕이나 만달레이 성, 쉐난도 수도원과 쿠토도 파고다, 마하무니 파고다를 둘러보고, 복잡한 도시를 떠나 여유로운 분위기가 느껴지는 인근 지역을 방문해 보자. 에야워디 강 건너편 밍군의 거대한 밍군 종 유적이나, 옛 수도였던 사가잉, 잉와 지역을 둘러본 뒤 아마라푸라의 가장 아름다운 다리, 우베인 다리의 환상적인 일몰을 감상하면 만달레이의 매력을 충분히 느낄 수 있다. 개인적으로 택시나 오토바이 택시를 대절할 수도 있지만, 마하무니 파고다와 마하간다용 사원, 사가잉, 잉와, 우베인 다리를 둘러보는 일일 투어(15,000짯, 08:30~18:00, 예약 09-6805379)를 이용하는 것도 편리하다. 자세한 사항은 숙소에 문의하면 된다.

Sightseeing

만달레이힐 Mandalay Hill

이 언덕에는 만달레이 시의 시작과 관련된 전설이 있다. 부처님과 그의 제자 아난다는 미얀마를 여행하는 도중 만달레이 언덕에서 산다무키라는 이름의 어느 요괴와 마주쳤다. 사람을 먹는 이 요괴는 부처님의 설법에 감화하여 더 이상 사람을 먹지 않겠다고 맹세하고 자신의 가슴을 부처님께 보시하였다. 이에 부처님은 그녀에게 "2,400년 뒤 왕으로 환생하여 이 언덕 아래에 위대한 도시를 건설할 것"이라고 말했다. 이 전설에 따라 민돈 왕은 1857년에 아마라푸라에서 만달레이로 수도를 옮겼다고 한다. 만달레이 언덕 곳곳에는 이러한 전설을 기념하는 여러 형상들을 쉽게 찾아볼 수 있다. 계단을 오르는 도중에는 아난다 존자와 함께 거대한 불상이 손끝으로는 만달레이 왕궁을 가리킨 채 서 있기도 하고 산다무키가 자신의 가슴을 부처님께 바치는 모형도 볼 수 있다.

넓고 평평한 만달레이 시 북동쪽에 자리한 이 언덕은 이러한 전설에 따라 미얀마인들에게 매우 성스러운 곳으로 여겨져 많은 사람들이 이곳을 방문한다. 정상으로 오르는 여러 계단이 멀리서도 장관을 이루는데, 사람들은 주로 남쪽 입구에 위치한 거대한 두 사자상 사이로부터 출발한다. 약 45분가량 여러 사원들과 부처상을 지나 정상의 수타웅빼이 Sutaungpyei 파고다에 이르며 날이 맑을 때는 이곳에서 왕궁과 만달레이 시 전체로 시원하게 펼쳐진 경관을 감상할 수 있다. 계단을 오르는 재미가 쏠쏠하지만, 시간이 없다면 택시를 이용하거나 사자상 앞에서 비정기적으로 출발하는 픽업트럭을 타고 엘리베이터가 있는 정상 부근까지 오를 수 있다. 정상에서는 촬영요금을 받는다.

- 도보 40분, 차량 10분
- 정상에서 촬영요금 받음

Sightseeing

만달레이 왕궁 Mandalay Royal Palace

미얀마 마지막 왕조인 꼰바웅 왕조가 거처했던 왕궁으로 민돈 왕이 만달레이로 수도를 옮기기로 결정하고 가장 먼저 지어진 건물이다. 본래는 한쪽 성벽의 길이가 무려 2km나 되고 그 안에는 대규모의 화려한 왕궁이 있었으나 영국의 침공으로 내부의 건물들은 완전히 소실되고 현재는 왕과 왕비가 거주하던 건물들만 부실하게 복원되었다. 성벽 내부의 대부분의 지대는 군사시설로 채워져 있고, 관광객들은 4개의 문 중 오로지 동쪽문으로만 입장할 수 있으며 왕궁 내부를 제외하고는 촬영이 금지되어 있다.

성벽을 지나 입구로 들어가면 좌측 전망대에서 왕궁 전체를 조망할 수 있으나 전체적으로 잘 재건된 건물이 없어 분위기는 그다지 좋지 않다. 텅 빈 건물들 내부에 왕과 왕비의 형상이 있으며 몇 개의 건물을 지나치고 마지막에 나오는 박물관은 매우 작은 규모로 각지에서 가져온 몇 개의 유물들이 있을 뿐이다. 그러나 몇몇 매우 수준 높은 목조가 있으며 옛 왕과 왕비의 사진들이 흥미로우므로 왕궁을 들른다면 박물관은 챙겨볼 만하다. 만달레이 왕궁을 관람하려면 성벽에서 제법 걸어 들어가야 하므로 자전거나 오토바이를 이용하는 것이 편리하다.

- 통합입장권 10,000짯
- 오토바이 입장가능

Sightseeing
③
마하무니 파고다 Maha Muni Paya

양곤의 쉐다곤, 짜익띠요의 골든락 파고다와 함께 미얀마 불교의 3대 성지다. 2000년 이전에 만들어진 것으로 알려진 마하무니 불상은 그 영험한 기운을 받고자 하는 불자들에 의해 금박이 계속 덧대어져 울퉁불퉁한 모습을 하고 있다. 본래 므라욱 근교에 있던 불상이 보도파야 왕에 의해 만달레이로 옮겨진 것으로 알려진다. 파고다 입구에는 온갖 불상들과 염주, 기념품들을 파는 가게가 줄지어 있고 미얀마 국내뿐 아니라 태국이나 인도 등 각지의 불자이나 관광객들로 발 디딜 틈이 없을 정도다. 미얀마 불교인 소승불교의 교리상 여성은 불상 앞쪽으로 갈 수 없고 금박을 붙일 수 없다고 하나, 남녀노소 같은 마음으로 즐겁게 이 성지를 방문한다.

● 무료입장
● 21:00 문 닫음

Sightseeing
④
쿠토도 파고다 Kuthodaw Paya

세계에서 가장 큰 책이라는 별명답게 불교경전이 새겨진 729개의 비석들을 품은 흰 석탑들이 빽빽이 늘어서 있다. 민돈 왕이 만달레이 왕궁을 지으면서 함께 짓기 시작하여 2년 만에 완성된 것으로 알려져 있다. 석판에 새긴 불경은 민돈 왕 시절에 열린 5차 불교회의에서 승려 2,400명이 6개월에 걸쳐 읽었다고 한다. 사원 중앙의 탑은 바간의 쉐지곤 파고다를 모델로 세워졌다고 전해진다.

● 무료입장
● 1857년 건립, 729개의 파고다

Sightseeing
⑤
산다무니 파고다 Sandamuni Paya

이곳은 원래 민돈 왕이 만달레이 왕궁을 건립하기 전 임시로 거처하던 곳으로 아들인 가나웅 왕자가 피살되자 그를 추모하며 파고다를 세웠다. 내부에는 청동의 산다무니 부처가 안치되어 있고 주위를 둘러싼 흰색의 석탑 안에는 각각 경전을 새겨놓은 비석들이 보관되어 있다.

● 무료입장
● 수많은 흰색 석탑

Sightseeing
⑥
짜욱또지 파고다 Kyauk Taw Gyee Paya

내부에 있는 900톤의 커다란 대리석 불상은 세계에서 가장 큰 단일 대리석으로 조각된 불상으로 민돈 왕에 의해 건설되었다. 조각을 마친 뒤 이곳으로 안치하기 위해 13일 동안 1만 명의 인부가 동원되었다고 한다. 10월에 미얀마에서 가장 큰 축제 중 하나가 열리는 장소이기도 하다.

● 무료입장
● 900톤의 대리석 불상

Sightseeing

쉐난도 수도원 Shwenandaw Kyaung

최고급 티크 목조로 건설된 이 수도원은 본래 왕국 내에 있던 민돈 왕의 거처였으나 아들인 띠보 왕이 분해하여 이곳으로 옮겼다. 작은 규모의 이 수도원은 본래 반짝이는 유리모자이크로 치장되었다고 하나 현재는 나무부조만 남아 있고 이마저도 곳곳이 닳거나 소실되어 현대에 새로 복원되었다. 어두운 색으로 차분한 분위기의 목조 건물이 정교한 부조로 온통 뒤덮인 모습이 감탄을 자아낸다. 특히 부처님의 전생을 묘사한 10개의 부조가 잘 보존되어 미얀마의 목조예술의 진수를 경험할 수 있다. 왕궁 내의 건물들이 제2차 세계대전 당시 모두 소실되었으나, 이곳만이 온전히 보존되어 만달레이 왕궁의 화려한 모습을 상상하게 해준다.

● 통합입장료 10,000짯
● 아름다운 티크나무 부조

Sightseeing

쉐인빈 수도원 Shwe In Bin Kyaung

티크 목조로 세워진 이 아름다운 수도원은 1895년에 건립되었다. 중심의 건물은 세 개의 티크나무 기둥이 받치고 있으며 내부와 지붕 곳곳에는 아름다운 부조로 가득하다.

● 무료입장
● 아름다운 티크나무 부조

Sightseeing

옥 시장
Jade Market

녹색과 옅은 자주색이 섞인 투명한 경옥은 미얀마를 넘어 세계에서 최고의 품질을 자랑한다. 대부분은 중국이나 태국으로 수출되고, 극히 일부가 만달레이 옥 시장에서 거래된다고 한다. 시장 입구에는 옥을 가공하는 손놀림이 경쾌한 소리를 만들어 낸다. 시장 안으로 들어서면 작은 옥을 늘어놓고 가격을 흥정하는 수많은 상인들이 늘 시끌벅적하다. 외국인 관광객은 1달러의 입장료를 내야 한다고 입구에 쓰여 있지만 입장료를 일일이 받을 만큼 한가한 사람은 보이지 않는다.

● 최대의 옥가공 마켓
● 쉐인빈 수도원 가는 길

Sightseeing

쩨쪼 마켓 & 야시장
Zay Cho Market & Night Market

엄청난 크기를 자랑하는 쩨쪼 마켓은 만달레이의 중심이자 북부 미얀마의 모든 물류가 흘러 들어오는 곳이다. 좁은 시장 골목마다 사람들로 넘쳐나며 아침나절 방문하면 활기 넘치는 미얀마를 만날 수 있다. 마켓 옆에 새로이 쩨쪼플라자 빌딩도 들어서 점점 더 그 세력을 확산하고 있다. 오후 5시 상점이 문을 닫으면 길거리에 하나둘 좌판이 들어서는데, 크거나 화려하지는 않지만 각종 군것질거리와 중고서적 판매로 소박한 야시장이 열린다.

● 미얀마 북부의 최대 시장
● 17:00까지 영업

Sightseeing

아마라푸라 Amarapura

'영원의 도시' 아마라푸라는 민돈 왕이 영국군에 대비하여(혹은 부처님의 예언에 따라) 만달레이로 수도를 이전하기 전까지 미얀마의 수도였으나 왕궁이나 기타 중요한 건물들은 모두 만달레이로 옮겨지고 현재는 그저 작은 시골 마을에 불과하다. 그러나 넓은 호수와 그 호수를 가로지르는 목조다리는 미얀마를 방문하는 거의 모든 사람들을 이 작은 마을로 이끌고 있다.

| Access | 만달레이에서 잉와, 사가잉 가는 길목에 위치 |
| Cost | 만달레이 통합입장료(10,000짯)에 포함 |

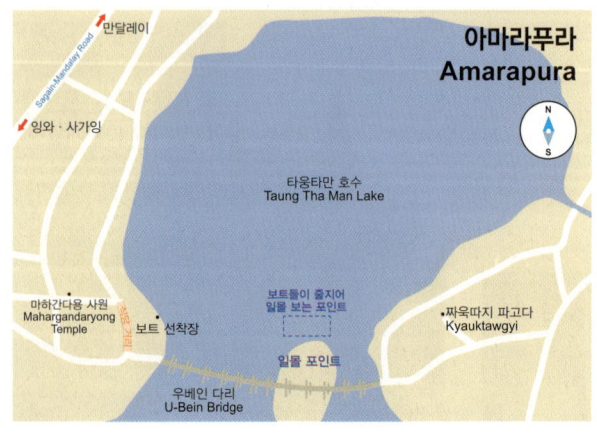

Amarapura

우베인 다리 U-Bein Bridge

타웅타만 호수를 가로지르는 대략 1.2km 길이의 이 목조다리는 아마도 미얀마에서 가장 유명한 장소 중 하나일 것이다. 보도파야 왕이 수도를 이전하면서 잉와 궁전에서 사용했던 티크 목재들을 해체해 아마라푸라 왕궁 건설에 사용하였는데 남은 목재들을 당시 아마라푸라의 시장이었던 우베인이 모아 다리를 만들었다. 건기에는 호수가 거의 말라 대부분이 채소밭으로 변하지만 물이 적당히 차오르면 다리는 잔잔한 호수 위에 그림자를 늘어뜨리고서 낭만적인 분위기를 연출한다. 특히 일출이 막 시작된 후에 피어오르는 물안개와 다리 위를 지나는 승려들이 어우러진 모습은 신비하기까지 하다. 일몰 때의 하늘빛이 가장 아름답지만 만달레이를 방문한 거의 모든 관광객들이 이 시간에 다리 위로 몰리기 때문에 안전에 각별한 주의가 필요하다. 일출 때 방문하여 주변의 한적한 정취를 함께 즐기거나 혹은 일몰 전 미리 다리를 건넌 후 돌아오는 배를 타고 호수 위에서 다리와 함께 일몰을 감상하는 것도 좋다.

- 일몰 보트요금 8,000짯~
- 세계에서 가장 오래된 목조다리

Amarapura
마하간다용 수도원 Mahagandayon Monastery

1914년에 개원한 미얀마 최대의 수도원으로 1천여 명의 승려들이 수행을 하는 수도원이다. 엄격한 규율로 유명하며 평소에 그 조용한 사원의 정취를 느끼기에 좋지만 매일 오전 10시 15분에 맞춰 열리는 대규모 탁발행렬에는 세계 각국에서 몰려온 패키지여행자들로 몸살을 앓는다. 일부 여행자들은 예의 없이 탁발을 위해 줄지어 서 있는 승려들을 건드리거나 코앞까지 다가가 사진을 찍어대 문제가 되고 있는 상황이므로 이 수도원을 방문할 때는 이 시간을 피하거나 최대한 수행자들에게 방해가 되지 않도록 하자.

- 탁발식 10:00~10:30
- 세계 최대의 탁발식

Amarapura
짜욱따지 파고다 Kyauktagyi Paya

우베인 다리 동쪽 편에 위치한 파고다로 바간의 아난다 파고다를 본떠 1847년에 세워졌다. 파고다 내부로 통하는 네 방향의 통로에는 파고다나 마을 경관, 각종 별자리를 그려놓은 벽화가 비교적 잘 보존되어 있다. 내부는 시원하고 넓어 마을 아이들의 도서관이나 놀이장소 혹은 젊은 남녀들의 데이트장소로 인기가 높아 한낮에도 북적북적하다.

- 무료입장
- 우베인 다리 건너편에 위치

Sightseeing

잉와 Innwa

에야워디 강과 비옥한 토지가 펼쳐진 이곳은 14세기에 산족이 처음으로 왕국을 건설한 뒤 400여 년 동안 여러 왕조의 수도로서 국가의 중심이었다. 그러나 지금은 그저 넓은 밭이 펼쳐진 한적한 시골마을에 불과하다. 대부분의 유적이 수도를 이전하는 과정에서 해체되어 현재 특별히 눈에 띄는 건물은 남아 있지 않다. 그러나 논밭 곳곳에 흩어져 있는 작지만 아름다운 파고다들을 덜컹대는 마차로 둘러보며 이곳의 여유로운 정취를 즐기는 것이야말로 진정한 미얀마 여행이 될 수 있다.

Access 보트왕복(800짯/1인), 오토바이 가지고 탈 경우(400짯), 수시로 왕복함, 5분 소요
Cost 입장료 만달레이 통합입장료 (10,000짯)에 포함, 2군데 사원에서 입장권 검사, 마차이용 5,000짯 (1시간 30분 소요)

Innwa

빠가야 수도원 Bagaya Kyaung

티크나무 목재로 만들어진 이 사원은 1834년에 세워진 것으로 267개의 티크 목조로 이루어져 있다. 법당 내부는 섬세한 부조들과 거대한 티크 기둥이 조화를 이루어 그 분위기를 더욱 고조시킨다. 입구의 티켓사무실에서 지역티켓을 검사하고 도장을 찍는다.

- 만달레이 주 입장료에 포함
- 아름다운 티크나무 수도원

Innwa
②
난민전망대 Nanmyin Viewing Tower

1823년 바지도 왕이 건설한 옛 왕궁은 현재 일부 성벽과 이 전망대만 남아 있는 상태다. 단순한 사각 기둥모양으로 된 전망대는 1838년의 지진으로 약간 기울어져 있는 상태로, 탑 아래쪽은 예전 그대로이나 윗부분은 지진 이후 새로 복원되었다. 이전에는 탑 위로 올라가 주변을 조망할 수 있었지만 현재는 붕괴될 위험이 있어 계단 입구가 폐쇄됐다. 주위에는 시원한 음료나 기념품을 파는 노점들이 손님을 맞는다.

● 건립연도 : 1823년
● 만달레이 주 입장료에 포함

Innwa

예다나시니 파고다 Yedanasini Paya

넓은 밭 한가운데 위치한 이 파고다는 멀리서 보면 그저 버려진 듯 보이나 세월의 흔적이 고스란히 남은 파고다와 거대한 불상, 거대한 고목이 어우러져 그 어느 곳에서도 보기 힘든 분위기를 연출한다. 중심의 파고다 뒤편에 한때는 법당이었던 것 같은 건물이 내부에는 앙상한 기둥만 남은 채 자리하는데 기둥 사이사이 가려진 세 개의 부처상이 주변의 폐허와 어우러져 감탄을 자아낸다.

● 만달레이 주 입장료에 포함
● 고즈넉한 분위기의 파고다

Innwa

마하아웅메본산 수도원 Maha Aungmye Bonzan

이 지역에서 예전 그대로 보존되는 몇 안 되는 수도원으로 거대한 외부 구조물에 비해 내부는 텅 비어 시원한 느낌을 준다. 수도원은 일반적으로 목재로 만들어졌으나 이곳은 벽돌로 건설되어 메누옥 짜웅 Menuok Kyaung이라고도 불린다. 수도원 한쪽에는 법당이 있고 법당 위로는 7층탑이 서 있다. 수도원 서쪽으로 위치한 버려진 듯한 2층으로 된 벽돌 건물 뒤쪽에 우물가가 있고 그 뒤로 나가면 멀리 사가잉 언덕이 보이는 강변이 나온다. 이 수도원 입구에는 티켓 사무실과 각종 물건들을 파는 상인들, 간단한 식사를 할 수 있는 식당이 있다.

● 만달레이 주 입장료에 포함
● 잉와에서 가장 큰 수도원

Sightseeing

사가잉 Sagaing

비록 사가잉이 역사 속에서 수도였던 기간은 단 4년뿐이지만, 이곳은 각종 수도원이 산재한 미얀마 불교의 중심지로 지역 전체가 금빛 파고다로 뒤덮여 있다. 각각의 파고다 하나하나는 큰 특징이 없지만 사가잉 언덕에서 내려다보면 초록과 금빛이 햇살에 어울려 온통 반짝인다. 사가잉 언덕으로 가는 여정은 숲이 우거진 한적한 시골길을 구불구불 지나다가 주변을 지나는 붉은 옷의 수도승들과 마주하기도 하는 등 또 다른 즐거움을 안겨준다.

- Access 만달레이에서 아마라푸라 지나서 에야와디 강의 사가잉 다리 건너편, 만달레이에서 40분 정도 소요
- Cost 사가잉 주 입장권(5,000짯)에 포함됨. 밍군에는 매표소가 있으나 사가잉 지역에는 따로 매표소가 없음

Sagaing

사가잉 언덕 Sagaing Hill

사가잉 언덕으로는 도로가 깔려 승용차가 접근하기 쉽지만 언덕 아래로 뻗은 긴 계단을 통해 도보로 오를 수도 있는데 계단을 오르는 길에도 수많은 사원들이 있으나 에야와디 강과 무수히 많은 사원들이 들어서 360도의 탁 트인 전망이 이곳을 오르는 가장 중요한 이유가 된다.

- 무료입장
- 파노라마뷰

Sagaing

순우뽄야신 파고다 Soon U Ponya Shin Paya

사가잉 언덕을 오르는 동쪽 계단 입구에 있으며 1312년에 세워진 것으로 알려져 있다. 뽄야라는 충신이 부처의 신력을 이용하여 하룻밤 사이에 완성했다는 전설이 내려온다. 법당의 작은 청동토끼가 당근을 먹는 익살맞은 모습을 하고 있다. 사원 뒤편에서 조망하는 사가잉은 만달레이 언덕에서 보는 전망과는 또 다른 느낌을 여행자에게 준다.

- 무료입장
- **건립연도** : 1312년

Sagaing

까웅무도 파고다 Kaunghmudaw Paya

따룬 왕이 바고에서 잉와로 수도를 이전한 뒤 이를 기념하기 위해 세웠다. 처음 세워질 당시 기존의 불탑 모양이 지겨워진 왕비가 자신의 가슴 모양으로 만들어 달라고 왕에게 요청하여 지금의 독특한 모양으로 완성되었다고 하는 재미있는 이야기가 전해진다. 반구형의 탑 꼭대기에는 종 모양의 우산이 있으며 아래 기단에는 120개의 낫 형상이 모셔져 있다. 원래 하얀 지붕이 더 인상적인 모습이었으나 최근 금박을 입혔다.

- 무료입장
- 독특한 모양의 파고다

Sightseeing

밍군 Mingun

만달레이 북쪽 11km, 에야워디 서쪽 강변에 위치한 이곳은 거대한 파고다와는 달리 작고도 소박한 시골 정취가 느껴진다. 차를 이용하여 사가잉을 거쳐 빙 둘러가는 방법도 있으나, 밍군으로 향하는 크루즈 여행이야말로 밍군 여행의 하이라이트가 될 수 있다. 에야워디의 넓은 강 양쪽으로 뻗은 경관과 그 속에서 미얀마 사람들의 삶을 지나치며 잔잔히 물살을 가르는 크루즈 위에서 여유를 느껴보자.

Access	보트(왕복 5,000짯)
	가는편 만달레이제티 09:00 → 밍군제티 09:40 40분 소요
	오는편 밍군제티 13:00 → 만달레이제티 13:30 30분 소요
	*사설보트 왕복 25,000짯 정도를 요구
Cost	입장료 5,000짯(사가잉 주 지역입장료)
	밍군 파고다 앞 매표소에서 구입가능

Mingun

밍군 파고다(파토또지 파고다)
Pahtodawgy Paya

보도파야 왕이 1790년에 세계에서 가장 큰 파고다를 지을 목적으로 1천여 노예와 전쟁포로를 동원하였으나 파고다가 완성되면 나라가 멸망할 것이라는 소문 탓에 중단되었다. 애초에는 150m 이상의 높이로 설계되다가 현재는 49m 높이에 반경 72m의 아랫부분만이 완성된 채 남아 있으며 1838년에 일어난 대규모 지진으로 탑의 여러 부위에 세로로 갈라진 흔적이 있다. 파고다의 한쪽에 위치한 170계단을 오르면 에야워디 강과 함께 밍군 마을을 조망할 수 있는데 현재는 붕괴의 위험 때문에 폐쇄됐다. 파고다를 지키는 두 마리의 거대한 사자상이 파고다 앞 강변에 부서진 채 있으며 조각조각마다 섬세한 부조가 살아 있다. 밍군 파고다 앞 매표소에서는 지나가는 모든 외국인에게 입장료를 받고 있다.

● 건립연도 : 1790년

Mingun

밍군 종 Mingun Bell

보도파야 왕이 역시 세계에서 가장 큰 종을 만들겠다는 야심으로 1808년에 완성하였다. 약 87톤의 거대한 크기로 타종할 수 있는 종으로는 세계 최대의 규모를 자랑하며 모스크바에 있는 세계에서 가장 큰 황제의 종 다음으로 큰 종이라고 한다. 보도파야 왕은 이 종이 완성된 후 더 큰 종이 만들어지는 것을 막기 위해 건설에 참여했던 기술자들을 모두 죽였다고 한다.

● 건립연도 : 1808년

Mingun

싱뷰메 파고다 Hsinbyume Paya

먀떼잉단 파고다 Mya Theindan Paya라고도 불리는 이 파고다는 바지도 Bagyidaw 왕이 왕세손이었을 당시, 부인인 싱뷰메 공주를 기리며 세운 것으로 1838년에 일어난 지진으로 파손된 것을 민돈 왕이 복구하였다. 힌두교의 영향으로 꼭대기까지 7층으로 된 하얀 테라스가 독특한 아름다움을 자아낸다.

● 하얀색 파고다

Food : 추천

란모살 샨족음식점 Lant Mawl Sail

샨족 뷔페식 레스토랑으로 일정한 가격만 내면 여러 종류의 반찬을 접시에 담아 먹을 수 있다. 저렴하면서도 푸짐하고 맛까지 괜찮아 저녁이면 현지인들과 관광객들이 많이 찾는다. 꼬치구이나 샨족 야채샐러드의 경우에는 향신료가 강한 편이므로 싫어하는 사람은 입맛에 맞지 않을 수도 있다.

Address	84th & 23rd St.
Open	11:00~21:00
Cost	뷔페식 덮밥 1,500~3,000짯, 꼬치 500~800짯
Tel	09-4025-23253, 09-4037-02971

Food : 추천

나일론 아이스크림 Nylon Icecream

특별하진 않지만 아이스크림 위에 얹히는 싸구려 젤리들을 제외한다면 이곳의 과일아이스크림이나 밀크셰이크, 라씨, 프라푸치노는 더위를 잊는 데 충분하다. 그 덕에 만달레이의 뜨거운 한낮의 열기를 잠시 식히려는 사람들로 늘 붐빈다. 특별히 커피를 좋아한다면 이곳의 프라푸치노는 꼭 한 번 마셔보자.

Address	No.176, 25th & 83rd St.
Open	09:00~22:00
Cost	밀크셰이크 1,000짯, 아이스커피 700짯, 아이스크림 600~1,200짯
Tel	02-32318

Food : 추천

골든덕 Golden Duck

만달레이에서 정통 중국식 오리훈제를 맛볼 수 있는 곳으로 건물이 잘 꾸며져 있을 뿐 아니라 그 맛도 수준급이다. 양곤에 본점이 있는 체인레스토랑이지만 맛은 떨어지지 않는다. 저녁에는 넓은 테이블을 둘러싼 관광객들이 여러 음식들을 맛보는 모습을 볼 수 있는데 오리훈제 외에도 각종 샐러드를 비롯한 식사메뉴도 다양하게 갖춰져 있다.

Address	No.192, Corner of 80th & 16th St., Mandalay
Open	11:00~22:00
Cost	오리훈제 5,900짯(반마리) 11,800짯(한마리), 호박불도장 9,700짯
Tel	02-36808, 02-72921

Food

꼬스 키친 Ko's Kitchen

만달레이 궁전 서쪽 해자 바로 건너편에 위치한 태국음식점으로 다양하면서도 괜찮은 태국음식을 맛볼 수 있다. 건물은 내외부 모두 우리나라의 아기자기한 커피숍처럼 꾸며져 있고 건너편 만달레이 궁전 해자를 바라보며 식사를 할 수도 있다.

Address No.282, Corner of 19th & 80th St., Mandalay
Open   11:00~21:00
Cost   요리 3,000~7,000짯, 음료 1,000~4,000짯
Tel   02-69576

Food

카페 시티 Café City

만달레이 부유층에 잘 알려진 패밀리 레스토랑으로 우리에게도 친숙한 분위기를 풍긴다. 특히 미국식 요리들이 주로 제공되는데 이탈리안 피자나 아이스커피도 수준급이다.

Address 66th St., Between 20th & 22nd, Mandalay
Open   11:00~21:00
Cost   6,000~9,000짯
Tel   02-24054

Food

BBB 레스토랑 BBB Restaurant

만달레이 시에서 유명한 유럽식 레스토랑으로 스테이크나 생선그릴 등을 주로 판매한다. 내외부 모두 유럽풍의 세련된 인테리어를 갖추고 있으며 서비스도 훌륭한 편이어서 서양 여행자들에게 특히 인기가 있다.

Address No.292, 76th St., Between 26th & 27th St.
Open   11:00~21:00
Cost   5,000~10,000짯
Tel   02-73525, 02-22935

Food

카페 JJ Café JJ

각 요리별로 잘 정돈된 메뉴판을 볼 수 있는 곳이다. 여러 가지 메뉴들은 선택의 폭을 넓게 해주어 즐겁다. 매장 안도 상당히 깔끔한 분위기이며, 만달레이 현지 젊은이들의 데이트 장소로도 사랑받는 곳이다.

Address 26th & 65th St.
Open   11:00~21:00
Cost   3,000~10,000짯
Tel   02-74349

Food ⑧

그린 엘리펀트 Green Elephant

밤이 되어 조명을 밝히면 더욱 낭만적인 분위기가 넘치는 이 야외 레스토랑은 비교적 비싼 가격에도 불구하고 연인과의 분위기 있는 식사를 하려는 현지인들과 서양 여행객들에게 인기 있다. 맛은 특별하지 않으나 깔끔한 편이며 잘 조성된 정원 가운데서 먹는 음식이라 더욱 맛있게 느껴진다.

Address	No.3 27th St., 64th & 65th St.
Open	11:00~21:00
Cost	5,000~10,000짯
Tel	02-61237, 02-74273
Email	greenmdy@mail.mandalay.net.mm, mandalayge@gmail.com
Web	www.elephant-house.com

Food ⑨

쉐삐모 카페 Shwe Pyi Moe Café

현지인들이 즐겨 찾는 티 하우스 중에서도 특히나 깔끔한 테이블과 의자, 오픈된 주방, 넓은 공간으로 세련된 분위기를 풍긴다. 인기 있는 곳답게 러펫예의 맛은 역시나 훌륭하며, 사모사 등 인도식 간식 외에 바나나팬케이크, 간단한 국수가 저렴하면서도 출출한 속을 달래기에 부족함이 없다.

Address	66th St., 26th & 27th St.
Open	06:00~17:00
Cost	러펫예 300짯, 국수 500~800짯
Tel	09-9104-1010

Food ⑩

오리엔탈 하우스 Oriental House

아침에 딤섬을 즐겨먹는 만달레이 사람들이 모여드는 중식 식당으로, 홀이 넓어서인지 각종 피로연이나 가족, 친지들의 모임도 이곳에서 종종 열린다. 분위기는 어수선하고, 한창 음식이 서빙될 때는 소란스럽기까지 하지만 맛있는 딤섬을 저렴하게 즐기기에는 최고다. 점심까지는 딤섬을, 저녁에는 중국요리를 판매한다.

Address	No.8, 64th & 27th St., Aung Taw Mu Qtr.
Open	06:30~21:30
Cost	딤섬 500짯~ 요리 6,000짯~
Tel	02-30008, 09-781398806

Food ⑪

유니크 미얀마 Unique Myanmar

미얀마의 목조각과 전통 파라솔, 고급 대나무 식기와 세련된 테이블보가 고급스러우면서도 그 이름답게 미얀마만의 독특한 분위기를 자아낸다. 메뉴는 주로 미얀마음식으로 외국인의 입맛에 맞게 요리되어 제공된다. 거창하지는 않지만 고급스러운 미얀마의 전통 식사를 즐기고 싶다면 이곳을 추천한다.

Address	27th & 65th Corner
Open	11:00~21:30
Cost	세트메뉴 9,000~12,000짯, 요리 3,000~12,000짯
Tel	02-23562

Food
⑫
센트럴 파크 Central Park

외관은 특별하지 않지만 내부에 들어서면 배낭여행자들을 위한 여유로우면서도 밝은 분위기가 가득하다. 느긋한 팝송과 함께 시원한 생과일주스나 맥주를 한잔하기에 좋으며 저녁에는 칵테일도 저렴하게 제공된다.

Address	27th St., 68th & 69th St.
Open	11:00~23:00
Cost	아메리칸요리 2,500~4,000, 타이거생맥주 850짯, 칵테일 1,200~5,000짯
Tel	09-9101-3500

Food : 추천
⑬
슈퍼 81 비비큐 Super 81 BBQ

꼬치구이와 미얀마 생맥주를 판매하는 곳으로 새로 지어진 2층 건물의 비교적 깔끔한 분위기에서 먹을 수 있는 점이 장점이다. 꼬치구이의 재료도 신선하고 깨끗하게 유리 진열장 안에 진열되어 있으며 맛도 좋다. 구이 외에는 푸짐한 중식요리를 즐길 수 있으며 2층에는 에어컨도 나온다.

Address	No.582, 81st & 39th St.
Cost	미얀마생맥주 700짯, 오리구이 반마리 5,000짯, 꼬치구이 400짯~
Tel	02-32232, 09-2025345

Food
⑭
쉐까잉 3 Shwe Khaing 3

꼬치요리를 특히 좋아한다면 다양한 종류의 꼬치로 가득한 이곳을 가보자. 가게 앞에 즐비한 오토바이들은 이곳의 인기를 말해준다. 꼬치요리 외에도 생선구이요리가 우리 입맛에도 맞는 편이다. 현지인들로 가득한 밝은 분위기가 더욱 입맛을 돋우며 종업원들도 친절하다.

Address	82th & 33th St.
Open	11:00~23:00
Cost	꼬치 500~2,000짯, 생선구이 2,800짯, 볶음요리 1,800~2,500짯, 생맥주 700짯
Tel	09-9101-0662

Food
⑮
레인보우 Rainbow(생맥주)

우베인 다리의 일몰을 보고 하루의 날이 저물면 여행자들은 이곳으로 모여든다. 사람들이 많다 보니 생맥주 순환도 잘 돼서 시원하고 맛있는 시비야(미얀마 생맥주)를 맛볼 수 있다. 꼬치는 옆집의 란모살이 조금 더 맛있으니 눈치껏 사다가 생맥주와 함께 하루를 마무리해보자. 네온사인 간판도 있고 코너에 자리하고 있어 찾기도 쉽다.

Address	84th & 23th Corner
Access	란모살 샨족음식점 옆
Open	11:00~23:00
Cost	생맥주 700짯, 꼬치 500짯~

Stay : Guesthouse 추천
①
로열 게스트하우스 Royal Guesthouse

오랫동안 만달레이를 찾는 배낭여행자들에게 사랑받아온 숙소이다. 전체적으로 좁은 듯한 느낌이지만 내부의 모든 인테리어가 아기자기하고 분위기 있다. 나무로 된 계단과 알록달록한 문을 지나면 침실과 거실로 분리된 작지만 아늑한 공간이 나온다. 대부분 방은 창문이 밝지 않아 어두운 느낌인데 일부 밝은 방이 있으므로 예약 전에 미리 문의해보자. 싱글룸은 공동화장실이라 약간 불편할 수 있지만 각종 여행안내도 친절하고 시외버스 예약도 저렴하게 대행해준다.

Address	25th St., 82nd & 83rd St.
Access	궁전에서 서쪽
Cost	공동욕실 15$, 개인욕실 20$ 부대서비스 조식
Tel	02-31400

Stay : Guesthouse 추천
②
피콕 로지 Peacock Lodge

나무가 우거진 넓은 정원의 분위기가 멋진 이곳은 가정집 같은 편안한 분위기와 훌륭한 조식으로 각지의 배낭여행자들에게 특히 인기가 많다. 위치는 중심가에서 약간 벗어나 있지만 방이 9개뿐이고 찾는 이가 많아 예약을 하지 않고는 이곳에 머물기 힘들다.

Address	60th St., 25th & 26th St.
Access	궁전에서 북동쪽
Cost	스탠더드(5개) 35$, 디럭스(4개) 55$ 부대서비스 조식
Tel	02-61429
Email	peacocklodge@gmail.com

Stay : ★★★ 추천
③
에야워디 리버뷰 호텔
Ayarwaddy River View Hotel

만달레이에서 유일하게 강변에 위치한 호텔로 룸은 특별하진 않지만 비교적 넓고 깔끔한 편이며 로비나 수영장 및 기타 시설들도 잘 갖춰져 있다. 시내에서 약간 거리가 있는 편이라 이동에는 불편한 감이 있으나 에야워디 강을 천천히 드나드는 크루즈들을 바라보며 멋진 식사를 할 수 있는 옥상 레스토랑이 매력적이다. 방은 되도록 높은 곳에 위치한 방을 구해보자.

Address	Strand Rd., Between 22nd & 23rd St.
Access	서쪽 강변
Cost	수피리어 70$, 디럭스시티뷰 90$, 디럭스리버뷰 110$ 부대서비스 조식, 수영장
Tel	02-64945
Email	ayarwaddyriverviewhotel@gmail.com
Web	www.ayarwaddyriverviewhotel.net

Stay : ★★★★ 추천

④
만달레이힐 리조트 Mandalay Hill Resort

태국 어느 해변의 리조트 분위기가 물씬 풍기는 4성급 리조트다. 역시나 웅장한 리셉션과 로비가 갖추어져 있으며 로맨틱한 스파와 레스토랑을 만날 수 있는 곳이다. 해변에 온 듯한 수영장 등 모든 시설이 고급스럽고 낭만적인 분위기이다. 만달레이 힐과 만달레이 궁전 사이에 위치하여 어느 방이든 조망도 매우 훌륭하다.

Address	No.9, Kwin 10th St., At The Foot of Mandalay Hill
Access	궁전에서 북쪽
Cost	수피리어 240$(만달레이궁전뷰), 디럭스 280$(만달레이힐뷰), 코너스위트 350$ 부대서비스 조식, 수영장, 스파
Tel	02-35638
Email	mandalayhillresort1996@gmail.com
Web	www.mandalayhillresorthotel.com

Stay : Guesthouse

⑤
호텔 리치퀸 Hotel Rich Queen

비교적 외진 곳에 새로이 오픈한 호텔로 저녁에 식사를 하거나 맥주를 한잔하러 나갈 때는 좀 불편할 수도 있다. 방 수준은 가격에 비해 깔끔한 편이고 스태프들도 매우 친절하다. 일부 발코니가 있는 방이 훨씬 쾌적하므로 예약 전에 미리 문의해보자.

Address	26th & 59th St.
Access	궁전에서 남쪽
Cost	더블 35~38$ 부대서비스 조식
Tel	02-74667
Email	richqueen59@gmail.com

⑥
ET 호텔 ET Hotel

편리한 위치에 있는 게스트하우스급 숙소로 저렴하지만 충분한 공간의 에어컨룸을 제공한다. 오래된 곳인데도 청결한 편이며 각종 투어나 보트 등 예약도 가장 저렴하다. 서양 배낭여행자 사이에서는 이미 유명한 곳으로 특히 여행정보가 잘 안내된다.

Address	83rd St., 23rd & 24th St.
Access	궁전에서 서쪽
Cost	더블 15$, 25$ / 부대서비스 조식
Tel	02-65006

Stay : ★★ 추천

뉴나일론 호텔 New Nylon Hotel 📶

전통의 나일론 호텔 주인장이 번쩍번쩍한(엘리베이터까지 갖춘!) 뉴나일론 호텔을 새로 오픈했다. 대리석 바닥의 방에는 아직 비닐도 뜯지 않은 침대와 미니 냉장고가 있고 욕실에는 욕조와 헤어드라이어까지 구비해 놓았다. 가격도 인근의 게스트하우스만큼이나 저렴한데 앞으로 가격을 올린다고 하더라도 충분히 그 값어치를 하는 곳이다. 콘센트가 말을 듣지 않는다거나 하는 사소한 문제쯤은 접어두자.

Address	83rd & 25th St.
Cost	싱글 18$, 더블 20$
	부대서비스 조식, 엘리베이터
Email	nylon33460@gmail.com
Tel	02-69717, 66550

Stay : Guesthouse

에이스 스타 호스텔 Ace Star Hostel 📶

도미토리를 찾기 힘든 만달레이에서 일본인 주인장이 영리하게도 도미토리 전용 호스텔을 오픈했다. 방이 좁은 편이지만 2층 침대와 공동 샤워장이 모두 깨끗하게 구비되어 있다. 맥주를 마시기 좋은 옥상 테라스가 있고 무료 차와 커피를 제공하므로 친구들과 수다를 떨기도 좋다.

Address	31st/32nd & 77th/78th St., Mandalay
Cost	도미토리 13~15$
	부대서비스 조식, 무료세탁서비스
Tel	09-258411776, 09-796521146
Email	acestarhostel@gmail.com
Web	www.acestarbnb.com

Stay : ★★★ 추천

호텔 딩가 Hotel Dingar 📶

중후한 느낌이 나는 호텔로, 좀 더 아늑한 곳에서 묵고자 한다면 안성맞춤이다. 질 좋은 마룻바닥이 깔린 객실은 모두 넉넉한 공간으로 답답하지 않으며, 외관이나 로비는 물론 실내까지 일관성 있게 고급스럽다. 인근에 높은 건물이 없어서 사방이 탁 트인 레스토랑에서 아침 식사를 즐길 수 있다.

Address	35th & 72nd/73rd St., Maha Aung Myay Township, Mandalay
Cost	수피리어 60$, 디럭스 80$
	부대서비스 조식, 스파, 스카이 바
Tel	02-73062, 77733
Email	info@hoteldingar.com
Web	www.hoteldingar.com

Stay : ★★★
⑩
만달레이시티 호텔 Mandalay City Hotel 📶

호텔로 들어가는 입구는 거의 알아볼 수 없으나 터널을 지나 안쪽으로 들어서면 열대야자나무가 우거진 정원과 그 속의 작은 수영장이 분위기 있다. 방 수준은 오래되어 보이는 커튼과 테이블보 및 이따금씩 보이는 얼룩으로 실망스럽지만 청결하게 유지되며 욕실도 깨끗한 편이다. 무엇보다 방 이외의 부분이 모든 불만들을 잠재워준다. 또한 좋은 위치에 있어서 서양 여행자들에게 특히 인기가 있고 방은 늘 만원사례이다.

Address	26th St., 82nd & 83rd St.
Access	궁전에서 남서쪽
Cost	수피리어(57개) 85$, 디럭스(7개) 90$ 부대서비스 조식, 수영장
Tel	02-61911
Email	offmdycity@myanmar.com.mm
Web	www.mandalaycityhotel.com

Stay : ★★
⑪
만달레이뷰 인 호텔 Mandalay View Inn Hotel 📶

외관은 작은 가정집 분위기이나 내부의 천장이나 아기자기한 인테리어는 매력적이다. 내부의 레스토랑의 분위기는 특히 더 훌륭하고, 서비스도 친절하므로 가격에 신경 쓰지 않는 여행자라면 좋은 선택이 될 수 있다. 레드 캐널 호텔에서 함께 운영하고 있는 호텔이다.

Address	66th St., 26th & 27th St.
Access	궁전에서 남쪽
Cost	스탠더드(8개) 78$, 수피리어(4개) 90$ 부대서비스 조식
Tel	02-61119
Email	mandalayview@mandalay.net.mm

Stay : ★
⑫
로열시티 호텔 Royal City Hotel 📶

로열 게스트하우스와 함께 운영되는 1성급 호텔로 분위기가 비슷하나 좀 더 넓은 방이 구비되어 있다. 건물 내 운영되는 레스토랑은 없지만 제공되는 조식은 훌륭하다. 로열 게스트하우스와 마찬가지로 알록달록한 밝은 분위기에서 친절한 스태프들과 함께 편안히 지낼 수 있다.

Address	27th St., 76th & 77th St.
Access	궁전에서 남쪽
Cost	스탠더드 35$, 수피리어 45$ 부대서비스 조식
Tel	02-66559
Email	royalc.873@gmail.com

Stay : ★★

⑬

호텔 퀸 Hotel Queen

오래된 카펫 덕분에 해묵은 냄새가 이따금씩 나는 편이지만 로비와 레스토랑은 넓고 호텔다운 분위기가 난다. 이곳을 선택했다면 상대적으로 넓고 더욱 편안한 퀸 스위트룸을 추천한다. 다른 스탠더드나 수피리어 방도 청소는 깔끔한 편이라 나쁘지는 않다.

Address	81st St., 32th & 33rd St.
Access	궁전에서 남쪽
Cost	스탠더드 45$(싱글 40$),
	수피리어 55$, 퀸스위트 65$,
	패밀리 90$, 엑스트라베드 20$
	부대서비스 조식
Tel	02-39850, 02-65586
Email	hotelqueenmandalay@gmail.com
Web	www.hotelqueenmandalay.com

Stay : ★★

⑭

스마트 호텔 Smart Hotel

새로 단장한 호텔답게 시설이나 청소면 모두 깔끔하면서도 매우 친절한 서비스를 자랑한다. 옥상에 위치한 레스토랑의 경우 아직 분위기는 부족하지만 주변 조망이 좋은 편이다.

Address	28th St., 76th & 77th St.
Access	궁전에서 남쪽
Cost	스탠더드(12개) 75$,
	수피리어(2개) 85$,
	디럭스(2개) 90$,
	이그제큐티브(2개) 95$,
	엑스트라베드 25$
	부대서비스 조식
Tel	02-32682, 02-32552
Email	info@stayatsmart.com

Stay : ★★

⑮

만묘토 호텔 Man Myo Taw Hotel

2014년에 오픈한 곳으로, 특히 함께 운영하는 같은 이름의 만둣집이 현지인들에게 유명하다. 1층 로비가 각종 조형물로 훌륭하게 꾸며져 있으며 방도 새로 지은 곳답게 깔끔하다. 옥상에 마련된 수영장은 관리가 잘 되지 않고 있지만 가격대비 괜찮은 숙소다. 서비스는 서툴러도 마음만은 친절하다.

Address	84th St., 32nd & 33rd St.
Access	궁전에서 남쪽
Cost	수피어 60$, 디럭스 70$,
	패밀리 100$, 엑스트라베드 20$
	부대서비스 조식, 수영장
Tel	02-33526
Email	manmyotawhotel.mdy@gmail.com
Web	www.manmyotawhotel.com

Stay : ★★ 추천

⑯

오웨이 그랜드 호텔 Oway Grand Hotel

최근 오픈한 호텔답게 전체적으로 모던한 인테리어로 단장되어 있다. 만달레이의 중심인 기차역 맞은편에 위치해 있지만 밤에도 그다지 시끄럽지 않다. 호텔 옆에 슈퍼가 있고 뒤쪽에는 생맥줏집과 찻집이 모여 있는 먹자골목도 있어 편리하다.

Access	궁전에서 남쪽. 만달레이 기차역 길 건너편
Cost	디럭스 70~75$ / 부대서비스 조식
Tel	02-72395
Email	owaygrandhotel.mandalay@gmail.com

Stay : ★★★

⑰

레드 캐널 호텔 Red Canal Hotel

가격에 비하면 그 규모는 매우 작은 편이지만 호텔에 갖춰진 스파나 열대나무들로 둘러싸인 작은 수영장, 그 옆에 딸린 레스토랑 등 하나하나가 매우 높은 수준의 시설을 갖추고 있다. 방은 비좁아도 각각 미얀마 전통 부족을 테마로 한 특색 있는 인테리어가 독특하다.

Address	63rd & 22nd St.
Access	궁전에서 동쪽
Cost	친Chin, 카친Kachin, 샨Shan, 라카인Rakhine 총 4개의 카테고리 250~350$(성수기) 부대서비스 조식, 수영장, 스파
Tel	02-61777
Email	info@hotelredcanal.com
Web	www.hotelredcanal.com

Stay : ★★★★★

⑱

루파 만달라 리조트 Rupar Mandalar Resort

리셉션과 수영장, 레스토랑이 아늑하고 세심하게 갖춰져 있다. 디럭스룸도 깔끔하지만 특히 스위트룸은 넓은 거실과 연결된 각 방으로 독립적인 공간을 이용할 수 있으며 패밀리스위트의 경우 거실 외에 따로 응접실까지 갖추어 단체 손님들의 편의를 최대한 배려하고 있다. 만달레이에서 가장 좋은 호텔답게 세심하고 고급스러운 서비스가 만족스럽다.

Address	53rd & 30th St.
Access	궁전에서 동쪽
Cost	디럭스(10개) 350~380$, 주니어스위트(4개) 750~800$, 패밀리스위트(6개) 900$ 부대서비스 조식, 수영장, 스파
Tel	02-61553
Email	reservation@ruparmandalar.com
Web	www.ruparmandalar.com

Inle Lake 인레 호수 & 껄로 & 삔다야

Intro

시공을 초월한 세계, 인레 호수
Inle Lake

투명한 그림자가 비추는 호수 위 작은 보트에 서서 노를 젓는 풍경은 한 폭의 동양화와 같다. 미얀마의 넓은 국토에는 수많은 호수들이 있지만 유독 인레 호수가 특별한 이유는 그 모습 하나하나가 신비한 분위기를 풍기는 인타족이 이곳에 있기 때문이다. 본래 미얀마 남부에서 살았다고 하는 인타족은 13세기에 처음 이곳에 이주하여 살기 시작했으며 그 부지런한 천성으로 넓은 호수 위에 수상가옥을 짓고 밭을 경작한다. 연꽃 줄기로 만든 실로 지은 각종 의류나 수상밭에서 경작한 토마토는 최고의 품질을 자랑하며 종이우산이나 은세공 등의 장식품도 유명하다.

미얀마 최대의 관광지답게 인레 호수 한 쪽의 작은 시골마을인 냥쉐는 각종 호텔과 레스토랑 등이 가득한 여행자들의 중심지가 되고 있다. 예전보다 편리하면서도 쾌적하게 여행할 수 있게 되었지만, 점차 그 한적한 호숫가의 분위기가 사라져 가고 있어 안타깝다. 그러나 여전히 옛날 방식으로 물고기를 잡는 어부들이나 수상가옥 사이에서 물놀이를 하는 아이들과 인사를 나누다 보면, 복잡한 현실에서 가장 멀리 떨어진 이곳에서만의 감동을 느낄 수 있다.

*지역입장료 : 13,000짯

Travel Tip
1. 건기가 가장 좋은 여행시기이다. 다른 지역과 마찬가지로 4월이 되면 더워지지만 호수가 열기를 식혀주어 비교적 서늘한 편이다. 특히 아침저녁으로는 추울 수 있으므로 겨울에는 여벌의 옷을 미리 챙기는 것이 좋다.
2. 아침 일찍 출발하여 물안개가 피어오르는 호수의 신비로운 분위기 속에서 일출을 감상해보자.
3. 미얀마 최대의 관광지 중 하나인 만큼 여행인프라가 잘 되어 있는 반면 여행 물가가 높고 바가지요금도 있는 편이다.
4. 주로 중저가의 숙소들이 냥쉐에 모여 있으며 고급 수상호텔 역시 넓은 호수 전역에 분포하고 있다. 많은 여행자들에게 인기가 있어 수상호텔의 숙박비 또한 천정부지로 치솟고 있지만, 신비로운 아침 호수의 분위기를 제대로 느낄 수 있는 만큼 기회가 된다면 한 번 이용해보자.
5. 은행과 ATM은 냥쉐 마켓 근처에 몰려 있다.

주요 도시에서 인레 호수 들어가기

➕ 항공

헤호 공항은 인레 호수에서 1시간 정도 거리에 있는 작은 공항이다. 인레 호수는 높은 고원지대에 위치해 있어 버스로 이동할 경우 꼬불꼬불한 산길을 몇 시간 동안 올라가야 하는데 체력이 약한 사람들은 몇 시간의 이동이 힘겨울 수 있다. 대부분의 젊은 배낭여행자들은 인레 호수에 갈 때 야간버스를 이용하거나 껄로에서 트레킹으로 들어가지만 시간이 없는 여행자가 이곳을 방문하려 한다면 항공편이 필수다.

◎ 국내선

출발	항공사	소요시간	요금	설명
양곤	YH, 6T, YJ, W9, K7, 7Y	직항 (1시간 10분)	99~115$	높은 지대에 위치한 인레 호수는 비행기로 이동하는 것이 가장 현명하다. 모든 항공사가 이 구간을 운항하니 저렴한 티켓을 찾아보자.
냥우	K7, Y5	직항(40분)	64~94$	바간에서 인레 호수를 가는 대부분의 배낭여행자들은 껄로를 거쳐 인레 호수로 향하는 버스를 이용한다.
만달레이	YH, K7, Y5, YJ, W9, 7Y	직항(30분)	50~66$	양곤-헤호-만달레이-바간-양곤을 순환하는 비행기들이 많으니 쉽게 이용 가능하다.
헤호 공항 → 냥쉐 택시 25,000짯~ (1시간 소요)				헤호 공항은 냥쉐 마을에서 1시간 떨어져 있다. 오가는 버스도 없고 픽업트럭도 없어서, 여행자들은 공항입구에 대기하는 택시를 이용할 수밖에 없다.

주요 도시에서 인레 호수(냥쉐) 들어가기

➕ 버스

출발	교통편	출발시간	요금	소요시간
양곤	VIP버스	18:00, 19:00	22,000짯~	12시간
	고속버스	08:00, 17:00, 18:00, 19:00	14,000짯	
만달레이	VIP버스	20:30, 22:30	14,000짯	10시간
	고속버스	20:00	12,000짯	
바간	고속버스	08:00(미니), 19:00(고속)	10,000짯~	9시간
껄로	미니버스	07:00, 07:30, 08:00	2,500짯	2시간
	픽업트럭	수시 출발	2,500짯	3시간
쉐냥(삼거리) → 냥쉐 픽업트럭(1인 500짯) 툭툭(1인 1,000짯) 택시(1인 2,000짯)		양곤, 만달레이, 바간에서 출발하는 버스들은 대부분 껄로를 거쳐 인레 호수(냥쉐) 입구인 쉐냥 삼거리에서 여행자를 내려주고 최종 목적지인 따웅지로 향한다. 여행자는 쉐냥 삼거리에서 툭툭, 픽업트럭, 택시 등을 다시 섭외해서 냥쉐까지 들어가야 한다. 도중에 인레 지역 입장권을 구입하게 되고, 20분이면 냥쉐에 도착한다.		

인레 호수(냥쉐)에서 다른 도시로 이동하기

➕ 버스

도착	교통편	출발시간	요금	소요시간
양곤	VIP버스	17:45, 18:00, 18:30, 19:00	17,000~23,000짯	12시간
	고속버스	09:00, 17:30, 18:30	15,000~18,000짯	
만달레이	VIP버스	09:00, 09:30, 20:30, 21:30	16,000짯	9시간
	고속버스	07:30, 09:00, 19:30, 21:00	12,000짯	
바간	VIP버스	10:00, 20:00	22,000짯	10시간
	고속버스	07:00, 19:00	12,000짯	
시뽀, 라시오	고속버스	15:15	16,000짯	12시간
바고	VIP버스	18:30	22,000짯	10시간
	고속버스	17:00	14,000짯	
삔우린	VIP버스	19:30	19,000짯	5시간
네피도	VIP버스	19:30	16,000짯	6시간
인레 호수(냥쉐)에서 다른 도시로 이동		쉐냥 삼거리까지 나가면 따웅지에서 각 지역으로 가는 버스들이 많지만, 굳이 쉐냥까지 나가지 않더라도 대부분의 버스들은 냥쉐 입구에서 출발한다. 버스티켓은 냥쉐 시내의 여행사나 각 숙소에서 구입할 수 있다.		

➕ 인레 호수 시내교통

교통편	시간	요금	설명
보트	1일 렌트 (아침~일몰)	15,000짯~	인데인을 포함할 경우 20,000짯~, 일출을 포함할 경우 25,000짯~.
	보트 편도	7,000짯~	냥쉐에서 마인따욱 수상마을까지를 기준으로 7,000짯 정도. 자전거를 배에 싣고 이동할 수도 있다.
자전거	1일 (아침~일몰)	1,500짯~	각 호텔이나 냥쉐 길거리에 자전거 대여숍을 쉽게 찾을 수 있다. 마인따욱 빌리지까지 하이킹을 즐기는 여행자들도 많다.
택시	편도 1시간	25,000짯~	따웅지행
	일일투어	50,000짯	까꾸 파고다행

Sightseeing

인레 주변 둘러보기

넓은 호수를 감싸는 둥근 언덕의 붉은 토양과 초록빛 들판, 피부를 스치며 지나가는 시원한 바람은 뜨거운 열기로 무장한 여타 지역과는 다른 샨 주의 특징이다. 이곳은 샨족 외에도 파오족^{PaO}, 빠다웅족^{Padaung}, 다누족^{Daun}들이 살고 있는 미얀마의 고산지대다. 이곳은 아름다운 들판과 언덕, 폭포와 그 사이에 있는 소수민족 마을 등으로 고산족 트레킹에는 최적의 장소로 꼽힌다. 인레 호수보다는 훨씬 작은 호수 마을이지만 소박한 아름다움이 남아있는 삔다야나 파오족의 정신적인 고향인 까꾸, 식민지 시절 영국 사람들의 여름 별장이 있던 껄로가 가까이에 자리하고 있어, 여행자들은 생각보다 많은 시간을 이곳에서 보내게 된다. 인레 호수의 신비로운 일출과 일몰을 느끼는 데는 호수 위 수상호텔이 가장 좋지만, 보통 수상호텔에서는 하루 정도만 머물고 좀 더 이동이 편리한 냥쉐의 숙소에 여장을 푼다. 하루는 인레 호수의 여러 가지 볼거리를 둘러보는 보트여행을 즐기고, 나머지 시간들은 자전거를 타고 인레 주변의 작은 마을들을 방문하거나 아름다운 자연을 가까이서 느끼는 트레킹을 추천한다. 삔다야, 까꾸 등지로 소풍을 떠나보는 것도 좋다.

샨족 이야기

샨 주의 주요 민족은 샨족으로, 13세기에 바간 왕조를 멸망시킨 쿠빌라이 칸의 몽골군과 함께 중국에서 이곳으로 이주해 내려온 것으로 전해진다. 버마족과 융합된 샨족 사람들은 바간 왕국의 멸망 이후 13세기 후반에 사가잉 일대를 지배한 아바^{Ava}(잉와의 옛 지명) 왕국 건설에 참여하기도 했다. 당시 여러 샨족 국가들이 미얀마의 지배권을 놓고 다퉜는데, 그중에서도 강력한 샨족 국가였던 몽양은 1527년에 아바를 격퇴하였으나 결국 바인나웅 왕이 1557년에 샨족 국가들을 모두 정복했다. 그러나 샨족의 사오파들은 꼰바웅 왕조에게 공물을 바치면서도 고도의 자치권을 유지했다. 샨족은 버마군의 일원으로서 세 차례에 걸친 버마-영국전쟁에 참여하기도 했다.

제2차 세계대전 이후 1947년 2월 친, 카친, 샨족 지도자들은 아웅산 장군이 이끄는 버마 정부와 협상하여 미얀마 연방의 일부로서 영국에 독립하기에 앞서 각 종족의 자치를 보장하는 팡롱 협정$^{Panglong\ Agreement}$을 맺었다. 이후 샨족은 팡롱 협정의 이행을 주장하였으나 1962년 쿠데타로 정권을 잡은 네윈 장군에 의해 사오파 체제는 폐지되고 만다.

Sightseeing ❶

냥쉐 박물관 Nyaun Shwe Museum

1913년에서 1923년 사이에 지어진 이 건물은 샨의 마지막 왕인 사오마웅Sao Maung의 왕궁으로 사용하기 위해 건설되었다. 만달레이와 아마라푸라, 그리고 샨족 전통 스타일이 접목되어 지어진 목조 건물 내에는 각종 행사를 진행했던 곳과 집무실, 그리고 개인생활을 위한 공간 등이 있으며 18세기 후반에 사용된 왕좌나 코끼리 안장, 왕과 왕비의 화려한 의복 등이 전시되어 있다.

Open	수~일 10:00~16:00
Cost	입장료 2,000짯

Sightseeing ❷

야다나만 아웅 파고다
Yadana Man Aung Paya

냥쉐에서 가장 오래된 이 사원은 1866년 샨족 왕인 사오마웅에 의해 건립되었다. 네 면으로 된 불탑 안에는 300여 개 이상의 불상과 칠기, 보석 등 수세기에 걸쳐 제작된 보물들이 먼지가 잔뜩 쌓여 있긴 하지만 정교하면서도 화려한 모습으로 방문객들의 눈을 사로잡는다.

Address	Paung Taw Seit Rd.
Cost	무료

Sightseeing ❸

쉐야웅웨짜웅 Shwe Yaunghwe Kyaung

냥쉐 북쪽에 자리한 수도원으로, 붉은 티크나무로 지어진 모습이 멋스럽다. 커다란 타원형의 창문에서 붉은 가사를 입은 동자승이 밖을 내다보면, 카메라를 든 관광객들의 손이 바빠지곤 한다.

Access	냥쉐 북쪽
Cost	무료

Sightseeing ❹

냥쉐 마켓 Nyaung Shwe Market

냥쉐 마을 사람들의 생활 중심이 되는 시장이다. 이곳엔 신선한 채소나 갓 잡은 생선 외에도 간단한 국수나 간식을 판매하는 노점, 옷 수선집에서부터 소소한 기념품을 파는 수공예품점도 있다. 평소에도 작지 않은 규모이지만 축제 기간이 되면 시장 인근 골목 구석구석에도 좌판이 펼쳐진다. 인레 주변은 용과나 망고, 아보카도 등 각종 과일의 산지이므로 저렴하면서도 신선한 과일도 살 수 있다. 해가 질 때까지 열리지만 새벽에 가장 붐빈다.

Access	냥쉐

Sightseeing ⑤

파웅도우 파고다 Phaungdawoo Paya

14세기부터 전해져 내려오는 다섯 개의 금불상이 모셔져 있는 곳으로, 원래는 작은 불상모양을 하고 있었다고 하나 수많은 사람들이 세월에 걸쳐 금박을 입혀 현재는 본래의 형상을 알아보기 힘들다. 1년에 한 번 인타족의 축제 기간이 되면 이 불상들을 사원 맞은편에 보이는 커다란 새 모양의 배에 실어 냥쉐까지 호수를 가로지르는 대규모의 퍼레이드가 펼쳐진다. 이 축제는 인레 호수에서 가장 크고 중요한 축제로 약 30척의 배가 동원되며 한 척에 100명의 사람들이 전통방식으로 노를 젓는 모습이 장관을 이룬다. 다섯 개의 불상 중 하나는 지난 축제 도중에 물에 빠진 뒤 건져내지 못하여 그곳에 새가 장식된 금빛 탑을 세워놓았다. 예전에는 다섯 불상 모두를 싣고 호수를 돌았으나 그 이후로는 반드시 한 개의 불상을 사원에 두고 나간다고 한다. 여자는 불상 가까이로 갈 수 없다.

- 매년 10월 파웅도우 페스티벌
- 인레 호수 중앙에 위치

Sightseeing ⑥

응아페짜웅(고양이 사원)
Nga Hpe Kyaung

19세기 중엽, 654개의 티크기둥으로 지어진 샨족 전통 목조양식의 수도원으로 중심에는 샨 주 각지에서 모인 각종 고대 불상이나 조각들로 가득하다. 이곳만의 독특한 양식의 사원 구조와 색다른 불상의 모습들이 흥미롭다. 예전에는 승려들이 벌이는 고양이 묘기를 볼 수 있는 고양이 사원으로 유명하였으나 비난 여론이 일자 현재는 중단되고 사원 구석에서 잠을 자는 고양이 몇 마리만 볼 수 있다.

- 샨 족 목조양식의 수도원
- 19세기 건립

Sightseeing ⑦

5일장
Five-day Outdoor Market

인레 호수 인근 마을을 돌아가며 5일장이 열린다. 그중 여행객들에게 가장 잘 알려져 있는 요마 마을의 경우, 수상시장으로 유명하지만 지나친 상업화로 외국여행자들을 위한 기념품 노점이 시장의 대부분을 차지한다. 그 외 마인따욱 마을 등 다른 마을에서는 주변의 작은 마을에서 모인 사람들로 가득한 진정한 시골 시장의 분위기가 느껴진다. 숙소에서 5일장이 열리는 마을에 대한 정보를 얻을 수 있다.

- 호텔 직원이나 보트 기사에게 미리 장날인지 확인할 것!

Sightseeing ⑧
인데인 유적 Inthein

인데인 마을 선착장에 내리면 곧바로 언덕 위 쉐인데인(Shwe Inn Thein) 파고다로 오를 수 있는 입구가 오른쪽에 있고, 왼쪽으로는 작은 파고다군으로 향하는 오솔길이 있다. 왼쪽의 작은 파고다군은 부분부분 허물어졌으나 여전히 아름다운 형태가 주위의 나무들과 어우러져 보는 이들의 감탄을 자아낸다. 작은 파고다군을 지나면 얼마 되지 않아 희고 높다란 수많은 파고다들이 모여 있는 쉐인데인 파고다에 이른다. 이곳의 파고다는 대부분 17세기경 만들어진 것으로 산 특유의 뾰족한 파고다가 작은 마을 언덕 위에 수없이 늘어서서 주변의 경관과 함께 장관을 이룬다. 인데인 마을로 가기 위해서는 요마 마을을 지나 작은 수로를 따라 들어가야 하는데 양쪽으로 나무와 수풀이 우거진 정글과 인데인 마을사람들이 수영하는 장소를 지나 들어가는 그 여정 또한 더욱 흥미진진하다. 수로 옆으로 전통가옥들이 있고 목욕이나 빨래를 하는 여인들과 물장구를 치는 아이들의 풍경이 여행자들을 반긴다. 이 지역에서 열리는 5일장은 그중에서도 큰 규모로 흥미진진한 볼거리가 가득하다.

- 총 1,045개의 파고다군
- 17~18세기 건립

Sightseeing ⑨
삼카 Samkar

낭쉐를 출발하여 인레 호수를 가로질러 남쪽으로 3시간을 내려가면 삼카 마을을 방문할 수 있다. 여행객들이 비교적 분주하게 지나치는 북쪽의 호수를 빠져나오면 소를 몰고 수로를 가로지르는 목동이나 작은 배를 탄 동자승들이 노를 젓는 한적한 풍광이 펼쳐진다. 삼카 마을은 건기 때 특히 좁아지는 수로를 중심으로 양쪽으로 나뉘어져 있는데, 수로 서쪽에 자리한 인딴(Inthan) 마을의 타르콩(Tharkong) 파고다군에는 500년이 된 사리탑이 있고, 작은 마을 학교와 전통주 양조장도 방문할 수 있다. 수로 건너 동쪽에는 5일장이 열리고 소규모의 운치 있는 유적들이 흩어져 있다. 물이 차오르는 우기가 갓 끝난 11월에는 나무뿌리에 둘러싸인 고대 파고다가 잔잔한 호수에 비쳐 더욱 신비롭다.
삼카는 원래 별도의 입장료를 지불하고 파오족 가이드를 고용해야 했지만, 지금은 별다른 절차 없이 자유롭게 방문할 수 있다. 건기(특히 4, 5월)에는 수로의 수위가 낮아져서 이동이 쉽지 않으므로 우기로 물이 차오른 10~2월 사이가 이곳을 방문하기에 가장 좋다. 낭쉐에서 먼 곳이므로 보트를 대절할 경우 한 대당 50,000짯 정도 지불해야 하는데 그만한 가치가 있다.

Sightseeing

까꾸 파고다 Kakku Paya

샨 주의 또 다른 민족, 파오족의 성지 까꾸는 인레 호수로 흐르는 강 한쪽 산비탈에 자리한 2,478개의 불탑들로 장관을 이룬다. 불탑 중심에는 두 기의 커다란 사리탑이 자리하고 있는데, 한쪽에는 기원전 3세기에 인도의 아쇼카 왕이 보낸 보물이 안치되어 있으며 다른 하나는 바간의 알라웅시투 왕이 보낸 것이라고 한다. 사리탑 앞에는 당시 사리탑이 인레 호수와 이어진 강을 통해 옮겨진 모습을 재현한 모형을 볼 수 있다. 까꾸의 이름은 원래 '돼지'를 뜻하는 '와꾸'에서 유래하였다고 하는데, 아쇼카 왕이 보낸 보물은 오랫동안 이곳에 묻힌 채 잊혀져 있었으나, 어느 날 돼지가 이곳을 파헤치는 바람에 다시 발견되었다는 이야기가 전해진다. 한쪽에는 황금빛 돼지 모형이 거대한 사리탑 방향으로 절을 하고 있는 모습을 볼 수 있다.

까꾸의 파오족 가이드에 의하면 이곳에는 지금도 새로운 불탑이 세워지고 있는데, 탑의 꼭대기를 감싸는 황금빛 티의 형태로 탑을 지은 민족(파오, 샨, 버마)을 구분할 수 있다고 한다. 사람들은 가족이나 친지의 건강과 안녕을 위해 불탑을 짓는데 취향에 따라 스투파나 무덤, 혹은 원형의 탑을 각종 부조나 문양으로 장식해 놓는다. 12세기부터 지어진 것으로 추정되는 이 파고다군의 여러 불탑에는 아직까지 잘 보존된 부조에 이곳에서만 볼 수 있는 섬세한 아름다움이 살아 있다.

까꾸 유적은 그 자체로 신비롭지만, 인레 호수 주변의 다양한 아름다움을 느낄 수 있는 여정이 더욱 흥미롭다. 타웅지에서 편도로 2시간, 냥쉐에서 3시간 정도 걸리는 먼 길이지만, 타웅지의 전망 좋은 사원에서 인레 호수 주위의 전경을 감상하거나 파오족의 작은 마을을 방문하고, 전통 복장을 입은 파오족 사람들이 모이는 장터를 구경하는 알찬 하루를 보낼 수 있다.

Access 까꾸는 파오족 자치구역에 위치하고 있다. 이곳을 방문하기 위해서는 파오족 사무실에서 입장료(1인당 3$)를 지불하고, 파오족 가이드(5인까지 한 팀당 5$)를 동반해야 한다.
파오족 사무실(GIC office : No.18, Circular Rd(West), Taunggyi 081-2123136)은 타웅지에 위치하고 있으며, 택시기사에게 까꾸를 방문한다고 말하면 사무실로 데려다 준다(택시 대절 비용: 왕복 타웅지-까꾸 35,000짯, 냥쉐-까꾸 50,000짯).

> **Tip** 용의 후예, 파오족
>
> 화려한 두건과 몇 겹씩 겹쳐 있는 검은 옷, 전통 가방은 파오족 여성들을 더욱 돋보이게 하는 전통복이다. 파오족 전설에 의하면 옛날 하늘에서 용 어머니가 세상에 내려와 마법사와 사랑에 빠졌다고 한다. 부부의 연을 맺은 둘은 아이를 임태하게 되는데, 어느 날 잠을 자고 있는 아내가 용의 모습을 하고 있는 것을 발견한 마법사는 두려움으로 도망쳐 버린다. 용 어머니는 시름에 빠져, 사랑의 결실인 알을 승려에게 맡기고 결국 하늘로 돌아가 버렸다고 한다. 지금도 파오족 사람들은 자신들이 용의 후예임을 잊지 않고 용의 머리를 나타내는 두건을 쓰고, 용의 비늘을 나타내는 옷을 입는다고 한다.

Activity 1
인레 호수 보트트립 Inle Lake Boat Trip

• 1일투어 15,000짯~
• 인데인 포함할 경우 20,000짯

인레 호수는 다른 여느 호수와는 달리 수상밭과 전통방식으로 하는 낚시 등 이색적인 볼거리들이 많다. 또한 호수의 거대한 크기로 인해 마을과 마을 사이를 이동하는 데는 보트를 이용하고 있다. 보통 여행자들은 선착장이나 숙소에서 보트를 예약하는데 하루 동안 보트를 빌리거나 먼 마을까지 편도로 보트를 이용하곤 한다. 하루 동안 보트를 빌릴 경우 보트 기사가 여러 종류의 수공예품 공장을 들르는데 특별히 강매를 하지는 않으므로 마음 편하게 둘러볼 수 있다. 특히 인레 호수에서 만들어지는 의복은 섬세하고 뛰어난 재질로 만들어져 인기다. 각종 수상밭과 수상마을, 수공예공장과 몇몇 파고다를 들르면서 수상레스토랑에서 잠시 쉬어가며 호수의 정취도 만끽해 보자. 이곳은 낮에는 강한 태양으로 뜨거우므로 선크림과 모자가 필요하며 새벽이나 저녁이 되면 호수의 낮은 기온으로 인해 추워지므로 겉옷도 충분히 챙겨야 한다. 보트를 타기 전엔 보트를 따라다니는 갈매기에게 줄 과자도 준비해보자. 대부분의 여행자들은 호수에서 새벽 일출을 맞이하고 싶다거나 호수 반대편에 위치한 인데인 유적을 들를 때 추가비용을 내야 해서 일반적인 호수투어로 만족한다. 하지만 제대로 즐기고 싶다면 비용을 내더라도 두가지는 꼭 한 번 경험해 보기를 바란다.

Tip 인타족 Intha

샨 주의 중심에 있는 인레 위에는 독특한 생활모습으로 호수를 더 매력적인 공간으로 만드는 인타족이 살고 있다. 인타족은 약 7만에서 10만 명으로 추정되는데, 원래 미얀마 남쪽 지역인 다웨이Dawei에서 살던 사람들이 18세기경 태국의 침략을 피해 이곳에 정착했다고 한다. 수상가옥이나 호수의 바닥에 나무를 꽂아 토마토를 경작하는 농경방식도 신기하지만 무엇보다도 가장 독특한 것은 작은 배 한쪽에 서서 다리를 이용해 노를 젓는 방식이다. 해가 서서히 지는 호수 위에서 가만히 노 저어가는 인타족 사람들의 모습은 인레 호수를 더욱 신비롭게 만든다.

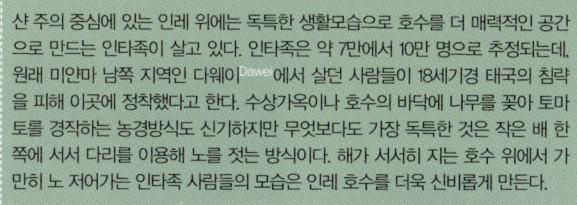

Activity ❷
마인따욱 수상마을 카누트립 Maing Thauk Canoe Trip

마인따욱은 반은 수상에, 반은 호숫가 육지에 자리하고 있는 독특한 마을이다. 육지에서 호수로 길게 연결된 수상다리 주위에서는 전통방식으로 살아가는 인타족을 만날 수 있다. 다리 끝 건너편에 위치한 쉐예윈 레스토랑의 여주인 Mrs.띠따수에게 카누를 섭외해 수상마을을 둘러 볼 수 있는데 시끄러운 모터보트가 아닌 작은 배를 타면 인타족 뱃사공이 외발로 노를 저어 여행자를 수상마을로 안내한다. 수상가옥 사이사이에 난 좁은 수로를 수풀 스치는 소리와 함께 나아가며 수줍게 손 흔들어주는 마을 사람들과 눈인사를 해보자. 평화로우면서도 색다른 인레 호수를 느낄 수 있다.

- 카누트립 : 4,000짯
- 마을 한 바퀴 40분 소요

Activity ❸
레드 마운틴 와이너리(자전거 하이킹)
Red Mountain Winery

낭쉐에서 보트 위에 자전거를 싣고 마인따욱 마을로 향한 다음, 수상마을 카누트립을 한 뒤 자전거를 타고 낭쉐마을로 돌아와 보자. 한 방향으로 되어 있는 길이 비교적 찾기 쉬우며, 도중에 와이너리에 들러 한적한 풍경을 즐길 수도 있다. 낭쉐에서 자전거로 30분 거리에 위치한 마을 언덕에 위치한 이 와이너리는 프랑스인이 정착하여 와인을 생산하는 만큼 미얀마의 많은 와이너리 중 특히 맛있는 와인을 만드는 곳으로 유명하다.

Cost	와인 1잔 2,500~5,000짯, 1병 10,000~15,000짯 *2,500짯이면 4가지 와인을 골고루 시음 가능
Tel	09-958081538
Web	www.redmountain-estate.com

Food ①

투맛 비비큐 Htoo Myat BBQ

한적한 골목에 자리한 작은 BBQ 전문점. 종류는 다양하지 않지만, 생선구이와 돼지고기, 닭고기 꼬치의 맛은 다른 곳보다 훨씬 좋은 편이다. 미얀마 맥주와 생선구이, 똠얌꿍을 파는 세트메뉴도 저렴하다. 주인아저씨가 구이를 굽기 시작하면 금세 마을 사람들이 모여들기 때문에 일찍 이곳을 방문하는 것이 좋다.

Address	Hospital Road, Nyaung Shwe
Access	냥쉐
Open	11:00~22:00
Cost	세트메뉴 35,000짯, 미얀마병맥주 2,000짯, 닭날개구이 500짯, 생선구이 1,500~1,800짯
Tel	09-428328091

Food ②

후지야마 일식점
Fujiyama Japanese Restaurnat

냥쉐에서 유일한 일본 음식점으로, 일본 분위기가 나는 비교적 깔끔한 식당에서 저렴한 일식을 판매한다. 김치가 없는 점이 서운하지만 맛은 만족스럽다.

Address	Phaung Daw Side Street, Nyaung Shwe
Access	냥쉐
Open	07:00~22:00
Cost	우동 3,500짯, 오야코동 5,000짯, 미얀마병맥주 2,000짯
Tel	09-428314442, 09-254788015

Food ③

라이브 딤섬 하우스 Live Dimsum House

작지만 세련된 분위기의 딤섬집으로 여행자들에게 인기있다. 딤섬이 여타의 저렴한 티 숍에서 맛볼 수 있는 딤섬보다 좀 더 고급스럽다. 물론 가격도 더 비싸다.

Address	Yone Gyi St., Nyaung Shwe
Access	냥쉐
Open	09:00~21:00
Tel	09-423136964, 09-420213950

Food ④

원 오울 그릴 레스토랑 One Owl Grill

세련되고 흥겨운 분위기의 바 겸 레스토랑으로 냥쉐 입구, 버스터미널 근처에 자리하고 있다. 버스를 기다리며 간단히 칵테일 한잔을 하거나 세련된 맛의 호무스, 샌드위치를 맛보며 현지음식에 지친 속을 달래기에도 좋다. 낮에는 지나가는 오토바이 차량이 요란하므로 저녁 시간에 방문할 것을 추천한다.

Address	Yone Gyi St., Nyaung Shwe
Access	냥쉐
Cost	미얀마 생맥주 1,000짯, 칵테일 1,000짯~, 샌드위치롤 2,400짯
Tel	09-262972841
Web	www.facebook.com/oneowlgrill

Food

도넷예 Daw Nyunt Yee

현지인들이 많이 들르는 소박한 분위기의 레스토랑이다. 가격이 특별히 싼 것은 아니지만 커리가 상당히 맛있다. 레스토랑과 음식 모두 깔끔하게 관리되는 편이며 이곳의 맥주는 다른 곳에 비해 약간 저렴하다.

Access	냥쉐
Open	11:00~21:00
Cost	2,000~4,000짯, 미얀마맥주 1,500짯
Tel	081-309138

Food

비욘드 테이스트 Beyond Taste

대나무 인테리어와 조명이 깔끔한 2층 레스토랑으로 음료와 음식 모두 상당히 맛있으면서도 비싸지 않다. 더운 낮에도 시원한 바람이 불어오는 넓은 2층 테라스에서 분위기 있게 먹을 수 있다. 와이파이도 제공된다.

Access	냥쉐
Open	10:00~23:00
Cost	2,000~5,500짯
Tel	09-4283-58111

Food : 추천

린테 Linn Htet

샨정식을 먹을 수 있는 유명한 레스토랑이다. 2,500짯이면 커리 한 종류와 밥에 여러 반찬이 나온다. 아주 푸짐하지는 않지만 맛있는 편이며 현지인들보다 서양 여행자들에게 더 유명한 곳으로 많은 사람들이 찾는 만큼 재료가 좀 더 싱싱하다.

Access	냥쉐
Open	10:00~22:00
Cost	2,000~3,000짯
Tel	081-209360

Food
신요 Sin Yaw

린테 미얀마푸드 맞은편에 위치한 레스토랑으로 이곳은 좀 더 외국인에게 맞춘 분위기로 각종 조명이나 테이블세팅이 여행자를 맞이한다. 요리 또한 외국인 입맛에 맞추려 노력하는 편이다.

Access	냥쉐
Open	10:00~22:00
Cost	2,000~3,000짯
Tel	09-4935-1883

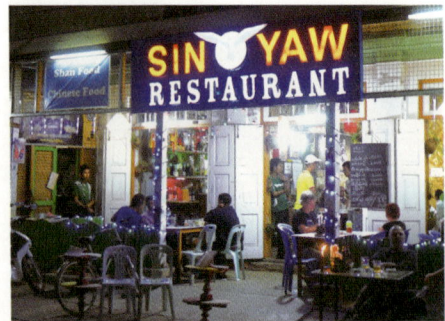

Food
❾
빈달루 인도음식점
Vindaloo Indian Restaurant

분위기 좋은 대나무로 만든 2층 레스토랑에서 먹는 인도음식은, 난이 덜 바삭한 아쉬움만 제외하면 부드럽고 깊은 맛이다. 냥쉐의 여러 인도음식점 중에 최근 인기를 얻고 있는 곳이다.

Address	Phaung Daw Pyan Rd., Nyaung Shwe
Access	냥쉐
Open	10:00~22:00
Cost	커리 3,500짯~, 알루 고비 2,000짯, 생과일주스 2,000짯
Tel	09-251158565

Food
❿
미스 냥쉐 Miss Nyaung Shwe

대나무 벽면으로 된 작은 레스토랑에 나무테이블로 편안한 분위기이며 외국인여행자의 입맛에 맞춘 메뉴를 제공한다. 특별하진 않지만 간단하게 한 끼 하기에 나쁘지 않다. 커리종류를 추천한다.

Access	냥쉐
Open	10:00~21:00
Cost	2,000~3,000짯, 세트 5,000짯
Tel	081-209801

Food : 추천

그린 칠리 Green Chilli

일반적인 레스토랑도 대부분 몇 가지의 태국음식을 팔긴 하지만 이곳은 다양한 종류의 태국음식을 파는 전문 태국음식점이다. 가격은 좀 비싸도 그만큼 맛있는 태국음식을 제공한다. 높은 천장에 야외 테라스가 밤이면 더욱 멋진 분위기를 만들어 낸다.

Access	냥쉐
Open	11:00~22:00
Cost	2,500~5,800짯
Tel	09-521-4101

Food : 추천
뷰포인트 View Point

선착장 입구에 미얀마 전통양식으로 지어진 3층 건물로 냥쉐 안에서 최고로 세련된 분위기의 레스토랑이다. 고급스러운 분위기답게 맛도 좋으며 다양한 서양음식도 갖추고 있다. 저녁에 불을 밝히면 더욱 우아한 분위기가 조성된다.

Access	냥쉐 마을 선착장 앞
Open	10:00~23:00
Cost	5,000~10,000짯

Food
⑬
까웅까웅 Kaung Kaung

냥쉐에서 미얀마 생맥주를 판매하는 몇 안 되는 곳 중 하나다. 마켓에서 가까워 저녁이면 자리가 부족하기 일쑤다. 이곳의 음식도 맛있는 편이지만 생맥주와 함께 먹는 땅콩은 이곳이 제일 맛있다.

Access	냥쉐 후핀 호텔 근처
Open	11:00~23:00
Cost	생맥주 600짯, 요리 1,500~3,000짯

Food : 추천

세인 야다냐 비비큐 Sein Yadanar BBQ

야시장에서 바비큐를 팔던 노점이 번듯한 가게를 오픈했다. 매우 넓은 공간임에도 불구하고 밤이면 사람들로 가득 찬다. 셀 수 없이 다양한 꼬치종류와 시원한 맥주가 불티나듯 팔린다. 생맥주가 없는 게 약간 아쉽지만 숯불에 구워져 나오는 꼬치는 다른 곳보다 특히 더 맛있다.

Access	인레인 게스트하우스 골목
Open	11:00~23:00
Cost	병맥주 1,200짯, 꼬치 400짯~

Food

쉐예윈 Shwe Yee Win

정식으로 제공되는 생선찌개나 마늘생선커리요리가 역시 싱싱하면서도 맛있다. 육지로 올라가는 나무다리 입구에 위치하여 주변의 수상마을을 바라보며 식사를 하기에도 좋다. 이곳에서 작은 배를 타고 마을을 천천히 둘러보는 카누를 섭외할 수 있다.

Access	인레 호수 마인따욱 수상마을 초입
Open	11:00~20:00
Cost	2,000~5,000짯

Food : 추천

쉐짜 포인트 Shwe Kyar Point

수상레스토랑으로 호수를 바라보며 식사하는 분위기도 분위기지만, 이곳에서 먹는 여러 종류의 생선요리는 특히 잊을 수 없는 맛이다. 보트투어 중간에 더위를 식히며 점심식사를 하기에도 편리한 위치이기 때문에 보트 기사에게 이곳을 가자고 꼭 부탁해보자.

Address	Inle Lake, Nearby Alo Daw Paught Pagoda, Nam Pan-Kyar Taw Village, Inle, Southern Shan State.
Access	냥쉐
Open	10:00~21:00
Cost	피시 스파이시 커리 (Fish Spicy Curry, Inle Style) 4,000짯, Grilled Whole Lake Fish In Banana Leaf 4,000짯
Tel	09-521-6568

Stay : ★ 추천

골든 엠프레스 호텔 Golden Empress Hotel

작은 2층 건물로 곳곳에 식물로 장식되어 있다. 입구와 나무부조로 된 대문을 지나 나무 마룻바닥 벽면, 대나무 천장의 로비가 매우 고급스러운 분위기를 낸다. 내부의 욕실은 타일로 마무리 된 평범한 느낌이고 방도 크게 넓진 않은 편이다. 그래도 곳곳에 소품이나 분위기가 꼭 한 번 묵고 싶은 마음을 불러일으킨다. 가격 또한 매력적이며 방안에서 와이파이도 아주 잘되고 카드 결제도 가능하다.

Address	No.19, Phaungtawpyan St., Mingalar Ward, Nyaung Shwe
Access	낭쉐
Cost	스탠더드(4개) 30~35$, 수피리어(9개) 35~45$ 부대서비스 조식
Tel	081-209037
Email	goldenempresshotel@gmail.com
Web	www.facebook.com/GoldenEmpressHotel

Stay : ★ 추천

쪼지인 Zawgi Inn

시멘트 벽돌이 드러난 벽면과 나무 창문, 내부의 침대나 건물 등 전체적인 디자인이 고급스럽다. 욕실과 화장실이 분리되어 깔끔하며 정원에 꾸며진 넝쿨나무가 분위기 있어 여유로운 분위기를 선호하는 여행자들에게 큰 인기를 얻고 있다.

Access	낭쉐
Cost	더블 30$, 싱글 25$ / 부대서비스 조식
Tel	081-209929
Email	zawgiinn@gmail.com

Stay : Guesthouse

999 게스트하우스 999 Guesthouse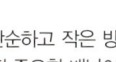

낭쉐에서 가장 저렴한 게스트하우스로 단순하고 작은 방이지만 비교적 깨끗한 편이다. 가격이 가장 중요한 배낭여행자라면 한번 고려해볼 만하다. 싱글이건 더블이건 가격은 1인당 6,000쨋으로 일률적이다.

Address	Paung Daw Side St., Nyaung Shwe
Access	낭쉐
Cost	팬, 공동욕실 1인 6,000쨋
Tel	09-42835439, 09-254307442

Stay : Guesthouse

밍글라인 게스트하우스 Mingrlar Inn Guesthouse

입구의 잘 꾸며진 정원과 건물이 특히 조명이 밝혀진 밤에 더 좋은 분위기를 만든다. 방갈로 타입의 스위트 앞에는 작은 수영장도 있으며 스탠더드룸의 경우는 넉넉한 공간에 대나무 벽면과 장식이 자연친화적인 느낌을 주면서도 아늑하다. 관리가 잘 안 되는 점은 아쉽다.

Access	냥쉐
Cost	스탠더드(12개) 25~40$, 주니어스위트(10개) 50$ 부대서비스 조식, 수영장
Tel	081-209198, 09-521-6278
Email	mingalarinn@gmail.com

Stay : Guesthouse

집시인 게스트하우스 Gypsy Inn Guesthouse

대부분의 방은 욕실이나 타일이 깔끔하며 방도 넓고 창도 커서 밝은 분위기가 난다. 비슷한 가격대의 게스트하우스 중에서는 청결하면서도 싼 편이며 그 외에 낡았지만 욕실이 내부에 있는 아주 싼 방도 있다. 제티 바로 앞이라 조금 시끄러울 수도 있겠지만 여행정보도 잘 안내되고 있어 오랫동안 배낭여행자들에게 사랑받아온 게스트하우스이다.

Access	선착장 앞
Cost	더블 15,000 · 20,000 · 30,000짯 부대서비스 조식
Tel	081-209084
Email	gypsyinnhotel@gmail.com

Stay : ★★★

더 매너 호텔 The Manor Hotel

어두운 색 외관이 세련되면서도 클래식한 분위기의 잘 지어진 소규모 호텔로, 한국인이 운영하고 있다. 저택의 내부는 마룻바닥과 침대 외에 특별한 것은 없지만 적당한 가격으로 아늑하게 묵을 수 있다. 2층에 세련된 분위기의 바도 운영 중이다.

Address	16 Phaung Daw Pyan Rd., Nyaung Shwe
Access	냥쉐
Cost	싱글 45$, 더블 55$, 트리플 70$
Tel	081-209946, 209947
Email	info@themanorinle.com
Web	www.themanorinle.com

Stay : Guesthouse
❼
메이 게스트하우스 May Guesthouse

방은 대나무 벽으로 아늑하고 넉넉한 공간으로 밝은 느낌이며 욕실도 깨끗하다. 테라스가 있어 편하고 건물이 노란색으로 칠해진 나무 벽면과 갈색 대나무 지붕의 조화로 전체적으로 예쁜 인상이다. 나무 화분이 우거진 정원이 작지만 아기자기하며 특히 이곳 조식은 이미 많은 여행자들에게 소문이 자자하다.

Access	냥쉐
Cost	1인 20$, 2인 30$, 3인 40$ / 부대서비스 조식
Tel	081-209417
Email	mayguesthouse@gmail.com

Stay : ★★★ 추천
❽
라 메종 비만 인 La Maison Birmane Inn

냥쉐 한쪽 조용한 곳에 자리한 부티크 호텔로, 10개의 방갈로가 작은 정원을 중심으로 둘러싸여 있다. 객실은 크게 넓지 않지만 작은 소품 하나하나까지 신경을 쓴 티가 나, 우아한 객실에서나 나무 그늘이 드리워진 테라스에서나 늘 편안하게 쉴 수 있다. 냉장고와 에어컨이 없는 에코 호텔이지만 냥쉐의 날씨 덕에 특별히 불편한 점은 없다.

Address	Minglabar Qurter, Nyaung Shwe
Access	냥쉐
Cost	70~90$
Tel	081-209901
Email	lamaisonbirmane@gmail.com
Web	www.lamaisonbirmane.com

Stay : Guesthouse : 추천
❾
나웅켐 더 리틀인 게스트하우스
Nawng Kham The Little Inn Guesthouse

저렴하지만 괜찮은 게스트하우스였던 나웅켐이 정원과 객실을 새로 단장하였다. 안쪽의 저렴한 방도 여전히 나쁘지 않은 수준이며, 새로 지어진 객실 역시 넓은 공간에 푹신한 침대, 비교적 분위기 있게 꾸며진 인테리어로 아늑하다. 작은 정원이 바라다 보이는 테라스도 구비되어 있다.

Access	냥쉐
Cost	팬 12$(싱글)/18$(더블), 에어컨 25$(싱글)/30$(더블)
Tel	081-209195

Stay : Guesthouse
❿
아쿠아리우스인 게스트하우스
Aquarius Inn Guesthouse

나무와 꽃이 우거진 작은 정원이 예쁘고 방 내부에도 대나무 벽지와 천장, 작은 인테리어 소품으로 아기자기하게 꾸며놓았다. 그러나 방이 작고 비좁은 느낌이며 방음은 기대하지 않는 게 좋다. 웰컴 과일과 친절함으로 인기가 많아진 덕분에 가격이 상당히 비싸졌다. 뒤편에는 새로운 빌딩을 지어 훨씬 비싼 요금을 받으며, 가뜩이나 좁은 대문 앞에 대형 승합차를 항상 주차해놓아 예전의 아늑했던 분위기는 없어져버렸다.

Access	냥쉐
Cost	스탠더드(공용화장실) 20$, 스탠더드 35$, 뉴빌딩수피리어 45$ / 부대서비스 조식
Tel	081-209352
Email	aquarius352@gmail.com

Stay : Guesthouse

⑪

리멤버인 게스트하우스
Remember Inn Guesthouse

빌딩과 옆의 작은 방갈로로 된 숙소다. 빌딩의 방은 굉장히 넓은 복도를 사이에 두고 약간은 밋밋하지만 상당히 깔끔하게 갖춰져 있다. 전체적으로 넓어 주위의 작은 게스트하우스보다 시원한 느낌을 준다. 특히 패밀리룸의 경우 침대를 추가하면 최대 5명까지도 넉넉하게 사용할 수 있어 여러 명이 이동할 경우 고려할 만하다.

Access	냥쉐
Cost	스탠더드(28개) 25$, 수피리어(7개) 35$, 디럭스(3개) 45$ 부대서비스 조식
Tel	081-209257
Email	nittilay@gmail.com

Stay : ★★ 추천

⑫

골든 드림 호텔 Golden Dream Hotel

외관이나 실내는 평범하지만 널찍한 로비와 객실이 답답하지 않다. 큰 창문으로 보이는 주변 전망도 시원스럽다. 비교적 최근 오픈한 호텔답게 깨끗하며 관리 역시 잘 되고 있고 직원들도 친절하다. 선착장과 냥쉐 마켓 사이의 무척 편리한 곳에 위치하고 있다. 호텔 옆에 작지만 인기 있는 칵테일 바가 있다.

Address	Yone Gyi St., Nyaung Shwe
Access	냥쉐
Cost	수피리어 55$
Tel	081-209764, 209598
Email	goldendreamhotel.inlay@gmail.com
Web	www.goldendreamhotel-inlay.com

Stay : ★★★ 추천

⑬

81 호텔 81 Hotel

커다란 창문과 넓은 객실, 아기자기하고 밝은 분위기의 인테리어, 냥쉐 마켓 인근의 편리한 위치 등 장점이 많은 호텔이다. 직원들의 영어가 서툴고, 엘리베이터가 없긴 하지만 큰 흠이 되지 않을 정도다.

Address	Phaungdaw Site Rd., Nyaung Shwe
Access	냥쉐
Cost	수피리어 80$
Tel	081-209904, 09-250674800
Email	81hotel@gmail.com

Stay : ★★★

⑭

어메이징 냥쉐 호텔
Amazing Nyaung Shwe Hotel

외부로 난 넓은 유리창과 천으로 된 편안한 의자가 있는 테라스, 룸 내외부 시설은 전체적으로 상당히 정돈되면서도 고급스럽다. 다만 어메이징이라는 호텔 브랜드와 어울리지 않게 호텔 입구의 개천에서는 약간 하수구 냄새가 나서 아쉽기만 하다. 함께 운영하는 호텔 레스토랑은 비싸지 않으면서 맛있다는 평이다.

Access	냥쉐
Cost	디럭스 150$, 스위트 170$, 어메이징스위트 220$ 부대서비스 조식
Tel	081-209477
Email	nyaungshwe@amazing-hotel.com
Web	www.amazing-hotel.com

Stay : ★ 추천
⑮
프린세스가든 호텔
Princess Garden Hotel

낭쉐 중심에서 약간 떨어진 곳에 위치한 방갈로 형태의 리조트로 중심에 수영장도 갖춰져 있다. 넓은 정원이 나무로 우거져 여유로운 분위기가 난다. 패키지 단체여행자들은 예약을 받지 않으며 개별여행자들만 예약을 받는 주인장의 뚝심이 돋보인다.

Access	낭쉐
Cost	방갈로(8개) 45$, 스탠더드(7개) 35$ / 부대서비스 조식, 수영장
Tel	081-209214
Email	princessgardenhotel@gmail.com

Stay : ★★
⑯
로열 인레 호텔
Royal Inlay Hotel

새로 지은 현대식 6층 호텔로 로비나 방 내부는 깔끔한 중급 호텔 분위기이다. 욕실도 깨끗하지만 수영장은 없으며 수피리어나 그 외 방은 큰 차이가 없다. 현재 낭쉐에서 가장 높은 건물로 호수와 마을이 넓게 보이는 전망 좋은 옥상 레스토랑에서 조식을 제공한다. 그 외 식사의 경우 비수기 시즌에는 오픈하지 않는다.

Access	낭쉐
Cost	수피리어(12개) 55$, 디럭스(22개) 70$, 스위트(8개) 85$, 로열스위트(4개) 120$ / 부대서비스 조식
Tel	081-209932
Email	royalinlayhotel252@gmail.com

Stay : ★★
⑰
더 화이트 애비뉴 The White Avenue

낭쉐 중심가에서 조금 떨어진 곳에 위치한 신규 호텔이다. 2015년에 오픈한 만큼 정원은 빈약하지만 객실은 세련되면서도 아늑하게 꾸며져 있다. 현지인 마을 중심가에 위치해서 축제기간이면 소란스러운 점이 단점이다. 정원의 나무가 자랄 몇 년 후가 더 기대되는 호텔이다.

Address	Kayay 1 Road, Aung Chan Thar Ward, Nandawon, Nyaung Shwe
Access	낭쉐
Cost	수피리어 50$

Stay : ★★★★ 추천
⑱
뷰포인트 호텔 View Point Hotel

인공호수 위에 조성된 수상호텔로 레스토랑 뒤로 연결된 나무다리로 들어서면 넉넉한 크기의 방갈로가 보인다. 이곳의 내부 인테리어는 최고급 수준으로 여행자들의 마음을 사로잡는다. 특히 작은 테이블이나 친환경적인 미니 바, 멋진 나무 의자와 침대 하나하나가 여심을 흔든다.

Access	낭쉐
Cost	스위트 240$ / 부대서비스 조식
Tel	081-209062
Email	reservation@inleviewpoint.com
Web	www.inleviewpoint.com

Stay : ★★★ 추천

인레 리조트 Inle Resort 📶

목조 건물에 처마 장식이 미얀마 왕궁 같은 외관을 하고 있다. 공연장을 연상시키는 거대한 레스토랑이 잘 꾸며져 있으며 천장에서 내려오는 화려한 조명이 더 멋있다. 각 방의 넓은 창문이 시원스러우며 욕실은 특별하진 않지만 침실이 특히 전통무늬의 인테리어와 침구로 아름답게 꾸며져 있다. 뒤쪽의 방갈로 주변에 역시 작은 인공연못들이 조성되어 호수 주위에서 지내는 느낌을 받을 수 있다. 곧고 높게 뻗은 나무가 빽빽한 정원이 시원하면서도 아늑한 느낌을 준다.

Access	인레 수상호텔
Cost	로열빌라(22개) 180~210$, 디럭스빌라(18개) 150~180$, 가든코티지(22개) 100~120$ 부대서비스 조식, 스파
Tel	081-209361
Email	revinle@myanmar.com.mm
Web	www.inleresort.com

Stay : ★★★ 추천

골든 아일랜드 코티지 2-탈레우
Golden Island Cottages 2-Thale U 📶

산족이 운영하는 두 개의 수상호텔 중 좀 더 육지 쪽에 위치하고 있는 호텔이다. 보트를 타고 입구에 들어서면서부터 전통복장을 한 직원들이 징과 북을 연주하며 여행자를 반긴다. 31개의 방갈로가 모두 호수를 바라보고 있어 어느 방에서 묵든 탁 트인 전망을 선사한다. 대나무 지붕과 벽면으로 된 소박한 방갈로와 방갈로를 연결한 티크나무 다리가 전체적으로 깔끔하다. 방갈로 내부는 단순한 가구들로 아늑한 침실과 나무로 된 벽면 안에 고급스러운 자쿠지가 마련된 욕실 등 전체적으로 과하지 않은 느낌이다. 전체적인 인상이나 호수를 향한 전망, 작은 규모의 리조트지만 여행자를 위한 세심한 배려와 서비스는 최고로 평가할 만하다.

Access	인레 수상호텔
Cost	수피리어(25개) 140$, 디럭스(10개) 160$ 부대서비스 조식
Tel	081-209389
Email	gicinle@myanmar.com.mm
Web	www.gichotelgroup.com

Stay : ★★★
㉑
인레 프린세스 리조트 Inle Princess Resort

각양각색의 꽃나무와 열대나무로 우거진 정원이 있다. 호수 쪽 방갈로는 수상으로 조성되어 있으며 그 뒤쪽은 모두 인공호수를 파놓았다. 레스토랑에서 바라보는 일몰은 환상적이며 이곳에 접근하는 모든 보트는 엔진을 끄고 들어와 조용히 쉴 수 있다. 내부는 아기자기한 꽃그림과 알록달록한 침구로 예쁘게 꾸며놓았다. 6월 한 달은 예약을 받지 않는다.

Access	인레 수상호텔
Cost	마운틴뷰(10개) 200$, 레이크뷰(7개) 240$, 레럭스(19개) 250$, 연못뷰(9개) 230$ 부대서비스 조식, 스파
Tel	081-209055
Email	inleprincess@myanmar.com.mm
Web	www.inleprincessresort.net

Stay : ★★★★
㉒
미얀마 트레저 리조트 Myanmar Treasure Resort

호수 바닥에 티크나무를 심고 방갈로를 만들어 앞쪽에 가리는 것 없이 탁 트인 뷰를 자랑한다. 마인따욱 마을 내에 위치하여 육지로 연결된 긴 나무다리도 운치 있다. 입구의 레스토랑에서는 저녁마다 각종 연주를 하고, 나만의 선셋을 감상할 수 있다. 방갈로 안에는 호수로 향한 넓은 창문과 야외샤워장, 욕조가 있는 넓은 욕실이 고급스럽다.

Access	인레 수상호텔
Cost	스위트(1개) 430$, 디럭스(59개)-프렌치레이크뷰(22개) 340$, 세컨드로우(15개) 310$, 마운틴뷰(23개) 325$ 부대서비스 조식, 스파
Tel	081-209481
Email	mtrinle@myanmar.com.mm
Web	www.myanmartreasureresorts.com

Stay : ★★★
㉓
스카이 레이크 인레 리조트 Sky Lake Inle Resort

수상호텔 중에서도 널찍한 크기의 방갈로와 욕실을 자랑하는 리조트로, 대나무로 짠 천장과 나무로 장식된 인테리어가 고급스럽다. 전 객실이 모두 수상호텔로 꼭 보트를 타고 이동해야 하지만, 비교적 리조트의 규모가 커서 답답함이 적다. 객실의 음료나 레스토랑의 메뉴가 특히 비싼 단점이 있다.

Access	인레 수상호텔
Cost	수피리어 150$, 디럭스(레이크뷰) 180$
Tel	09-30070174, 30069871
Email	reservation@skylakeinleresort.com
Web	www.skylakeinleresort.com

Stay : ★★★
㉔
파라다이스 인레 리조트 Paradise Inle Resort

레스토랑과 바를 중심으로 전체적으로 방갈로들이 퍼져 있는 구조이다. 대나무 벽면과 짚으로 엮은 지붕이 운치 있지만 오래된 나무들이 낡은 인상을 준다. 스탠더드의 경우는 거의 뒤쪽에 배치되어 전망이 좋지 않지만 수피리어 방은 호수 앞쪽에 있어 전망이 좋다.

Access	인레 수상호텔
Cost	스탠더드(11개) 100$, 수피리어(35개) 130$, 디럭스(9개) 160$ / 부대서비스 조식
Tel	081-3334009
Email	rsvparadise@kmahotels.com
Web	www.kmahotels.com

Stay : ★★★★★
㉕
아우레움 팰리스 리조트 Aureum Palace Resort

큰 수영장과 높은 곳에 위치한 레스토랑 건물이 넓고도 시원한 호수 전망을 안겨준다. 각 방갈로는 현관문도 별도로 만들어놓아 프라이빗한 느낌이며 입구부터 내부까지 상당히 세련되고 깔끔하다. 특히 히노키풍의 둥근 욕조와 자연채광을 최대한 살린 욕실은 인레 호수 수상호텔 중 최고를 자랑한다. 호텔 내 각종 부대시설 또한 잘 갖추어져 여행자를 즐겁게 하는 곳이다.

Access	인레 수상호텔
Cost	레이크프런트뷰(17개) 380$, 세컨드레이크뷰(19개) 325$, 레이크뷰(29개) 360$ 부대서비스 조식, 수영장, 스파
Tel	081-209866
Email	inle.fo@gmail.com
Web	www.aureumpalacehotel.com

Stay : ★★★
㉖
골든 아일랜드 코티지 1-남판
Golden Island Cottages 1-Nampan

탈레우의 GIC 2와 같이 운영되는 곳으로 GIC 2보다 규모가 크다. 대나무로 짠 벽면과 마룻바닥이 전통 수상호텔만의 분위기가 물씬 풍기는 곳으로, 최근 새롭게 단장하여 더 아늑하게 묵을 수 있다. GIC 2와 번갈아가며 매년 1달의 정비기간을 가지므로 미리 오픈 여부를 확인하자.

Access	인레 수상호텔
Cost	수피리어(24개) 190$, 디럭스(18개) 200$ / 부대서비스 조식
Tel	081-209390
Email	nampanhotel@mptsat.net.mm
Web	www.gichotelgroup.com

Stay : ★★★ 추천

쉐인타 리조트 Shwe Inn Tha Resort

중앙의 레스토랑과 리셉션을 방갈로들이 둘러싼 형태의 리조트이다. 대나무 벽면으로 된 방갈로 내부를 들어서면 산족 전통 무늬의 종이와 차분한 나무 가구들이 아늑한 느낌을 준다. 커다란 창문과 테라스가 특히 시원스럽고 나무 벽면으로 마감된 고급스러운 욕실에는 야외샤워장도 마련되어 있다.

Access	인레 수상호텔
Cost	디럭스(36개) 130~170$
	부대서비스 조식, 수영장
Tel	09-519-2952
Email	shweinntha@myanmar.com.mm
Web	www.inlefloatingresort.com

Stay : ★★★

파라마운트 인레 리조트 Paramount Inle Resort

나무 위에 짚 지붕을 얹은 예쁜 방갈로(코티지)와 여러 채가 연결된 방(수피리어)으로 나뉘며 내부는 작은 장식들이나 부조로 깔끔하게 꾸며져 있다. 레스토랑에는 천을 짜고 있는 빠다웅족이 있어 함께 사진도 찍을 수 있다. 뒤쪽의 선셋 타워에 올라 맥주를 먹으며 바라보는 인레 호수 일몰은 여행자의 마음을 차분하게 만들어준다. 단, 보트들이 자주 지나다니는 곳에 있어 소음이 날 수 있다.

Access	인레 수상호텔
Cost	코티지(12개) 155$,
	수피리어(16개) 105$
	부대서비스 조식
Tel	09-4936-0855
Email	inle.kaytu@amazing-hotel.com

Stay : ★★★

안 헤리티지 로지 Ann Heritage Lodge

쉐인타 호텔과 동일하게 인타족 여성이 소유한 이 호텔은 2014년 오픈했으며 인타족의 전통 장식들이 방갈로를 더욱 우아하게 만든다. 이른 아침이면 호텔 앞쪽으로 인타족 어부들이 낚시하는 모습들을 볼 수 있고, 낮에는 호수 쪽으로 작은 수상레스토랑 바지선을 띄운다. 호수 위에서 밥을 먹는 비용은 1인 65$이다.

Access	인레 수상호텔
Cost	디럭스(16개) 150~175$
	부대서비스 조식
Tel	09-4000-53573
Email	ann@inlefloatingresort.com

Stay : ★★★
③⓪
후핀 인레 카웅다잉 빌리지 리조트
Hu Pin Inle Khoung Daing Village Resort

넓은 지역에 대규모로 조성된 리조트이며 중국인 주인답게 레스토랑도 으리으리하다. 하지만 육지의 수피리어룸은 게스트하우스 느낌마저 들고, 가장 비싼 스위트룸은 넓고 깔끔하지만 중국풍의 침대와 그 밖에 인테리어가 약간은 유치하다. 많은 패키지 손님을 받기 위해 새롭게 방갈로를 짓고 있다.

Access	인레 수상호텔
Cost	수피리어(50개) 150$,
	디럭스(45개) 250$,
	스위트(7개) 350$ / 부대서비스 조식
Tel	081-209296
Email	hupinrsvn@gmail.com
Web	www.hupinhotelmyanmar.com

Stay : ★★★★
③①
인레 레이크 뷰 리조트 Inle Lake View Resort

보트에서 내려 옹기와 바나나나무로 꾸며진 통로를 지나면 나무가 우거진 산장 느낌의 리조트로 들어선다. 리조트 전체가 오가닉풍의 상당히 고급스러운 분위기며 방 내부의 독특한 인테리어가 여행자들의 마음을 사로잡는다. 레스토랑에서 제공되는 음식은 모든 재료가 자체적으로 만들어지며 샤워실 물까지 모두 자체 정화시스템을 사용하고 있어 최상의 만족도를 느낄 수 있다.

Access	인레 수상호텔
Cost	2층코너뷰(4개) 225$,
	디럭스(16개) 180$,
	주니어스위트(2층 8개) 190$/
	(1층 8개) 160$,
	레이크사이드빌라(2개) 270$
	부대서비스 조식, 스파
Tel	081-23656
Email	inlelakeview@gmail.com
Web	www.inlelakeview.com

Stay : ★★★
③②
프리스틴 로투스 스파 리조트 Pristine Lotus Spa Resort

호수 쪽으로는 배 모양의 독특한 방갈로를 만들어놓았고, 육지로는 다락까지 갖춘 빌라들을 지어 놓았다. 크고 작은 2개의 레스토랑과 스파, 작은 야외온천까지 다양한 부대시설을 갖추고 여행자를 유혹한다. 특히 이곳의 스파 매니저들은 인도네시아 발리의 숙련된 매니저들을 고용하고 있어 유럽여행자들에게 인기가 많다.

Access	인레 수상호텔
Cost	빌라(49개) 250$,
	코티지빌라(44개) 170$
	부대서비스 조식, 스파
Tel	081-209317
Email	pristinesales@myanmar.com.mm
Web	www.pristinelotus.com

Intro

여행자들의 고향, 껄로
Kalaw

고산지역에 위치하여 주변의 작은 마을들을 둘러보는 트레킹으로 여행자들에게 유명해진 곳이다. 영국 식민지 시절부터 유명한 여름 휴양지였던 만큼 곳곳에서 그때의 향수를 느낄 수 있다. 껄로에 처음 도착한 여행자라면 누구나 이곳의 선선한 바람에 놀라게 되며, 다음 날 아침 숙소에서 일어나 이 작은 껄로를 바라보다 보면 어느새 이곳을 좋아하고 있는 자신을 발견하게 될 것이다.

주요 도시에서 껄로 들어가기

✚ 버스
모든 도시에서 따웅지행 버스를 타면 먼저 껄로 메인로드(위너 호텔 앞)에서 여행자를 내려준 뒤 인레 호수 입구인 쉐냥을 거쳐 따웅지로 향한다. 반대로 껄로에서 다른 도시로 이동할 때는 따웅지나 인레 호수에서 출발한 버스들이 메인로드 건너편(껄로 시장 입구 맞은편)에 정차하므로 그곳에서 표를 구입하고 버스를 탈 수 있다.

껄로에서 다른 도시로 이동하기

✚ 버스·기차

도착	교통편	출발시간	요금	소요시간
양곤	VIP버스	15:30~20:30	20,000짯~	10시간
	고속버스	15:30~20:30	13,000짯	
만달레이	고속버스	09:00, 20:00	10,000짯	7시간
바간	고속버스	09:30, 20:30	10,000짯	7시간
인레 호수, 따웅지	미니버스	07:00, 07:30, 08:00	2,500짯	2시간
	픽업트럭	수시 출발	3,000짯	
시뽀, 라시오	고속버스	17:30	16,000짯	11시간
삔다야	픽업트럭	(아웅반에서) 08:00, 11:00	2,000짯	1시간 30분
	오토바이 택시		8,000짯	2시간

✚ 껄로 시내교통
작은 산골마을인 껄로는 날씨도 선선해서 걸어 다니기 딱 좋다. 아기자기한 별장이 지어진 숲길을 따라 여유롭게 산책하며 이곳만의 독특한 정취를 즐겨보자. 나잉나잉 자전거 트레킹 회사에서 자전거를 대여할 수 있다(1일 1,500짯).

Travel Tip
1. 가장 더운 기간에도 밤에는 두툼한 이불이 필요할 정도로 춥지만 대부분 숙소에는 난방시설이 제대로 갖춰지지 않고 있으므로 감기에 걸리지 않도록 대비하자.
2. 버스 스케줄에 따라 새벽에 도착하게 되는 경우가 많은데 숙소를 미리 예약해 두면 버스정류장에 픽업을 나오므로 좀 더 안전한 여행을 할 수 있다.
3. 작은 마을에 불과하지만 시내에는 은행과 ATM기기가 있고 각 지역으로 향하는 버스티켓도 편리하게 예매할 수 있다. 많은 외국인 여행자들에게 유명한 곳인 만큼 숙소에서 여행정보를 얻기도 쉽다.

Sightseeing

❶ 껄로 쉐우민 동굴사원 Shwe Umin

Access	파인힐 리조트에서 서쪽 방향
Cost	무료입장

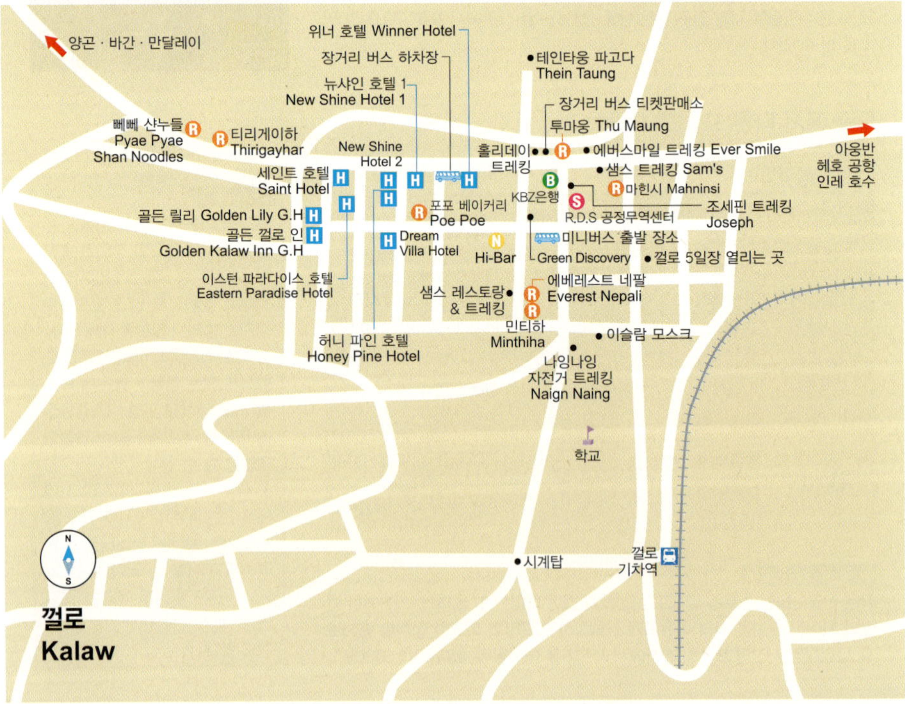

미얀마 전역에 곳곳이 '쉐우민'이라는 이름의 동굴사원이 있는데 그중 가장 유명한 것은 껄로에서 가까운 거리에 있는 삔다야에 있다. 그러나 시간이나 돈이 모자랄 경우 맛보기로 껄로 시 외곽에 있는 이 '황금 동굴의 사원'을 들러보자. 물론 규모는 비교할 수 없지만 세 개의 석회동굴 내부에 빽빽한 불상들이 볼만하다. 둘러보다 보면 구석구석에 앉아 열심히 불공을 드리는 마을 사람들을 만날 수 있다. 다운타운에서 걸어간다면 20~30분이면 충분하다.

Activity
❶
껄로 트레킹 Kalaw Trekking

껄로의 작고 한적한 마을 분위기도 좋지만 무엇보다 소수민족 마을을 방문하며 인레 호수까지 가는 트레킹 코스는 미얀마 여행을 더욱더 특별하게 해준다. 시즌에는 많은 서양 여행객이 걸어서 인레 호수를 가기 위해 껄로를 찾는다. 평범한 산길을 걷는 트레킹일 수 있지만 미얀마의 자연 속에서 1박 또는 2박을 하며 순박한 사람들을 만나는 체험은 이미 많은 여행자가 베스트로 꼽고 있을 만큼 유명하다.

껄로 다운타운에는 여러 트레킹 업체들이 있으며 회사별로 각기 다른 루트로 인레 호수까지 1박 2일, 또는 2박 3일 일정으로 향하게 된다. 1박 2일은 중간까지 택시를 타고 가서 나머지 부분을 걸어서 인레 호수까지 가는 프로그램이며, 2박 3일은 껄로에서부터 시작해 인레 호수까지 모두 걸어서 가는 프로그램이다. 비용은 그룹 규모에 따라 결정이 되므로 출발 하루 전날 다운타운의 트레킹 회사들이나 호텔에 출발하는 그룹 규모를 물어보고 결정하는 게 좋다. 대부분의 여행자가 인레 호수에서 머무를 호텔에 미리 큰 배낭을 보내고 가벼운 짐으로 출발한다.

모든 트레킹 회사들은 인레 호수 호텔까지 짐을 따로 보내주는 서비스와 각종 음식과 가이드비용, 인레 호수를 가로질러 냥쉐까지 들어가는 보트비용까지 비용에 포함하여 받고 있다.

트레킹 회사

2박 3일 1인당 약 45,000짯(4인 기준)

샘스 트레킹 Sam's
Tel 081-50237

에버스마일 Ever Smile
Tel 081-50683
Email thuthu.klw@gmail.com

조세핀 트레킹 Joseph Andrews
Tel 081-50688
Email joe3638@gmail.com

홀리데이 Holiday
Tel 09-4283-38036
Email holidaykalaw@gmail.com

에이원 트레킹 A1
Tel 081-50121
Email sanlinnkalaw@gmail.com

그린 디스커버리 Green Discovery
Tel 09-4283-12678
Email myanmartrekking@gmail.com

나잉나잉 자전거 트레킹 Naing Naing
Tel 09-4283-12267

Food
투마웅 Thu Maung

메인도로에 미얀마 전통식당과 중국식 레스토랑 2곳을 운영한다. 미얀마 전통식당의 경우 커리 한 종류를 시키면 각종 채소와 반찬, 국이 다양하게 나오는 정식이 깔끔하다. 샨 주에 위치한 식당답게 국이나 다른 반찬이 좀 더 우리 입맛에 맞는 편이며 저녁에는 현지사람들과 여행자들로 늘 붐빈다. 중국식 레스토랑은 미얀마 생맥주를 파는 야외 레스토랑으로 맛은 특별하지 않지만 바비큐 꼬치요리와 함께 시원한 생맥주를 마실 수 있다.

Address	Union Road, Kalaw
Access	버스티켓판매소 옆
Open	09:00~21:00
Cost	커리 2,500짯
Tel	081-50207

Food
빼빼 샨누들 Pyae Pyae Shan Noodles

티리게이하 레스토랑 옆에 있는 작은 국숫집으로 샨족의 다양한 국수를 판매한다. 영어 메뉴에 가격도 저렴하며 대체로 입맛에 맞는 편이다. 조식이 부실한 경우 이곳에서 아침을 대신하는 여행자들도 있다. 매장에 틀어놓은 TV에서 나오는 한국 드라마와 샨족 김치가 한국 여행자들의 향수를 약간이나마 달래준다.

Access	티리게이하 레스토랑 옆
Open	07:00~17:00
Cost	핫폿 1,200짯, 국수 500짯
Tel	081-50798

Food
티리게이하 Thirigayhar

7자매의 레스토랑이라는 별명을 가진 이곳은 껄로에서 거의 유일하게 로맨틱한 분위기로 식사를 할 수 있는 곳이다. 샨 전통음식 외 유럽식 메뉴들도 판매하는데 맛보다는 분위기로 먹는 곳으로 가격은 살짝 비싼 편이다.

Access	세인트 호텔 앞에서 왼쪽으로 230보
Open	11:00~22:00
Cost	2,000~5,000짯
Tel	081-50216

Food
마힌시 티 숍 Ma Hnin Si

조그만 티테이블에 옹기종기 마을사람들이 모여 러펫예를 마시는데 그 맛이 괜찮다. 즉석에서 튀겨나오는 간식거리들도 마을사람들에게 인기 있다.

Access	마켓 메인거리 옆
Open	06:00~17:00
Cost	러펫예 300짯

Food

포포 베이커리 Poe Poe Bakery

깔끔하면서도 비교적 큰 현대식 건물 안에 빵이 가득하다. 이곳에서 빵을 사 가지고 가는 마을 사람들이 이곳을 그냥 지나치지 못하게 한다. 각종 케이크나 페스트리 외에 외국에서 수입한 초콜릿 등도 판매하는데 미얀마의 어느 곳보다도 맛있는 빵을 먹을 수 있다. 특히 갓 나온 따끈따끈한 팥빵은 닫혔던 지갑을 열게 한다.

Access	골든 껄로 게스트하우스 앞 삼거리에서 마켓 방향으로 70m
Open	07:00~19:00
Cost	빵 500짯~
Tel	081-50159

Night Life

하이 바 Hi-Bar

왠지 껄로와 어울리지 않지만 어디서도 느낄 수 없는 껄로만의 분위기를 만끽할 수 있는 영국식 바다. 바텐더 미스터 묘가 만들어주는 특별한 럼 칵테일인 '럼샤워'를 강추한다. 누군가 옆에 비치된 기타를 연주하기 시작하면서 고조된 분위기는 밤늦도록 그곳을 떠날 수 없게 만든다.

Access	파라미 호텔 건너편
Cost	럼샤워 1잔 1,000짯

Stay : Guesthouse

골든 릴리 게스트하우스
Golden Lily Guesthouse

인도인이 운영하는 이 게스트하우스는 마을의 서쪽에 위치하여 아침에 3층 테라스에서 일출을 조망할 수 있다. 공동욕실을 사용하는 이코노미의 경우는 침대가 대부분을 차지하는 매우 좁은 공간이지만 다른 저가의 게스트하우스보다 저렴하며 깔끔하다. 스탠더드룸은 타일로 마감된 욕실이 내부에 위치하며 비교적 넓은 내부와 테라스로 편안하게 묵을 수 있다. 조식은 특별하지는 않지만 전체적으로 잘 운영되고 있는 인상이다.

Cost	이코노미 7$(공용화장실), 스탠더드 더블 14$ 부대서비스 조식
Tel	081-209037

Stay : Guesthouse

골든 껄로 인 게스트하우스
Golden Kalaw Inn Guesthouse

골든 릴리 옆에 위치하는 비슷한 형태의 게스트하우스로 테라스나 방 내부 및 욕실이 콘크리트로 되어 전체적으로 삭막하고 낡은 느낌이지만 욕실의 물은 잘 나온다. 가격은 골든 릴리와 비슷하며 조식은 3종류의 식사를 골라 먹을 수 있게 배려하고 있다. 뒤쪽에 새로 지은 빌딩은 상당히 넓고 깔끔하며 껄로 마을 전체를 바라보며 조식을 먹을 수 있어 인상적이다.

Cost	**이코노미** 싱글 9$, 더블 12$, **스탠더드** 싱글 12$, 더블 15$, **뉴빌딩** 싱글 15$, 더블 20$ / 부대서비스 조식
Tel	081-50311

Stay : ★
③
세인트 호텔 Seint Hotel 📶

현대식 건물의 빌딩이 메인로드 옆에 위치하고 있다. 간판은 낡았으나 건물 자체는 내외부 모두 새 건물이다. 다섯 개의 싱글룸은 공동욕실을 사용하며 방 내부나 화장실 모두 매우 깨끗하다. 더블룸은 저렴한 방의 경우 빛이 화장실을 통해서만 들어오는 구조로 되어 있어 쾌적하지는 않다. 하지만 비싼 방의 경우 큰 창에 넓은 방, 바닥과 벽면이 나무로 마감되어 비교적 아늑하다.

Cost	싱글이코노미 8$, 더블룸 35~45$
	부대서비스 조식
Tel	081-50696
Web	www.seinthotelkalaw.com

Stay : Guesthouse
④
이스턴 파라다이스 게스트하우스
Eastern Paradise Guesthouse 📶

2개의 2층짜리 주택으로 이루어진 곳으로 집으로 들어서면 중간에 위치한 응접실이 마치 가정집에 온 것 같은 느낌을 준다. 넓은 방에 약간 좁은 듯한 욕실이지만 전체적으로 밝은 분위기에서 조용히 쉬기 좋다. 조식은 3종류 중 하나를 고를 수 있고 주인아주머니 또한 매우 친절하다.

Cost	스탠더드 15~20$,
	수피리어 30~40$
	부대서비스 조식
Tel	081-50315

Stay : ★★
⑤
드림 빌라 Dream Villa 📶

3층으로 된 영국 저택의 분위기가 물씬 풍기는 건물이다. 입구로 들어서면 2층 테라스에 꾸며놓은 붉은 전통 파라솔, 정원에 들어찬 많은 나무들, 꽃들이 쾌적한 인상을 준다. 방안 내부 벽에는 멋진 부조장식과 도자기 공예품이 있으며 안락한 의자와 고급스러운 느낌으로 여행자들의 호평을 얻고 있다.

Cost	수피리어(24개)-더블 45$, 싱글 40$
	부대서비스 조식
Tel	081-50144

Stay : ★

6

허니 파인 호텔 Honey Pine Hotel 📶

메인도로에 위치한 4층짜리 빌딩으로 외관은 평범하지만 리셉션은 나무 벽면으로 깨끗하고 단정한 느낌을 준다. 내부에 TV와 냉장고가 있는 싱글룸은 좁은 느낌이 들지만 수피리어의 경우 매우 넓으며 카펫 바닥과 나무 벽면이 단정하다. 욕실은 마감이 잘 되지 않은 느낌을 줘서 아쉽다.

Cost	스탠더드-1인 25$, 2인 35$, 3인 40$ 부대서비스 조식
Tel	081-50643

Stay : ★★★

7

파인힐 리조트 Pine Hill Resort 📶

껄로 다운타운이 아닌 도보로 10분 거리의 언덕 중턱에 위치하여 좀 더 산속에서 지내는 듯한 느낌을 주며 쾌적하다. 작은 방갈로가 좁은 곳에 조밀하게 있고 외부 시설은 레스토랑밖에 없지만 정원도 잘 정리된 편이고 레스토랑도 고급스럽다. 그러나 뒤쪽에 새로 짓고 있는 빌딩 두 채가 전체적인 분위기를 흐려 아쉽다. 고객들에게 자전거를 무료로 대여해주고 있다.

Cost	수피리어-선풍기싱글 75$, 더블 85$, 디럭스-에어컨싱글 95$, 더블 105$ / 부대서비스 조식, 무료자전거, 예약 시 공항픽업
Tel	081-50079
Web	www.myanmarpinehill.com

Stay : ★★★

8

아마라 리조트 Amara Resort 📶

영국 식민지 시절 별장들이 주변에 산재해 있는 위치에 있으며 호텔 건물은 스코틀랜드의 작은 마을에 와 있는 착각을 하게 만든다. 입구의 노란 대나무와 정원의 작은 농작물이 편안한 분위기를 만들어내고 방안의 작은 벽난로는 껄로의 밤을 더욱 로맨틱하게 보낼 수 있게 해준다.

Cost	싱글 140$, 더블 170$ 부대서비스 조식
Tel	081-50470
Web	www.amara-mountain.com

Intro

햇살 반짝이는 소호, 삔다야
Pindaya

아름다운 인레 호수 지역에서 더 아름다운 풍광이 삔다야로 향하는 길에 펼쳐진다. 많은 여행자들은 쉐우민 파고다를 둘러보는 과정에서 잠깐 마을을 방문한 뒤 껄로나 인레로 돌아가곤 한다. 하지만, 작은 호수가 있는 소박한 정취는 인레 호수와는 또 다른 매력을 간직하고 있어 하룻밤 묵어가기에 부족함이 없다.

*지역입장료 : 3,000짯

주요 도시에서 삔다야 들어가기

껄로, 냥쉐
택시대절 1일 35,000짯

껄로나 쉔냥-아웅반
픽업트럭 2,000~3,000짯(수시 출발)

아웅반-삔다야
픽업트럭 2,500짯(08:00, 11:00 출발), 오토바이택시 왕복 10,000짯

삔다야에서 다른 도시로 이동하기

아웅반, 쉔냥, 따웅지행
따웅지 버스 3,000짯(05:30, 05:45, 06:00)
*삔따야 장날에는 05:30 한 대만 운영

아웅반
픽업트럭 1,000짯(09:00)

> **Travel Tip**
> 1. 해발 1,500km의 고지대에 위치한 마을로, 겨울에는 쌀쌀한 편이다.
> 2. 은행이나 여행사가 없으므로 환전은 미리 넉넉하게 해 오는 것이 좋다.
> 3. 마을은 걸어 다니기에 충분하지만 시내교통이 필요하다면 지나가는 마차를 섭외할 수 있다. 장거리 택시는 숙소에서 소개해 준다.
> 4. 야간에 가로등이 없으므로 손전등을 지참하자.

Sightseeing

쉐우민 동굴사원 Shwe Umin Pagoda

껄로나 인레 호수에서 이곳으로 가기 위해서는 아웅반이라는 도시를 거쳐야 하는데 이곳에서부터 뻰다야로 이르는 길은 샨 주에서 가장 아름다운 길 중 하나이다. 붉은 토양으로 덮인 둥근 언덕 위의 감자와 배추밭들은 마치 색색의 조각 천을 펼쳐놓은 듯하며 그 사이사이 둥근 머리의 나무들과 함께 그림같은 풍경을 연출한다. 몇 개의 작은 마을과 농장을 지나 호숫가에 위치한 뻰다야에 도착하면 마을 한쪽에 있는 산 전체를 이 동굴사원으로 이르는 계단이 감싸고 있어 멀리서도 거대한 사원의 규모를 한눈에 알아볼 수 있다. 차를 대절한다면 보통 계단의 중간인 동굴사원 바로 앞에 내려준다. 입구에 있는 거대한 거미와 거미를 물리치는 용사의 상 앞에서 기념사진을 찍는 많은 미얀마 사람들을 볼 수 있다. 동굴은 대략 200억 년 전에 만들어진 것으로 추정되는데 높은 천장의 천연동굴 입구에는 원형의 황금 탑이 자리하고 그 뒤로 좁은 통로만을 남긴 채 빽빽하게 들어찬 크고 수많은 불상들이 자리하고 있다. 동굴 안에는 모두 8,904개의 불상들이 있는 것으로 알려져 있지만 세계 각지의 나라에서 온 불자들의 보시로 지금도 계속 새로운 불상이 들어서고 있다. 3월에는 이곳에서 큰 규모의 파고다 축제가 열린다.

Access	껄로에서 아웅반을 지나 북쪽으로 약 50km(약 1시간 30분 소요)
Cost	동굴 사원 입장료 3$, 카메라요금 300짯

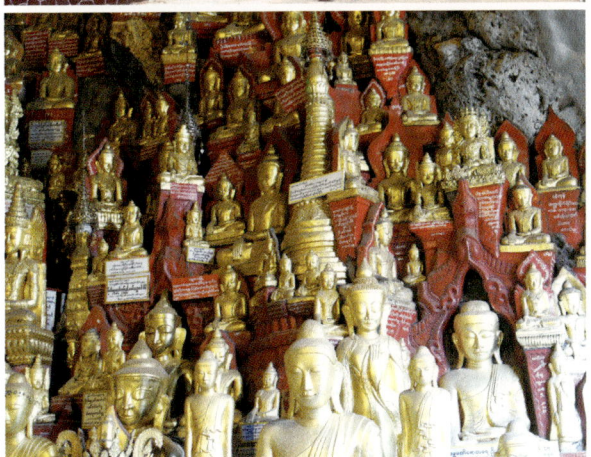

Tip 뻰다야 동굴의 전설

7명의 아름다운 공주가 호수에서 늦게까지 놀다가 너무 어두워져 동굴에서 하룻밤을 보내기로 하였다. 공주들이 잠이 든 사이 거대한 검은 거미가 입구를 막아 밖으로 나갈 수 없게 되었다. 아침이 되어 이 사실을 알게 된 공주들의 비명소리를 어느 잘생긴 왕자가 이곳을 지나다가 듣게 되었고, 왕자는 가지고 있던 활로 거미를 쏴 쓰러트린 뒤 공주를 구했다. 왕자가 거미를 쓰러트리면서 "핀구야(거미를 잡았다!)"라고 외쳤다는 데서 뻰다야라는 이름이 유래되었다고 한다.

Sightseeing

삔다야 마을 Pindaya Village

작고 잔잔한 뽄딸록 호수를 둘러싼 작은 마을의 소박한 분위기만으로도 여행자의 발걸음을 이곳에 머물게 한다. 샨주 특유의 날씬한 파고다가 모인 칸타웅짜웅이 잔잔한 호수에 비친 모습이나, 아기자기한 시장, 호수 옆에서 목욕을 하는 여인들이 호수의 풍경과 어우러져 기분 좋은 여유를 느끼게 해준다. 거대한 보리수나무가 가득한 더봄바진 숲도 천천히 거닐어 보자.

Food

그린티 레스토랑 Green Tea Restaurant

마을과 쉐우민 파고다 중간 호숫가에 위치하여 호수를 내려다보며 쾌적한 식사를 할 수 있다. 위치도 위치지만 레스토랑 자체의 분위기도 상당히 고급스러우며 많은 인원을 수용할 수 있어서 단체 서양관광객들은 이곳에서 점심 식사를 한다. 가격도 비교적 저렴한 편이며 특히 이곳의 미얀마 커리는 다른 곳에서 찾아볼 수 없을 정도로 좋은 맛이 난다.

Address	Shwe Oo Min Pagoda Road
Open	10:00~21:30
Cost	1,800~8,000짯
Tel	081-66344, 09-49361439

Food

짠릿 레스토랑 Kyan Lite Restaurant

시장 입구 바로 맞은편에 위치한 작고 허름한 중식 레스토랑으로, 1층보다는 2층이 훨씬 깨끗하다. 특별히 맛을 기대하진 말자.

Address	Zaw Ti Kar Yone Road
Open	06:00~22:00
Cost	볶음국수 2,000짯, 치킨커리 3,500짯, 러펫예 250짯
Tel	081-66154, 09-4935 8288

Food

골든문 레스토랑 Golden Moon Restaurant

쉐우민 동굴사원이 바라보이는 전망 좋은 곳에 위치한 음식점으로 다누족이나 샨족 음식을 주로 판매한다. 짚과 대나무로 지어진 레스토랑의 분위기도 좋고 음식도 깔끔하다. 동굴사원을 오가며 잠시 쉬어가기에도 좋다.

Address	Shwe Oo Min Pagoda Road
Cost	생과일주스 1,000짯, 미얀마병맥주 2,500짯, 치킨커리세트 5,000짯, 산국수 2,000짯
Tel	09-428369820

Stay : ★★★ 추천

삔다야 인레인 Pindaya Inle Inn

삔다야에서 가장 분위기가 좋은 곳으로 이곳에서 머물다가는 삔다야를 빠져나가지 못할지도 모른다. 열대나무가 무성한 정원 사이에 있는 방갈로는 대나무로 짠 벽면과 아름다운 액자로 마치 작은 산장에서 묵는 기분이 든다. 벽난로가 놓인 레스토랑에서 먹는 아침 식사는 높은 반얀트리에서 채취한 벌꿀과 직접 만든 잼, 미얀마에서 가장 부드러운 크루아상, 진한 커피로 무척 만족스럽다.

Address	Mahabandoola Road
Cost	90~130$
Tel	081-66029, 66280

Stay : ★

밋피야쏘지 호텔
Myit Phyar Zaw Gji Hotel

삔다야에서 가장 저렴한 숙소임에도 불구하고 객실은 넓고 깨끗하다. 호수 쪽으로 창문이 크게 나 있어 전망도 좋다. 에어컨은 없지만 냉장고와 텔레비전, 공동 거실까지 갖추고 있다. 시장 옆에 위치한 점도 편리하다.

Address	No.106, near Myoma Market
Cost	15$, 25$ / 부대서비스 조식
Tel	081-66403, 66325

Stay : ★★

골든 케이브 호텔 Golden Cave Hotel

입구는 꼭 가건물을 지어놓은 것처럼 밋밋하지만, 안으로 들어서면 작은 정원 한쪽에 객실이 준비되어 있어 비교적 아늑한 느낌을 준다. 방은 넓진 않지만 기분 좋은 마룻바닥에 테이블과 침대가 단정하게 갖춰져 있고, 욕실도 깨끗하다. 테라스에 대나무 의자도 구비해 놓았다. 빌딩 2층과 방갈로 형 숙소가 방마다 조금 다른 분위기이므로, 여건이 된다면 두 곳 다 살펴본 뒤 취향에 따라 골라 보는 것도 좋다.

Address	Shwe Oo Min Pagoda Road
Cost	싱글 40$, 더블 45$
Tel	081-66166, 09-45358422
Email	shwegue.pdy@gmail.com

Central Region
중부 내륙 & 주변 지역

Intro

그들만의 성채, 네피도
Naypyidaw

원래는 논밭과 작은 시골마을들이 모여 있던 이곳은 2005년에 돌연 수도로 지정되었다. 여기에는 도시를 이전해야 국가적인 발전이 있을 것이라는 점쟁이의 점괘에 의했다는 설, 혹은 민중의 봉기가 두려운 지배층이 안전을 위해 국민들로부터 멀리 떨어진 곳에 도시를 만들었다는 설이 있다. 처음에는 수도를 변경한다는 발표만 했을 뿐 어딘지 공개하지 않았으며 외국인은 이곳을 방문하거나 사진을 찍지도 못했다고 한다. 그 이후 본래 이곳에 살고 있던 사람들을 모두 이주시키고 광범위한 수도건설을 진행하여 현재는 광활하게 뻗은 도로를 중심으로 더 없이 고급스러운 호텔과 관공서, 최신식 쇼핑몰과 박물관들이 띄엄띄엄 자리하고 있다. 정부 관계자들과 그 직원, 가족들은 이미 이곳으로 이주를 마쳤다고는 하나 여전히 상업의 중심은 양곤이며, 양곤과 이곳을 오가는 수많은 버스들만이 이곳이 수도임을 말해준다. 텅 비어 쓸쓸하기까지 한 도심풍경이지만 저녁이 되면 작은 놀이공원 옆 간이시장이나 파고다 주변으로 모여드는 사람들이 정겹다. 일반적으로 네피도를 여행하는 외국인들이 거의 없어, 이곳을 방문할 경우 친절한 교통경찰과 시민들의 특별한 관심을 한 몸에 받을 수 있다.

✚ 네피도 출발·도착 교통편

수도답게 미얀마 대륙의 정중앙에 위치한 네피도는 비행기나 버스 모두 편리하게 이용할 수 있다. 숙소를 예약하면 공항으로 픽업을 나오기도 하므로 미리 문의해보자. 버스를 이용할 경우 각자의 호텔 바로 앞에 내려준다. 반대로 네피도에서 다른 도시로 이동할 때도 숙소에서 미리 티켓을 예매한 뒤 각자의 호텔 앞에서 버스를 타면 된다.

◎ 양곤 ↔ 네피도
고속버스 | 7,000짯 | 5시간 소요(1시간마다 운행)

✚ 네피도 시내교통

어마어마하게 넓은 반면 대중교통은 전무하다시피 하므로 오토바이택시 외에는 대안이 없다. 지나가는 차를 잡아타는 것은 거의 불가능하니 숙소에 문의하거나 혹은 큰 대로변에 삼삼오오 모여 있는 오토바이택시들을 이용하자.

◎ 오토바이 1일 대여
기사포함 15,000~20,000짯 | 직접운전(기사불포함) 10,000짯

> **Travel Tip**
> 1. 미얀마 대륙 중심에 위치한 만큼 여름에는 더위를 단단히 각오하고 가야 한다. 도심에 나무들이 거의 없어 더 덥다.
> 2. 걸어 다니는 것이 거의 불가능한 크기의 도시이며 길에는 아무것도 없으므로 웬만하면 쇼핑몰 근처의 숙소를 잡는 게 편리하다. 아니면 그냥 호텔 내 시설을 이용하자. 길에는 다니는 차량이 없어 택시 하나를 잡는 것도 쉬운 일이 아니다.

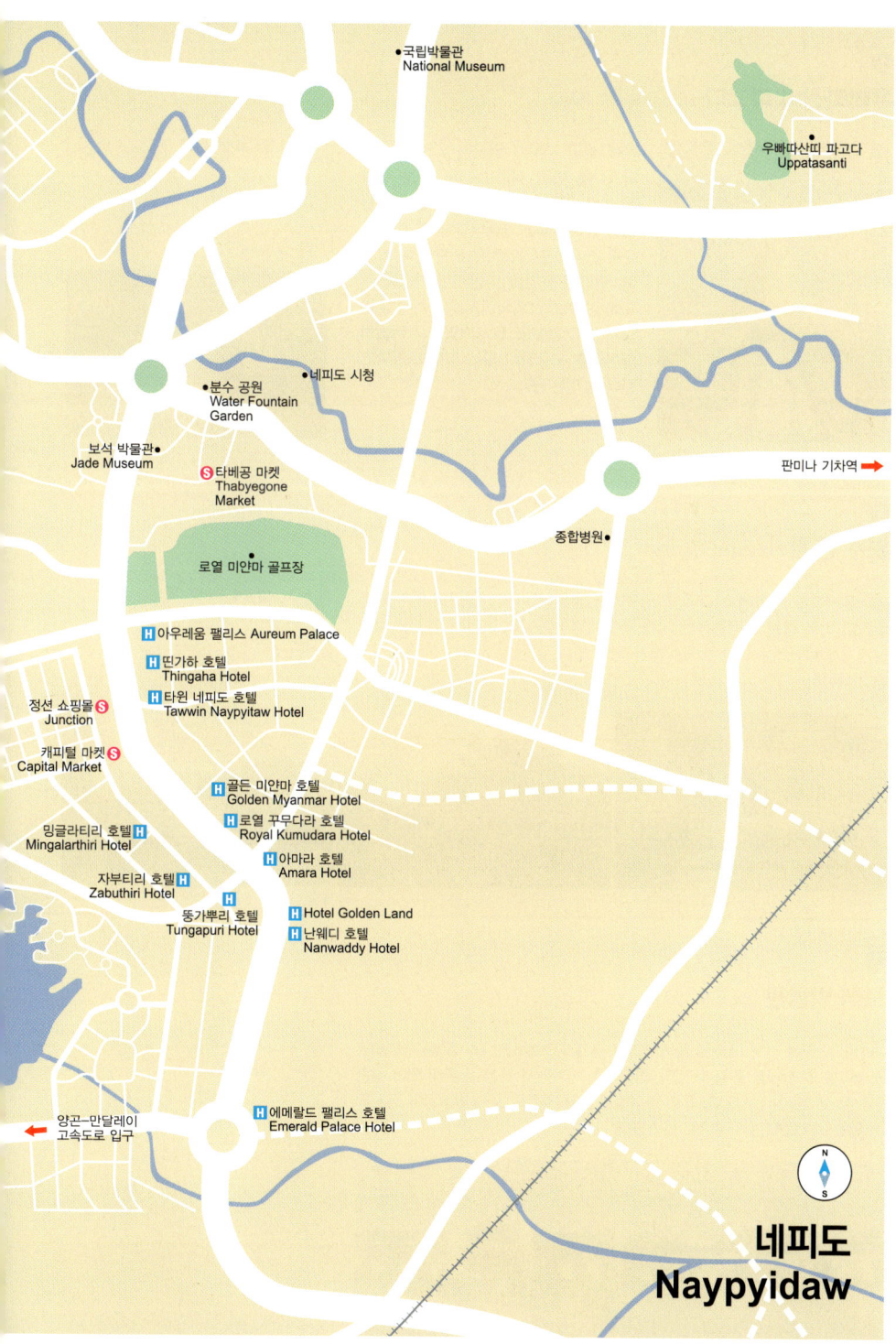

Sightseeing

우빠따산띠 파고다 Uppatasanti Paya

딴쉐 장군 부부가 양곤에 있는 쉐다곤 파고다를 본떠 세운 이 파고다는 주위에 높은 건물들이 없어 멀리서도 그 위용이 눈에 띈다. 그러나 가까이 다가갈수록 조금은 실망스러운 외관을 하고 있다. 야간에 조명을 밝힌 모습이 오히려 더욱 아름답다. 외국인 입장료는 방문한 당시 3,000짯으로 조사되었으나 특별히 입장료를 요구하지 않는 경우도 있다고 한다. 높이는 95m.

Cost   입장료 현지 확인

우빠따산띠 가는 길

Sightseeing

분수 공원 Fountain Garden

메마른 네피도 중앙에 비교적 넓게 꾸며진 분수 공원이다. 곳곳의 분수와 수영장이 비록 급하게 만들어진 티가 역력하지만 한낮의 뜨거운 태양을 피하려는 시민들에게는 소중한 휴식처가 되고 있다. 공원의 분수는 저녁 6시경에 가동된다.

Cost   입장료 200짯

Sightseeing

보석 박물관 Jade Museum

거창한 외관에 비해 내부로 들어서면 약간 실망스럽지만 보석류를 구경하면서 네피도의 한때를 즐길 수 있다. 이곳에는 세계에서 가장 큰 루비 외에 각종 진귀한 보석들이 전시중이다. 이 보석들은 본래 양곤의 보석 박물관에 전시되어 있었으나 2014년 이곳으로 옮겨졌다.

Open   09:30~16:30(월요일 휴무)
Cost   입장료 5$

Food

문 베이커리 & 레스토랑 Moon Bakery & Restaurant

한국인이 운영하는 체인점으로 양곤에서 성공을 거두어 네피도까지 진출했다. 최근 양곤에 생긴 롯데리아도 같은 주인이 운영하며, 주로 젊은 층을 겨냥한 인테리어가 독특하다. 생과일 주스나 가벼운 음료도 괜찮지만 한국요리인 김치찌개나 떡볶이도 먹을 만하다.

Access	정션 쇼핑몰 1층
Open	11:30~20:00
Cost	3,500짯~

Shopping

정션 쇼핑몰 & 캐피탈 마켓 Junction & Capatal Market

네피도 호텔존에서 북쪽을 올라가면 먼저 캐피탈 마켓이 보이고 바로 옆에 정션 쇼핑몰이 큰 덩치를 자랑하며 자리하고 있다. 정션 쇼핑몰 1층에는 큰 오션마켓이 입점해 있어 생필품 등 각종 먹을거리를 사기도 좋다. 캐피탈 마켓은 1층에 음식점과 옷가게들이 있고 오션마트보다 작은 마켓이 입점해 있다.

Access	호텔존과 보석 박물관 사이
Open	09:30~21:00

Stay : ★★★

뚱가뿌리 호텔 Tungapuri Hotel

네피도의 호화 호텔 가운데 비교적 저렴하게 이용할 수 있는 호텔로 값싼 방은 지하에 위치하여 약간 어두운 분위기지만 상당히 깔끔하게 유지된다. 조식도 괜찮은 수준으로 제공되며 주변의 쇼핑몰을 이용하기에도 좋은 위치에 있다.

Cost	스탠더드 20~40$, 수피리어 60$, 디럭스 80$ / 부대서비스 조식
Tel	067-422020
Email	reservation@tungapurihotel.com
Web	www.tungapurihotel.com

Intro

푸른 호반의 도시, 삔우린
Pyin Oo Lwin

수많은 파고다와 불상에 지쳤다면 꽃과 나무 향기의 싱그러움을 느낄 수 있는 이곳으로 가자. 영국풍 시계탑과 고풍스러운 벽돌집들을 지나 호숫가의 정원이나 한없이 시원하고 맑은 물이 쏟아지는 폭포로 피크닉을 떠날 수 있다. 시장에 널린 각종 과일과 함께라면 더욱 완벽하다.

주요 도시에서 삔우린 들어가기

➕ 버스·기차

출발	교통편	출발시간	요금	소요시간
양곤	VIP버스	09:00, 18:00, 20:30	16,000짯~	11시간
	고속버스	08:00, 18:00, 19:00	11,500짯	
만달레이	기차	04:00	2$	4시간
	픽업트럭	05:00~17:00(수시 출발)	2,000짯	3시간
시뽀	기차	*09:30-13:20-16:30	3$	7시간

*시뽀 출발-곡테익 철교-삔우린 도착

삔우린에서 다른 도시로 이동하기

➕ 버스·기차

도착	교통편	출발시간	요금	소요시간
양곤	VIP버스	17:30, 18:00, 18:30	19,500짯~	11시간
	고속버스	08:00, 18:00, 19:00	11,500짯	
만달레이	로컬버스	07:00(하루 1대)	2,000짯	2시간
	픽업트럭	05:00~(수시 출발)	2,000짯	3시간
인레 호수	고속버스	20:30	15,000짯	9시간
시뽀	고속버스	07:00, 09:00, 16:00	6,000짯	6시간
	기차	08:20	3$	8시간

➕ 삔우린 시내교통

삔우린의 대표 볼거리인 내셔널 깐도지 가든이나 아니사칸 폭포는 모두 삔우린 외곽에 있다. 가장 쉽게 이용할 수 있는 시내교통은 각 호텔에서 대여할 수 있는 오토바이다. 직접 운전을 하거나 오토바이택시 혹은 툭툭을 이용할 수 있다.

- ◎ 툭툭 : 기차역 → 다운타운숙소(시계탑) 1인 1,000짯
- ◎ 마차 : 1일 대여 25,000~30,000짯
- ◎ 오토바이 : 1일 대여 7,000~8,000짯

> **Travel Tip**
> 1. 숲과 호수가 어우러진 휴양지인 만큼 다른 지역이 무더워지기 시작한 3, 4월에도 쾌적한 여행을 할 수 있다. 이 시기는 특히 딸기 등 각종 과일이 나는 시기이기도 하다. 서늘한 날씨 덕분에 각종 농업이 발달하여 딸기나 각종 과일, 커피, 와인으로 유명한 지역인 이곳에서 신선한 과일과 독특한 와인들을 즐겨보자. 5월 중순부터 시작되는 우기에는 삔우린의 명물인 아니사칸 폭포가 평소보다 훨씬 더 장엄한 분위기를 연출한다.
> 2. 삔우린은 깐도지 호수가 있는 정원지역과 시장과 시계탑이 있는 도심지역으로 나뉘는데 저가의 숙소나 레스토랑들은 주로 도심지역에 모여 있다. 도심에 있는 것이 시장을 방문하고 티 숍에 들르는 등 주변 시설을 이용하기에 좀 더 편리하지만 삔우린의 우거진 수목을 제대로 즐기려면 호수가 있는 정원 쪽에 묵는 것도 좋다.
> 3. 외국인보다 미얀마인들이 더 많이 찾는 유명 관광지답게 일부의 경우 바가지가 있으므로 지나치다 싶은 가격을 부르면 잘 협상해보자. 특히 마차요금이 바가지가 심하다.
> 4. 시계탑 근처에 은행과 24시간 ATM기기도 있다.

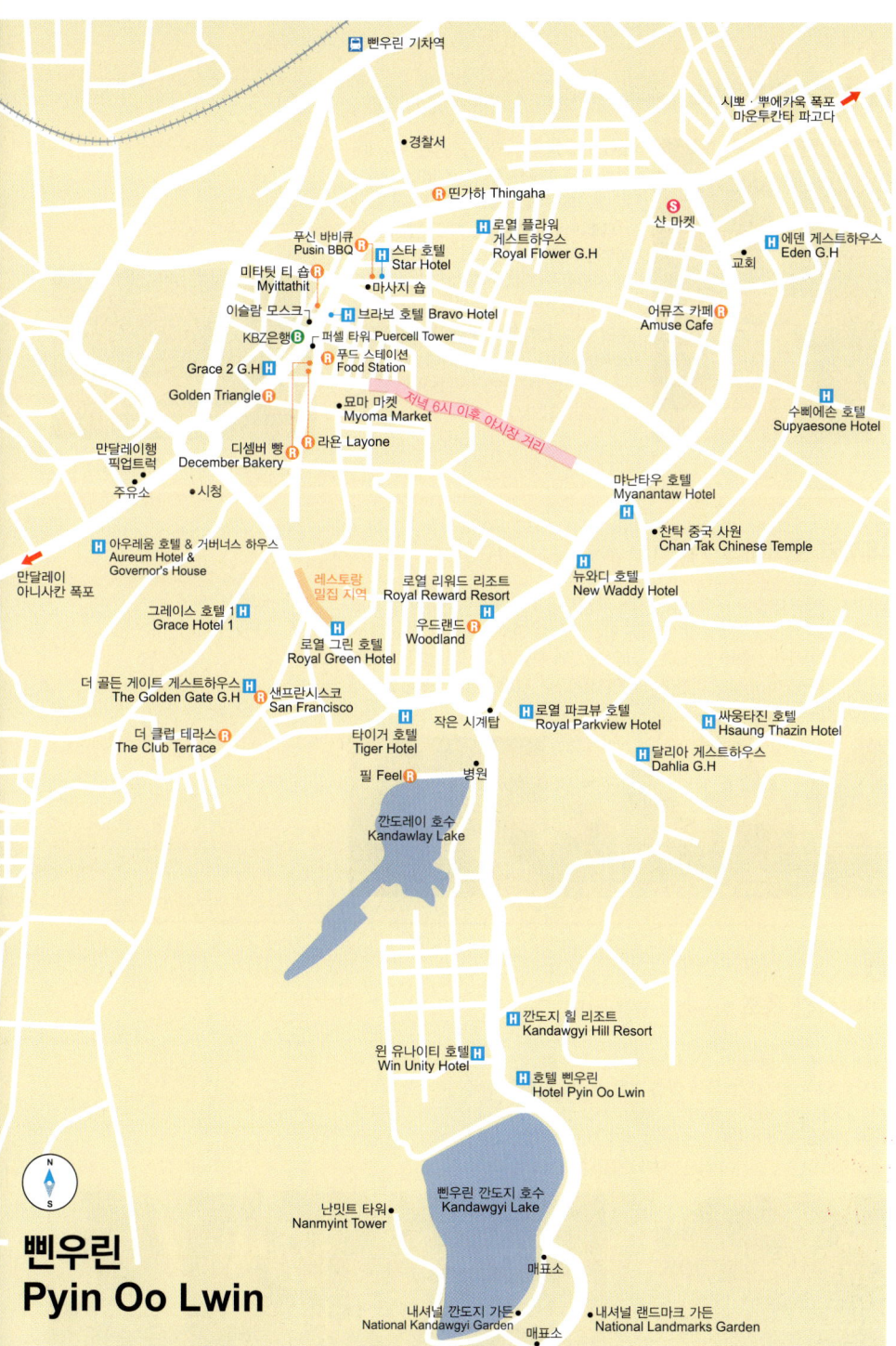

Sightseeing

내셔널 깐도지 가든 National Kandawgyi Garden

1915년경 영국에 의해 조성된 이 거대한 정원은 호수를 중심으로 넓은 잔디밭과 갖가지의 꽃, 난초, 대나무밭과 습지 등으로 어느 곳보다 화려하다. 삔우린의 풍부한 자연림과 영국식 정원이 어우러져 하루를 투자해도 다 둘러보기 힘들다. 백조가 떠다니는 넓은 호수와 580여 종의 각종 나무들, 300여 종의 난초와 앵무새들이 노니는 새장 외에 야외 수영장 등도 갖춰져 있다. 피크닉을 떠나는 기분으로 들러보자.

Open 08:00~18:00
Cost 입장료 5$

Sightseeing

내셔널 랜드마크 가든 National Landmark Garden

미얀마 각지에서 많은 사람이 방문하는 휴양지로 아이들과 함께할 만한 장소로 조성됐다. 이곳에는 미얀마 전국에 위치한 각종 명소들을 축소 재현해 놓았으며 짜익띠요나 뽀빠 산 외에 곡테익 열차와 차웅따 비치도 있다. 특별한 건 없지만 한곳에서 보는 미얀마 미니어처들은 또 다른 재미를 준다. 한쪽에는 놀이기구도 있다.

Open 08:00~18:00
Cost 입장료 성인 4$, 아동 2$

Sightseeing

아니사칸 폭포 Anisakan Waterfalls

땅이 갈라진 듯 웅장한 계곡 아래 위치한 폭포로 시원스럽고 맑은 물줄기를 가지고 있다. 건기에는 폭포 아래 맑은 계곡에서 피크닉이나 수영을 하기에 더할 나위 없는 장소가 되며 우기에는 계곡 맨 위쪽부터 아래까지 이어지는 여러 갈래의 폭포가 장관을 이룬다. 폭포 아래 계곡까지는 약 50분가량 걸어 내려가야 하는데 중간에 작은 가게와 동굴 파고다도 있다.

Cost 무료입장

Sightseeing

아운투칸타 파고다
Maha Auntoo Kan Tha Paya

삔우린 근교 언덕 위에 위치한 파고다는 2000년에 지어진 짧은 역사와 달리 많은 사람들의 신앙의 대상이 되고 있다. 사원 내부에 모셔진 17톤의 거대한 불상은 1997년에 만달레이에서 제작되어 중국으로 이동 중에 일어난 사고로 트럭에서 떨어졌으며 이는 곧, 불상이 미얀마를 떠나지 않으려는 것으로 해석되었다. 이에 따라 불상은 여러 과정을 거쳐 최종적으로 현재의 장소에 모셔져 오늘날까지도 전국 각지에서 온 신도들을 맞이하고 있다.

Cost 무료입장

Sightseeing

뿌에카욱 폭포
Pwe Kauk Waterfalls

아운투칸타 파고다 맞은편으로 내려가면 나오는 이곳은 아니사칸 폭포처럼 거대하거나 깨끗하진 않지만 작은 크기의 폭포들이 넓은 지역에 걸쳐 여러 개 조성되어 있는 모습이 또 다른 볼거리를 제공한다. 지역사람들이 많이 찾는 곳으로 주위에는 각종 상점들이 뻔우린 특유의 딸기와 인이나 사과와인 등을 팔고 있다.

Cost 입장료 500짯

Sightseeing

찬탁 중국 사원
Chan Tak Chinese Temple

입구를 들어서면 술병을 든 배불뚝이 형상부터 시작하여 커다란 용이나 중국식 탑까지 있어 사원이라기보다는 아기자기한 놀이공원 분위기가 난다. 각지에서 온 미얀마인들이 이곳의 신기한 형상들 앞에서 기념사진을 찍는 모습이 더 재미있다.

Cost 무료입장

Sightseeing

센트럴마켓 & 샨마켓, 시계탑
Central Market & Shan Market, Watch Tower

센트럴마켓과 샨마켓은 위치가 다르지만 각종 야채나 과일 등이 넘쳐나는 것은 같다. 센트럴마켓 인근에 조성되는 나이트마켓에는 각종 저녁 식사나 간식거리를 파는 노점들의 바쁜 손놀림이 활기차다. 뻔우린 다운타운에 위치한 영국식 시계탑은 뻔우린을 상징하는 또 다른 볼거리이니 놓치지 말자.

Food

더 클럽 테라스 The Club Terrace

태국음식이 특히 맛있는 레스토랑으로 넓은 정원이 있어 뻰우린의 정취에 걸맞은 분위기를 풍긴다. 전체적으로 음식이 싼 편은 아니지만 양은 상당히 많으니 한 번 도전해봐도 좋다.

Open	11:00~21:30
Cost	치킨요리 4,500짯, 볶음밥 2,500짯, Tax 5% 별도
Tel	085-23311

Food

샌프란시스코 San Francisco

중국인이 운영하는 레스토랑으로 깔끔하고 여유로운 분위기 속에서 괜찮은 중국음식을 맛볼 수 있다. 바로 옆에는 정원이 우거진 숙소도 함께 운영하고 있다.

Open	08:00~21:00
Cost	딸기주스 1,200짯 요리 2,000~4,000짯
Tel	085-21534

Food

필 레스토랑 Feel

미얀마에서 성공한 대표 프랜차이즈 식당 중 하나이다. 고속도로의 큰 휴게소에도 입점된 곳이 많으며 뻰우린 깐도레이 호수 옆에 위치한 이 고급 레스토랑은 맛보다는 분위기가 좋다. 음식은 태국이나 중국 음식 위주이며 일본 스시와 베이커리도 판매한다.

Open	11:00~22:00
Cost	케이크 1,300짯~, 요리 3,500~7,000짯
Tel	085-22083

Food

골든 트라이앵글 카페 & 베이커리
Golden Triangle Cafe & Bakery

세련된 분위기와 맛으로 주로 서양 여행자들이 모이는 곳이다. 아침부터 야외 테라스에 앉아 이야기를 나누는 여행객들로 붐빈다.

Open	08:00~21:00
Cost	아메리카노 2,000짯, 아이스라떼 2,300짯, 크로아상 1,200짯, 조각케이크 1,500짯
Tel	085-21288

Food

디셈버 카페 & 베이커리
December Cafe & Bakery

삔우린 시내에 있는 깔끔한 빵집으로 모던한 분위기와 그와 어울리는 외관을 하고 있다. 우리 입맛에 맞는 빵도 먹을 수 있다.

Open	09:00~21:00
Cost	아이스커피 700짯, 요거트 500짯, 조각케이크 300짯~
Tel	085-21053

Food

띤가하 Thingaha (미얀마 푸드)

대나무로 장식된 입구가 특히 눈에 띄는 미얀마 음식점이다. 입맛에 맞는 저렴한 음식 외에 시원한 생맥주도 함께할 수 있다.

Open	09:00~21:00
Cost	미얀마푸드 1인 1,500짯(고기 2종류, 야채커리 2종류)
Tel	09-4712-8778

Food

푸신 비비큐 Pusin BBQ

각종 꼬치구이와 시원한 생맥주를 파는 곳이다. 특히 밤이면 입구에 주차된 많은 오토바이가 이곳의 인기를 말해준다. 중국인이 운영하는 스타 호텔 바로 옆에 위치해 있다.

Open	11:00~23:00
Cost	생맥주 600짯, 바비큐 1,000짯~
Tel	085-21224

Stay : Guesthouse 추천

①

더 골든 게이트 게스트하우스
The Golden Gate Guesthouse

샌프란시스코 레스토랑과 함께 운영되는 곳으로 우거진 정원과 곳곳의 작은 분수, 소박하게 놓인 정원의자 등이 아늑하면서도 편안한 분위기를 만든다. 파란색의 창 넓은 방갈로와 짚으로 지붕을 엮은 황토집들이 넉넉한 공간을 제공하며 전체적으로 깨끗하게 관리된다.

Address Club Rd., Block(5), Pyin Oo Lwin
Cost 방갈로타입 더블 25$, 뉴방갈로 35$ / 부대서비스 조식
Tel 085-21534
Email suze_sf@gmail.com

Stay : ★★ 추천

②

로열 그린 호텔 Royal Green Hotel

만달레이의 로열 시티 호텔, 로열 게스트하우스와 함께 운영되는 곳으로 새로 오픈하여 더욱 깨끗하면서도 충분히 아늑한 인테리어로 꾸며져 있다. 전체적으로 녹색을 테마로 한 밝은 분위기를 느낄 수 있으며 상당히 체계적으로 운영되는 깔끔한 호텔이다.

Address No.17 Corner of Ziwaka Rd. & Pyitawthar 1st Pyin Oo Lwin
Cost 스탠더드(3개) 35$, 수피리어(8개) 45$, 디럭스(4개) 50$, 방갈로(2개) 55$ / 부대서비스 조식
Tel 085-28411
Email royalgreenhotelpol@gmail.com

Stay : ★★★★ 추천

③

호텔 삔우린 Hotel Pyin Oo Lwin

호텔 로비와 레스토랑은 마치 영국의 어느 고풍스러운 레스토랑에 들어선 듯한 느낌을 준다. 나무로 전체 마감된 공간은 높은 천장과 벽에 걸린 사진들, 그랜드 피아노와 그 옆의 조명들까지 하나하나 고급스럽다. 마찬가지로 영국풍 방갈로가 늘어선 정원 입구의 작은 시계탑도 멋지게 자리한다. 다만 호텔 수준에 비해 낡은 수영장은 다소 실망스럽다.

Address No.9 Nanda Rd., Near Kan Taw Gyi Gardens, Pyin Oo Lwin
Cost 디럭스(30개) 120$, 스위트(6개) 150$ / 부대서비스 조식, 수영장
Tel 085-21226
Email hotelpyinoolwin@gmail.com
Web www.hotelpyinoolwin.com

Stay : Guesthouse

④

그레이스 호텔 1 Grace Hotel 1

시내 중심가가 아닌 가든 지역에 위치하여 여유로운 분위기가 느껴진다. 작은 규모이지만 창이 크고 밝으며 방들을 깨끗하게 관리하고 있다. 정원이 있어 여유롭게 쉴 수 있으나 나무가 우거지지 않아 빈약한 편이며 바로 옆에 위치한 건물에서는 낮에 시끄러운 소리가 날 수 있다. 넓은 정원과 비교적 저렴한 가격 덕택에 많은 외국인 여행자들의 사랑을 받고 있다. 다운타운 시계탑 근처에 체인 호텔을 하나 더 운영하는데 이곳은 조금 더 저렴한 편으로, 창문 있는 방을 고르면 답답하지 않게 지낼 수 있다(그레이스 호텔 2, 085-22081).

Address No.114(A), Nann Myaing Rd., Pyin Oo Lwin
Cost 싱글 15$, 더블 25$ / 부대서비스 조식
Tel 085-21230

Stay : ★★
⑤
로열 파크뷰 호텔 Royal Park View Hotel

작은 디럭스나 수피리어룸의 경우 내부 가구나 인테리어, 욕실이 상당히 아름답게 꾸며져 있다. 그러나 방들 사이 간격이 비좁아 드나들기에는 상당히 답답한 느낌을 줄 수 있다. 오히려 로비 앞에 위치한 스탠더드룸의 경우 넉넉한 공간에 깔끔하게 정돈된 내부구조, 각 방의 테라스와 작은 정원으로 편안한 분위기다.

Cost	스탠더드(9개) 50$, 디럭스(19개) 65$, 스위트(2개) 85$ 부대서비스 조식
Tel	085-22641
Email	royalparkview107@gmail.com

Stay : Guesthouse
⑥
브라보 호텔 Bravo Hotel

인도계 무슬림 가족이 운영하는 곳으로 중심가에 위치한 호텔 중에는 비교적 괜찮은 침대와 가구, 잘 꾸며진 로비가 편안한 느낌이다. 옥상에서 조식이 제공되는데, 높은 벽에 가려 탁 트인 전망은 아니더라도 비교적 쾌적한 느낌으로 하루를 시작할 수 있다.

Cost	싱글 20$, 더블 30$ / 부대서비스 조식
Tel	085-21223
Email	kotoe5120@gmail.com

Stay : ★★
⑦
깐도지 힐 리조트 Kandawgyi Hill Resort

가든 지역에 위치하여 넓은 공간을 사이에 두고 몇 개의 방갈로가 늘어서 있는 곳이다. 중앙의 로비가 있는 건물은 예전 영국군이 사용하던 공간이었다고 한다. 특별히 고급스럽거나 깔끔한 것은 아니지만 식민지 시절 영국인들의 흔적을 느낄 수 있는 곳이다.

Cost	주니어스위트(2개) 80$, 방갈로타입 디럭스(13개) 75$ 부대서비스 조식
Tel	085-21839
Email	rsvkdg@myanmar.com.mm

Stay : ★★★
⑧
윈 유나이티 호텔 Win Unity Hotel

작은 규모이며 크게 고급스러운 느낌은 없으나 비교적 최근에 오픈한 곳답게 깔끔하면서도 전체적으로 균형 있다. 방이 잘 꾸며져 있어 미리 예약하지 않으면 방이 없을 정도로 인기가 있다.

Cost	스탠더드(7개) 65$, 디럭스(14개) 70$, 스위트(2개) 150$ 부대서비스 조식
Tel	085-23079
Email	winunity.monywa@gmail.com

Intro

작은 민족들의 사랑방, 시뽀
Hsipaw

이 작은 마을에 여행자들이 몰리는 것은 주위를 둘러싼 높고 낮은 산 사이로 흩어져 있는 여러 소수민족 마을들 덕분이다. 샨족과 팔라웅족 등으로 이루어진 작은 마을들은 여전히 물을 긷고 차를 재배하며 전통적인 삶을 살아가고 있다. 경작을 위해 나무를 불태우는 일이 빈번하여 주변 경관이 특별한 것은 아니지만 태국 등지에서의 상업화된 놀거리로 채워진 트레킹코스와 달리, 이곳은 외부와 단절된 채 자신들의 방식으로 살아가는 진짜 고산족들을 만날 수 있는 진정한 의미의 트레킹을 할 수 있다. 순박한 미얀마 안에서도 더 순박한 사람들로 가득한 예쁜 마을 시뽀를 만나보자.

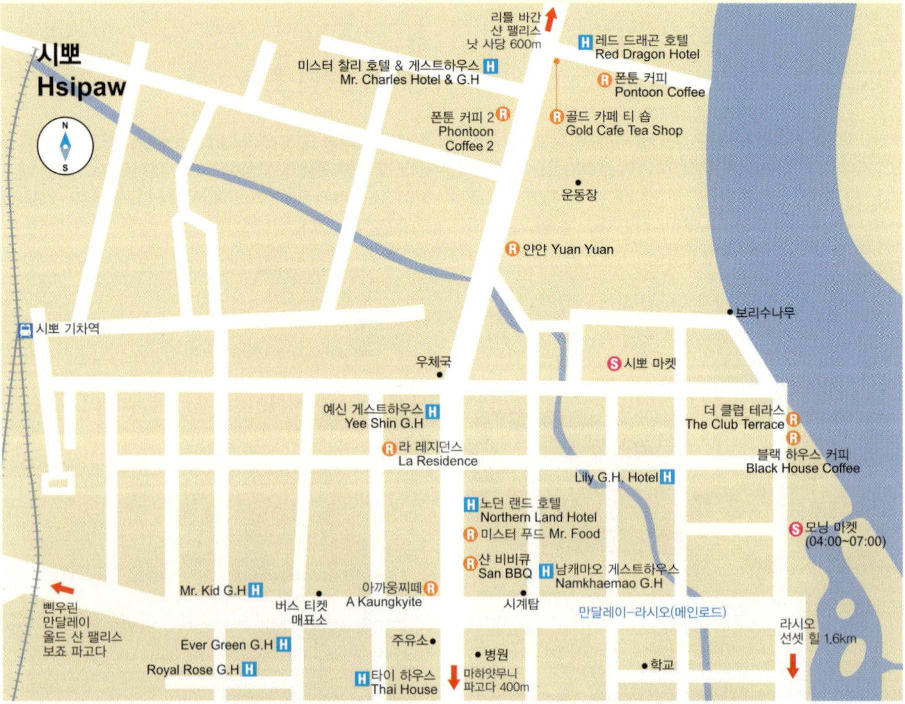

주요 도시에서 시뽀 들어가기

버스·기차

출발	교통편	출발시간	요금	소요시간
양곤	VIP버스	17:00	16,500짯~	12시간
	고속버스	16:00	14,500짯	
만달레이	기차	04:00	4$	14시간
	시외버스	05:00, 13:30	5,000짯	6시간
인레 호수	고속버스	16:00	16,000짯	12시간
껄로	고속버스	17:30	16,000짯	10시간
삔우린	시외버스	07:00, 09:00, 16:00	6,000짯	4시간
	기차	08:20	3~6$	8시간
라시오	픽업트럭	수시 출발	2,000짯	2시간

시뽀에서 다른 도시로 이동하기

버스·기차

도착	교통편	출발시간	요금	소요시간
양곤	VIP버스	16:30, 17:00, 17:30	16,800~20,300짯	14시간
	고속버스	15:00, 16:00, 17:30	14,800짯	
만달레이	시외버스	05:30, 06:00, 09:00, 10:00, 14:30	4,500~8,000짯	6시간
껄로, 인레 호수	고속버스	15:30, 16:30, 17:00	15,300짯	14시간
바간	고속버스	19:15	15,300짯	11시간
삔우린	기차	09:30	3$	7시간

시뽀 시내교통

작은 마을인 시뽀는 걸어서 시내를 모두 둘러볼 수 있다. 걷는 게 힘들다면 시내 곳곳에 툭툭이 있으니 이용해보자.
◎ **툭툭** : 다운타운–리틀 바간 1인 1,000짯

Travel Tip

1. 소수민족 트레킹이 유명한 곳이지만 고도가 높은 곳이 아니어서 여름에는 상당히 덥다. 트레킹은 주로 겨울이자 건기인 11~3월 사이가 좋으며 3월 말~5월 초에는 피하는 것이 좋다.
2. 시뽀 마을 자체는 작은 편이어서 마을 곳곳을 돌아보는 데는 걸어서도 충분하지만 반대로 툭툭이나 오토바이택시를 잡기도 힘들다. 여행자를 보고 호객하는 택시가 거의 없으므로 지나가는 차량을 적당히 잡아 타야 한다.
3. 마을 옆의 한적한 강과 작은 전통시장 등으로 아기자기하므로 트레킹만 하고 지나치지 말고 여유롭게 즐겨보자.

Sightseeing

모닝 마켓 Morning Market

낮에는 한적한 거리에 불과한 이곳은 새벽이면 주위에 흩어져 있는 크고 작은 마을에서 온 사람들로 발 디딜 틈이 없다. 길 양쪽에 각종 채소나 과일, 두부 등 각종 먹거리를 주로 사고파는 작은 시장이지만 그 어느 곳보다 활기가 넘친다. 아침 7시쯤이면 벌써 사람들은 마을로 돌아가기 시작하므로 이곳을 구경하려면 해가 뜨기 전 상당히 이른 시간에 숙소를 나서야 한다.

Sightseeing

시뽀 시장 Hsipaw Market

만달레이나 인레 등 대도시만 지나쳐 왔다면 소박한 시뽀 시장을 방문해 보자. 분홍 가사를 입은 여승이나 전통 모자를 쓴 할머니가 소소한 물건을 사고파는 모습이 흥미롭다. 샨족 전통 바지나 나무로 만든 모자들을 저렴하게 구입할 수도 있다. 해가 지기 전까지 열리는데, 아침이 가장 붐빈다.

Sightseeing

리틀 바간 Little Bagan

시뽀 외곽에 있는 작은 사원군은 오래된 탑들이 수풀과 고목 사이에 흩어져 있는 모양새로 인해 '리틀 바간'으로 불린다. 대나무로 만들어 황금을 칠한 불상이 모셔진 오래된 목조사원(마하난다깐따 Maha Nanda Kantha)이나 작은 동자승들이 맑은 목소리로 공부하는 수도원(시이밍갈랏 쉐짜웅 Siyimingalat Shwekyaung)도 있다. 시뽀의 수호신을 모신 낫 사당에도 흥미로운 볼거리가 많다.

Sightseeing ④

선셋 힐 Sunset Hill

시뽀 마을에서 라시오 방면으로 1.6km 떨어진 언덕 꼭대기는 해 질 무렵 일몰을 감상하려는 여행자들이 모이는 곳이다. 멋지게 굽이굽이 흐르는 강 한쪽에 자리한 시뽀 마을과 뒤쪽의 산이 한눈에 들어오는 시원한 전망이 장관을 이룬다. 작은 사원이 하나 자리하고 있으므로 소란을 피우면 쫓겨날 수 있다. 언덕의 경사가 심한데 자전거를 타기보다는 오토바이나 툭툭을 이용하거나 차라리 걸어서 오르는 게 낫다. 언덕 입구에 표지판이 있어 길을 찾기는 어렵지 않다.

Access 시뽀에서 1.6km 남동쪽, 만달레이-라시오 도로

Sightseeing ⑤

샨 팰리스 Shan Palace

시뽀 지역의 왕 사오짜셍과 그의 오스트리아인 아내 사오 낭 투산디Inge Eberhard가 살았던 궁전이다. 그녀는 미국에 유학 온 미얀마인과 사랑에 빠져 결혼을 결심하게 되었는데, 남편이 왕족이라는 사실은 양곤의 선착장에서 만난 수많은 환영인파로 인해 비로소 알게 되었다고 한다. 사오짜셍은 농사꾼에게 밭을 분배하고 각종 최신식 농기구를 무상으로 대여하는 등 시뽀의 발전을 위해 애썼지만, 결국 네윈 정부에 의해 체포된 뒤 지금까지 생사를 알 수 없다고 한다. 지금의 샨 팰리스는 1924년에 새로 지어진 것으로, 원래는 시뽀에서 만달레이 방면 쪽에 있는 다리 위 언덕(지구본 모양이 있는 월드 파고다World Pagoda 옆)에 훨씬 화려한 궁전이 자리하고 있었으나 1888년에 폭격으로 파괴되고 지금은 옛 사오파들의 무덤과 함께 그 흔적만이 남아 있다. 새로 지어진 샨 팰리스 역시 한동안 폐허가 된 채 버려져 있었으나 현재는 사오짜셍의 조카 내외가 거주하고 있다. 방문객은 저택의 내부는 방문할 수 없고 바깥 대문도 종종 잠겨 있지만, 운이 좋으면 아름다운 궁전이 보이는 정원을 산책할 수 있다.

Access 시뽀 마을 북쪽 다리 건너편

Sightseeing ⑥
보죠 파고다 Bawgyo Paya

시뽀에서 만달레이 방향으로 약 8km 정도 떨어진 곳에 위치한 이 파고다는 12세기에 건립된 것으로 전형적인 샨 스타일 불교 사원이다. 전설에 따르면 바간 왕조의 나라파티시투 왕이 하늘의 왕으로부터 받은 나무로 네 개의 불상을 만들고 이를 보관하기 위해 이 사원을 건립하였다. 불상은 사원 가장 안쪽의 화려한 돔 안에 세워진 탑 내부의 유리문 안에 있으며 문은 일 년에 단 한 번 있는 보죠 파고다 축제 기간을 제외하고는 단단히 잠겨 있다. 샨 주에서 가장 중요한 사원 중 하나인 만큼 3월에 열리는 파고다 축제에는 수많은 인파가 몰려들고 커다란 시장이 열리며 보트 경기도 펼쳐진다.

Access 시뽀에서 8km 남서쪽, 만달레이-라시오 도로

Activity ①
시뽀 트레킹 Hsipaw Trekking

트레킹으로 알려진 마을답게 많은 수의 트레킹 가이드들이 다양한 코스와 날짜의 트레킹을 인솔한다. 덕분에 날짜와 체력, 관심사에 따라 개개인의 취향에 맞는 트레킹을 할 수 있다. 각 숙소에서 트레킹을 원하는 여행자들을 모아 가이드들이 순서를 돌아가며 안내를 하는 시스템으로 나름의 체계를 갖추고 있다. 트레킹을 원한다면 가이드들이 각 숙소에 정해진 시간에 방문하여 안내하므로 묵고 있는 숙소에 먼저 문의를 해보자. 일정이나 코스, 가격은 숙소나 가이드마다 조금씩 다를 수 있다. 시뽀 트레킹은 주로 우기에 하는 것이 우거진 나무와 시원한 폭포를 즐기기에 적합하며 건기에는 화전을 위해 불타버린 민둥산 아래 뜨거운 해가 비치는 밋밋한 길을 걸어야 하므로 웬만하면 피하는 것이 좋다.

트레킹 예약 참고사항

트레킹상담	스케쥴	비용
미스터 찰리 또는 예신 게스트하우스 (상담 : 매일 16:00~18:00)	1일 미니트레킹 (4시간)	1인 6,000짯
	1박 2일 트레킹 (08:30 출발)	2인 출발 시 (1인당 25,000짯), 3인 이상 출발 시 (1인당 20,000짯)

Food ❶

골드 카페 티 숍 Gold Cafe Tea Shop

운동장 옆 대로변으로 작은 음식점들이 늘어서 있는데 그 끝에 위치한 티 숍이다. 러펫예와 팬케이크를 만드는 손이 분주하다. 영어 메뉴판은 없지만 눈으로 적당히 골라 주문하면 된다.

Adress	Zay yat, Mahawgani Rd.
Access	레드 드래곤 호텔 맞은편
Open	07:00~21:00
Cost	러펫예 200짯, 팬케이크 300짯

Food ❷

아까웅찌떼 Akaung Kyite

가게 한쪽에 세팅되어 있는 여러 음식 중에 몇 가지를 고르면 채소와 국물, 밥을 함께 내 주는 미얀마 정식점이다. 큰길가에 있어 좀 소란스럽긴 하지만 맛은 괜찮다.

Address	Namtu & Bogyoke Rd.
Open	09:00~20:00
Cost	미얀마 정식 2,500짯~

Food ❸

미스터 푸드(로춘) Mr. Food(Law Chun) Restaurant

무척 다양한 중국요리를 판매하는 곳으로 맛도 괜찮다. 무엇보다 식당이 청결하고 위치가 편리해서 자주 찾게 된다. 저렴한 볶음밥을 즐기는 현지인들로 붐비는 곳이기도 하다.

Address	Namtu Rd.
Open	07:00~21:00
Cost	볶음국수 · 볶음밥 1,500짯, 요리 2,000짯~, 미얀마 맥주 2,000짯

Food ❹

라 레지던스 La Residence

미얀마 생맥주를 마실 수 있는 분위기 좋은 곳을 찾다가 발견한 곳이다. 작은 숙소 옆에 딸려 있는 레스토랑이지만, 짚을 올린 지붕이나 라탄의자, 낮은 테이블 등으로 비교적 여유로운 분위기에서 한잔하기 좋다. 번화한 도로에서 한 블록 안쪽에 있어서 조용하면서도 접근성도 좋다.

Address	No.27 Aung Tapyae St.
Open	09:00~21:00
Cost	미얀마생맥주 700짯, 클럽샌드위치 4,000짯, 아이스크림 1,500짯
Tel	09-256028188
Email	laresidencehsipaw@gmail.com

Food : 추천
⑤
얀얀 셰이크 Yuan Yuan(Mr. Shake)

운동장 옆 도로에 있는 셰이크 집으로, 작지만 각종 천연 과일로 만드는 다양한 셰이크의 맛이 훌륭하다. 저렴한 치킨라이스와 함께라면 한 끼 식사로도 충분하며 종종 외국인 여행자들의 쉼터로 애용되는 곳이다.

Open	09:00~21:00
Cost	오레오 바나나 밀크셰이크 1,000짯, 얀얀셰이크 1,000짯, 치킨라이스 1,500짯

Food : 추천

더 클럽 테라스 The Club Terrace

시뽀 강변에 위치한 레스토랑으로 세련된 시설은 없지만 한적한 시뽀 강을 바라보며 식사를 할 수 있다. 태국음식이 특히 맛있다.

Open	11:00~22:00
Cost	요리 2,500~3,000짯
Tel	09-4027-52971

Food
⑦
샨 비비큐 San BBQ

맛있는 중국식 요리 외에 각종 바비큐와 미얀마 생맥주를 판매한다. 야외에서도 먹을 수 있지만 특히 무더운 대낮에는 유리문 안의 시원한 에어컨 바람을 맞으며 식사할 수 있다는 장점이 있다.

Open	11:00~23:00
Cost	생맥주 600짯, KFC 치킨 3,500짯, 샨누들 1,000짯
Tel	09-527-8303

Food

폰툰 커피 Pontoon Coffee

티크목조로 된 오래된 가정집을 개조해 만든 커피숍으로 에스프레소 기기에서 뽑아내는 각종 커피가 전체적으로 세련된 맛을 낸다. 최근 찰스 게스트하우스 근처에 2호점을 오픈했다.

Open	10:00~18:00
Cost	아메리카노 1,500짯, 카페라떼 2,000짯
Tel	42-078-1974

Stay : ★★
❶
미스터 찰스
Mr. Charles Guesthouse & Hotel

시뽀에 새 숙소가 속속 들어서고 있지만 여전히 정상의 자리를 지키고 있다. 객실이 모두 최고의 수준이라고 말 할 수는 없지만, 도미토리에서부터 고급스러운 마룻바닥이 깔린 호텔방까지 선택의 폭도 다양하다. 전문적인 트레킹 프로그램을 운영하고 있으며 트레킹을 떠나지 않더라도 숙소 마당에서 모여앉아 수다를 떨기에도 좋다. 최근 강변에 고급스러운 리버뷰 로지를 오픈했다.

Address	No.105, Auba St., Myo Le Quarter, Hsipaw
Cost	도미토리(에어컨) 7$, 공동욕실(팬) 7$(싱글)/15~20$(더블), 스탠더드 30$, 수피리어 35$, 디럭스 45$, 리버뷰 로지 65$
Tel	082-80105
Email	resv.mrcharles@gmail.com

Stay : ★★
❷
노던 랜드 호텔 Northern Land Hotel

시뽀의 번화가에 새로 오픈한 세련된 숙소로, 로비는 작지만 객실은 마룻바닥에 TV, 미니 바, 욕조까지 갖추고 있다. 조식도 뷔페는 아니지만 국수와 토스트로 깔끔하게 나온다. 여행정보를 얻을 수 없고, 트레킹은 다른 곳에서 예약해야 하는 불편함만 제외한다면 위치와 시설 모두 만족스럽다.

Address	Minepon St.
Cost	수피리어 24$, 디럭스 36$
Tel	082-80713, 09-420274583
Email	rs.northernland@gmail.com
Web	www.northernlandhotel.com

Stay : ★★★
❸
릴리 더 홈
Lily the Home Hotel & Guesthouse

모닝 마켓 근처에 위치한 숙소로, 남캐마오, 릴리 게스트하우스에 이어 시뽀에서 유일하게 엘리베이터를 갖추고 있는 릴리 호텔을 오픈한 잘나가는 숙소다. 호텔은 최근 오픈했지만 객실 인테리어는 저렴하고 조잡한 편이다. 게스트하우스는 가격대비 괜찮은 편이다.

Address	Aung Thapye St.
Cost	게스트하우스 14$(팬, 공동욕실), 20$, 호텔 수피리어 45$, 디럭스 55$, 주니어스위트 85$
Tel	082-80318, 80408
Email	rsv.lilythehome@gmail.com
Web	www.lilythehome.com

Stay : ★★★
❹
타이 하우스 리조트 Thai House Resort

번잡한 시뽀 도로가에서 조금만 들어가면 정원이 우거진 조용한 리조트를 발견할 수 있다. 열대식물로 둘러싸인 방갈로는 대나무와 나무로 지어져 있으면서도 깔끔한 느낌이다. 일과를 마치고 대나무로 만든 의자에 앉아 조용히 쉬기에도 좋다. 정원 한쪽에 고급스러운 레스토랑을 운영하고 있다.

Address	No.38, Sabai St., Taung Myo Quater
Cost	수피리어 50$, 디럭스 60$
Tel	09-95278275
Email	thaihouseresort@gmail.com
Web	www.taihouseresort.com

Special Sightseeing

★

곡테익 기차여행
Gokteik Railway Viaduct

1901년 펜실베이니아 철강에서 건설한 세계에서 두 번째로 높은 철교로 만달레이와 라시오 사이 느긋한 미얀마의 시골 풍광을 가로지른다. 좌우로 덜컹대는 열차 주위로 펼쳐진 논밭의 풍경이 지루해질 때쯤 일순 펼쳐지는 곡테익 고가교의 웅장한 스케일에는 숨이 멎을 지경이다. 한 순간을 위해 몇 시간의 기차여행이 필요하지만 많은 여행자들의 필수코스로 자리 잡을 정도로 인기가 있다. 다만 오래된 열차인 만큼 지속적인 보수에도 불구하고 안전성이 점점 의심되고 있으며 최근에는 안전성을 더 이상 보증할 수 없다는 영국의 발표까지 있었던 만큼 기차를 타기 전에 한 번 더 생각해보자. 고가교가 한쪽으로 완만하게 휘어져 있으므로 만달레이 방향으로 갈 경우에는 진행 방향으로 우측 좌석을, 반대의 경우에는 좌측 좌석을 타야 고가교를 감상할 수 있다.

Tip 곡테익 여행 주의사항
1. 외국인은 기차역 안의 외국인 전용 창구에서 따로 표를 구해야 한다. 1, 2, 3등석이 존재하지만 무조건 1등석을 끊어준다.
2. 좌우로 심하게 흔들려 좌석 위의 선반에 물건을 두면 아래로 떨어지기 일쑤이므로 무거운 짐은 올려놓지 말자.
3. 창밖에 바로 나뭇가지나 전봇대 등이 지나갈 수 있으므로 얼굴이나 손을 내밀 때는 각별히 주의하도록 하자.

열차 시간표

만달레이 Mandalay → 라시오 Lashio	정차하는 기차역	라시오 Lashio → 만달레이 Mandalay
▼04:00 출발▼	만달레이 역(Mandalay)	22:40 도착
05:25 출발 05:10 도착	(Sedaw)	21:22 출발 21:02 도착
07:52 도착 08:22 출발	삔우린 역(Pyin Oo Lwin)	17:40 출발 16:05 도착
10:23 도착 10:38 출발	(Nawnghkio)	14:00 출발 13:55 도착
11:03 도착 11:08 출발	곡테익 역(Gokteik)	13:25 출발 13:23 도착
11:58 도착 12:25 출발	(Nawnpeng)	12:30 출발 12:22 도착
13:19 도착 13:39 출발	짜욱메 역(Kyantme)	11:25 출발 11:05 도착
14:55 도착 15:15 출발	시뽀 역(Hsipaw)	09:40 출발 09:25 도착
19:35 도착	라시오 역(Lashio)	▲05:00 출발▲

Rakhine & Bengal Beach
라카인 & 벵골 만 해변

Intro

라카인의 땅, 시트웨
Sittwe

시트웨 공항에 도착한 여행자들은 대부분 이곳을 잠깐 둘러보고 다음 날 서둘러 므라우로 간다. 별 감흥 없이 지나칠 수도 있지만 이곳은 라카인 주의 대표적인 도시로 공항에 도착하면서부터 미얀마의 다른 지역과 또 다른 분위기를 느낄 수 있다. 방글라데시 및 인도와 가까운 지역답게 사람들은 조금 더 친근하고 뻔뻔하지만 무례하지 않게 적극적으로 이방인을 대하는 모습들을 볼 수 있다. 이른 아침부터 떠들썩한 새벽시장과 낮에는 도시 한복판의 나뭇가지에서 일광욕을 쬐는 박쥐들로 이색적이면서도 활기 가득하다. 저녁에는 한없이 아름다운 벵골 만의 일몰을 바라보며 조용히 사색도 할 수 있다.

시트웨
Sittwe

➕ 라카인 주 여행

미얀마 서쪽 해안에 위치한 라카인 주는 방글라데시와 국경이 맞닿고 미얀마 내륙과는 높은 산으로 분리되어 있어 방글라데시나 인도의 분위기가 물씬 풍긴다. 민족은 주로 소승불교를 믿는 라카인족이지만 무슬림인 로힝가족들도 눈에 띈다. 로힝가족은 방글라데시인에 더 가깝지만 영국의 식민통치 과정에서 미얀마로 편입되었다.

라카인족은 1784년 보도파야 왕에 의해 버마에 편입되기까지 불교문화에 기반을 둔 여러 왕조를 이루었고 포르투갈, 네덜란드 등 유럽 국가들과 활발한 무역을 벌였다. 또한 이 지역은 티크나무, 왕새우와 로브스터 등의 풍부한 해산물, 그리고 석유와 천연가스 등 에너지 자원의 보고인 만큼 무한한 가능성을 가지고 있는 곳이기도 하다. 이곳에서 비록 지금은 어려운 삶을 살고 있지만 그 어느 민족보다 자긍심 강한 라카인 사람들을 만나보자.

> **Travel Tip**
> 1. 우기에 여행은 피하는 것이 좋다. 또한 방글라데시에서 유입된 무슬림과 불교인의 마찰이 있는 지역이기도 하므로 이 지역에 들어서기 전에 정세를 먼저 살펴야 한다.
> 2. 여행자들은 대부분 므락우를 가기 위해 잠시 거쳐 갈 뿐이지만 비즈니스를 위해 방문하는 사람들이 많아 숙소는 미리 예약을 해야 한다. 주도인 만큼 은행이나 ATM, 항공사는 쉽게 찾아볼 수 있다.

주요 도시에서 시트웨 드나들기

➕ 항공
◎ 국내선

출발	항공사	소요시간	요금	설명
양곤	6T, K7, W9, YH, YJ	직항 (1시간 20분)	110~130$	양곤에서 출발하면 나팔리(탄드웨 공항)를 거쳐 시트웨로 가는 경우와 반대의 경우가 있다. 에어바간과 에어만달레이는 양곤에서 매일 운항을 한다.
공항에서 시내로 들어가기				다른 공항과 다를 바 없이 작은 국내선 공항을 나서자마자 툭툭 기사들이 여러 사람들을 태우기 위해 호객을 한다. 1인당 1,000짯 정도면 숙소에 태워다 주며 1대 흥정 시 3,000~4,000짯 정도에 가능하다. 대략 10분 내에 숙소에 도착할 수 있다.

※ 항공사코드 : Yangon Airways(YH), Air Mandalay(6T), Asian Wings(YJ), Air Bagan(W9), Air KBZ(K7), Mann Yadanarpon(7Y), Golden Myanmar(Y5)
※ 시트웨 공항코드(AKY)

➕ 시트웨 시내교통
◎ 툭툭
공항 ↔ 메인로드(쉐타진 호텔) 메인로드 ↔ 제티(선착장) | 1인 1,000짯, 10분 소요

➕ 버스
◎ 시트웨 들어가기

출발	교통편	출발시간	요금	소요시간
양곤	고속버스	08:00	25,000짯	30시간
만달레이	고속버스	16:00	25,000짯	25시간
므라우	로컬버스	2~3시간 간격	2,500짯	3시간
짜욱빠다웅	고속버스	21:00	25,000짯	21시간

*바간에서 1시간 거리인 짜욱빠다웅(Kyaukpadaung)까지는 로컬버스나 택시를 이용한다.

◎ 시트웨 나가기

도착	교통편	출발시간	요금	소요시간
만달레이	고속버스	15:00	25,000짯	25시간
므라우	로컬버스	2~3시간 간격	2,500짯	3시간
짜욱빠다웅	고속버스	15:00	25,000짯	21시간

깔라단 강 보트트립 (시트웨 ↔ 므락우) Kaladan River Boat Trip

시트웨와 므락우 간의 여정은 미얀마의 각종 보트 유람 중에서도 단연 최고로 꼽을 수 있을 만큼 아름답기로 정평이 나 있다. 오전 7시에 시트웨에서 출발하는 보트는 다양한 나라에서 모인 관광객과 현지인을 태우고 부드럽게 강을 거슬러 오른다. 넓은 곡창지대가 펼쳐지고 그 속에 있는 마을사람들과 가옥들, 때때로 나타나는 물소와 여러 종류의 새들을 바라보며 여유로운 미얀마의 시골 정취를 느낄 수 있다.

시트웨와 므락우 이동 일정을 위해서 먼저 오전 6시에 숙소를 나서 보트 선착장으로 향한다. 선착장 입구에는 보트를 타기 위하여 기다리는 사람들을 위한 다양한 아침 식사를 파는 노점들이 있다. 선착장 입구 매표소 옆에는 주로 볶음밥인 터민쪼나 러펫예, 커피 등을 판매하며 선착장으로 들어서는 작은 길 입구 쪽에는 죽은 셈브록이나 라카인 주 특유의 쌀국수인 몽디 등을 먹을 수 있다. 이곳에서 먹는 죽은 추운 아침에 더없이 좋은 한 끼 식사가 될 수 있다.

대부분의 보트는 오전 7시에 출발한다. 익스프레스 보트는 2층으로 된 큰 배인데 1층에는 현지인들이 타고 외국인 여행자에겐 2층에 의자를 마련해준다. 시야는 좋지만 겨울에는 추우므로 대비를 단단히 하도록 한다. 뜨거운 물을 얻을 수 있어 가지고 있는 커피를 타 마실 수 있다. 일찍 일어나 배가 고픈 경우를 대비하여 간식거리도 미리 준비하는 것이 좋다. 배가 넓은 강에 들어서면 수많은 갈매기들이 현지인들이 주는 먹이를 먹으려고 일제히 날아오른다. 큰 배를 따라오며 먹이를 먹는 갈매기들을 바라보는 것은 또 다른 즐거움이다.

강을 거슬러 오르면 도시에서는 볼 수 없었던 다양한 미얀마 사람들의 생활모습을 볼 수 있다. 양쪽으로 끝없이 펼쳐진 넓은 평야와 강가에 모여 있는 전통가옥, 그 사이에서 수영을 하거나 낚시를 하는 사람들과 떼 지어 이동하는 물소를 바라보며 여유로운 시간을 보내보자.

✚ 보트

◎ 시트웨 ↔ 므락우 (2014.03 기준)

시트웨 → 므락우				므락우 → 시트웨			
종류	요금	소요시간	요일	종류	요금	소요시간	요일
익스프레스 보트	10$	5시간	월	스피드 보트	20$	2시간	월
정부 보트	6$	7시간	화	익스프레스 보트	10$	5시간	화
스피드 보트	20$	2시간	수	정부 보트	6$	7시간	수
익스프레스 보트	10$	5시간	목	스피드 보트	20$	2시간	목
정부 보트	6$	7시간	금	익스프레스 보트	10$	5시간	금
익스프레스 보트	10$	5시간	토	정부 보트	6$	7시간	토
스피드 보트	20$	2시간	일	익스프레스 보트	10$	5시간	일

Sightseeing

벵골 만 선셋(뷰포인트) Bengal Sunset(View Point)

특히 아름답기로 소문난 벵골 만의 일몰 중에서도 이곳의 노을은 단연 최고로 꼽힌다. 벵골 만을 향하여 나무가 우거진 한적한 해안이 넓게 펼쳐져 있어 맥주를 한잔하며 그저 바라만 보아도 좋다. 뷰포인트에 하나 있는 식당에서는 맥주와 간단한 식사를 할 수 있다.

Cost	메인로드-뷰포인트(왕복) 툭툭 4,000짯

Sightseeing

모닝 피시 마켓 Morning Fish Market

도시가 서서히 잠에서 깨어나는 시간에도 양곤 북부에서 가장 큰 수상시장인 이곳은 사람들과 차량들, 어선들이 모여 북적인다. 야채와 과일, 꽃들을 사고파는 사람들의 인파를 뚫고 안쪽으로 들어가면 막 바다에서 돌아온 어선들이 사람들을 맞는다. 생선을 사고파는 사람들이 한동안 실랑이를 벌이다가 마침내 한 사람이 어린애 크기만 한 생선을 어깨에 메고 당당히 걸어간다. 인파가 한 군데 몰리는 경향이 있으니 주의가 필요하다.

Access	메인도로에서 올드워치타워 뒤편
Open	05:00~

Food : 추천
①
간판 없는 국숫집

시청 정문에서 길을 건너면 바로 맞은편에 현지인들에게 인기 많은 국숫집이 있다. 두 할머니가 만드는 쌀국수인 몽디, 모힝가 외에도 까욱쉐(비빔국수), 터민쪼(볶음밥)를 먹을 수 있는데 입맛에 맞는 편이고 가격도 싸다. 저녁 6시쯤까지 하는데 점심시간에는 인근 대학교에서 들르는 학생들로 붐빈다. 한 그릇 먹고 다시 추가해 먹거나 도시락으로 싸가지고 가는 사람들도 많다.

Access	시트웨 시청 정문 길 건너편
Open	아침~해 질 녘(두 할머니의 마음대로)
Cost	터민쪼(볶음밥)/몽디/카욱쉐(비빔국수)/모힝가 500~600짯

Food
②
뷰포인트 레스토랑 View Point

벵골 만 선셋을 볼 수 있는 장점이 있지만 전반적으로 약간 비싼 편이다. 뷰포인트에서 음료와 함께 간단한 식사를 할 수 있다. 구비된 재료가 그때그때 달라지므로 메뉴 선택이 자유롭지 못한 경우가 있지만 맛은 괜찮은 편이다. 돼지 머리 고기로 만든 매운 요리(2,000짯)는 우리나라의 골뱅이무침 맛이 나 안주로 적당하다.

Access	시트웨 뷰포인트
Open	일몰 시간에 맞춰 방문하는 게 좋음
Cost	피시요리 7,000~8,000짯, 누들&라이스 3,000짯, 그 외 요리 7,000짯

Food
③
리버 밸리 River Valley

아름다운 벵골 만의 일몰을 감상하기 좋은 레스토랑으로 현지인들에게도 꽤 인기 있다. 사방이 오픈된 공간에 앉아 시원한 바닷바람을 느끼며 식사를 할 수 있다. 영어로 된 메뉴판도 갖추고 있으며 메뉴 목록에는 음식 사진도 있어 주문을 실패할 위험도 적다. 리버 밸리 레스토랑은 시내의 메인 로드에 본점이 있으며 므락우에도 분점을 운영하고 있다.

Address	Main Road & Beach Road, Sittwe, Rakhine
Access	뷰포인트 가기 전 오른쪽에 위치
Open	10:00~21:00
Cost	5,000~10,000짯
Tel	043-23234

Food
④
기스파나디 시푸드 레스토랑 Gisspanadi

저녁에 회식을 하거나 모임을 갖는 사람들로 붐비는 해산물 식당으로 새우나 생선의 질이 좋고 맛도 최고다. 전체적으로 다 괜찮은 편이니 입맛에 따라 골라 먹어보자. 모기가 많지만 이곳만의 문제는 아니다.

Address	Beside USDA Office, Near CityHall, Minbargyi Rd., Sittwe
Access	시청과 시트웨대학교 사잇길에 위치
Open	11:00~21:00
Cost	시푸드 4,000~8,000짯
Tel	043-22385

Stay : Guesthouse

❶

쉐민모 모텔 Shwe Myint Mho

쉐타진 옆에 2013년 9월 오픈한 곳으로 2인실의 경우 방과 샤워실은 비좁지만 깔끔하다. 저렴하고 시원한 에어컨 방을 원한다면 여기가 최선이다. 므라욱 팰리스 호텔과 같이 운영된다.

Address	56, Main Rd., Kyaebingyi Ward, Sittwe
Access	메인로드
Cost	싱글 10$, 더블 15~25$, 패밀리(3명) 50$
Tel	09-496-60533
Email	2005.mrk@gmail.com, smyintmho@gmail.com

Stay : ★★★ 추천

❷

쉐타진 호텔 Shwe Thazin Hotel

스태프들이 비교적 영어를 잘하며 므라욱 보트, 항공, 호텔 등도 예약해준다. 오래된 호텔이라 방은 좁고 욕실은 낡았으나 고풍스러운 멋이 있다. 5층에 있는 레스토랑은 전망이 좋고 옥상에 올라가 시트웨를 바라볼 수도 있다. 길 건너편에 박쥐들이 주로 쉬는 나무가 있어 아침저녁에 떼 지어 이동하는 박쥐들을 볼 수 있다.

Address	No.250, Main Rd., Kyaebingyi Qtr, Sittwe
Access	메인로드
Cost	디럭스 50~70$, 수피리어 45~55$(총 30개 더블룸) 부대서비스 조식, 보트티켓판매(선착장과 같은 요금), 항공티켓 예약
Tel	043-22314/22319/23579
Email	sittwe@shwethazinhotel.com
Web	www.shwethazinhotel.com

Stay : Guesthouse

❸

미야 게스트하우스 Mya Guesthouse

선풍기방에 냉장고, 전기포트도 없는 낡은 방이지만, 비교적 넓으며 시트 청결도는 나쁘지 않다. 창문 모기장에 구멍이 있어 이에 대한 대비책이 필요하다. 바로 옆 티하우스에서 조식이 제공되며, 영어는 잘 통하지 않아도 정원이 우거져 분위기가 괜찮다. 비교적 정감 있는 숙소이나 밤에 주변이 좀 소란스럽다.

Address	No.51/6 Bowdhi St., Sittwe
Access	메인로드 옆 골목
Cost	더블 30$ / 부대서비스 조식
Tel	043-23315/23358/21788

Stay : ★★

❹

노블 호텔 Noble Hotel

더블룸 20개로 이루어졌으며 새로 지어진 신식호텔로 방이 넓진 않지만 상당히 쾌적하다. 2층에 위치한 식당도 청결하고 단정한 느낌이다. 시트웨의 호텔 중에는 가장 최근 지어진 곳으로 깔끔함을 원한다면 최선의 선택이다.

Address	No.45 Main Rd., Maw Leik Quarter, Sittwe
Access	메인로드
Cost	1인 40$, 2인 50$ / 부대서비스 조식
Tel	09-543-23558, 043-24050/24108
Email	anw.noble@gmail.com

Intro

잃어버린 왕국, 므락우(먀욱우)
Mrauk-U

라카인족은 1784년 버마족 보도파야 왕의 정복으로 멸망하기까지 거의 2,000년 동안 독자적인 왕조를 형성하였다. 특히 인도양을 통한 활발한 교역으로 인해 300년 이상 이슬람의 영향을 받아 그들만의 독특한 문화를 완성하였다. 1666년 벵골 만에 대한 통제력을 상실할 때까지 그 어느 왕조보다도 화려했던 라카인 왕조는 이곳, 므락우에서 마지막 향기를 내뿜고는 사라져갔다.

바간의 압도적인 사원 수에 비하면 이곳의 사원들은 수적으로 작은 규모에 불과하며 복원도 미미한 수준이다. 잘 알려진 사원에서 으레 볼 수 있는 번쩍거리는 금불상이나 화려한 장식을 발견하기도 쉽지 않다. 그러나 어느 곳에서도 볼 수 없는 신비로움을 가진 사원들은 염소들이 풀을 뜯는 언덕 사이사이마다, 혹은 마을사람들이 모이는 우물가 한쪽 손닿지 않는 곳에서 세월의 흔적과 함께 잊을 수 없는 장면을 연출한다. 이른 아침 반짝이는 은빛 물병을 이고 나르는 여인들과 인사를 나누고 사원 옆 공터에서 축구하는 동네 아이들과 함께하면서 고대 유적 속에서 오늘날을 살아가는 라카인 왕조의 후예들을 만나보자.

*지역입장료 : 5$

> **Travel Tip**
> 1. 다른 곳과 마찬가지로 건기인 11~3월이 여행하기 좋고 4월부터 더워진다. 우기에 특히 비가 많이 내리는 지역이므로 6~8월 사이는 피하는 것이 좋다.
> 2. 독특한 사원들이 아름답지만 대체로 내부가 어둡고 조명이 없으므로 밝은 손전등이 필요하다.
> 3. 접근이 어렵고 많이 알려져 있지 않아 여행자들이 많지 않은 덕분에 더욱 신비로운 유적들을 간직하고 있다. 하지만 그만큼 여행 인프라가 부족하다. 미리 환전을 넉넉히 하고 각종 상비약도 잘 챙겨야 한다.
> 4. 유럽인이 선호하는 여행지인 만큼 시설에 비해 가격이 만만치 않다. 여행자들이 늘어날수록, 혹은 겨울 성수기일수록 방값은 비싸진다.
> 5. 친족 마을 투어는 때 묻지 않고 원시 그대로의 삶을 살아가는 소수민족을 만나는 흔치 않은 기회이므로 절대 놓치지 말자.

주요 도시에서 므락우 드나들기

➕ 항공
라카인 주의 관문인 시트웨에 공항이 있다. 양곤에서 탄드웨를 거쳐 시트웨를 도착하는 완행의 경우 약 2시간 정도 걸린다. 시트웨는 간혹 불교도와 무슬림들의 종교분쟁으로 드물게 지역을 폐쇄하기도 하니 출발 전 미리 확인하는 것이 좋다.

➕ 버스
◎ 므락우 들어가기

출발	교통편	출발시간	요금	소요시간
양곤	고속버스	08:00	25,000짯	28시간
만달레이	고속버스	16:00	25,000짯	22시간
시트웨	로컬버스	2~3시간 간격	2,500짯	3시간
짜욱빠다웅	고속버스	21:00	25,000짯	17시간

*바간에서 1시간 거리인 짜욱빠다웅까지는 로컬버스나 택시를 이용한다.

◎ 므락우 나가기

도착	교통편	출발시간	요금	소요시간
만달레이	고속버스	08:00, 09:00, 18:30	25,000짯	22시간
시트웨	로컬버스	2~3시간 간격	2,500짯	3시간
짜욱빠다웅	고속버스	08:30, 09:00, 18:30	25,000짯	17시간

➕ 보트
◎ 시트웨 ↔ 므락우

좀 더 쾌적하게 이동하는 방법으로는 보트가 있다. 시트웨에서 므락우까지 가는 보트는 3종류가 있으며 각각 비용과 시간이 다르다. 요일마다 다른 보트가 출발하므로 선택의 여지는 많지 않다. 보트는 모두 7시에 출발하므로 6시 30분까지는 시트웨 선착장에 도착해야 한다. 이 보트여행은 여유롭고 아름다워 일부러 이 보트여행을 위해 이곳까지 오는 여행자들도 있다.
※보트스케줄은 시트웨편(p.227) 참조.

➕ 므락우 시내교통
◎ 사이카
제티 ↔ 마켓 1,000짯
버스터미널 ↔ 마켓 2,000짯(30분 소요)

◎ 툭툭
제티 ↔ 마켓 2,000짯(도보로 10분 소요)
버스터미널 ↔ 마켓 3,000짯(15분 소요)

◎ 1일 대여
자전거 : 1일 2,000짯, 반나절 1,000짯
사이카 : 1일 5,000짯
툭툭 : 1일 15,000짯

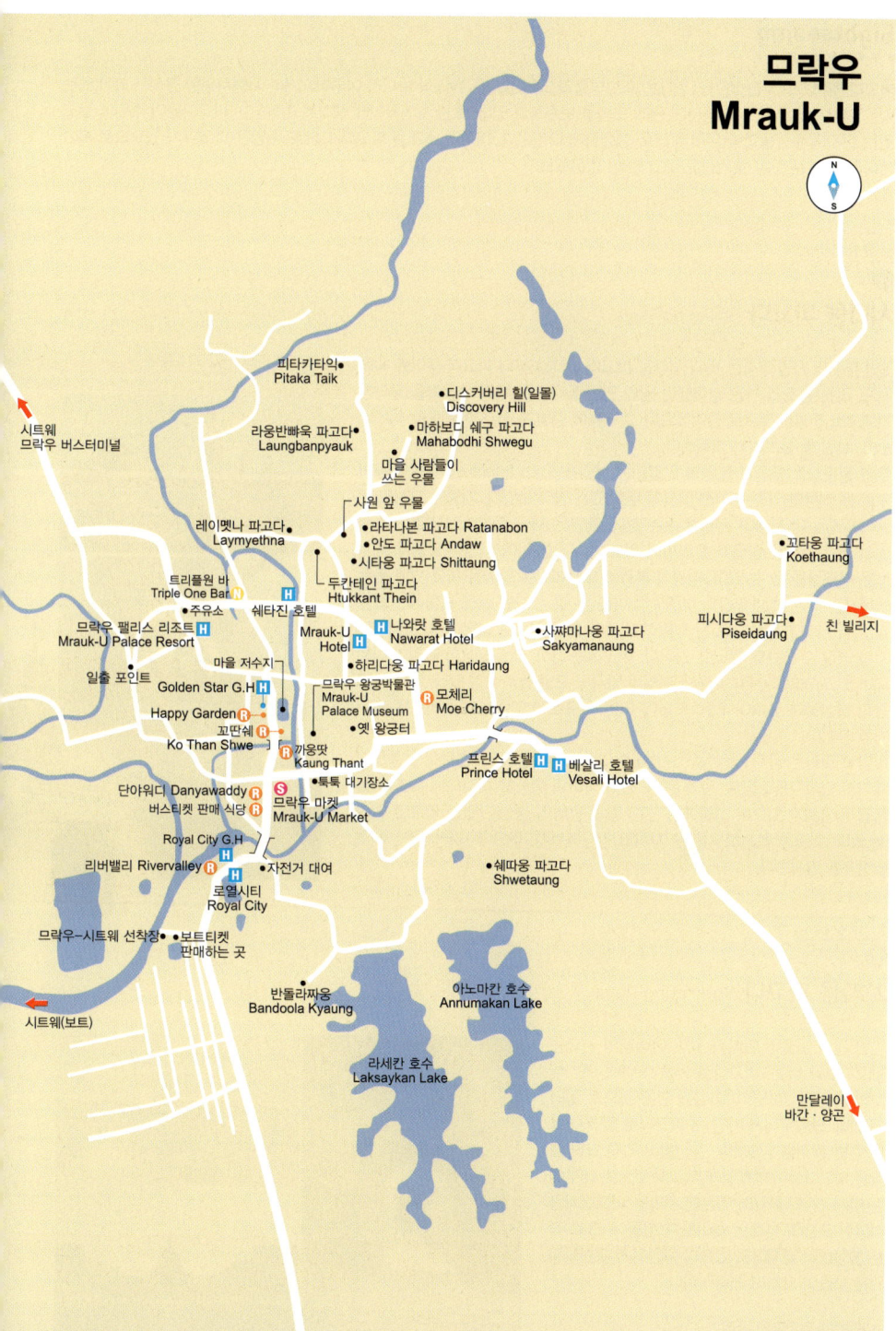

Sightseeing

파고다 투어 므락우는 바간의 거대한 파고다들과 달리 별다른 현대식 보수가 이루어지거나 치렁치렁한 장식이 되어 있는 것은 아니지만 오히려 그 덕분에 원래 모습을 보존하고 있다. 초원 사이사이에 색다르고 웅장한 파고다들이 주위에 살고 있는 현지의 주민들과 어우러져 더욱 생생하게 다가온다. 여기에 소개된 파고다 외에도 수많은 파고다가 있으므로 지나가다 맘에 드는 곳은 호기심을 갖고 한 번 방문해보자.

Sightseeing

시타웅 파고다 Shittaung Paya

'8만 부처의 사원'이라는 뜻의 시타웅 파고다. 여기서부터 파고다 투어를 시작하자. 라칸 왕조의 가장 강력했던 왕인 민빈 왕이 포르투갈의 침략을 물리친 기념으로 건설한 것으로 알려졌으며 그 이름에 걸맞게 84,000여 개의 부처상, 부조, 그림 등 볼거리가 가득하다.

우선 정문으로 들어가 본당과 연결되는 계단을 오르기 시작하면 왼편에 4면으로 된 기둥과 약간 부서진 비석이 누워 있는 방이 보인다. 기둥은 모래로 만들어져 있는데 자세히 관찰할 수는 없다. 계단은 사원 중심부로 연결되며 사원의 외벽은 작은 탑들로 둘러싸여 있고 그 사이사이에 다양한 모습을 새겨 놓은 부조들을 볼 수 있다. 각각의 부조들이 재미있는 모양을 하고 있고 동쪽 벽에서는 약간 야한 모습의 부조도 찾아볼 수 있다. 사원 중심 건물에는 법당과 외벽 사이에 이중으로 된 회랑이 있으며 안쪽 회랑은 법당 왼쪽 모서리에서 들어갈 수 있는데 막다른 길이다. 이곳에는 크고 작은 불상이 끝없이 나열되어 있고 거의 마지막 부분에 부처의 발자국 모양 돌비석이 있다. 비슷한 모습의 불상들이 줄지어 있는 모습이 어딘가 모르게 엄숙하고 신비로운 분위기를 풍긴다.

바깥쪽 회랑은 당시 사람들의 모습들이 다양하게 나타난 부조들이 촘촘하게 새겨져 있다. 새와 짐승, 왕과 왕비, 신과 악마의 형상을 나타내는 부조가 아름답게 펼쳐져 있으며 그중에는 민빈 왕과 왕비의 형상도 있는 것으로 알려져 있다. 이곳은 천천히 시간을 가지고 감상해보자. 파고다 내부에서는 지역 입장표를 검사한다.

● 지역입장표 구입 가능(검사)

Sightseeing

꼬타웅 파고다 Koethaung Paya

민빈 왕의 아들인 민타카 왕이 아버지의 시타웅 파고다보다 더 큰 파고다를 만들기 위해 '9만 부처의 사원'인 꼬타웅 파고다를 만든 것으로 알려져 있다. 므락우에서 가장 큰 파고다로 멀리서 보면 주변 풍경을 압도하는 웅장함이 있다. 외벽에 작은 파고다들이 빽빽하게 세워져 있으며 내부에는 역시 2개의 회랑이 있는데 시타웅 파고다처럼 다양한 모습의 부조는 찾아보기 힘들다. 크고 작은 불상들이 줄지어 있으며 완전하게 복원되지 않은 모습이 오히려 매력적이다.

● 므락우에서 가장 큰 파고다

Sightseeing
피시다웅 파고다 Piseidaung Paya

꼬타웅 파고다로 향하는 길 옆 언덕 위에 커다란 불상이 보인다. 언덕에 오르면 중심의 불상 아래 네 개의 입구가 있는 사원이 허물어진 채 방치된 것을 볼 수 있다. 사원 안에는 네 개의 불상이 위의 불상을 떠받치고 있는 듯한 모습을 하고 있다. 멀리 바라보이는 꼬타웅 파고다와 어우러져 므락우에서 가장 운치 있는 파고다 중 하나로 꼽을 수 있다.

● 꼬타웅 파고다를 바라보는 포인트

Sightseeing
두칸테인 파고다 Htukkant Thein Paya

시타웅 파고다 정문과 길을 사이에 두고 마주하고 있는 각지고 단단한 형태의 외관이 마치 거대한 요새를 연상시킨다. 높은 계단을 오르면 파고다 중심으로 통하는 통로가 시작되는데 외벽에 있는 사각구멍이 내부로 연결되어 통로를 밝히고 있다. 통로 양옆으로 작은 불상이 나열되어 있고 부처상 아래 양쪽으로 사람의 형상을 한 부조가 있다. 어둡지만 하나하나 잘 살펴보면 다양한 모습과 자세로 된 부조들이 부처를 받들고 있다. 통로 끝에는 한층 위로 오르는 계단이 있다. 계단을 오르면 중앙 법당이 나오고 법당 중심의 부처상으로 외부에서 통하는 햇빛이 환하게 비춘다.

● 요새처럼 생긴 파고다

Sightseeing
피타카타익 Pitaka Taik

도서관 북쪽 파고다군 끝부분에 작은 슬레이트 지붕 아래 벽돌로 만들어진 아름다운 건물이 있다. 이것은 1940년대에 스리랑카의 왕으로부터 받은 책들을 보관한 48개의 서고들 중 하나로 현재 7개가 남아 있으나 그중 원형을 보존하고 있는 유일한 도서관이다. 외벽은 꽃무늬 부조로 장식되어 있고 마치 보석함을 연상시키는 아름다운 연꽃모양을 하고 있다.

● 미얀마에서 가장 아름다운 도서관

Sightseeing
반돌라짜웅 Bandoola Kyaung

수도원 16세기에 스리랑카의 왕으로부터 받은 부처의 치사리를 보관하고 있는 것으로 알려져 있는 이 수도원은 산다무니 프라그리짜웅 파고다라고도 불린다. 수도원으로 통하는 계단을 올라가면 끝부분에 법당이 나오는데 그 법당 뒤쪽에 다시 슬레이트 지붕이 있는 계단을 올라가면 작은 방이 있다. 이 방안에 있는 불상은 현재 만달레이에 있는 마하무니 불상을 만들고 남은 금속으로 제작된 산다무니 불상으로, 침탈을 막기 위해 숨겨놓았던 것이 1988년에 발견되어 현재 이 사원에 모셔져 있다. 수도원에는 아직 어린 승려들이 열심히 경전을 암송하고 있는 모습을 볼 수 있다. 무섭게 생긴 주지스님이 한국드라마 CD를 수줍게 보여주기도 한다.

● 평화로이 수행할 수 있는 곳

Sightseeing

마하보디 쉐구 파고다
Mahabodhi Shwegu Paya

언덕 위의 이 파고다를 보기 위해서는 언덕 아래 우물 옆으로 나 있는 길로 올라가야 한다. 파고다 내부 중앙의 부처를 중심으로 4개의 부처상이 둘러싸고 있으며 좁은 통로 벽면에 다양한 형상을 새겨놓은 부조가 독특하다. 언덕 위에 올라가 주변을 감상하기에도 좋다.

● 벽면의 특이한 부조들

Sightseeing

안도 파고다 Andaw Paya

시타웅 파고다의 반대쪽 입구로 나오면 바로 안도 파고다에 이른다. 6각으로 된 중앙 파고다의 동쪽에 위치한 법당쪽으로 가면 파고다 내부로 들어갈 수 있다. 내부에는 이중으로 된 통로가 있고 내부에 하나씩 불상이 자리하고 있다. 16세기에 민라자지 왕이 스리랑카의 왕으로부터 받은 치사리가 보존되어 있는 것으로 알려져 있다. 중앙의 파고다를 둘러싼 작은 파고다들의 내부에는 다시 작은 불상들이 모셔져 있다.

● 시타웅 파고다 반대쪽 입구에 위치

Sightseeing

레이멧나 파고다 Laymyethna Paya

두칸테인 파고다에서 약간 북쪽으로 떨어져 있는 레이멧나 파고다는 마치 두칸테인 파고다를 축소한 모양을 하고 있지만 사실은 그보다 먼저 지어진 것으로 알려져 있다. 내부에 이중으로 된 통로가 있으며 안쪽에 여덟 방향으로 커다란 불상이 자리하고 바깥쪽에는 작은 부처상들이 둘러싸고 있다.

● 두칸테인 파고다의 미니어처

Sightseeing

라타나본 파고다 Ratanabon Paya

안도 파고다의 바로 북쪽에 위치한 큰 파고다로 민카몽 왕과 신뜨웨 왕비가 17세기에 세운 탑으로 알려져 있다. '보물들의 집약체'라는 이름답게 그 내부에 보석들이 가득했던 것으로 알려졌으나, 2차 세계대전으로 파괴되었을 당시에 이미 내부의 보물들은 도둑맞고 없었다고 한다. 길 건너편에는 멋진 일몰을 볼 수 있는 언덕이 있다.

● 보물들을 품었던 파고다

Sightseeing
⑪
사쨔마나웅 파고다 Sakyamanaung Paya

높고 큰 파고다를 중앙에 두고 중간 크기의 파고다들이 일정한 간격을 두고 서 있다. 중앙의 파고다 꼭대기에는 금색의 종모양이 장식되어 있다. 1629년에 세워진 이 탑 이후로 탑들이 좀 더 길쭉한 모양으로 세워졌다고 한다. 서쪽 입구에서 무릎을 꿇고 있는 4명의 거인이 익살맞은 모습을 하고 파고다를 지키고 있다.

 익살맞은 거인상

Sightseeing
⑫
라웅반빠욱 파고다 Laungbanpyauk Paya

1525년 민카웅라자 왕이 지은 불탑으로 라타나본 파고다 근처에 위치하며 약간 기울어져 있다. 파고다를 둘러싼 돌담이 꽃모양이 그려진 타일로 장식되어 독특하다.

 므락우 피사의 사탑

Sightseeing
⑬
하리다웅 파고다 Haridaung Paya

언덕 위에 있는 이 작은 파고다는 일몰을 감상하기 위한 장소로 더 유명하다. 므락우의 북쪽에 위치하여 주변의 파고다와 일몰이 어우러져 독특한 분위기를 자아낸다.

일몰 포인트

Sightseeing
⑭
쉐따웅 파고다 Shwetaung Paya

황금의 언덕 파고다로 알려진 쉐따웅 파고다는 민빈 왕에 의해 조성된 것으로 이 지역에서 가장 높은 곳에 위치하여 일출을 보기 좋은 명소로 알려져 있다. 멀리 흐르는 넓은 강을 바라보며 아침을 맞이할 수 있으나 오르는 길이 조금 험한 편이다.

 일출 포인트

Special Sightseeing

친족 마을 투어
Chin Village Tour

미얀마의 135개 종족 중 하나인 친족은 여자들의 얼굴에 문신을 그리는 독특한 풍습을 가지고 있다. 이는 예전에 외부 침략에 의해 여자들을 빼앗기는 것을 방지하기 위한 것에서 비롯되었다고 하는데 현재는 이러한 풍습이 점점 사라져 각 마을에는 나이 많은 여자들 중 한두 명 정도만이 이러한 문신을 하고 있는 것을 볼 수 있다. 친족 마을 투어는 외부와 단절된 채 예전의 생활방식으로 살아가는 사람들을 가까이서 접할 수 있는 좋은 기회로 동남아의 그 어느 곳에서도 접하기 힘든 원시 소수민족들을 만날 수 있다. 비록 수줍은 모습이지만 외부인을 친근하게 받아들이고 스스럼없이 사진을 찍으며 서로 신기해하는 경험(구경하러 갔다가 도로 구경거리가 되는 경험)을 할 수 있으므로 므라우에 간다면 빼먹지 말자.

● **투어시간** 08:00~17:00
● **비용** 80,000짯

투어 소개

투어는 숙소에서 예약이 가능하며 보통 4명까지 한 그룹으로 80,000짯 정도이다. 여기에는 지프(약 1시간), 왕복보트(2시간), 점심 식사, 영어가이드가 포함되어 있으며, 되도록 동행을 구하는 것이 싸게 갈 수 있는 방법이다. 오전 8시에 출발하여 오후 4시 정도에 끝난다.

오전 8시에 숙소에서 아침을 챙겨먹고 출발한다. 므라우 외곽의 넓은 논과 작은 마을들을 지나 1시간가량 차를 타고 간다. 거기서 보트로 갈아타고 약 5분 거리에 있는 강 반대쪽 시장에 도착하여 시장도 둘러보면서 친족아이들에게 줄 선물을 챙긴다. 친족사람들도 가끔 이 시장으로 2시간씩 배를 타고 와서 생필품을 사가는 곳이므로 작은 사탕이나 연필 하나라도 아이들에게 좋은 선물이 될 수 있다. 쌀, 채

소나 과일, 라카인 주 특유의 스테인리스 물병에서부터 청바지 및 좋아하는 연예인 사진까지 생각보다 많은 종류의 물건들을 사고팔면서 한껏 들떠 있는 사람들과 함께해보자.
친족은 어른보다 아이들이 훨씬 많다. 생각보다 많은 아이들에게 나누어줄 사탕이나 풍선, 연필 등을 여기서 챙긴다.

시장을 둘러본 후 다시 보트를 타고 2시간가량 강을 거슬러 올라간다. 이때 강변에 있는 사람들이나 보트를 타고 지나가는 사람들과 수줍게 인사를 나눌 수 있다. 보트는 지붕이 있는지 확인해야 한다. 아니면 햇빛이 강해서 2시간을 견디기 힘겨워질 수 있다. 부득이한 경우 반드시 양산과 모자를 챙긴다.

친족 마을에 도착하면 보통 4개의 마을을 둘러본다. 각 마을에는 얼굴에 문신을 한 할머니들이 스스럼없이 다가와 사진을 찍으라고 한다. 인사를 하고 나서는 직접 만든 직물들을 보여주며 사라고 하기도 하지만 강매하는 경우는 거의 없다. 오히려 바나나를 선물로 주기도 하면서 여행자들을 신기하다는 듯 바라보므로 함께 웃으며 대하도록 하자. 마을 안에는 돼지나 닭을 키우며 그 주변에서 채소를 경작한다. 20세 정도만 되면 아이들을 낳아 키우므로 아이들이 어른보다 많은 수를 이루고 있고 모두 어른에게 공손한 태도를 보인다. 선물을 주어도 수줍어하며 조심스럽게 다가와 두 손으로 받는 등 아직 때 묻지 않은 모습들이 신선한 느낌을 준다.
수줍음이 많은 사람들이므로 먼저 인사를 건네 보도록 하자. 웃으며 가까이 다가오는 사람들을 만날 수 있다.
친족 마을 사이 연결된 길은 나무가 우거져 크게 덥지 않다. 색다른 나무들과 과일, 동물이 또 다른 볼거리를 제공한다. 친족 마을에서 먹는 수박은 어디서도 먹을 수 없는 시원함을 맛볼 수 있다. 일정을 마치면 다시 배를 타고 내려와 차로 갈아타면 꼬타웅 파고다와 피시다웅 파고다 쪽으로 돌아오는데, 미리 요청하여 이 두 파고다를 들러보자.

Sightseeing
⑮
므락우 시장
Mrauk-U Market

므락우 중앙에 있는 시장은 마을사람들이 모이는 중심지의 역할을 하는 만큼 주변에 식당이나 찻집들이 모여 있고 아침부터 저녁 늦게까지 사람들로 붐빈다. 작은 시장 안에는 채소나 과일부터 옷이나 감기약까지 없는 게 없지만 공산품의 경우 유통기한이 지난 것이 종종 보이므로 잘 확인하고 구입해야 한다. 므락우에 도착했는데 좀 쌀쌀하다면 여기서 옷 하나쯤 구입하는 것도 좋다.

Sightseeing
⑯
므락우 왕궁박물관
Mrauk-U Palace Museum

므락우 왕궁터는 현재 그 외벽만 남아 있으며 중심에 박물관이 있다. 므락우 인근 및 라카인 주에서 수집된 유물들과 라카인 왕조의 역사를 새겨놓은 돌비석 등이 보관되어 있다. 비록 작은 박물관이지만 옛날 화려했던 라카인 왕족의 역사를 볼 수 있으니 시간이 난다면 한 번쯤 들러보는 것도 좋은 선택이다. 입장료는 5$로 월요일과 공휴일은 휴무이며 오전 9시 30분부터 오후 4시 30분까지 문을 연다.

Sightseeing
⑰
아노마칸 · 라세칸 호수
Annumakan · Laksaykan Lake

므락우 남쪽에 위치한 이 두 인공호수는 원래 군사방어용으로 조성되었다고 하나 현재는 므락우 사람들의 생활에서 빼놓을 수 없는 존재가 되었다. 서쪽의 라세칸 호수는 므락우 사람들의 생활용수로 제공되며 각 가정에 파이프로 연결된다. 동쪽의 아노마칸 호수는 뜨거운 더위를 식히기 위한 수영장으로 사용된다. 한적한 호수 주변을 산책하여 물을 길러온 마을 사람들과 각종 동물들을 만나보자.

Sightseeing
⑱
디스커버리 힐 Discovery Hill

사유지인 이 언덕은 므락우의 일몰 사진 한 장으로 더욱 유명해졌다. 다른 언덕보다 약간 높아서 전망이 좋다. 1인당 500짯의 입장료를 받으며 맥주나 음료도 판매하지만 냉장시설이 없으므로 시원하진 않다.

Food

다른 유명 여행지에 비해 선택할 수 있는 식당이 턱없이 부족하지만 다행히 이곳의 음식은 대체로 입맛에 맞는 편이다. 일반적으로 이 지역에서 제일 흔한 육류는 돼지고기이며 맛도 무난하다. 이 지역 아침 식사로는 '몽디'가 있는데 버마족 전통국수인 모힝가보다 생선을 적게 쓰는 편이고 좀 더 깔끔하다. 외국인에게는 현지인과 다르게 높은 가격을 청구하기도 하므로 가격을 미리 물어보고 식사를 하는 것이 좋다.

Food : 추천

꼬딴쉐 국숫집 Ko Than Shwe

현지인들에게 인기 많은 식당으로, 메뉴는 오로지 국수인데 볶음국수 혹은 물국수 중에서 선택하여 주문할 수 있다. 들어가는 재료도 고를 수 있고 포장도 가능하므로 멀리 투어를 나갈 때나 숙소에서 먹고 싶을 때 이용해보자. 영어 메뉴도 영어 간판도 없지만 아저씨와 딸이 영어를 조금 할 수 있어 주문에 큰 무리는 없다. 아침에는 할머니, 할아버지가 나와 몽디를 파는, 가족 전체가 운영하는 정감 있는 국숫집이다.

Access	마켓에서 골든 게스트하우스 방향으로 가다 중간쯤 WSM건설회사 앞 노점식당
Open	07:00~09:00, 13:00~20:00
Cost	몽디 500짯, 국수 1,000짯, 볶음국수 1,000짯
Tel	09-2504-53144

Food

리버밸리 Rivervalley

므락우에서 깔끔한 레스토랑을 원한다면 최선의 선택이지만 가격 역시 최고를 자랑하며 인심도 박하여 밥을 추가할 경우 추가금을 받는 유일한 식당이다. 음식은 전반적으로 괜찮은데 향신료가 강한 메뉴도 많아 메뉴 선택에 신중을 기해야 한다.

Address	Minbar Gyi Road, Aung Datt, Mrauk-U
Open	11:00~22:00
Cost	치킨요리 3,500~4,000짯, 돼지고기요리 3,500~4,000짯, 새우요리 4,000짯, 시푸드요리 4,000~7,500짯
Tel	043-50257, 09-850-2400

Food

모체리 Moe Cherry

저녁 식사 때면 서양 여행객들이 가득할 정도로 인기가 많다. 가격은 비싼 편이지만 깔끔한 음식에 기본적으로 나오는 반찬들이 푸짐하다. 서양 여행객들의 입맛에 맞추어져 있어 메뉴 선택에 특별히 실패할 염려는 없지만 커리가 국수류보다 훨씬 낫다. 큰길가에 있고 옆에는 오토바이 세차장이 있어 낮에는 주위가 매우 시끄럽다.

Address	Alaza Quarter, Mrauk-U
Open	11:00~21:30
Cost	야채커리 2,000짯, 치킨/돼지고기/생선 등 4,000짯, 미안마비어 2,000짯
Tel	09-4217-33711, 09-2504-53050

Food
④
해피가든 Happy Garden

현지인 식당이면서도 무난하게 식사를 할 수 있다. 저녁에 맥주 한잔 가볍게 마시기에도 좋다. 현지인들이 위스키 등 한잔하러 많이 들르는 곳이다.

Access	골든 게스트하우스 옆
Open	11:00~21:30
Cost	치킨/돼지고기요리 2,500짯, 생선요리 3,000짯, 미얀마비어 2,000짯

Food
⑤
까웅땃 Kaung Thant

커리세트를 주문하면 채소 외에 여러 가지 기본반찬이 나오는데 몇 가지를 빼면 다 먹을 만하다. 국수 역시 우리나라 칼국수 느낌의 괜찮은 맛을 낸다. 가격대비 푸짐하게 먹을 수 있지만 가게 바로 옆에 개천이 지나가 깔끔한 느낌은 없는 편이다.

Access	마켓에서 골든스타 가기 전 첫 번째 다리 앞 오른쪽에 위치
Open	11:00~21:30
Cost	라카인 주 커리세트 1인 2,000짯, 국수 1,000짯, 볶음국수 1,500짯

Food
⑥
트리플원 바 Triple One Bar

주로 위스키나 맥주 등을 파는 곳으로 므락우에서 거의 유일하게 미얀마 생맥주를 판다. 시원하고 맛도 좋으며 가격도 적당한 편이지만 청결한 편은 아니다. 안주로 몇 가지 요리를 파는데 가격이 비싸며 맛도 떨어지는 편이므로 안주를 먹고 싶다면 최대한 무난한 걸 시키자. 소시지는 최악의 선택이다.

Access	쉐타진 호텔에서 버스터미널 방향으로 가다가 오른쪽에 위치
Open	11:00~22:00
Cost	생맥주 1잔 700짯, 안주 1,000~2,000짯

Food
⑦
단야워디 Danyawaddy

현지인 식당인 점을 고려한다면 비교적 깔끔하고 편리한 위치에 있다. 다공 생맥주를 팔지만 시원하지는 않고 미얀마 생맥주보다 맛이 떨어진다. 가격이 정확하게 정해져 있는 것은 아니고 외국인에게는 비싼 값을 부르는 편이므로 미리 꼭 가격을 물어보기를 권한다.

Access	마켓 메인 사거리에서 제티 방향 길로 오른편에 위치
Open	10:30~21:30
Cost	커리(치킨/돼지고기) 2,500짯, 야채커리 1,000짯, 다공 생맥주 1,000짯

Stay : ★★★ 추천
①

므라우 팰리스 리조트
Mrauk-U Palace Resort

2013년 9월에 오픈한 호텔로 아직 많이 알려져 있지 않아 수준에 비해 저렴하다. 므라우에서는 매우 세련된 편이며 깔끔하지만 정원은 조금 황량한 느낌이 있다. 큰 차들이 다니는 큰길 옆이 아니라서 조용하고 와이파이도 된다. 가격대비 므라우 최고의 호텔이므로 세련되면서도 저렴한 호텔을 원한다면 이곳을 고려해보자.

Address	Lark Kauk Zee Quartar, Alodawpyi St, Mrauk-U, Rakhine State, Myanmar
Cost	트윈 45$, 엑스트라베드 20$, 방갈로타입 룸으로 총 18개룸 부대서비스 조식, 에어컨, 핫샤워, 픽업 *매니저 Mr.So 영어 가능. 10% DC 쿠폰 발행 협의(Mr.So을 찾아서 할인 받으세요.)
Tel	09-853-2277, 09-4964-0790
Email	mraukupalaceresort@gmail.com
Web	www.mraukupalaceresort.com

Stay : ★★★ 추천
②

쉐타진 호텔 Shwe Thazin Hotel

시트웨에 동일한 이름의 호텔을 운영하는 전통 있는 호텔로 서양 여행객들에게는 최고의 숙소로 알려져 있다. 내부 시설이 약간 오래된 감이 있고 정원도 특별히 멋진 것은 아니지만 시설이나 서비스가 모두 격식 있다. 큰길에서 약간 벗어나 조용하면서도 다니기 좋은 위치에 있다. 와이파이가 되지만 외부인에게는 시간당 2$의 요금을 받는다.

Address	Sunshaseik Quarter, Mrauk-U
Cost	수피리어(20개/싱글 55$, 더블 65$), 디럭스(3개/싱글 70$,더블 90$), 엑스트라베드 15$ (총23개룸) 부대서비스 조식
Tel	09-850-1844, 09-850-2330
Email	mrauku@shwethazinhotel.com
Web	www.shwethazinhotel.com

Stay : ★
③

프린스 호텔 Prince Hotel

낡은 시설에 위치도 마을을 걸어 다니기에 좋지 않은 데다 가격도 저렴하지 않다. 핫샤워는 아침저녁으로만 가능하다. 주변에 마땅한 식당이 없고 숙소에서 저녁을 주문할 경우 5,000짱이나 내야 한다. 그럼에도 불구하고 많은 서양 여행자들이 이곳을 찾는 이유는 므라우에서 가장 정원이 우거진 곳이기 때문이다. 갖가지 꽃과 나무 사이 새들이 날아다니는 정원이 이곳을 낡은 시설에도 불구하고 므라우에서 가장 붐비는 숙소 중 하나로 만든다.

Address	Mraund Bwe Rd., Alzee Quarter, Mrauk-U, Rakhine State
Cost	트윈 25$(스탠더드/4개), 트윈 35$(주니어/2개), 패밀리 60$(3명 정원/3개) / 부대서비스 조식
Tel	043-23315/23358/21888
Email	mraukuprince@gmail.com
Web	www.mraukuprince.com

Stay : Guesthouse
④

로열시티 게스트하우스 & 방갈로
Royal City Guesthouse

저렴한 게스트하우스와 약간 가격이 높은 방갈로, 리버밸리 레스토랑을 같이 운영한다. 게스트하우스는 가격에 비해 청결한 편이다. 1인실은 답답하고 좁지만 2층에 구비된 3인실은 넓고 깔끔하며 테라스가 있는 방은 더욱 쾌적하다. 방갈로는 깔끔하고 넓지만 서로 다닥다닥 붙어 있어 답답한 감이 있다. 선착장과 마을 사이 차량이 많이 다니는 곳에 위치하여 낮에는 시끄러운 편이다.

Access	제티에서 다운타운 들어가기 전 왼쪽에 게스트하우스와 레스토랑, 오른편엔 방갈로 위치
Cost	방갈로 트리플 55$, 트윈 45$, 게스트하우스 1층 싱글 10$, 2층 더블 25$, 2층 트리플 35$ / 부대서비스 조식

Stay : Guesthouse

⑤

골든스타 게스트하우스
Golden Star Guesthouse

므라우에서 오래된 편에 속하는 게스트하우스로 마켓이 가까운 편리한 위치에 있다. 매니저의 훌륭한 영어 솜씨로 항공이나 투어 예약에 많은 도움을 받을 수 있다. 시설은 전반적으로 많이 낡았고 더운물도 안 나오지만 정감 있는 분위기다. 1인실이 갖추어져 있다.

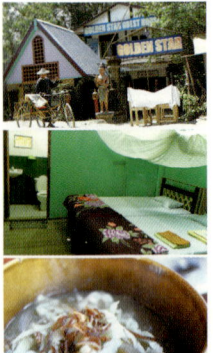

Address	No.116, Min Bar Gree Rd., Near the Kan Hla Lake, Mrauk-U
Cost	3인실(2개) 30$, 싱글(6개) 10$, 더블(10개) 15~20$ 부대서비스 조식
Tel	09-4967-4472, 09-4217-20002

Stay : ★★

⑥

므락우 호텔 Mrauk-U Hotel

나라왓 호텔과 큰길을 사이에 두고 바로 맞은편에 위치하고 있으며 시설이나 가격도 비슷하지만 이곳이 조금 더 낫다. 원래 정부 소유의 호텔이었으나 지금은 개인 소유로 바뀌었다고 한다. 정원은 밋밋하고 와이파이가 설치되어 있지만 연결이 잘 끊긴다.

Address	Yangon-Sittwe Main Rd., Nyaung Pin Zay Quater, Mrauk-U
Cost	로열(2개) 100$, 주니어(6개) 85$, 스탠더드(21개) 65$, 엑스트라베드 15$ / 부대서비스 조식
Tel	043-50201/50202
Email	myaukoohotel@gmail.com

Stay : ★★

⑦

나와랏 호텔 Nawarat Hotel

와이파이가 되는 몇 안 되는 호텔 중 하나로 외부는 약간 밋밋한 느낌이 있지만 깔끔함을 중시한다면 이곳도 고려해보자. 호텔 내부의 레스토랑에서는 외부인도 와이파이를 이용할 수 있으므로 음료를 마시면서 쓰면 된다. 직원들도 친절하다.

Address	Nyaung Pin Zay Quarter, Yangon-Sittway Rd., Mrauk-U
Cost	수피리어트윈 75$, 스탠더드트윈 65$, 엑스트라베드 20$ (총 30개룸) 부대서비스 조식
Tel	09-852-2264, 043-50073
Email	mraukoonawarathotel @gmail.com

Stay : ★★

⑧

베살리 리조트 호텔 Vesali Resort Hotel

프린스 호텔 옆에 위치한 중급호텔로 잘 꾸며진 정원 덕에 서양 여행객들에게 인기가 있다. 객실도 비교적 청결하며 인테리어도 오래되었지만 깔끔한 편이다. 직원들은 친절하나 영어가 능숙하진 않고 외진 곳이라 마을 중심에서 접근성이 떨어지는 단점이 있다.

Address	Pon Narr Myaun, Myaunn Bway Rd., Mrauk-U
Cost	더블(18개) 65$, 트리플(3개) 80$ 부대서비스 조식
Tel	043-24200, 09-858-6426

Intro

시간이 멈춘 곳, 나팔리 비치
Ngapali Beach

사랑하는 연인과 둘만의 로맨틱한 시간이 필요하다면? 일상의 모든 것을 뒤로한 채 진정한 휴식을 원한다면? 이곳이 바로 그곳이다. 나팔리 비치에서는 흥청망청하는 여행객들이나 시끄럽게 들썩이는 해변의 바는 찾아볼 수 없다. 이따금씩 지나가는 과일 행상의 수줍은 손짓 외에는 아무도 방해하는 이 없이, 끝없이 펼쳐진 넓은 해변과 순수하게 들려오는 파도소리 속에서 완전한 해방감마저 느낄 수 있다. 이탈리아의 나폴리 해변이 연상된다고 하여 나팔리라는 이름이 붙여진 이곳의 호텔들은 동남아의 그 어느 곳보다 세련된 시설과 서비스를 자랑한다. 눈을 돌려 해변을 바라보면 그 어디서도 볼 수 없는 한적한 원시의 바다를 만날 수 있어 많은 이들에게 진정한 파라다이스가 되고 있다. 낮에는 시원하게 반짝이는 파도와 부드럽게 이어지는 해변이, 저녁에는 온통 바다를 붉게 물들이는 벵골 만의 일몰이 잔잔한 감동을 선사한다.

> **Travel Tip**
> 1. 열대몬순기후답게 우기에 특히 많은 비가 내리며, 이 기간 동안 문을 닫는 호텔이나 레스토랑도 많으므로 6~8월은 여행을 피하자.
> 2. 은행이나 기타 공공시설은 차로 30분 거리에 있는 탄드웨로 가야 하는데 쉽게 이용할 만한 이동수단이 없으므로 돈이나 비행기 티켓 등은 미리 준비하는 것이 좋다.
> 3. 자전거나 카약을 빌려주는 숙소도 있으며, 낚시와 스노클링, 골프, 코끼리타기 등 소소한 할거리도 많이 마련되어 있으므로 숙소에 문의해보자. 그러나 '최대한 아무것도 하지 않는 것'이 이곳을 즐기는 제대로 된 방법이다.

주요 도시에서 탄드웨 · 나팔리 들어가기

➕ 항공

출발	항공사	소요시간	요금	설명
양곤	6T, K7, W9, YH, YJ	직항(55분)	80~100$	성수기에는 많은 항공사들이 이 노선을 운행하지만 비수기에는 스케줄이 조정될 수 있으니 확인해야 한다. 에어만달레이는 이 구간을 매일 운행한다. 바간이나 인레 호수에서는 비수기(5~9월)는 운행하지 않는다.
공항에서 시내로 들어가기				나팔리는 가기 전에 숙소를 무조건 예약하고 출발하는 게 좋다. 양곤이나 다른 도시에서 출발 전 미리 전화로 예약을 하면 시간에 맞춰 공항 앞에 모든 호텔들의 픽업차량이 대기하고 있다. 호텔직원이 손님들의 이름을 팻말에 적고 기다리고 있으니 픽업차량을 타고 호텔로 가자.

➕ 버스

바간이나 다른 도시에서 나팔리에 가려면 삐이와 따웅곡을 거쳐 탄드웨로 들어가게 된다. 삐이-따웅곡 구간은 11시간 정도, 다시 따웅곡에서 탄드웨까지는 5시간 정도 소요된다. 나팔리 비치에서 탄드웨까지는 40분 정도 소요.

교통편	출발시간	요금	소요시간	설명
고속버스	07:00, 15:30	16,000짯~	14시간	산맥을 넘어가는 힘든 일정으로 미얀마에서도 가장 힘든 대표적 구간이다.

탄드웨 · 나팔리에서 다른 도시로 이동하기

➕ 버스

도착	교통편	출발시간	요금	소요시간	설명
양곤	고속버스	05:30, 13:00	16,000짯~	14시간	양곤으로 들어가는 길에 짜웅고라 지역에서 내리면 거기에서 빠데인을 거쳐 차웅따 또는 응웨싸웅 비치로도 연결 가능하다.
삐이	고속버스	13:00	16,000짯	11시간	삐이에서 바간으로 연결이 가능하다. 삐이에서 17:00에 바간으로 출발하는 버스편이 있으며 04:00에 도착하게 된다. 요금은 14,000짯이다. 기차편도 있는데 삐이에서 22:00 출발, 바간에는 10:00에 도착한다. 외국인 요금은 좌석별로 17~28$이다.

➕ 나팔리 비치 시내교통

◎ 툭툭
공항 → 나팔리 비치 : 호텔 예약을 안 했다면 툭툭을 이용해 비치까지 가야 되는데 기사마다 2~5$를 부른다.

◎ 자전거
1일 대여 : 나팔리 비치를 돌아다니는 데 가장 효율적인 방법은 자전거를 이용하는 것이다. 메인도로에 자전거를 대여해주는 레스토랑들이 있다. 하루 빌리는 데 3,000짯을 요구한다.

◎ 도보
해변 왕복 : 왕복 2시간 정도 소요되는 거리. 해 질 녘 해변을 걸어 다니는 여유로운 여행을 해보자.

> **Tip 쇼핑**
> 특별할 것은 없지만 나팔리의 주변 시설들의 높은 수준만큼이나 옷이나 공예품들의 수준도 괜찮은 편이다. 호텔 입구 맞은편에 주로 위치하는 작은 점포 외에도 해변 중간의 가판에서 소소한 장신구를 판매한다.
> Cost 스카프 및 옷 5~15$,
> 대나무공예품 5~25$,
> 진주공예품 5~10$

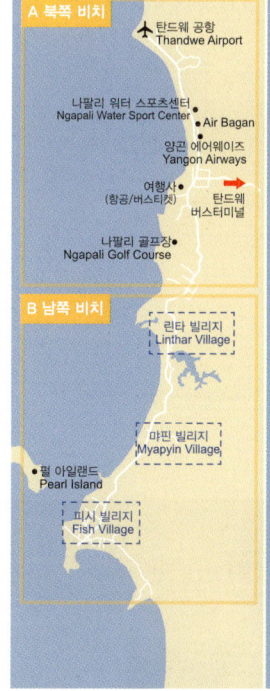

Myanmar | Rakhine & Bengal Beach

Activity

통통배 보트투어 Boat Tour

작은 배를 대여하여 해변을 돌아다니는 투어로, 특별히 정해진 코스 없이 맘에 드는 곳에서 스노클링이나 낚시 등을 하면서 진정한 여유를 누릴 수 있다. 하루 종일 배를 빌릴 경우 일정 가격을 추가하면 점심으로 생선바비큐를 포함할 수 있다. 하지만 대체로 만족스럽지 못한 수준이므로 나팔리 해변에서 멀지 않은 곳에 있는 펄 아일랜드의 레스토랑에서 간단히 점심을 해결하는 것도 나쁘지 않은 선택이다. 바다 한가운데 아주 작은 섬인 펄 아일랜드에서 해수욕을 즐기거나, 아무도 없는 외딴 곳에서 나만의 해변을 독차지하는 즐거움을 만끽할 수도 있다.

Cost   1일 45,000짯(점심 포함),
       4시간 20,000짯

Activity

스쿠버 다이빙 & 스노클링 Scuba Diving & Snorkeling

나팔리 해변에서 약 1시간 이상 떨어진 바다로 나가면 화려한 물고기와 산호초들로 때 묻지 않은 아름다운 바다 속에서 스쿠버 다이빙이나 스노클링을 즐길 수 있다. 먼 곳으로 나가는 만큼 배의 시설이나 시스템은 잘 되어 있는 편이다. 일정한 인원이 모여야 출발하므로 숙소나 사무실에 미리 문의해야 한다.

Cost   스쿠버다이빙 110~150$(장비대여료
       25$ 별도), 스노클링 70$

나팔리 워터 스포츠 센터
Ngapali Water Sport Center
Address 양곤사무실 No.83(A), 1st Floor,
         8th St., Lanmadaw Tsp, Yangon
Tel   01-226069(양곤사무실),
         09-5184592(나팔리사무실)
Email   ngapaliwatersport@gmail.com
Web   www.ngapaliwatersport.com

Activity

해변 마사지 Beach Massage

해변의 고급 호텔들에는 각기 특색 있는 최고급 스파를 운영하고 있다. 그러나 저렴하고 편안한 마사지를 받고 싶은 여행객들을 위한 소박한 마사지 노점들도 해변 곳곳에 눈에 띈다. 이왕 해변에 왔으니 한가로운 낮 시간에 시원한 바닷바람을 맞으며 마사지를 받아보자.

Open   08:30~18:00
Cost   6,000짯~(45분, 전신마사지)

Food

해변에 늘어진 호텔들은 모두 각기 다양한 수준의 레스토랑을 운영하며 인테리어나 맛들도 훌륭한 대신 가격도 만만치 않은 경우가 많다. 맘에 드는 레스토랑을 찾아보는 재미도 쏠쏠하지만 가격이 부담되는 사람은 주변의 현지인 식당들도 훌륭한 수준의 음식들을 제공하므로 한 번씩 이용해보자. 해변 쪽에도 호텔 중간 중간에 식사를 할 수 있는 작은 레스토랑들이 모여 있다. 도로 쪽에 위치한 레스토랑들과 가격은 비슷하지만 맛은 살짝 떨어지는 편이다. 이른 저녁 시간에는 맥주나 칵테일을 25% 할인된 가격으로 맛볼 수 있는 프로모션도 종종 발견할 수 있다.

Food : 추천

플래전트 뷰 아일렛 Pleasant View Islet

해변 남쪽 끝에 자리한 레스토랑으로 해변에서 약간 떨어진 돌섬 위에 로맨틱하게 자리한다. 플래전트 뷰 리조트에서 운영하는 레스토랑으로 만조 때는 무릎까지 바지를 걷고 바다를 건너야 하는 불편함이 있으나 주변에서 가장 분위기 있는 레스토랑으로 꼽을 만하며 맛도 훌륭하다. 호텔 레스토랑인 데다 섬에 위치하지만 비교적 저렴한 가격으로 특히 일몰 이후 저녁 식사나 와인을 한잔하러 온 여행객들로 붐빈다. 연인과 함께 나팔리를 방문했다면 꼭 한 번 들러보자.

Open	09:00~21:00
Cost	칵테일 5,500짯.
	미얀마맥주 3,300짯.
	아이스커피 2,200짯.
	구운생선 7,000짯.
	킹프라운 10,000짯.
	야채볶음밥 3,000짯

Food
②

엑설런스 시푸드 Excellence

전반적으로 괜찮은 수준의 요리를 제공하며 가격은 인근의 평균 수준이나 서빙하는 직원들이 특히 한국인을 좋아한다. 이곳 음식 중엔 크랩 커리가 입맛에 맞는 편이다. 저녁 식사 시간이면 인근 호텔에서 묵는 서양 여행자들로 문전성시를 이룬다.

Open	11:00~21:00
Cost	볶음요리 1,000~3,000짯, 그릴 3,000~4,500짯, 커리 1,500~5,000짯, 병맥주 2,000짯

Food
③

존스 피자 Jon's Pizza

아마타 리조트에서 베이커리를 함께 운영하는 주인장의 맛있는 피자를 맛볼 수 있다. 시푸드가 지겨워진 여행객들에게 더욱 유명한 피자집으로 특히 도우가 바삭하고 부드럽다. 초콜릿 케이크도 강추한다.

Open	11:00~21:00
Cost	피자 8~10$, 초콜릿 케이크 4$, 콜라 1,000짯

Food
④

베스트 프렌드 시푸드 Best Friend

친절한 미소가 인상적인 곳으로 요리는 특별할 것은 없지만 인근보다 약간 저렴한 편이고 미얀마 생맥주를 파는 몇 안 되는 곳이다. 자전거도 대여해준다. 이곳에서 잘 구워주는 킹프라운 바비큐가 맛있다. 꾸미지 않은 듯한 낡은 분위기지만 운치 있는 식사를 할 수 있다.

Open	11:00~21:00
Cost	킹프라운 4,000짯, 세트메뉴 6,000짯, 생맥주 600짯

Stay : ★ 추천
①
메멘토 리조트 Memento Resort

바다를 끼고 있는 호텔 중에는 저렴한 편이며 가든뷰 쪽의 룸이라도 레스토랑이나 해변의 의자에서 쉴 수 있어 큰 불편은 없다. 에어컨이지만 오후 5시부터 전력이 가동되는데 겨울 성수기에는 추우므로 큰 도움은 안 된다. 방은 모던하고 깔끔한 편으로 일부는 욕실 바닥에서 물이 잘 빠지지 않는 경우가 있다.

Access	해변 중간
Cost	성수기 가든뷰 35$ (더블룸—6개), 시뷰 40~50$(더블룸—24개) / 부대서비스 조식, 공항픽업, 해변레스토랑
Tel	043-42441, 043-42023
Email	ngapalimementoresort@gmail.com

Stay : ★★
②
린타우 로지 Lin Thar Oo Lodge

대체로 낡은 시설이지만 지속적으로 리모델링을 하면서 가격도 같이 올라가고 있다. 바다가 보이는 방은 나무로 만들어져 운치가 있으나 뒤쪽 2층짜리 건물의 가든뷰룸은 황량하고 외진 느낌이다. 이곳의 레스토랑은 크게 비싸지 않으면서도 맛이 있다.

Access	해변 중간
Cost	성수기 수피리어시뷰 110$(에어컨), 이코노미 가든뷰 70$(선풍기) 부대서비스 조식, 공항픽업, 해변레스토랑
Tel	043-42426, 043-42322
Email	lintharoohotel,ngapali@gmail.com
Web	www.lintharoo-ngapali.com

Stay : ★★★
③
요마체리 로지 Yoma Cherry Lodge

공항에서 가까우며 인테리어는 매우 고급스러운 분위기에 새로 지은 호텔답게 깔끔하나 마을 중간에 위치하여 바닷가의 생선 말리는 비린내가 심하게 난다. 다른 호텔과 분리된 해변이 인공적이지 않은 아름다운 분위기를 풍긴다.

Access	해변 중간
Cost	성수기 시뷰 90~150$(2개), 비치뷰 90~150$(3개), 가든뷰 80~135$(9개) 부대서비스 조식, 공항픽업, 해변레스토랑, 스파
Tel	043-42339
Email	info@yomacherrylodge.com
Web	www.yomacherrylodge.com

Stay : ★★★
④
CCR Crescent Cove Resort

마을과 가까워 어민들의 생활상을 접하기 쉽지만 다른 호텔들과는 떨어진 곳에 위치하여 심심할 수 있다. 마을과 가까워 생선 비린내가 나는 편이지만 열대 야자나무가 빽빽하게 들어선 인공적이지 않은 해변이 멋지다.

Access	해변 중간
Cost	성수기 디럭스 150~180$, 수피리어시뷰 120~140$, 수피리어가든뷰 100~120$, 엑스트라베드 50$ 부대서비스 조식, 공항픽업
Tel	01-400637, 01-400635(양곤사무실)

Stay : ★★★ 추천

⑤

베이 뷰 호텔 Bay View Hotel

독일인이 소유하는 호텔답게 16년의 전통을 자랑하지만 낡은 곳은 찾아볼 수 없다. 고풍스럽고도 세심한 인테리어가 무척 돋보이며 가든뷰의 경우에도 주위를 나무가 둘러싸 프라이버시가 잘 유지된다. 새로 지은 빌딩에 위치한 방은 오히려 더 넓고 쾌적하다. 레스토랑에서 제공되는 치즈 케이크와 초콜릿 음료가 특히 일품이다.

Address	205 Hgnet Pyaw Khaung Kwin Lin Thar Thandwe
Access	해변 중간
Cost	성수기 시뷰 120~220$, 방갈로가든 100~190$, 빌딩 2층 80~170$ / 부대서비스 조식, 공항픽업, 해변레스토랑, 스파, 수영장, 자전거무료대여
Tel	043-42299
Email	reservation@bayview-myanmar.com
Web	www.bayview-myanmar.com

Stay : ★★

⑥

실버 비치 호텔
Silver Beach Ngapali Hotel

나름 저가 호텔답게 방 수준은 약간 떨어지는 편이나 갖출 것은 다 갖추고 있다. 저가 방들도 건물에 의해 가려지지 않고 모두 해변으로 통하기 쉬운 장점이 있다. 스위트 빌라의 경우 거실 방 분리형으로 넓고 풀로 엮어진 지붕의 운치가 있다.

Access	해변 중간
Cost	성수기 스탠더드 100$(18개), 패밀리스위트 240$(1개), 스위트 150$(7개) / 부대서비스 조식, 공항픽업
Tel	양곤 01-242652
Email	rsv@silverbeachngapali.com
Web	www.silverbeachngapali.com

Stay : ★★★

⑦

다이아몬드 호텔
Diamond Ngapali Hotel

마을 근처에 위치하여 생선 말리는 비린내가 나긴 하지만 펄 아일랜드가 가까이 보이고 바다 중간에 파고다도 있는 등 볼거리가 많다. 방은 깔끔하지만 특별한 분위기는 없고 밋밋한 편이다. 해변이 다른 호텔과 분리되어 있지만 물이 빠지면 걸어 다닐 수 있다.

Access	남쪽
Cost	성수기 시뷰 150$(10개), 세컨드시뷰 130$(8개), 가든뷰 90$(6개) 부대서비스 조식, 공항픽업, 수영장
Tel	043-42089, 043-42090
Email	rsv.diamondngapali@gmail.com

Stay : ★★★

⑧

플래전트 뷰 리조트
Pleasant View Resort

방갈로는 특별하진 않아도 깔끔하며 프라이버시가 잘 유지되도록 지그재그로 배치되어 있다. 가든뷰 빌딩 앞에 새로 조성된 정원은 아직 황량한 느낌을 준다. 해변 바로 앞 바위섬에 조성된 레스토랑이 특히 멋진 곳으로 리조트 해안 쪽의 레스토랑의 음식도 상당히 맛있다. 수영장은 없다.

Access	남쪽
Cost	성수기 방갈로시뷰 180$(10개), 스토리시뷰 160$(14개), 스토리가든뷰 130$(16개) 부대서비스 조식, 공항픽업, 스파, 아일렛 레스토랑
Tel	양곤 01-393086, 01-393203 나필리 043-42224, 043-42225
Email	reserve@PVRngapali.com
Web	www.PVRngapali.com

Stay : ★★★★
⑨
아마타 리조트 Amata Resort

입구에 들어서면 멋진 배 모양의 천장이 들어서는 이를 압도한다. 특히 입구에서부터 해변에 이르는 레스토랑이나 리셉션 시설이 멋지며 내부 인테리어도 신경을 쓴 티가 난다. 최고급 호텔답게 비치뷰룸은 2층짜리로 넓은 방에 고급스러운 분위기다. 정원은 크게 특별하진 않으나 스파시설 등 부대시설로도 유명한 곳이다.

Address	Mya Pyin Village, Ngapali, Thandwe
Access	해변 중간
Cost	**성수기** 시뷰방갈로 460$, 가든뷰방갈로 320$, 디럭스빌딩 260$, 수피리어 220$ 부대서비스 조식, 공항픽업, 수영장, 스파
Tel	043-42177, 043-42188, 043-42199
Email	rsvn.mgr@amataresort.com
Web	www.amataresort.com

Stay : ★★★★ 추천
⑩
샌도웨이 리조트 Sandoway Resort

입구에 들어서면서부터 특히나 무성한 열대나무들과 연못들로 마치 깊은 숲속에 들어서는 인상을 풍긴다. 섬세하고 고급스럽게 조성된 정원과 빌라가 아늑한 느낌이 나며 스파시설 역시 전통적이면서도 무척 분위기가 있다. 저녁이 되면 수많은 조명을 밝힌 레스토랑이 그 어느 곳보다 로맨틱하다. 연인과의 특별한 공간을 찾는다면 이곳부터 먼저 고려해 보자.

Address	Myapyin Village, Thandwe
Access	해변 중간
Cost	**성수기** 빌라비치프런트 410$, 빌라시뷰 360$, 비치프런트코티지 360$, 방갈로코티지 275$, 디럭스 190$, 엑스트라 60$ 부대서비스 조식, 수영장, 스파 공항픽업(클래식차량)
Tel	043-42233, 043-42244
Email	reservation@sandowayresort.com
Web	www.sandowayresort.com

Stay : ★★★★
⑪
나팔리 베이 호텔
Ngapali Bay Hotel

독일인 매니저가 운영하는 곳으로 최고의 가격답게 내부 인테리어의 작은 부분 하나하나가 세심하게 디자인되어 있다. 열대나무가 우거진 곳에 작은 풀장이 있고 개인 비치베드가 구비되어 편리하다.

Access	해변 중간
Cost	**성수기** 스위트빌라 525$, 비치프런트빌라 430$, 디럭스시뷰 390$, 디럭스가든뷰 305$ 부대서비스 조식, 수영장, 공항픽업
Tel	043-42301, 043-42302
Email	sales@ngapalibay.com
Web	www.ngapalibay.com

Stay : ★★★★★
⑫
아우리움 팰리스 호텔
Aureum Palace Hotel

규모는 있으나 세심함이 떨어지는 편이며 가격에 비해 깔끔하지 않다. 팔각의 빌라에 자쿠지가 구비된 룸도 소유하고 있다. 레스토랑 외에 어선모양으로 만들어진 바가 특히 멋지다.

Access	해변 중간
Cost	**성수기** 시뷰방갈로 539$/5개(자쿠지), 시뷰스위트 639$/1개(개인풀장), 가든뷰 389$(36개) 부대서비스 조식, 수영장, 공항픽업, 스파, 해변 바
Tel	043-42360, 043-42414
Email	aureum-beach@myanmar.com.mm
Web	www.aureumpalacehotel.com

Stay : ★★★★

⑬

제이드 마리나 리조트 Jade Marina Resort

2013년에 새로 오픈하여 바깥쪽 조형물이 멋지긴 하지만 아직 약간은 빈 듯한 느낌이 있다. 내부에 들어서면 리셉션 및 레스토랑의 인테리어가 세련되면서도 고급스러운 느낌을 준다. 방은 충분히 넓고 청결하며 특히 욕실 인테리어가 디테일하다. 정원은 아직 나무가 우거지진 않았으나 건물의 배치나 모양이 스위스에서 본 듯 아기자기하다.

Access	해변 중간
Cost	**성수기** 시뷰비치프론트 350$, 시뷰빌라 300$, 코너스위트2층 250$, 디럭스1층 200$ 부대서비스 조식, 수영장, 공항픽업
Tel	043-42430, 043-42432
Email	reservation@jademarinaresort.com
Web	www.jademarinaresort.com

Stay : ★★★★

⑭

탄데 비치 호텔 Thande Beach Hotel

체인호텔답게 체계적인 서비스를 갖추고 있다. 방은 단순하지만 세심한 인테리어가 세련된 편이다. 수영장은 작은 감이 있지만 레스토랑은 아기자기하고 조명이 아름답게 밝혀진 밤에 특히 빛을 발한다.

Access	해변 중간
Cost	**성수기** 비치프론트 270$, 세컨드비치 230$, 가든뷰 180$(1층·2층 요금 동일), 빌딩 125$(1층·2층 요금 동일) 부대서비스 조식, 수영장, 공항픽업, 스파
Tel	043-42278, 043-42279
Email	frontoffice@thandebeachhotel myanmar.com
Web	www.thandebeachhotel myanmar.com

Stay : ★★★★★

⑮

어메이징 리조트 Amazing Ngapali Resort

대형 리조트 체인호텔답게 시설은 하나하나 고급스럽고 비싼 느낌이 든다. 오래된 전통이 있는 만큼 세심한 서비스를 갖추고 있으며 당구장, 인터넷 룸 등 부대시설도 다양하다.

Access	북쪽
Cost	**성수기** 시뷰디럭스 270$(36개), 비치프론트스위트 410$(10개), 어메이징스위트비치 570$(3개) 부대서비스 조식, 수영장, 공항픽업 (클래식차량)
Tel	043-42011, 043-42022
Email	onlinesale@amazing-hotel.com
Web	www.amazing-hotel.com

Stay : ★★★

⑯

메르시엘 리조트 Merciel Resort

새로 오픈한 호텔답게 시설들이 깨끗하고 비교적 저렴하지만 단정한 느낌이다. 스태프들이 친절하고 밝게 손님들을 맞이하며 편안한 분위기가 장점이다. 그러나 인접한 작은 해변은 관리되지 않아 부실하고 수영장이 작아 아쉽다.

Access	북쪽
Cost	**성수기** 디럭스비치프런트 205$, 디럭스2층 165$, 디럭스1층 155$(총42개룸) / 부대서비스 조식, 수영장, 공항픽업
Tel	043-42281, 043-42282
Email	reservation@mercielresort.com

Stay : Guesthouse

⑰

S.M.S 게스트하우스
S.M.S Guesthouse

방문할 당시 아직 완성되지 않았는데 일단 영업은 하고 있다. 강 옆에 위치하고 해변으로 이동하려면 메인 도로로 나가야 한다. 외부 리셉션 건물은 새로 지은 듯 모던하지만 안쪽 2층 건물의 경우 1층의 방은 콘크리트 벽에 페인트가 벗겨져 있고 낡은 침대만 중간에 덩그러니 자리하고 있다. 2층의 방 3개는 그나마 나무벽에 청소 수준도 약간은 나아 보이므로 아주 싼 방을 원한다면 고려할 만하다.

Access	해변 중간
Cost	**성수기** 트윈룸 20$, 엑스트라베드 5$ (총9개룸)
Tel	043-42233, 043-42244, 09-4958-4375
Email	sms.thein@gmail.com

Stay : ★

⑱

로열 비치 모텔 Royal Beach Motel

전체적인 분위기는 나쁘지 않으나 오래된 숙소답게 낡았고 가격에 비해 수준이 떨어진다. 욕실은 새로 리모델링한 것 같지만 물이 새는 방도 있으므로 웬만하면 2층으로 구하는 게 좋겠다. 해변으로 약간 떨어져 있으나 조금만 나가면 해변에 닿을 수 있어 큰 불편은 없다.

Access	남쪽
Cost	**성수기** 방갈로시뷰 120$, 가든뷰2층 85$, 가든뷰1층 75$, 싱글 45$~65$(총23개룸) / 부대서비스 조식, 공항픽업
Tel	043-42411, 043-42373
Email	royalngapali@gmail.com
Web	www.royalbeachngapali.com

Stay : ★

⑲

리버 탑 로지 River Top Lodge

2014년에 새로 오픈한 곳으로 기본적인 시설을 갖추고 있고 깔끔하지만 해변을 끼고 있지 않아 저렴한 편이다. 스탠더드룸과 스위트룸은 방 크기를 제외하고는 동일하며 인테리어는 별다른 특징이 없다.

Access	남쪽
Cost	**성수기** 스탠더드 70$(6개), 수피리어 70~90$(10개) 부대서비스 조식, 공항픽업
Tel	043-42060, 043-42061
Email	rivertoplodge.ngp@gmail.com

Intro

불타는 젊음의 해변, 차웅따
Chaungtha

부처의 나라 미얀마지만 이 해변에서만큼은 젊은이들의 활기가 살아 있다. 차웅따는 미얀마의 해운대와 같은 곳으로 양곤에서 차로 이동하기 편리하여 미얀마의 가족여행이나 청춘여행 코스의 대표적인 해변이라 할 수 있다. 몇 년 전만 해도 오히려 한적한 분위기였으나 최근 새로운 건물들이 날마다 들어서고 있어 그 인기를 실감하게 한다. 공휴일이나 휴가철에는 긴 해변이 인파로 가득 넘치는 가운데, 낮에는 온갖 해산물이나 간식거리를 팔거나 고무튜브를 빌려주고 저녁에는 여러 대의 스피커로 빵빵하게 음악을 틀어대어 새벽까지 그 분위기는 식을 줄 모른다. 약간 정신없는 분위기지만 젊은이들과 신 나게 동참하고 싶은 배낭족에게는 안성맞춤이다.

주요 도시에서 차웅따 드나들기

➕ 버스

노선	교통편	출발시간	요금	소요시간
양곤 → 차웅따	고속버스	06:00, 09:00, 22:00	10,000짯~	6시간
차웅따 → 양곤(버스터미널)	고속버스	06:00	7,000짯~	7시간
차웅따 → 양곤(다운타운)	고속버스	10:00	9,000짯~	7시간
빠테인 → 차웅따	로컬버스	06:00~16:00(2시간 간격 운행)	3,000짯	3시간

➕ 차웅따 시내교통

◎ 오토바이
1일 대여 : 10,000짯

Travel Tip
1. 대부분의 숙소는 일 년 내내 운영하지만, 많은 비가 내리는 우기는 웬만하면 피하는 것이 좋다. 또한 미얀마 현지인들이 주로 이용하는 휴양지이므로 주말이나 축제기간이 겹치면 미리 숙소와 버스 좌석을 예약해야 한다.
2. ATM이나 은행 혹은 항공사는 찾기 어려우므로 돈이나 비행기 티켓 등은 미리 준비해야 한다.
3. 외국인보다는 현지인들이 많이 향하는 곳인 만큼 버스나 숙박시설의 수준은 떨어지는 편이다.

Tip 차웅따의 오토바이

양곤에서는 오토바이 운행이 금지되어 있기 때문에 양곤에서 차웅따로 놀러온 젊은이들은 오토바이를 타기 위해 차웅따 해변으로 간다. 아침 숙소 앞에는 오토바이 기사들이 진을 치고 있으며 오토바이를 타고 다니는 미얀마 신세대들을 볼 수 있다. 오토바이를 탈 줄 안다면 기사와 흥정하여 차웅따를 오토바이로 다녀보자.

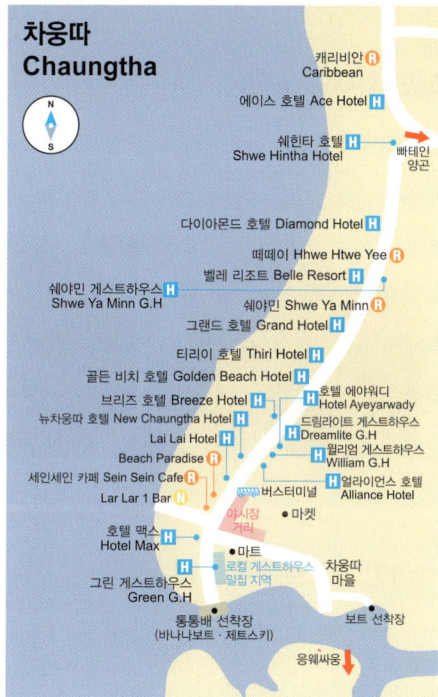

Sightseeing

① 차웅따 해변 Chaungtha Beach

미얀마의 해운대. 차웅따 해변에서는 날씨 좋은 주말이면 미얀마 각지에서(주로 양곤에서) 몰려온 가족이나 친구들이 즐거운 한때를 보낸다. 해변 군데군데 바위나 자갈들로 해수욕을 하기에 안성맞춤이라 볼 수는 없지만, 그저 해변을 돌아다니기만 해도 신 나는 분위기를 느낄 수 있다.

바다는 바나나보트와 제트스키가 파도를 가르고, 해변에는 검은색의 커다란 고무튜브와 플라스틱 카누를 대여해주는 사람과 각종 군것질거리를 파는 노점상, 작은 새우를 꽂은 꼬치를 팔고 다니는 아이들로 북적북적하다. 메인 해변의 남쪽 끝에는 작은 파고다가 하나 자리 하는데, 신 나는 시간을 보낸 뒤에 파고다에 들러 잠시 기도를 하는 모습이 인상적이다. 파고다 근처의 해변 가까이에 작은 섬 Whitesand Island도 있는데 물이 빠지는 간조 시에는 인근에 넓은 백사장이 형성되어 멋진 그림을 만들어낸다.

차웅따 해변 한쪽에는 작은 마을과 아침부터 저녁까지 열리는 시장이 있어서, 차웅따 티셔츠나 해변에서 흔히 볼 수 있는 소소한 기념품들을 판매한다. 모처럼 놀러 나온 가족들이 작은 기념품들을 고르는 모습은 바라만 봐도 정겹다.

Myanmar | Rakhine & Bengal Beach

Food
①
해변 시푸드 노점상

플라스틱 대야를 들고 다니는 해변 상인들에게 크랩, 새우, 로브스터 등의 해산물을 구입한 뒤, 호텔 레스토랑에 일정한 금액(평균 5,000짯)을 주고 요리를 부탁하면 된다. 싱싱한 해산물을 직접 눈으로 보고 살 수 있어서 좋다.

Cost	약 5,000~10,000짯

Food
②
쉐야민 게스트하우스 레스토랑 Shwe Ya Minn

가격은 무난한 편이지만 맛은 훌륭하고 분위기는 깔끔하여 오히려 인근의 값비싼 호텔 레스토랑보다 나은 수준이다. 해변의 상인에게서 사온 새우나 게도 일정한 요금을 받고 요리해준다.

Access	쉐야민 게스트하우스의 부속 식당
Open	09:00~22:30
Cost	새우요리 4,000짯, 생선요리 4,500짯, 치킨요리 3,500짯, 볶음요리 1,500짯, 병맥주 1,300짯
Tel	042-42126

Food
③
세인세인 카페 Sein Sein Cafe

아침 6시부터 밤 10시까지 늘 북적이는 차웅따 최대의 티 하우스. 간단한 볶음밥이나 모힝가 등도 판매한다. 이곳에서의 러펫예나 생과일주스는 매우 훌륭한 수준이다. 현지인들에게 아침부터 저녁까지 인기가 많으며 서빙하는 아이들이 쾌활하여 즐거운 시간을 보낼 수 있다.

Access	호텔 맥스 앞 마켓 사거리 코너에 위치
Open	06:00~22:00
Cost	러펫예 300짯, 생과일주스 800짯, 국수요리 400~600짯

Food
④

떼떼이 Hhwe Htwe Ye

현지인들에게 인기 많은 레스토랑으로 식사 시간마다 사람들로 붐빈다. 직원들의 서비스가 친절하고 전반적인 음식의 맛도 좋은 편이다.

Access	쉐야민 게스트하우스에서 북쪽에 위치
Open	11:00~22:30
Cost	1,500~4,000짯

Night Life
①

랄랄 1 바 Lar Lar 1 Bar

파고다에서 좀 더 남쪽 선착장으로 내려간 해변에 위치한다. 밤에는 인근에 음악을 틀어놓고 해변의 밤을 즐기는 인파가 모이는 핫플레이스에 위치하고 있다. 폭죽을 터트리고 해변에 불을 피우며 음악에 맞춰 춤을 추는 미얀마 젊은이들의 핫한 밤을 함께할 수 있다.

Access	차웅따 남쪽 끝 해변
Open	11:00~22:00
Cost	요리 3,500짯~, 맥주 1,300짯~

Tip 차웅따 명물! 따앗떠 떡

비슷한 모양의 떡은 미얀마 어디를 가도 있지만 달콤한 코코넛을 넣어 만든 이 떡은 차웅따 해변의 명물이다. 해변 파고다 근처의 노점에서도 먹어볼 수 있으며 시장에는 좀 더 전문적으로 파는 가게들도 많다. 먼저 시식을 할 수 있지만 시식을 하면 맛있어서 살 수밖에 없을 정도다.

Cost 500짯~

Stay : Guesthouse 추천

①

쉐야민 게스트하우스
Shwe Ya Minn Guesthouse

해변을 바로 끼고 있지 않고 정원도 제대로 정리되지 않아 전반적으로 낡은 느낌이지만 가격대비 가장 깨끗하다. 리셉션 매니저의 친절함으로 인해 외국인 여행객들에게 인기가 많아 성수기에는 미리 예약을 하는 것이 좋다. 함께 운영되는 레스토랑은 차웅따 해변에서 가장 괜찮은 수준의 음식을 맛볼 수 있다.

Address	A-30, Pathein-Chaung Tha Main Rd.
Access	메인로드 중간
Cost	더블룸 20~25$(성수기 기준) 에어컨요금별도 10$ 부대서비스 조식
Tel	042-42126, 042-42127

Stay : ★★
③

호텔 에이스 Hotel Ace

메인 해변의 가장 북쪽 초입에 위치한 차웅따 최대의 리조트로, 가까운 언덕 위에 새롭게 빌딩 형식의 리조트를 건설 중이며 응웨싸웅에도 같은 이름의 호텔을 새로 오픈하였다. 특별하진 않지만 미얀마 현지인들이 가족들과 이용하기 편리한 구조와 서비스를 제공한다.

Access	북쪽 해변
Cost	이그제큐티브스위트 130$, 스위트발코니 80$, 디럭스방갈로 60$, 이코노미 40$ 부대서비스 조식, 수영장
Tel	042-42353

Stay : ★★★ 추천
②

벨레 리조트 Belle Resort

차웅따에서 가장 세련된 인테리어와 깔끔한 가구들로 차웅따 해변에 위치한 호텔 중에서는 가장 돋보이는 호텔이다. 풀장도 제대로 갖춰져 있고 비교적 저렴한 방들도 깔끔하며 관리도 잘 되고 있는 호텔이다. 현지인들에게도 꾸준히 사랑받아 왔다.

Access	메인로드 중간
Cost	비치프런트 253$, 세컨드시뷰 99$, 가든뷰 76$ 부대서비스 조식, 수영장
Tel	042-42112

Stay : ★
④

쉐힌타 호텔 Shwe Hin Tha Hotel

메인 해변에 위치한 거의 유일한 저가 호텔로 외국인 배낭여행자들에게 특히 인기가 있다. 방은 특색은 없어도 깔끔하고 저녁도 무료로 제공하고 있다. 메인 해변에서 조금 떨어진 곳에 있는 힐가든 호텔과 응웨싸웅 해변에 있는 동명의 호텔을 함께 운영한다. 전기는 저녁 6시 이후에만 사용이 가능하다.

Access	북쪽 해변
Cost	시뷰 60~70$(에어컨), 가든뷰 40~50$(선풍기) 부대서비스 조식 · 석식
Tel	042-42118

Stay : ★
⑤
힐가든 호텔 Hill Garden Hotel

메인 해변에서 걸어서 20분 정도 떨어진 작은 '화이트샌드 (실제로 아주 하얀 모래는 아니다)' 비치에 인접한 언덕에 위치하고 있다. 우거진 정원과 대나무로 만들어진 방갈로가 운치 있다. 가격에 비해 상당히 깔끔하며 직원들의 관리 및 친절이 훌륭하다. 메인 해변의 번잡함을 피하고 싶다면 좋은 선택이 될 수 있지만 주변에 편의시설이 전혀 없어 불편할 수 있다. 독일 여행가이드북에 실린 뒤 독일인이 많이 찾는다고 한다.

Access	북쪽 언덕 위. 차웅따 해변 초입에서 오토바이로 10분 소요. 초입에서 호텔 에이스 방향
Cost	방갈로 25~30$ / 부대서비스 조식
Tel	09-4957-6072

Stay : ★★
⑥
그랜드 호텔 Grand Hotel

아파트 형으로 깔끔한 편이며 구 건물 옆에 새로 5층짜리 빌딩을 건설하여 비교적 쾌적하게 묵을 수 있다. 비스트로나 뷔페식 레스토랑과 바도 함께 운영하고 있으며 양곤 젊은이들이 많이 찾는다.

Access	해변 중간
Cost	방갈로가든뷰 52,000짯, 빌딩 60,000~90,000짯 부대서비스 조식
Tel	042-42330
Web	www.grandhotel-chaungtha.com

Stay : ★★★
⑦
호텔 맥스 Hotel Max

해변의 호텔 중 가장 남쪽 끝에 위치해 있으며 정원이 조성되어 있고, 당구대나 테니스장 수영장 등 편의시설이 잘 갖추어져 있다. 대체로 '비싼' 느낌이 나는 오래된 호텔로 가족단위의 상류층 미얀마 사람들이 많이 찾는다. 주변에 시장과 버스정류장이 있어 편리하다.

Access	마켓 사거리에 위치. 해변에 위치한 호텔 중 가장 남쪽에 위치
Cost	이그제큐티브빌라 250$, 스위트빌라 150$, 수피리어 95~110$, 스탠더드 70~95$ 부대서비스 조식, 수영장
Tel	042-42346
Web	www.maxhotelsgroup.com

Stay : Guesthouse
⑧
그린 게스트하우스 Green Guesthouse

버스정류장에서 좀 더 남쪽으로 들어가면 게스트하우스들이 즐비하지만 외국인도 이용할 수 있는 곳은 많지 않다. 그린 게스트하우스는 외국인도 이용할 수 있는 몇 안 되는 곳 중 하나로 저렴한 곳을 원할 경우 고려해 볼만하다.

Access	제티 가는 길
Cost	선풍기방 12,000~15,000짯

Intro

여행자들의 쉼터, 응웨싸웅
Ngwe Saung

변화의 땅 미얀마의 활기 넘치는, 혹은 정신없는 양곤의 열기를 잠시 피해 해변에서 느긋한 휴식을 취하려는 많은 배낭여행자들은 제일 먼저 이곳을 떠올린다. 그러나 하얀 모래와 로맨틱한 해변의 식당들을 기대한다면 실망할지도 모른다. 몇 년 전까지만 해노 배낭여행자들의 성지였던 이곳은 지금은 번잡한 차웅따 해변을 피해 들어온 미얀마 현지인들과 그에 따라 우후죽순으로 지어지는 무개성의 값비싼 호텔들, 그리고 해변을 달리는 오토바이택시들로 점점 복잡해지는 추세다. 마을에 가까운 북쪽 끝 해변에는 돈 많은 양곤 사람들을 위한 최고급 호텔들이 가족들을 위한 편의시설을 갖추고 성업하고 있다. 그래도 아직까지는 차웅따 해변과 비교할 수 없이 한적한 남쪽 해변에서는 히피의 감성을 간직한 호텔들이 배낭여행자들의 갈증을 달래주는 오아시스가 되고 있다. 비록 해변의 모래가 한없이 부드럽거나 하얗지는 않더라도 끝없이 펼쳐진 해변에서 부서지는 파도와 여전히 멋진 벵골 만의 일몰, 손대지 않은 듯한 자연은 응웨싸웅을 여전히 배낭여행자들의 해변으로 만들어준다.

Travel Tip
1. 열대몬순기후답게 우기에는 많은 비가 내린다. 최근 들어 미얀마 현지인들이 많이 찾기 시작한 관계로 주말이나 축제기간에는 미리 숙소를 예약하는 것이 좋다.
2. 비교적 최근에 많은 호텔들이 새로 오픈하고 있어 전반적인 시설은 좋아지고 있지만 덕분에 해변 분위기는 점차 복잡해지는 추세이다.

주요 도시에서 응웨싸웅 드나들기

➕ 버스

노선	교통편	출발시간	요금	소요시간
양곤 → 응웨싸웅	고속버스	06:00, 09:00, 22:00(금)	10,000짯~	6시간
차웅따 → 응웨싸웅	오토바이택시	대여	15,000짯~	2시간
응웨싸웅 → 양곤	고속버스	06:30, 08:00	10,000짯~	6시간

➕ 응웨싸웅 시내교통
◎ 오토바이
1일 대여 : 10,000짯

◎ 자전거
1일 대여 : 2,500짯

More & More
차웅따 ↔ 응웨싸웅 색다른 여행길

차웅따 해변에서 응웨싸웅 해변으로 이동하는 방법에는 빠데인으로 버스를 타고 나갔다가 다시 응웨싸웅으로 가는 방법도 있지만, 오토바이택시를 이용해 해변과 숲을 가로질러 갈 수도 있다. 세 개의 강을 작은 보트로 건너고, 인적이 드문 몇 개의 마을을 지나 비포장도로를 약 2시간 정도 달려가면 응웨싸웅 해변에 도착한다. 오토바이에 익숙하지 않은 사람은 무서울 수도 있지만, 작은 집 하나 없이 자연 그 자체로 남아 있는 해변은 무척이나 아름다워 순간순간 알 수 없는 감동으로 다가온다. 차웅따의 보트선착장에는 오토바이 기사들이 많이 있으므로 그 기사들과 흥정해서 갈 수도 있는데, 이때는 차웅따에서 미리 오토바이 기사와 계약을 하는 것이 편리하다.
● 오토바이택시 15,000짯(1인)

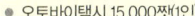

Tip 응웨싸웅의 오토바이

많은 사람들로 인해 해변을 달릴 수 없는 차웅따 해변에 비해 이곳 응웨싸웅은 오토바이를 가지고 해변을 달려볼 수 있다. 해변 어디로든 오토바이가 진입할 수 있는 곳이 있으며, 모래도 단단하여 큰 어려움은 없다. 그래도 능숙하게 운전을 못하면 넘어질 수 있으니 초보자는 주의해야 한다. 오토바이를 타고 해변을 달리는 건 좋지만, 편안히 쉬고 있는 여행자들에게는 방해될 수도 있으니 메인해변보다는 남쪽에 있는 러브 아일랜드 근처를 이용하자. 숙소나 메인로드에서 오토바이를 쉽게 대여할 수 있다.

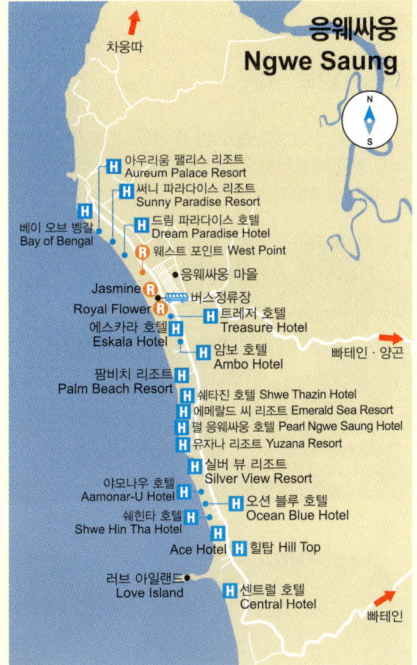

Sightseeing

응웨싸웅 해변 Ngwe Saung Beach

미얀마의 해변 중 가장 긴 해변답게 끝없이 펼쳐진 해변이 아름답다. 긴 해변 덕분에 버스터미널이 있는 응웨싸웅 마을 부근의 해변은 미얀마 현지인들로 북적대는데 남쪽 해변으로 가면 한적한 분위기에서 해수욕을 즐길 수 있다. 대부분 조용한 분위기지만, 주말이나 축제기간에는 고성능 스피커를 틀어놓아 밤새 잠 못 이루는 경우도 있다. 방갈로나 호텔 외의 레스토랑은 많지 않은 편이므로 주로 마을에 있는 레스토랑이나 바를 이용하게 된다. 해변이나 숙소 앞에 오토바이택시가 여럿 대기하고 있고, 자전거나 오토바이를 대여할 수도 있어, 숙소와 마을을 쉽게 오갈 수 있다. 스노클링이나 보트투어 등도 가능하지만 인기 있는 프로그램이 아니므로 미리 숙소에 문의해야 한다.

Cost	보트트립 & 스노클링 18$ (1인, 스몰보트)

Food : 추천

웨스트포인트 시푸드 West Point

미얀마 해변에 있는 해산물 식당 중 최고의 분위기와 맛을 자랑한다. 오픈된 주방에서 각종 해물들을 요리하는 분위기가 부쩍 식욕을 돋워 늘 사람들로 북적인다. 맛도 일품이지만 무엇보다도 즐겁게 일하는 직원들이 더욱 돋보인다.

Address	Myoma St., Ngwe Saung Beach
Open	11:30~21:30
Cost	크랩요리 8,000~9,000짯, 새우요리 4,500짯, 똠얌꿍 스몰 3,000짯, 모닝글로리 1,500짯, 생맥주 800짯
Tel	042-40360

Food ❷
로열 플라워 Royal Flower

저녁이면 수준 있는 라이브공연이 있어 서양 여행객들에게 특히 인기 많은 곳이다. 음식은 약간 비싼 편이지만 세련된 분위기가 고급스럽다. 와인 등도 판매하므로 색다른 분위기를 즐길 수 있다.

Access	메인로드, 버스정류장 근처에 위치
Open	11:00~22:00
Cost	4,000짯, 로브스터 30,000짯
Tel	042-40309

Food ❸
골든 미얀마 Golden Myanmar

현지인들에게 유명한 음식점으로 미얀마 각지에 동일한 이름의 체인점이 있다. 분위기나 시설 모두 깔끔하여 편안하게 이용할 수 있다. 각종 팬케이크나 주스도 판매하지만 기대에는 못 미치므로 해산물요리나 중국음식, 미얀마음식을 원할 때만 이용하자.

Access	메인로드, 버스정류장 근처에 위치
Open	11:00~21:30
Cost	로브스터 35,000짯, 새우요리 4,500짯, 크랩 5,000짯, 생선요리 4,500짯, 주스 1,500짯, 팬케이크 2,000짯
Tel	042-40241

Food ❹
자스민 Jasmine

재미있고 친절한 주인장이 운영을 하는 곳으로 저녁이 되면 제법 사람들로 북적인다. 다운타운 메인로드 중간쯤에 위치하고 있어 찾아내는 것도 어렵지 않다. 만들어내는 요리들도 딱히 입맛에 안 맞는 건 없다.

Access	골든 미얀마 길 건너편에 위치
Open	11:00~21:30
Cost	BBQ 3,500~4,000짯, 새우요리 3,500짯
Tel	09-4225-08473

Stay : ★★ 추천

1

쉐힌타 호텔 Shwe Hin Tha Hotel

바로 여기다. 응웨싸웅에 오기로 한 배낭여행자라면 여기부터 예약하자. 방갈로는 운치가 있고 방들은 오래되었지만 깨끗하게 유지된다. 모든 방들이 해변과 인접하며 별 꾸밈은 없지만 자연스럽고 한적한 응웨싸웅의 분위기를 느낄 수 있다. 무엇보다도 주변의 비정상적인 가격의 호텔들에 비해 저렴하다. 싸고 맛있는 데다가 와이파이도 잘 되는 레스토랑이 해변에 있다.

Cost	방갈로시뷰 55$, 방갈로가든뷰 30$
	부대서비스 조식
Tel	**응웨싸웅사무실**
	042-40340, 042-40264
	양곤사무실 01-650588

Stay : ★★★ 추천

2

팜비치 리조트 The Palm Beach Resort

겉보기에 웅장한 방갈로가 있다거나 나무가 무성한 것은 아니지만 이 작은 규모의 리조트에는 예쁜 꽃과 식물들로 아기자기하게 꾸며진 정원이 로맨틱하다. 나무로 만든 방갈로는 내부의 세련되고 고급스러운 인테리어로 매력이 넘친다. 해변에 편리하게 갖춰진 선베드나 예쁜 수영장, 당구장과 바 등 주변의 시설도 풍부하여 여유롭게 해변을 즐기는 가족단위의 서양 여행객들로 붐빈다.

Access	남쪽 해변
Cost	방갈로시뷰 160$, 이그제큐티브시뷰 150$, 방갈로가든뷰 130$
	부대서비스 조식, 수영장
Tel	042-40233

Stay : ★

3

힐탑 방갈로 Hill Top

해변이 아닌 약간 높은 지대에 위치한 소규모 방갈로로 새로 오픈한 곳답게 비교적 깨끗하면서도 멀리 바라보이는 일몰이 운치 있다. 시설에 비해 약간 비싼 편이고 주말이면 좀 더 비싸지지만 주중에는 이용할 만하다.

Access	남쪽
Cost	방갈로 20~32$ / 부대서비스 조식
Tel	042-40293

Stay : ★★★★
④
베이 오브 벵갈 Bay of Bengal

해변의 북쪽 끝에 위치하며 거대한 발코니와 내부 공간을 갖춘 방갈로 및 계단식 수영장, 스파, 선베드를 모두 갖춘 최고급 호텔이다. 내부 인테리어도 고급스러우며 정원도 응웨싸웅에서 최고 수준이다. 주말이면 부유한 양곤사람들로 붐빈다.

Access	북쪽 해변
Cost	라이언방갈로빌라 200$, 방갈로스위트 180$, 디럭스2층 160$, 디럭스가든 150$ / 부대서비스 조식, 수영장, 스파
Tel	042-40304
Web	www.bayofbengalresort.com

Stay : ★★★
⑥
써니 파라다이스 리조트
Sunny Paradise Resort

대나무와 통나무로 된 방갈로로 깔끔한 맛은 떨어진다. 외관은 평범하나 내부는 고급스럽다. 리셉션과 정원이 잘 조성되어 있고 수영장이나 레스토랑도 모던하고 편리하게 되어 있다. 가격은 지나치게 높은 감이 있다.

Access	북쪽 해변
Cost	오션뷰방갈로 260$, 이그제큐티브 220$, 디럭스방갈로 200$, 수피리어 140$, 스탠더드 140$ / 부대서비스 조식, 수영장, 스파
Tel	042-40227
Web	www.sunnyparadiseresort.net

Stay : ★
⑤
실버 코스트 호텔 Silver Coast Hotel

응웨싸웅에서 가격대비 가장 깨끗하고 괜찮은 방을 얻을 수 있다. 전체적으로 특별한 분위기는 없지만 정원도 비교적 정돈되어 있고 해변에 나가기도 쉬우며 리셉션도 친절하다.

Access	남쪽 해변
Cost	시뷰방갈로 45$, 가든방갈로 40$, 가든뷰 25$ / 부대서비스 조식
Tel	042-40324

Stay : ★★★
⑦
에스카라 리조트
Eskala Resort

최근에 새로 오픈한 리조트로 입구부터 시원한 로비가 인상적이다. 수영장이나 해변의 선베드까지 모두 깔끔하면서도 세련된 분위기로 쾌적하다.

Access	응웨싸웅 초입
Cost	골든빌라 160$, 실버빌라 145$, 골드디럭스 125$, 실버디럭스 110$ / 부대서비스 조식
Tel	042-40341

Southern Myanmar

남부 미얀마

Intro

★

즐거운 부다랜드, 바고
Bago

양곤에서 2시간 거리에 위치한 바고가 미얀마 제2의 통일왕조를 이룬 베인나웅(Bayinnaung) 왕의 거대한 한따와디(Hanthawaddy)(혹은 함자바티(Hamsavati)) 왕국의 수도로서 명성을 떨칠 무렵에는, 양곤은 그저 쉐다곤 파고다가 있을 뿐인 작은 도시에 불과하였다. 수세기가 지난 오늘날에는 옛 명성보다는 양곤과 지방을 잇는 메인 도로 가득 오토바이와 픽업트럭, 각종 버스와 덤프트럭이 오가는 복잡한 광경이 먼저 눈에 띈다. 이 정신없는 도로에서 조금만 들어가면 갖가지 모양의 사원들과 불상이 가득한 공원과 엄청난 크기의 와불, 시장을 지나는 수도승들의 탁발 행렬까지 다양한 볼거리가 가득하다. 이 다채로운 모습들이 비교적 좁은 지역에 몰려있는 만큼 특별한 계획 없이 탐험하듯 둘러보는 것이 이곳을 여행하는 가장 좋은 방법이다.

*지역입장료 : 10$

Travel Tip
1. 우기에는 비가 많이 오는 지역이다.
2. 작은 골목골목을 돌아봐야 하므로 걷는 것보다는 자전거, 혹은 오토바이택시를 이용하는 것이 좋다. 미얀마에서 드물게 사기꾼이 많은 지역이므로 특히 오토바이 운전사와 숙소 호객꾼을 조심하자.
3. 원칙적으로 바고 지역을 여행하는 여행자는 10$의 지역입장료를 내야 한다. 입장권은 조사 당시 쉐딸랴웅, 쉐모도 파고다, 짜익뿐 파고다, 깐보자디 궁전에서 검사하였으나 점차 확대되는 추세다. 사원 한쪽의 매표소에서 표를 검사하며 공무원이 출근하기 전인 이른 아침이나 퇴근 후인 저녁 5시 이후에는 표를 검사하지 않는다. 대부분의 사원에서 카메라요금(300짯 정도)을 요구한다.

주요 도시에서 바고 들어가기

➕ 버스 · 기차

출발	교통편	출발시간	요금	소요시간	설명
양곤	고속버스	05:30~ (1시간 간격운행)	5,000짯~	2시간	짜익띠요, 파안, 몰라먀인 등 양곤에서 출발해 남부 미얀마로 가는 모든 버스는 바고를 거쳐간다.
	기차	1일 8회	2$, 5$	2시간 30분	미얀마의 기차는 연착 등이 많아 먼 거리를 이용하기는 어렵지만 비교적 가까운 거리는 한 번쯤 이용해 보는 것도 좋다.
만달레이	고속버스 + 픽업트럭	만달레이-양곤행 버스시간표 참고	10,500짯~	10시간	만달레이, 뻰우리 등 양곤 북부 지역 도시에서 양곤으로 들어가는 모든 버스는 바고 초입을 거친다. 버스 기사에게 바고를 간다고 말해두면 만달레이-양곤 고속도로 도중에 있는 바고 초입에 내려주며, 그곳에서 호객행위를 하는 픽업트럭(1인 1,000짯, 1시간)을 타고 시내까지 이동할 수 있다.

바고에서 다른 도시로 이동하기

➕ 버스

도착		교통편	출발시간	요금	소요시간	설명
	양곤	고속버스	07:00~	5,000짯	2시간	고속버스나 픽업트럭이 수시로 있으므로 골라서 타면 된다.
		픽업트럭	수시 출발	3,000짯	3시간	
북부	만달레이	고속버스	05:30, 06:30, 07:30, 20:30	13,000짯~	10시간	남부 미얀마에서 만달레이, 바간, 인레 호수 등 미얀마 북부로 가는 버스는 모두 바고를 거치므로 버스를 타고 이동할 수 있다.
	인레 호수	VIP	19:30	18,000짯	12시간	
		고속버스	18:00	16,000짯		
	바간	고속버스	19:30	18,000짯	11시간	
남부	짜익띠요	고속버스	06:30~16:30	6,000짯	2시간	양곤에서 남부 미얀마로 가는 모든 버스는 바고를 거친다. 짜익띠요는 버스 외에 픽업트럭이나 오토바이택시로도 이동할 수 있다.
		픽업트럭	수시 출발	3,000짯	3시간	
	파안	고속버스	08:30~20:30	7,000짯	5시간	
	몰라먀인	고속버스	08:30~20:30	9,000짯	6시간	

➕ 바고 시내교통

◉ **오토바이**
택시투어 : 3시간에서 4시간 정도 소요된다. 원하는 곳을 지정할 수도 있고, 오토바이 기사가 유명한 곳을 알아서 데려다 주기도 한다. 8,000짯
1일 대여 : 나 홀로 지도를 봐가며 여유롭게 둘러보기 좋다. 10,000짯

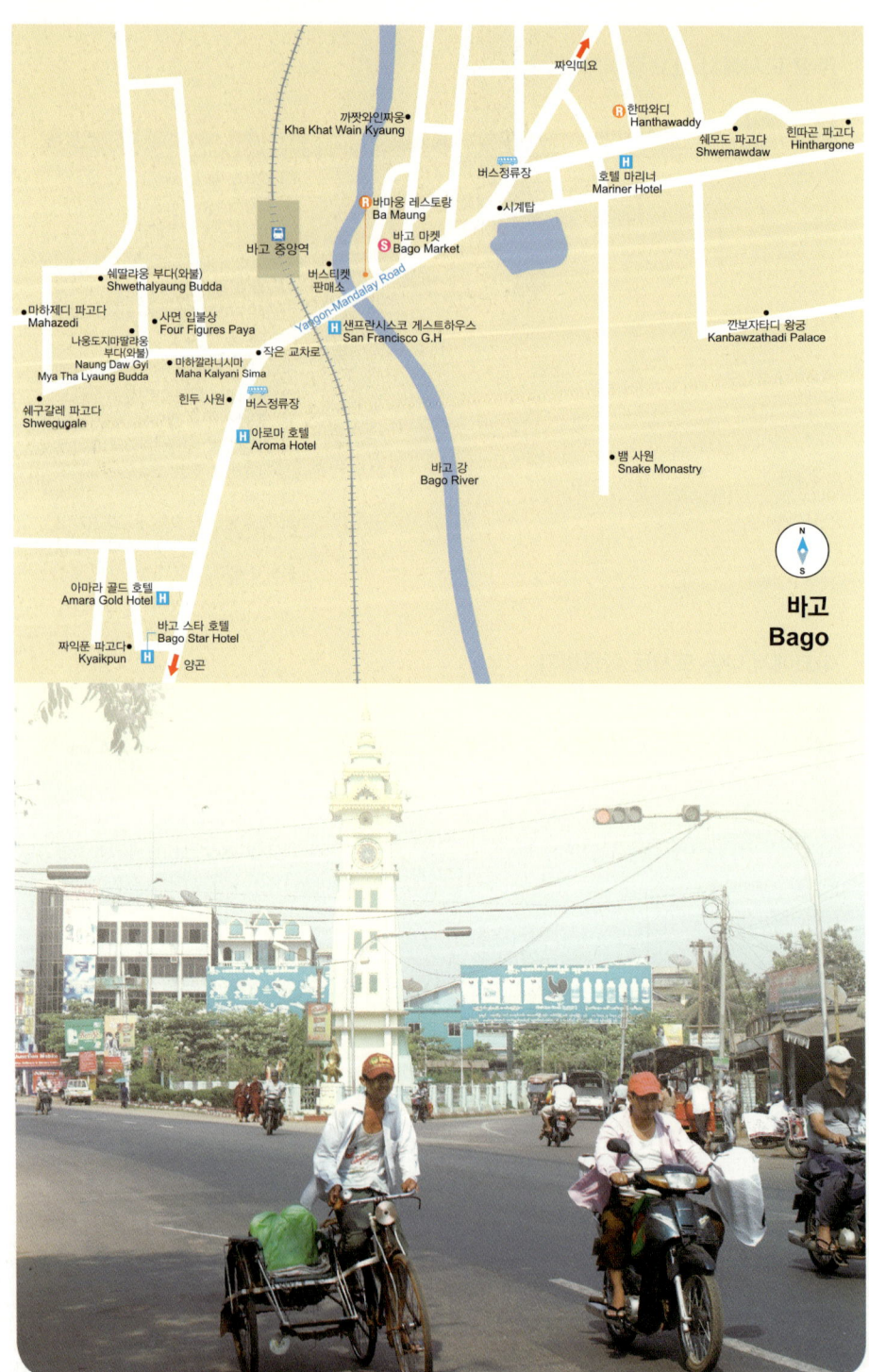

Sightseeing

추천일정

바고 시장 ➡ 까짯와인짜웅 탁발식(10:20) ➡ 뱀 사원 ➡ 깐보자타디 왕궁 ➡ 힌따곤 파고다 ➡ 쉐모도 파고다 ➡ (중식/한 따와디 레스토랑) ➡ 마하깔라니시마 ➡ 나웅도지먀딸랴웅 부다 ➡ 쉐딸랴웅 부다 ➡ 마하제디 파고다 ➡ 쉐구갈레 파고다 ➡ 짜익푼 파고다

Sightseeing

쉐모도 파고다 Shwemawdaw Paya

쉐다곤과 마찬가지로 석가모니 부처에게서 받은 불발을 모시기 위해 건설되었다고 한다. 원래는 작은 크기였으나 지진으로 파괴되고 복구되는 과정에서 각종 불사리가 추가되면서 그 크기가 커져 오늘에 이르렀다. 쉐다곤 파고다와 비슷한 크기와 구조이지만 네 방향에 있는 입구 양쪽 친테 사자상 입안에 바다에서 안전을 지켜주는 신우바고상이 있는 점이 특이하다. 바고의 메인 파고다인 만큼 파고다를 둘러싸고 많은 상점들이 포진되어 있으며 낮에는 단체여행객들로 붐비는 곳이기도 하다.

● 미얀마에서 가장 큰 파고다(114m)

Sightseeing

쉐딸랴웅 부다 Shwethalyaung Budda

바고의 수많은 불상 중 가장 유명한 거대한 와불로 공식적으로는 '신빈딸랴웅 Shinbinthalaung'이라는 이름이지만 '금빛 와불'이라는 뜻의 쉐딸랴웅으로 불린다. 와불이 모셔진 사원 입구에서는 오로지 일부만이 보일 뿐이다. 994년에 몬족 왕인 미가디파 2세에 의해 건설되었다고 전해지며 편안해 보이는 외관과는 다르게 바고가 쇠락하면서 폐허로 버려졌다가 1880년대에 새로 복원된 것이라고 한다. 전설에 의하면 불교를 믿는 몬족 여자와 사랑에 빠진 왕자를 미가디파 2세가 처형하려 하자 왕이 믿고 있던 우상이 파괴되었고, 이를 계기로 왕은 불교로 개종하고 와불을 조성하였다고 한다. 양곤의 짜욱따지 와불상보다 크거나 화려하진 않지만 훨씬 오래된 역사와 자연스러운 얼굴 표정으로 더 높이 평가되고 있다.

● 아름다운 미소의 와불상

Sightseeing

짜익푼 파고다 Kyaik Pun Paya

기둥의 4면에 위치한 거대한 좌불상이 멀리서부터 진기한 광경을 연출한다. 고타마 부처와 그 이전의 세 부처를 나타내는 불상들로, 주위에 특별히 높은 건물이 없고 한적한 곳에 위치하여 더욱 압도적인 분위기를 풍긴다. 불상 건설에 관여한 네 명의 몬족 자매들 중 한 명이라도 결혼할 경우 불상이 붕괴될 것이라는 이야기가 전해져 내려오는데, 실제로 1930년에 일어난 지진으로 서쪽의 불상이 붕괴된 후 나중에 재건되었다고 한다.

● 4면의 거대한 좌불상

Sightseeing

깐보자타디 왕궁 Kanbawzathadi Palace

샨족의 잉와 왕조, 태국의 아유타야를 점령하고 인도 국경과 라오스까지 뻗은 거대한 두 번째 통일왕국을 이룬 베인나웅Bayinnaung 왕은 바고를 수도로 정하고 깐보자타디 왕궁을 건설했다. 비록 왕조는 오래가지 못했지만 당시의 화려하고도 거대한 왕궁 터를 발굴하여 새로이 재현된 왕궁이 박물관으로 개장되었다. 그러나 넓은 왕궁부지 안이나 박물관 내부에 별다른 볼거리는 없다.

● 16세기에 건설

Sightseeing

마하제디 파고다 Mahazedi Paya

1560년에 베인나웅 왕에 의해 건설됐다. 이 파고다는 외부에 테라스가 있고 테라스 가운데 계단을 통해 중간까지 오를 수 있는데, 남부 미얀마에서는 보기 힘든 독특한 구조라고 한다. 이곳에 오르면 탁 트인 바고 전체를 조망할 수 있다. 카메라를 소지할 시 300짯을 별도로 받는다.

● 남자들만 오를 수 있는 파고다

Sightseeing

마하깔랴니시마 Maha Kalyani Sima

승려의 출가 의식을 행하던 곳이다. 조성된 이후 화재, 지진 등으로 붕괴되었다가 1954년에 재건됐다. 안쪽의 벽 위를 보면 입불상 28체가 일정 간격으로 모셔져 있는 걸 볼 수 있다. 한낮에는 뜨거운 태양을 피해 동네 사람들이 이곳의 시원한 바닥에 누워 잠을 자기도 한다.

● 15세기에 건설

Sightseeing

쉐구갈레 파고다 Shwegugale Paya

마하제디 파고다 부근 나무가 우거진 곳에 위치한 파고다로 중앙의 파고다를 내부가 텅 빈 구조물이 감싸고 있다. 내부에는 64체의 불상이 벽을 따라 줄지어져 있다. 파고다 입구에는 수많은 불상들이 좌선을 한 채 독특한 분위기를 풍기는 명상공원도 있다.

● 15세기경 건립

Sightseeing

까짯와인짜웅 Kha Khat Wain Kyaung

미얀마에서 두 번째 규모를 자랑하는 수도원으로, 평소에는 조용히 명상을 하거나 불경을 외우는 모습으로 평화롭지만, 공양하는 시간이 되면 그 모습을 지켜보기 위해 각국에서 모여든 인파로 발 디딜 틈이 없다. 각종 먹거리나 생필품을 직접 보시할 수 있으며 식사하는 모습도 지켜볼 수 있으므로 예의를 갖추고 공양에 참여해보자.

● 매일 아침 10시 20분 탁발식

Sightseeing

뱀 사원 Snake Monastry

작은 사원 한쪽에 모셔진 거대한 버마뱀은 시뽀의 어느 수도원장이 환생한 것으로 알려져 있다. 현재 100살이 넘는 이 뱀을 많은 사람들이 지극하게 보살피고 있으며 수많은 불자들이 찾아와 보시를 하고 복을 기원한다.

● 100살이 넘은 버마뱀

Sightseeing

힌따곤 파고다 Hintha Gon Paya

전설 속의 새인 힌따Hintha 혹은 함자Hamsa의 형상이 모셔져 있는 사원으로 1560년에 베인나웅 왕에 의해 건설되었다. 계단 초입에는 낫 사원이 있으며 그 위 넓은 법당 안에 두 마리의 새 형상이 있다. 전설에 의하면 한때 이 언덕 꼭대기 작은 공간만이 바다로 솟아 있었는데, 먼저 수컷이 앉은 뒤 더 이상 앉을 공간이 없어 암컷이 그 위에 올라탔다고 한다. 미얀마 타지 사람들은 이 이야기를 빗대어 바고 여인들이 드세다는 식의 농담을 하곤 한다.

● 굿판이 벌어지는 사원

Sightseeing

나웅도지먀딸랴웅 부다 Naung Daw Gyi Mya Tha Lyaung Budda

쉐딸랴웅 부다 근처에 있는 거대한 와불로 외부에 노출되어 있어 멀리서부터 와불을 볼 수 있다. 최근에 조성된 것으로 주변이 잘 꾸며져 있지만 특별함은 부족한 편이다.

● 최근 조성된 거대한 와불상

Food
①
한따와디 Hanthawaddy

바고에서 유일하게 제대로 된 곳으로 고급스러운 2층 건물로 되어 있다. 내부의 인테리어나 서빙하는 직원들 외에 음식의 질도 수준 높다. 점심에는 바고에 들르는 거의 모든 단체여행객들이 이곳을 방문하는 만큼 자리를 얻으려면 미리 예약하는 것이 좋다.

Access	쉐모도 파고다 가기 전 왼쪽 골목에 위치함
Open	10:00~21:00
Cost	커리 2,000~4,000짯, 중국요리 2,000~7,000짯, 태국요리 2,000~6,000짯
Tel	09-4921-7309

Food
②
바마웅 Ba Maung

밋밋하지만 벽면 타일이나 테이블 등이 그나마 깔끔하게 단장되어 있다. 특별한 맛이 있다기보다는 좀 더 쾌적하게 식사할 수 있는 곳이다.

Access	메인로드, 샌프란시스코 게스트하우스 길 건너편에 위치함
Open	11:00~21:30
Cost	볶음국수 1,500짯, 요리 2,000~3,000짯
Tel	09-4281-24478

Stay : Guesthouse
①
아마라 골드 호텔
Amara Gold Hotel

새로 오픈한 곳답게 깔끔한 시설에 모든 방에 새 에어컨을 구비하고 있다. 저렴한 방은 비좁지만 깨끗하고 좀 더 비싼 방은 상당히 널찍하며 넓은 창으로 밝고 쾌적한 느낌이다. 메인도로에서 약간 떨어진 곳에 위치하여 비교적 조용하게 쉴 수 있다.

Access	짜익푼 근처
Cost	더블 25$
Tel	052-201077

Stay : ★★
②
호텔 아로마
Hotel Aroma

외관이나 내부가 새로 지은 건물답게 깨끗하며 바고 호텔 중 가장 깔끔한 편에 들어가는 곳으로 버스정류장 인근에 위치하여 편리하다. 대로변에 위치한 만큼 시끄러움은 감수할 수밖에 없다.

Access	버스정류장 근처
Cost	수피리어 45$, 디럭스 70$ 부대서비스 조식
Tel	052-24533

Stay : Guesthouse
③
샌프란시스코 게스트하우스
Sanfrancisco Guesthouse

저렴하면서 넓은 방이 있으며 비교적 깨끗하다. 매니저가 상당히 친절해 여행 정보도 쉽게 얻을 수 있다. 각종 투어나 오토바이택시 예약도 좀 더 저렴하게 이용할 수 있게 도와준다. 서양 여행자에게 인기가 있으니 묵으려면 미리 예약하는 게 좋다.

Access	바고 메인로드, 마켓 길 건너편
Cost	더블 18(공동욕실)~25$
Tel	052-22265

Intro

황금의 전설, 짜익띠요
Kyaiktiyo

황금의 바위Golden Rock 파고다로도 알려진 짜익띠요 파고다는 해발 1,102m의 짜익띠요 산 정상에 위치하고 있다. 이 파고다에는 석가모니 부처가 생전에 직접 건네준 불발이 안치되어 있는데, 이 머리카락을 받은 승려가 자신의 머리카락에 묶어 가져왔다고 하여 몬족어로 '승려의 머리에 얹어 운반된 파고다'라는 뜻의 '짜익띠요'라는 이름이 유래되었다고 한다. 커다란 바위가 그 아래 바위 끝부분에 아주 작은 부분만 닿은 채 놓여 있을 뿐이어서 역사상 수많은 지진에도 불구하고 아직까지 그 모습을 유지하고 있다는 사실이 더욱 놀랍게 느껴지는데 미얀마 사람들은 이를 불발의 영험함 때문이라고 믿고 있다.

*지역입장료 : 6$

Travel Tip

1. 가파른 산 정상에 위치한 만큼, 비가 많이 오는 우기에는 차량 운행이 중단되는 일이 있다.
2. 짜익띠요를 제대로 느끼기 위해서는 산 정상에서의 1박을 추천한다. 특히 주말이나 연말연시, 석가탄신일 등에는 미리 숙소를 예약하는 것이 좋다. 아침, 저녁의 추위에도 대비해야 한다.

주요 도시에서 짜익띠요 들어가기

➕ 버스
먼저 짜익띠요 산 아래 마을인 낀푼으로 이동해야 한다. 양곤에서는 낀푼까지 직행버스가 있지만, 그 외의 도시에서는 낀푼에서 20분 거리에 있는 짜익토에서 하차한 뒤, 픽업트럭을 타고 낀푼으로 이동해야 한다.

출발	교통편	출발시간	요금	소요시간	설명
양곤	고속버스	05:30~21:00	8,000짯~	4시간	1시간마다 짜익띠요 산 아래인 낀푼으로 가는 버스가 있다.
몰라먀인	고속버스	07:00, 13:00	7,000짯~	5시간	몰라먀인에서 짜익토로 간 뒤, 낀푼행 픽업트럭을 타면 된다.

짜익띠요에서 다른 도시로 이동하기

➕ 버스

도착	교통편	출발시간	요금	소요시간	설명
양곤	고속버스	08:00~16:00	7,000짯	4시간	낀푼에서 양곤까지 직행버스가 있다.
만달레이	고속버스	20:00	20,000짯	9시간	낀푼에서 짜익토까지 픽업트럭(20분) 이동 후, 만달레이로 향하는 버스를 탄다. 낀푼에서 버스티켓을 사면 짜익토까지 픽업트럭을 무료로 태워다 준다.
몰라먀인	고속버스	09:00, 11:00	7,000짯	4시간	낀푼에서 짜익토로 픽업트럭으로 이동 후, 몰라먀인으로 향하는 버스로 갈아탄다.

➕ 짜익띠요 시내교통
낀푼에서 정부트럭버스를 타고 1시간이면 짜익띠요 산 정상에 도착한다. 짜익티요 파고다에서 7분 거리인 정상까지 직행으로 올라가는 트럭버스와 정상에서 45분 거리인 중간지점(야테타웅 Yatetaung)까지 가는 두 종류의 트럭버스가 있으므로 타기 전에 미리 목적지를 말해야 한다.

◎ 정부트럭버스(낀푼 ↔ 골든락)
1시간 소요 | 06:00~18:00 운행 | 2,500짯, 3,000짯(앞좌석)

Sightseeing

짜익띠요 파고다 Kyaiktiyo Pagoda (Golden Rock)

Access	양곤에서 동쪽에 위치
Open	06:00~18:00 (트럭버스 운행시간)
Cost	6,000짯

미얀마의 불자라면 일생에 한 번쯤은 반드시 방문하는 파고다로, 양곤의 쉐다곤, 만달레이의 마하무니와 함께 미얀마의 3대 불교 성지 중 하나로 꼽힌다. 거대한 바위는 미얀마 불자들의 염원이 담긴 금종이로 두껍게 덮여 있고 밤에도 파고다 주변의 조명이 환하여 산 정상 한쪽에서 반짝인다.

정상까지 오르는 길은 상당히 가팔라서 쉬지 않고 걸어도 4시간 이상 소요되므로 대부분의 순례자들은 정부에서 마련한 트럭을 타고 오른다. 덤프트럭의 짐칸을 개조해 40인 이상의 사람들이 콩나물시루처럼 다닥다닥 붙어서 앉아 가야 하고, 정해진 인원이 다 차야 출발하지만 손님은 늘 넘치기 때문에 자리가 난다 싶으면 잽싸게 올라타는 것이 좋다. 운전석 옆자리에 앉으면 훨씬 편안하고 안전하게 갈 수 있으므로 좀 더 비싸더라도 미리 예약해서 이용해 보자. 가파른 산길을 오르는 것은 상당히 무서운 일이지만 운전사들은 정교한 솜씨로 안전하게 정상까지 올려다 준다. 산 정상에 가까워지면 고도가 높아지면서 상쾌한 경치가 방문객들을 맞아준다. 트럭은 두 종류가 있는데 산 정상에서 45분 거리에 있는 야테타웅으로 가거나 혹은 정상까지 한 번에 오를 수 있다.

산 정상에 도착하면 대체로 넓고 완만한 경사가 있는 길을 걷게 되는데 트럭 정류장으로부터 7분이면 짜익띠요 파고다가 있는 사원에 도착하고 대부분의 숙소들은 그 사이에 위치한다. 노인이나 몸이 불편한 사람들은 짐꾼 혹은 들 것으로 파고다까지 이동시켜주는 일꾼들의 도움을 받기도 한다. 정류장에서 파고다로 향하는 중간에 외국인 입장료를 받는 사무실이 있으며, 마치 마을이 형성된 듯 수많은 식당과 노점, 호텔들이 파고다 구역 주위를 둘러싸고 있다. 짜익띠요 파고다가 있는 정상에는 넓게 사원 구역이 형성되어 있는데 그곳에 이르면 신발을 벗어야 하며, 민소매 옷이나 짧은 반바지는 금지된다. 바지를 입은 여자들은 입구에서 롱지로 갈아입는데 외국인 여성이라면 바지 정도는 허용하는 분위기이다. 넓고 평평한 파고다 구역 한쪽에 황금의 바위가 있는데, 미얀마 소승불교의 교리상 여성들은 바위에 가까이 갈 수 없어 바위 아래나 뒤쪽 약간 떨어진 곳에서 기도를 하고 남자들은 바위에 금박을 붙이면서 기도를 하는 모습을 볼 수 있다. 바위에서 떨어진 곳에서는 밤을 새기 위해 미리 자리를 깔고 앉은 사람들이 모여 즐겁게 대화를 나누곤 한다. 미얀마인의 경우에는 산 정상에서 노숙을 하거나 순례자들을 위해 마련된 숙소에서 묵을 수 있다. 외국인은 반드시 호텔이나 게스트하우스 중 한 곳에서 묵어야 한다. 미얀마 사람들은 대체로 아침 일찍 파고다에 올라, 기도를 하거나 준비해 온 밥을 먹고 친구들과 대화를 하며 기념사진을 찍는 등 바쁜 하루를 보낸다. 밤에는 이곳저곳에서 가져온 담요를 덮고 잠시 눈을 붙이기도 하는데, 한쪽에는 세상을 모두 밝힐 것 같은 환한 파고다가 모두를 지켜주는 듯하다. 피어오르는 안개와 함께 새벽이 밝아오면 모두 일어나, 작게나마 공양을 올린 뒤 촛불을 밝히고 기도에 여념이 없는 모습들은 천상과 현실의 중간 어디쯤 되는 듯 신비로운 분위기를 풍긴다.

Food

수많은 사람들을 위한 다양한 종류의 식당과 노점들이 빽빽하므로 특별히 입맛이 까다롭지 않은 사람이라면 음식을 걱정할 필요는 없다. 가격도 산 정상임을 감안하면 저렴한 편이다. 번듯한 레스토랑에서 먹고 싶은 사람은 마운틴 탑 호텔 앞 A1 레스토랑이나 짜익토 호텔 맞은편의 마운틴뷰 레스토랑 또는 요요레이 호텔 레스토랑을 찾아보자. 짜익띠요 지역은 특히 과일잼이 유명해서, 긴푼 트럭 정류장 근처의 많은 상점에서 각종 잼을 팔고 있다.

Stay

많은 불자들이 저렴하게 묵을 수 있는 건물이 몇몇 있으나 그저 빈 공간에 담요만 깔고 자는 수준이며 대부분의 사람들은 산 정상의 바닥에서 노숙을 한다. 그러나 외국인은 불자들을 위한 공간에 묵을 수 없어 노숙을 하거나 이 책에 소개된 숙소에서 묵어야 한다. 당연히 시설에 비해 비싼 편이지만 산 정상인 점을 감안해야 하며 확실히 이곳에서 머무는 것은 그만한 가치가 있다. 성수기에는 산 정상의 숙소들은 방이 모자라는 편이므로 예약을 서두르자.

Stay : ★★★ 추천

①

마운틴 탑 호텔 Mountain Top Hotel

가장 호텔다운 호텔로 입구에 들어서는 로비에서부터 전망 좋은 레스토랑과 바가 모두 세련된 분위기다. 특별히 넓은 방은 아니지만 깔끔하면서도 아늑한 분위기로 꾸며져 있으며 서비스도 친절하다. 7개뿐인 스탠더드룸의 경우에는 방에서 특별한 전망을 볼 수는 없다.

Access	골든락 정상
Cost	스탠더드 120$ / 디럭스 150$ / 부대서비스 조식
Tel	09-871-8392

Stay : ★★

②

요요레이 호텔 Yoe Yoe Lay Hotel

비교적 저렴하면서도 넓고 깨끗한 방과 욕실로 쾌적하게 묵을 수 있다. 짜익띠요 파고다에서 가장 가까운 곳에 위치하고 있으며 방의 앞뒤로 있는 복도에서 바라보이는 전망도 좋다. 전망 좋은 야외 레스토랑에서 제공되는 식사도 깔끔하면서 맛있다.

Access	골든락 정상
Cost	스탠더드 85$ / 패밀리 120$ / 부대서비스 조식
Tel	09-872-3082
Web	www.yoeyoelayhotel.com

Stay : Guesthouse
③

요요레이 게스트하우스
Yoe Yoe Lay Guesthouse

정상에서 선택할 수 있는 가장 저렴한 숙소로 침대가 겨우 들어가 있을 뿐인 작은 공간이지만 욕실과 침실은 비교적 깨끗하고 에어컨과 냉장고도 구비하고 있다. 작은 창이나 숙소 밖 전망대에서 바라보이는 전망이 탁월하며 일출을 감상하기에도 좋은 위치에 있다. 공동욕실이 있는 현지인용의 좀 더 저렴한 방들도 있다. 같은 이름의 호텔도 파고다에서 가장 가까운 쪽에 위치하고 있다.

Access	골든락 정상
Cost	더블룸 50,000~60,000짯
Tel	057-26913

Stay : ★
⑤

보가테디히 호텔 Bawga Theiddhi Hotel

새로 지은 곳으로 시설에 비해 비싼 감이 있지만 버스정류장에서 가깝고 쾌적하며 청결하게 묵을 수 있는 몇 안 되는 호텔이다.

Access	산 아래 낀푼
Cost	싱글 25$, 더블 40~55$, 트리플 50~70$
Tel	09-4929-9899

Stay : ★★
④

짜익토 호텔 Kyaik Hto Hotel

방갈로 스타일의 건물들이나 비교적 낡은 느낌으로 방은 넓지만 욕실은 좁고 청소상태도 좋지 않다. 별도의 테라스는 없으며 전망을 위해서는 문 밖으로 돌아 나가야 한다는 단점이 있다. 에어컨 대신 히터가 구비되어 있다. 벽도 얇고 조식도 별로이므로 다른 곳을 구할 수 없을 때 마지막으로 고려해 보자.

Access	골든락 정상
Cost	더블룸 95~120$ / 부대서비스 조식
Tel	09-4981-9196

Stay : Guesthouse
⑥

씨사 게스트하우스 Sea Sar Guesthouse

저렴한 방의 경우는 솔직히 묵기 어려운 수준이다. 약간 떨어진 골목 안쪽 넓은 마당에 있는 방갈로는 가장 저렴한 대나무방갈로를 제외한다면 방이 넓고 새 에어컨이 구비되어 있다. 욕실도 깨끗하고 조용하다. 저렴한 방 옆의 짜익띠요 트럭정류장이 있어 새벽부터 소음으로 잠을 설치게 되는 문제도 있다.

Access	산 아래 낀푼
Cost	에어컨더블 15$, 방갈로에어컨 25~35$
Tel	09-872-3288

Intro

파안, 옛 전설을 찾아서
Hpa-an

양곤에서 6시간이면 미얀마에서도 가장 개발되지 않은, 반대로 말하면 가장 매력적인 곳으로 꼽힐 수 있는 남부 미얀마의 입구인 파안에 다다른다. 비록 1시간이면 곳곳을 다 돌아볼 수 있을 정도로 작은 마을이지만 이곳은 카인 주의 주도로서 카인 주 내에서는 여행자에게 허락된 유일한 곳이다. 굽이굽이 태초의 아름다움을 간직한 탄린 강 한 켠에 자리한 마을은 드넓은 평원과 독특한 모양의 바위산들이 감싸고 있는데, 평온한 풍경 사이 숨어 있는 갖가지 동굴사원이 비밀스러운 전설을 간직하고 있다.

주요 도시에서 파안 들어가기

✚ 버스·보트

도착	교통편	출발시간	요금	소요시간	설명
양곤	고속버스	18:00, 17:30, 20:00	6,000짯~	8시간	양곤에서 출발한 버스는 새벽에 파안에 도착하므로, 미리 숙소를 예약하는 것이 좋다.
몰라먀인	로컬버스	07:00~17:00 (1시간 간격)	1,000짯	2시간	버스로 편리하게 이동할 수 있지만, 가능하다면 사설 보트를 이용하는 것을 추천한다. 보트는 5명 이상 모여야 출발하며, 출발하기 전날 출발 여부를 알 수 있다. 몰라먀인의 브리즈 게스트하우스에 문의해보자.
	보트	08:30	8,000짯~	4시간 30분	
미야와디	미니밴 (4인정원)	국경에서 오전 출발 (이틀 간격)	10,000짯(1인)	6시간	태국 매솟에서 미야와디로 국경을 넘은 뒤, 국경입구에 있는 많은 택시 기사들과 흥정을 해서 파안이나 몰라먀인으로 올 수 있다.

파안에서 다른 도시로 이동하기

✚ 버스·보트

도착	교통편	출발시간	요금	소요시간	설명
양곤, 바고, 짜익띠요	고속버스	06:00, 07:00, 08:30, 09:30, 13:00, 19:00	5,000짯	4시간~ 8시간	양곤으로 향하는 버스가 짜익토(4시간 거리)와 바고(6시간 거리)를 거쳐 양곤에 도착한다. 짜익띠요는 짜익토에서 내려 픽업트럭을 타고 가면 20분 후에 도착한다.
만달레이	고속버스	06:30, 18:00	15,000짯	14시간	파안에서 곧바로 만달레이까지 갈 수 있다.
몰라먀인	로컬버스	06:00~16:00 (1시간 간격)	1,000짯	2시간	대부분의 배낭여행자들은 보트를 타고 몰라먀인으로 이동하길 원하지만 몰라먀인에서 일정 인원이 모인 사설 보트가 파안에 도착해야만 반대 방향으로도 운행하는 시스템이므로 운이 좋아야 한다. 하루 전날 파안의 쏘브라더스 숙소에 문의해보면 운행 여부를 알 수 있다.
	보트	12:00~13:00 (비정기 운행)	8,000짯~	4시간	
미야와디	미니밴 (4인정원)	07:30 (이틀 간격)	10,000짯(1인)	6시간	각 숙소에 미야와디행 미니밴을 예약하면 숙소에서 픽업해 간다. 도로가 일방통행이라 격일로만 운행한다.

파안 시내교통

◎ **자전거 대여**
다운타운은 크지 않아서 걸어서도 충분하지만 너무 더우면 이용해볼 만하다.
2,000짯(1일)

◎ **오토바이 대여**
오토바이택시 기사들과 흥정하여 오토바이를 빌릴 수 있으므로, 직접 오토바이를 운전하여 동굴을 찾아가거나 인근 마을을 둘러보는 것도 좋다.
8,000짯(1일), 5,000짯(반나절)

◎ **오토바이택시**
다운타운 곳곳에 택시 기사들이 있어 쉽게 이용할 수 있다. 혼자라면 오토바이택시를 대절하여 여유롭게 동굴투어를 하는 것도 좋다.
10,000짯(1일투어), 500짯(기본 거리)

◎ **툭툭**
숙소에서 진행하는 동굴투어는 오토바이 뒤쪽을 개조해서 만든 툭툭을 이용하게 된다.
기본 거리 1,000짯~

> **Travel Tip**
> 1. 열대몬순기후 지역답게 평소에는 무덥지만 우기가 되면 매일같이 폭우가 쏟아지므로 6~8월은 피하는 것이 좋다.
> 2. 개발이 되지 않은 남부 미얀마의 작은 마을이지만 은행이나 ATM기도 있고, 양곤이나 몰라먀인으로 향하는 버스노선도 많다.
> 3. 동굴투어의 경우 대부분 그룹 투어를 떠나는데 오토바이기사를 대절하여 주위의 아름다운 광경을 천천히 둘러보는 것도 좋다. 아름다운 벽화나 동굴을 감상하기 위해서는 성능 좋은 손전등이 필수다.

Sightseeing

파안 주변에는 각종 천연석회동굴이나 바위산이 신비스러운 분위기를 연출한다. 대중교통이 발달되어 있지 않으므로 혼자 여행하는 경우에는 일행을 구하는 것이 좋다. 어느 숙소에서 묵더라도 결국 쏘브라더스 게스트하우스에서 동굴투어를 하게 되므로 먼저 이곳에 문의해보자. 동굴은 대부분 사원으로 형성되어 트레킹화를 따로 준비할 필요는 없지만 미끄러지지 않도록 조심해야 한다. 손전등은 반드시 있어야 하며 최대한 밝은 것이 좋다. 투어 도중에는 곳곳에 작은 상점들이 있으며 식사도 레스토랑에서 하게 되므로 간식거리를 미리 준비할 필요도 없다.

Tip 1Day 동굴투어

숙소 출발(08:30) ➔ 꼬군동굴 ➔ 야테빤동굴 ➔ 짜욱깔랍 ➔ 룸비니 동산 ➔ 야외수영장(점심) ➔ 사다동굴 ➔ 꼬까타웅동굴 ➔ 라카나 마을 ➔ 숙소 귀환 *일정 및 요금은 쏘브라더스 게스트하우스에 문의.

투어시간 08:30~17:00 요금은 툭툭 이용 기준	출발인원	1인당요금	이동순서	불포함사항
	1명	30,000짯	1. 꼬군동굴 Kawgoon Cave	
	2명	15,000짯	2. 야테빤동굴 Yathebyan Cave	
	3명	10,000짯	3. 짜욱깔랍 Kyauk Kalap	꼬군동굴(3,000짯), 사다동굴보트(1,500짯)
	4명	7,500짯	4. 룸비니 동산 Lumbini Garden	
	5명	6,000짯	5. 야외수영장(점심 식사)	
	6명 이상	5,000짯	6. 사다동굴 Saddar Cave	
			7. 꼬까타웅동굴 Kaw Ka Thawng Cave	

Sightseeing

꼬군동굴 Kawgoon Cave

제가빈Zwegabin 산으로 가는 도중에 위치한 천연 동굴로, 동굴 내외부 전체에 걸쳐 벽면을 장식한 작은 불상 모양의 부조가 감탄을 자아낸다. 한때 번창했던 몬족 왕국의 높은 미술 수준을 보여주는 각종 벽화와 부조들은 7세기에 몬족 마지막 왕인 마누하 왕이 바간의 아노라타 왕에게 패하고 이곳에 피신하던 때 대부분 만들어졌다. 비록 많은 부분이 소실되었지만 전설과 함께 신비로운 분위기를 간직하고 있어, 입장료를 내고서라도 꼭 한 번 들를 만한 가치가 있다.

Cost 입장료 3,000짯

Sightseeing

야테빤동굴 Yathebyan Cave

꼬군동굴 인근에 위치한 동굴사원으로 높다란 입구를 오르면 중심에 둥근 파고다 주위 동굴 벽면에 꼬군동굴과 동일한 모습의 부조들이 몇몇 남아 있다. 이곳 역시 마누하 왕이 은신하던 곳 중 하나로 이곳의 부조들도 그 당시 만들어진 것으로 알려져 있다. 입구 반대쪽에는 도보로 약 5분 정도 길이의 천연동굴이 있지만 특별한 볼거리가 있는 것은 아니다. 동굴은 조명이 없어 어두우므로 반드시 손전등을 가지고 다녀야 한다.

- 마누하 왕이 은신하던 동굴

Sightseeing

짜욱깔랍 Kyauk Kalap

높고 뾰족한 모양의 바위 위에 자리한 사원은 작은 호수와 언덕 사이에 자리해 한 폭의 동양화를 연출한다. 호수에 난 다리를 건너 사원을 잠깐만 오르면 파안 시골의 독특한 경관을 마음껏 감상할 수 있다. 사원 아래에는 작은 수도원이 있고, 일과 시간 외에는 망고나무 사이로 뛰어다니는 천진난만한 어린 수도승들을 만날 수 있다. 매일 정오에는 명상을 하기 위해 외부인의 출입을 제한한다.

- 미얀마에서 가장 특이한 모습의 사원

Sightseeing
④
룸비니 동산 Lumbini Garden

제가빈 산 아래 아늑하고 평평한 수풀지대에 수없이 많은 좌불상들이 모여 있다. 같은 모양의 불상들이 특별한 예술성은 없지만 일정한 간격으로 사방으로 줄지어 있는 모습이 주위의 깎아지른 듯 높은 산과 함께 신비로운 분위기를 만든다. 이곳에서 약 2시간가량 걸어 올라가면 제가빈 산 정상에 다다르는데, 정상에서는 파안과 탄린 강을 아우르는 주변의 아름다운 경치를 감상할 수 있다.

● 1,150개의 좌불상

Sightseeing
⑤
사다동굴 Saddar Cave

인근에서 가장 거대한 천연 석회동굴이다. 도보로 대략 30분이 넘는 길이의 동굴 내부는 끝없이 높은 천장 곳곳에 수많은 박쥐가 있고 벽면에는 각종 광물들이 아름답게 반짝인다. 각종 불상을 지나치면 높은 천장이 있는 긴 석회동굴 내부로 들어서는데 어두컴컴하고 바닥이 미끄러우므로 반드시 손전등을 가지고 조심스럽게 걸어 들어가야 한다. 동굴 끝부분에는 오리가 살고 있는 작은 호수가 나타나며, 대기하고 있는 작은 배를 타면 약 10분가량 노를 저어 석회동굴의 다른 한쪽으로 데려다준다(1인당 1,500짯). 이곳에서 다시 동굴 입구로 걸어 나오면 주변의 아름다운 경치를 감상할 수 있다.

● 동굴 반대편 뱃사공에게 1,500짯 지불

Sightseeing
⑥
꼬까타웅동굴 Kaw Ka Thawng Cave

라카나 마을 입구에 조성된 동굴사원으로 진입도로 가장자리에는 탁발하는 모습의 불상이 줄지어 서 있다. 동굴사원에 들어서면 각종 크고 작은 불상들이 있고 동굴 안쪽에는 부처님의 진신사리가 모셔져 있다. 탁발 불상이 한쪽에 줄지어 있는 도로를 따라 더 들어가면 길 끝에는 작은 샘터가 야외수영장으로 조성되어 있어 인근 마을사람들의 놀이터가 되고 있다. 수영장 뒤쪽으로 올라가면 작은 동굴 안에도 깨끗한 물이 고여 있어 몇몇 아이들을 위한 수영장 역할을 하고 있다. 샘터 주위에 작은 레스토랑들이 있고 그곳에서 바라보는 라카나 마을의 풍경이 아름다우므로 이곳에서 잠시 쉬면서 여유를 즐겨보자.

● 뒤쪽에 야외수영장이 있음

Sightseeing

라카나 마을 Lakkana Village

파안 주위에 있는 작은 농촌마을로, 인근의 동굴사원과 샘터, 소들이 한가롭게 풀을 뜯는 논밭과 그 옆에 보이는 제가빈 산이 무척이나 아름답다. 각종 사진전이나 여행책자에서 미얀마의 시골풍경을 소개할 때 종종 이 마을 풍경이 쓰일 정도이므로 일정을 조정하여 여유롭게 마을을 돌아보는 것도 좋다.

● 꼬까타웅동굴 옆에 있는 마을

Sightseeing

파안 마을 워킹투어 Hpa-an Village Walking Tour

작은 마을이지만 마을 중심에는 각종 과일과 채소를 파는 시장이나 여러 종류의 사원이 있어 아침에 장을 보거나 일과를 마치고 돌아온 마을사람들의 쉼터가 되고 있다. 시장 한쪽에는 시원한 생맥주와 함께 텔레비전을 시청할 수 있는 레스토랑이 있어 날이 저물면 남녀노소 이곳에 모여 하루를 마무리한다.

● 카인 주의 중심지인 작은 시골마을

Sightseeing

판푸 산 Hpan Pu Mountain

파안 마을에서 탄린 강 건너편 높게 솟은 산으로 파안 마을에서 약 10분 남짓 보트를 타고 반대편으로 건너면 약 15분 정도에 계단이 있는 입구에 다다를 수 있다. 계단은 아래쪽에서 보기에는 상당히 높아 보이지만 도보로 30분 정도면 충분히 오를 수 있다. 날이 맑을 때면 여러 갈래로 굽이굽이 흐르는 강 옆의 파안 시내와 드넓은 들판이 어우러진 풍경이 아름답다. 산 인근을 천천히 돌아보며 미얀마 시골마을의 소박한 정취를 만끽하기에도 좋다.

● 보트 500짯(06:00〜17:00)

Food
①

럭키 1 Lucky 1

현지음식점 스타일로 약간은 어두컴컴한 중국음식점이지만 싸고 맛있는 음식과 아주 시원한 잔에 나오는 미얀마 생맥주를 마실 수 있다. 현지사람들에게도 인기 있는 곳으로 더운 대낮에 잠깐 쉬어가기에도 안성맞춤이다.

Open	11:00〜21:00
Cost	미얀마생맥주 600짯, 요리 3,000〜5,000짯
Tel	058-22112

Food
②

킷팃 Khit Thit

럭키 1 맞은편의 레스토랑으로 럭키1과 같은 중국 스타일의 다양한 음식을 팔며 맛이나 가격도 비슷한 편이다. 저녁이면 현지인과 외국인들이 찾아 자리가 없을 정도로 인기가 있다.

Open	11:00〜21:00
Cost	요리 3,000〜5,000짯
Tel	058-21344

Food
③

산마터 레스토랑 San Ma Tau Restaurant

미얀마 정식 집으로 현지인이나 외국인 모두에게 무척 유명한 곳이다. 얼핏 허름한 분위기지만 음식이 담겨 있는 통 앞에는 포장해 가려는 사람들로 늘 북적댄다. 반찬이 다양해서 입도 눈도 모두 호강하는 곳. 파안 시계탑에서 꽤 먼 거리에 있으므로 더운 날에는 오토바이택시를 이용하자.

Address	No. 1/290, Bogyoke Road
Open	10:00〜21:00
Cost	미얀마 정식 2,000짯〜
Tel	058-21802

Food
④

쉐똔마웅 1 Shwe Htone Maung 1

아이스크림이나 각종 러펫예, 커피 등을 파는 티 숍으로 여러 튀김간식이나 만두도 함께 팔아 간단한 한 끼 식사에 좋다. 이곳의 만두는 인기가 좋아 만들어지면 금세 매진되곤 한다. 생과일주스는 비추다.

Open	06:00〜17:00
Cost	러펫예 300짯, 아이스크림 800짯〜
Tel	058-21249

Stay

파안은 상당히 작은 도시로 다운타운 버스정류장(시계탑)에서 반대편 보트선착장까지 걸어서 20분 내에 도착할 수 있으며 각 숙소까지 오토바이택시로는 500~1,000짯이면 충분하다. 숙소는 대체로 낡고 조식도 제공되지 않는 곳이 대부분이지만 태국과의 육로가 개방되어 앞으로 많은 숙소와 레스토랑이 생길 것으로 보인다.

Stay : Guesthouse

쏘브라더스 게스트하우스
Soe Brothers Guesthouse

다운타운 버스정류장에서 1분 거리의 편리한 위치에 있는 곳으로 게스트하우스이면서도 파안에서의 각종 투어는 모두 이곳에서 진행되는 만큼 각종 버스와 투어정보가 가득하여 어느 곳보다 편리하다. 그만큼 많은 여행자들이 머무는 곳이지만 전반적으로 낡고 청결하지 않으며 욕실 또한 굉장히 작고 불편한 감이 있다.

Access	버스정류장 근처
Cost	(선풍기)싱글 6$, 더블 12$
	(에어컨)더블 15~18$
Tel	058-21372

Stay : Guesthouse

탄린우 게스트하우스
Than Lwin Oo Guesthouse

최근 새로이 내부를 정비하여 비교적 깨끗한 편이며 공동욕실의 1인실부터 개별욕실의 에어컨룸까지 다양한 종류의 방을 갖추고 있다. 새 에어컨에 욕실이나 화장실도 청결한 편이나 1층에 위치한 방은 어둡고 습하다. 공동욕실 방의 대부분은 창문이 없거나 작아서 답답한 느낌이 있지만 가격대비 추천할 만하다. 건너편에는 갤럭시 모텔도 새로 오픈하였다.

Access	마켓 근처
Cost	싱글 5,000짯~, 더블 10,000짯~
Tel	058-21513

Stay : Guesthouse

골든 스카이 게스트하우스
Golden Sky Guesthouse

그다지 주인이 친절하지 않지만 가격대비 넓은 방에 욕실도 깨끗하다. 창이 넓어 특히 밝은 분위기이며 각 방마다 작은 발코니, 새 에어컨에 냉장고도 있다. 조식도 제공된다.

Access	제티 근처
Cost	더블 20$
	부대서비스 조식
Tel	058-21510

Intro

시인들의 바다, 몰라먀인(모울메인)
Mawlamyine

고대 몬족 왕조의 도시 몰라먀인은 '눈 하나가 멀었다'는 뜻의 몬족어에서 유래한다. 전설에 의하면 왕국의 주변을 모두 볼 수 있는 세 번째의 눈을 가진 몬족의 왕이 있었는데, 이웃나라의 공주가 그와 결혼한 뒤 그 눈을 없애버렸다고 한다. 세 개의 강과 바다가 만나는 이 도시는 언덕 위의 파고다와 함께 독특한 분위기를 만들어낸다. 몬 주의 주도이면서 미얀마의 제3의 도시임에도 불구하고 양곤이나 만달레이에 비해서 상당히 낙후되어 있지만 작은 도시 중간의 언덕 위에 있는 각종 사원들과 넓은 바다를 향한 풍광이 이곳만의 시적인 감성을 불러일으킨다. 도시 곳곳의 많은 볼거리와 낭만적인 분위기와 더불어 이곳에서 살고 있는 선하고 호기심 많은 몬족 사람들이 여행자들에게는 더 없이 매력적이다.

그동안 많은 여행자들이 방문하지는 않은 지역이지만 최근 태국과의 육로가 외국인에게 개방됨에 따라 점차 허가증 없이 방문할 수 있는 지역을 늘리는 추세다. 또한 2005년경에 새로 다리가 건설되어 기차와 버스를 이용하여 더욱 편리하게 이곳을 여행할 수 있게 되었다.

주요 도시에서 몰라먀인 들어가기

➕ 버스 · 보트

출발	교통편	출발시간	요금	소요시간	설명
양곤	VIP버스	08:30, 14:00, 21:00	11,000짯~	8시간	양곤에서 몰라먀인으로 향하는 버스는 많으나 VIP버스는 많지 않다. 양곤 중앙역에서 기차를 이용할 수도 있으나 연착이 잦은 편이다.
	고속버스	05:00, 08:30, 11:30, 18:30, 21:00, 21:30	10,000짯		
짜익띠요	고속버스	09:00, 11:00	7,000짯	4시간	짜익띠요에서 버스표를 끊으면 픽업트럭으로 20분 거리에 있는 짜익토에서 내리게 한 뒤 버스로 갈아 태운다.
파안	로컬버스	06:00~16:00 (1시간 간격)	1,000짯	2시간	몰라먀인에서 아침에 출발한 보트는 점심쯤 파안에 도착한 뒤 새로 여행자들을 태우고 몰라먀인으로 돌아간다.
	보트	13:30 (비정기 운행)	8,000짯~	4시간	
더웨이	시외버스	15:00, 16:00, 17:00	15,000짯	10시간	미얀마의 버스 상황은 좋아지고 있지만 그중 가장 낙후된 버스들이 달리는 구간이니만큼 큰 기대는 하지 말자.
미야워디	미니밴 (4인정원)	국경에서 오전 출발	10,000짯(1인)	5시간	태국 매솟에서 미야워디로 국경을 넘어 들어오면 입구에 많은 택시 기사들이 대기하고 있으므로 잘 흥정하여 몰라먀인으로 이동하면 된다.

Travel Tip

1. 고온 다습한 몬순기후지역에 위치한 도시로, 우기에는 특히 많은 비가 내리므로 6~8월 사이는 피하는 것이 좋다.
2. 여행자들에게 유명한 관광지가 아닌 만큼 숙소나 레스토랑의 시설이 떨어지고 여행안내도 잘 되지 않는 편이다. 일정을 여유롭게 조정하고 특별한 현지 정보가 필요한 경우에는 신데렐라 호텔이나 브리즈 게스트하우스에 문의해 보자.
3. 몬 주의 주도답게 대부분의 은행들이 지점을 두고 있고 여러 곳에 설치된 ATM기의 이용에도 불편함이 없다.

몰라먀인에서 다른 도시로 이동하기

버스·보트

도착	교통편	출발시간	요금	소요시간	설명
양곤	VIP버스	06:30, 08:30, 13:30, 14:00, 21:00	11,000짯	7시간	양곤으로 가는 버스는 상태가 좋은 편이다. E-Lite 버스회사는 최신식 스카니아 버스를 운행하고 있다.
	고속버스	08:00, 09:00, 12:00, 20:00, 21:00	5,000짯		
	기차	08:00, 19:00	5,000짯	10시간~	원래 느리지만 연착도 심한 편이어서 현지사람들도 대부분 버스를 이용한다.
만달레이	고속버스	18:00	15,000짯	14시간	북부 미얀마로 바로 올라갈 수 있다.
파안	로컬버스	06:00~16:00 (1시간 간격운행)	1,000짯	2시간	사설보트는 5인 이상이 모여야 출발하므로 출발 여부를 미리 숙소에 문의해야 한다. 숙소에서 취급하지 않을 경우에는 브리즈 게스트하우스에 문의해보자.
	보트	08:30	8,000짯~	4시간 30분	
미야워디	미니밴 (4인정원)	07:30	10,000짯(1인)	6시간	각 숙소에 미야워디행 미니밴을 예약해 놓으면 아침에 기사가 온다.
짜익띠요	고속버스	07:00, 13:00	7,000짯	5시간	짜익띠요의 관문인 낀푼으로 가는 버스가 운행한다. 비정기적이니 숙소에서 확인하자.
더웨이	시외버스	19:00	11,000짯	10시간	남쪽 지역으로 향하는 버스는 쩨쪼터 미널에서 탈 수 있다. 몰라먀인 남쪽 외곽에 위치하고 있으니 툭툭을 타고 이동하자. 저녁 7시에 출발하는 버스는 딴부지얏, 더웨이, 메익까지 간다.
메익	시외버스	19:00	18,000짯	17시간	
딴부지얏	픽업트럭	수시 출발	3,000짯	2시간 30분	몰라먀인 중앙시장 앞에서 사람을 모아 출발하는 픽업트럭은 남쪽 쩨쪼터 미널에서 다시 한 번 사람을 태우고 딴부지얏으로 간다.

✚ 몰라먀인 시내교통 & 주변교통

몰라먀인 시내는 지나가는 툭툭이나 오토바이택시를 잡아타고 이동하는 것이 편리하지만 외곽으로 나가기 위해서는 오토바이택시나 트럭택시를 대여해서 움직이는 것이 좋다.

◎ **툭툭** 기본 500짯
◎ **오토바이 1일 대여** 8,000~10,000짯
◎ **오토바이택시** 500짯~(기본 거리)
◎ **트럭택시** 50,000짯(1일 대여)

Tip 탄린 강 보트트립 (몰라먀인 ↔ 파안)

파안과 몰라먀인을 왕복하는 보트로 이전에는 마을사람들이 주로 이용하던 뱃길이었으나 최근, 몰라먀인과 파안 사이 도로가 연결되어 지금은 여행자만을 위한 투어로 바뀌었다. 몰라먀인에서 파안으로 오는 여행자가 일정한 수를 넘어야 운행되므로 다음 날의 운행 여부는 그 전날이 되어야만 확정이 되는 불편함이 있다. 살윈Salween이라고도 부르는 탄린 강 주변은 거의 개발되지 않은 채 본래의 모습으로 남아 있고 넓은 강과 평원 사이 곳곳의 바위산이 어우러져 독특한 아름다움이 있다. 강가에서 나무를 짓고 살아가는 사람들은 강을 지나는 여행자들을 발견하고 먼저 반갑게 인사를 건네곤 한다.

Sightseeing 1
짜익딸란 파고다 Kyaikthanlan Paya

마을의 가장 높은 곳에 자리한 파고다로 875년에 무피라자(Mutpiraja) 왕에 의해 건설되었다. 쉐다곤 파고다와 비슷한 분위기로, 사원 서쪽에 있는 엘리베이터를 오르면 부처님의 치사리가 안치된 중앙의 파고다와 이를 둘러싼 각종 크고 작은 파고다와 법당, 다양한 모습의 불상들이 자리하고 있으며 한쪽에는 아이들을 위한 오락기구(?)도 갖추고 있다. 이곳에서의 풍경이 무척 아름다워 파고다 곳곳에는 연인들이 데이트를 하거나 아이들을 데리고 산책을 하는 부모들의 모습을 종종 볼 수 있다. 「정글북」의 작가인 루디야드 키플링(Rudyard Kipling)은 인도에서 영국으로 귀국하는 과정에서 양곤과 몰라마인을 들렀는데 이 파고다의 계단에서 아름다운 여인을 만난 뒤 영감을 얻어 「만달레이」라는 시를 썼다고 한다.

Cost 무료입장
● 몰라마인 가장 높은 곳에 위치

Sightseeing 2
마하무니 파고다 Mahamuni Paya

1904년에 민돈 왕의 아내인 세인돈미바야 왕비가 실각 후 몰라마인에서 지내면서 몰라마인의 다른 왕족과 함께 세운 사원으로, 내부의 불상은 만달레이의 마하무니 불상을 그대로 본떠 만들었다고 한다. 사원 내벽은 온통 화려한 유리모자이크로 반짝여 마치 보석함을 연상시키며, 법당 내부로 들어가면 만달레이의 마하무니 불상과 똑같은 불상이 자리하고 있다. 불상이 있는 사원 아래쪽에는 거대한 보리수나무가 서 있다.

Cost 무료입장
● 몰라마인 북쪽 끝에 위치

Sightseeing 3
세인돈미바야 사원 Sein Don Mibaya Kyaung

민돈 왕의 아내인 세인돈미바야 왕비가 민돈 왕이 실각한 뒤 이곳에서 거처했던 것으로 알려져 있다. 입구를 들어서면 보수가 잘 되지 않아 곳곳이 낡고 부서져 있긴 하지만 전체적으로 우아하면서도 화려한 왕가의 건물임을 짐작하게 한다. 목조로 만든 수도원 내부에는 여왕이 사용하던 거대한 의자에 조각된 나무부조와 천장과 내벽 곳곳의 유리장식이 섬세하면서도 화려하여 과거의 영광을 말해주는 듯하다. 조명이 어두우므로 손전등이 필요하며, 방문객이 많지 않아 주로 출입구가 닫혀 있지만 조심스럽게 문을 열고 들어가면 특별한 제지는 없다. 수도원 마당에 있는 지붕 덮인 계단을 오르면 짜익딸란 파고다로 이어진다.

Cost 무료입장
● 손전등을 준비

Sightseeing

몬족박물관 Mon State Cultural Museum

박물관의 규모는 비록 크지 않지만 한때 강성한 왕국을 형성했던 몬족답게 각종 전시물들은 수준 높고 알찬 편이다. 야외에 전시해 놓은 거대한 징도 웅장하다. 내부에 조명시설이 좋지 않으므로 손전등을 지참하는 것이 좋다.

Open	09:30~16:30(토·일·공휴일 휴무)
Cost	입장료 2,000짯

Sightseeing

우지나 파고다 U Zina Paya

기원전 3세기경에 세워진 것으로 알려져 있는데, 전설에 따르면 우지나라는 수도승이 보석을 발견하는 꿈을 꾼 뒤, 실제로 바로 그 장소에서 보석을 발굴하게 되어 이 파고다를 건설하였다고 전해진다. 두 마리의 사자상이 지키는 계단을 오르면 넓은 장소 중앙의 파고다 주위 전망이 시원스럽다. 한쪽에는 부처님 생애 만난 각종 동물과 사람, 요괴에 관한 형상을 모아놓은 방도 있다. 부처님의 설법을 연상시키는 모습이나 코끼리가 절을 하는 모습 등 다양한 장면들이 묘사되어 흥미롭다.

Cost	무료입장

● 시원스러운 주위 전망

Sightseeing

우칸티 파고다 U Khanti Paya

만달레이 언덕을 재건한 유명한 고승인 우칸티가 방문한 것을 기념하기 위해 건설된 파고다로 철제로 만들어진 사원 자체는 특별한 매력이 없지만 내부의 거대한 금불상은 한 번쯤 볼만하다.

Cost	무료입장

● 내부에 거대한 금불상

Sightseeing

미얀마 최초의 교회 First Baptist Church

미얀마에 최초로 교회를 세운 허드슨의 이름을 따 허드슨 교회라고도 불린다. 교회 앞마당에는 그의 무덤이 자리하며, 그를 기억하기 위한 비석도 세워져 있다.

Cost	무료입장

● 다운타운에 위치

Sightseeing
⑧
빌루쭌(오우거) 아일랜드 Bilu Kyun(Ogre) Ireland

Open	보트출발 09:45
Cost	보트요금 1,000짯

이곳은 '괴물의 섬(오우거 아일랜드)'이라는 이름과는 전혀 어울리지 않는 평화로운 농촌 풍경을 하고 있다. 몰라마인에서 탄린 강을 건너 약 1시간 정도 떨어진 거리에 위치한 이 섬은 태국이나 일본 등 외세의 침략에서 벗어나기 위해 이러한 무시무시한 이름을 지었다고 알려진다. 덕분인지 이곳은 21세기와는 거리가 먼 아름다운 시골풍광을 간직하고 있으며 더할 나위 없이 친절한 사람들을 만날 수 있다. 섬 전체에는 대략 60여 개의 마을이 산재해 있으며 선착장에서 각 마을까지는 픽업트럭이나 마차 혹은 오토바이택시를 이용한다. 대부분이 비포장도로이지만 마을 사이나 논밭을 지나면서 섬의 아름다운 전경을 만끽하기에 좋다. 마을에는 각종 전통공예를 만드는 수공예공장이 있어 대나무모자나 코코넛로프 등의 수공예품을 전통가옥에서 만드는 모습을 구경할 수 있다. 섬에서는 영어가 잘 통하지 않으므로 브리즈 게스트하우스나 신데렐라 게스트하우스에서 진행하는 투어를 이용하는 것이 편리하며, 개인적으로 방문하는 경우, 운이 나쁘면 넓은 섬을 목적 없이 헤매게 될 수도 있다. 특히 축제가 열리는 경우에는 우리 옛 시골 잔치에서와 마찬가지로 처음 보는 외국인에게도 각종 식사대접을 하고 대화를 즐기려는 유쾌한 시골사람들을 만날 수 있다. 특히 미얀마 남부지방에서도 이 섬까지 방문하는 외국인이 많지 않으므로 더욱 순박하고 호기심 많은 사람들을 만날 수 있다. 섬 안에서는 외국인이 머물 수 없으며 섬을 떠나는 마지막 보트가 3시 30분에 있으므로 일정을 여유롭게 조정해야 한다.

Sightseeing
⑨
놀라보 파고다 Nwalabo Paya

Cost	트럭버스 1,000짯(40분 소요), 무료입장, 카메라요금 300짯

세 개의 황금바위로 이루어진 이 파고다는 비록 짜익띠요 파고다보다 훨씬 작은 규모로 이루어져 있으나 지질학적으로는 그보다 더 놀라운 유적으로 평가되고 있다. 만들어진 시기 역시 짜익띠요 파고다와 비슷하다고 하며 마찬가지로 이 파고다에도 불발이 하나 모셔져 있다고 한다. 이곳 사람들은 각종 지진에도 여전히 본래의 모습을 유지하며 오늘날까지 내려오고 있는 것을 이 불발의 영험함 덕분이라고 믿고 있다. 비록 짜익띠요 파고다보다는 덜 알려져 있지만 인근에서 많은 순례자들이 매일같이 이곳을 방문한다. 덤프트럭의 짐칸을 개조해 만든 좌석에 빽빽하게 사람들을 태우고 가파른 산길을 통해 정상에 오르는데 안전을 생각한다면 웃돈을 주고 운전석 옆 좌석을 구하는 게 낫다. 트럭은 사람들이 꽉 차야 비로소 출발하며 늦게 도착하면 차를 이용하지 못하고 정상까지 한 시간 정도 산행을 해야 한다. 인근에서 가장 높은 산 정상에 위치하므로 시원한 주변 풍광과 함께 이 신비로운 파고다를 감상해보자.

Sightseeing

윈세인또야(빅 부다) Winsein Tawya(Big Buddha)

원세인또야는 남부 미얀마에서 각종 와불 중 가장 거대한 규모로 알려져 있다. 머리 쪽에는 내부로 들어갈 수 있는 통로가 있으며 안에는 기도를 할 수 있는 공간이 있다. 현재 좌측의 와불이 15년에 걸친 공사 끝에 완성되었으며 맞은편에 동일한 모양의 또 다른 와불을 짓고 있다. 두 와불 사이에는 허름하지만 수영장에 설치된 미끄럼틀이 있어 많은 아이들과 청년들이 이곳에서 수영하는 모습을 볼 수 있다. 와불 주위 넓은 공간에는 탁발하는 승려들의 행렬이나 바루를 손에 들고 앉아 있는 거대한 형상 등 각종 볼거리로 채워져 있어 인근 주민들은 마치 놀이공원에 나들이 가듯 이곳을 방문한다.

Cost   무료입장
● 몰라먀인에서 오토바이로 45분 소요

Sightseeing

짜익마로 파고다 Kyaikmaraw Paya

몰라먀인에서 1시간 거리에 있는 작은 짜익마로 마을에 있는 파고다로 신소뷰 왕비(Queen Shin Saw Pu)에 의해 1445년에 건설되었다고 한다. 내부는 온통 유리 모자이크가 아름답게 반짝이며 안쪽 법당에 들어서면 좌선을 하고 있는 불상 중앙에 좀 더 큰 불상이 서양식으로 다리를 내리고 앉은 모습이 독특하다. 천장과 벽면 기둥에 화려한 나무 부조와 지붕장식 등이 당시의 높은 예술수준을 나타내주고 있다. 몰라먀인에서 짜익마로 마을로 가는 길은 남부 미얀마의 독특하고도 아름다운 풍광을 어느 곳보다도 잘 간직하고 있으므로 꼭 한 번 이 작고 친절한 마을을 방문해 보자.

Cost   무료입장
● 몰라먀인에서 오토바이로 1시간 소요

Sightseeing

파아욱또야 명상센터 Pa Auk Tawya Monastery

미얀마에서 가장 큰 명상센터 중 하나로 서양인들뿐 아니라 한국인에게도 잘 알려져 있다. 파아욱사야도 스님이 1990년대부터 이곳에서 사마타 명상과 위빠사나 명상을 가르쳐 왔으며 전 세계 20개국에서 100명 이상의 외국인 수행자들이 수행한다고 한다. 숲속 넓은 지대에 걸쳐 수행처와 식당, 숙식건물들이 좋은 시설을 갖추고 있으며 남자와 여자가 분리된 공간에서 수행을 하게 된다.

Address	Pa-Auk Forest Monastery, Mawlamyine, Mon State, Myanmar
Tel	057-27509/27510
Web	paauktawyausa.org

Sightseeing ⑬

딴부지얏 Thanbyuzayat

몰라먀인에서 64km 떨어진 남쪽에 위치한 이 마을은 제2차 세계대전 당시 일본에 의해 건설된 타이-버마 철도건설을 위한 요충지로 발달되었다. 일본군에 의해 수많은 전쟁포로들이 철도건설을 위해 희생되었으며 마을 한쪽에는 그 당시 실제 운행하던 열차가 버려진 듯 남아 있고 당시 희생된 3,000명 이상의 유엔군 또한 이곳에 묻혀 있다. 그저 작은 마을일 뿐이지만 유엔군 묘지의 묘석에 쓰인 문구를 보고 있노라면 왠지 모를 쓸쓸함이 느껴진다. 마을 중심의 시계탑 근처에 몰라먀인과 예를 오가는 픽업트럭이나 버스가 정차하며 셋세 비치로는 이곳에서 30분 정도 차를 타고 가야 한다. 딴부지얏 시내에는 많은 숙소가 있지만 외국인이 묵을 수 있는 숙소로는 유엔군 묘지 맞은편 방향에 있는 패밀리 월드 Family World (09-4982-1131)가 유일하다.

- 몰라먀인에서 픽업트럭으로 3시간 소요
- 2차 세계대전의 요충지

Tip 딴부지얏 볼거리
죽음의 철도 Death Railway
시계탑을 중심으로 남쪽(예) 방향으로 가다가 왼쪽에 위치
UN군 묘지 Thanbuzayat War Cemetry
시계탑에서 셋세 비치 방향 길목에 위치

Sightseeing ⑭

셋세 비치 Setsae Beach

몰라먀인에서 가장 가까운 해변으로 인근에서는 꽤 유명한 곳이다. 딴부지얏에서 해안가로 통하는 한적한 길을 따라 차로 약 30분을 가면 해변에 다다르는데 주말이나 축제가 있는 공휴일이면 몰라먀인에서 이곳을 방문하는 사람들로 입구부터 차가 막힐 정도이다. 모래와 펄 중간 정도 되는 해변은 간조 때면 한참을 걸어 들어가야 할 정도로 드넓다. 하얀 모래사장이나 투명하게 비치는 맑은 바닷물을 상상한다면 실망할 수 있지만 해변 중간에 모여 있는 각종 노점 및 드문드문 지어진 몇몇 숙소를 제외한다면 긴 해변이 거의 개발되지 않은 채로 남아 있어 사람이 없을 때에는 어딘가 초현실적이기까지 하다. 해변 북쪽 끝에는 작은 사원이 있어 해변을 오가는 승려들의 모습이 한가롭다.

- Cost 오토바이택시 2,500짯
- 딴부지얏에서 오토바이로 20분 소요

셋세 비치 숙소

21 파라다이스 호텔 21 Paradise Hotel
최근에 오픈한 호텔로 시설은 소박하지만 깔끔하다. 와이파이도 비교적 빠르고 주변 노점의 고물가에 비해 음식의 가격도 적당하고 조식도 괜찮은 편이다. 비치 북쪽 사원 근처에 위치하여 한적하며, 해변 레스토랑과 수영장도 갖추고 있다.
- Cost 방갈로타입 45~65$ / 부대서비스 조식, 수영장
- Tel   09-4921-3056

쉐모 모텔 Shwe Moe Motel
비교적 오래된 숙소로 비치 중간 버스정류장 부근에 있어 찾아가기 좋다. 외국인 숙박이 가능한 곳 중에서는 이곳이 가장 저렴하다. 하지만 주 고객은 미얀마 현지사람들인 만큼, 큰 기대를 하고 방문하면 안 된다.
- Cost 더블룸 25~45$
- Tel   09-2559-27455

Food

도시 규모에 걸맞지 않게 다른 곳처럼 세련된 레스토랑을 찾는 것은 쉽지 않다. 그러나 세 개의 강이 만나는 중심지답게 맛있는 음식들로 정평이 나 있는 곳이기도 한 만큼 즐거운 마음으로 다양한 음식들을 즐겨보자.

Food

비어가든 2 BBQ Beer Garden 2 BBQ

몰라먀인의 낭만적인 일몰을 감상하기 더 없는 해안가에 자리한 야외 맥줏집. 넓은 공터에 빈약한 테이블로 시설은 평범한 수준이지만 저녁이면 자리가 없을 정도로 인기 있다. 많은 사람들이 방문하는 만큼 이곳의 타이거 생맥주도 상당히 맛있으며 적당히 구워진 바비큐나 각종 요리도 그야말로 일품이다.

Access	다운타운에서 해안도로 남쪽 끝 지점 정도에 위치
Open	17:00~23:00
Cost	타이거생맥주 700짯, 꼬치 500짯~

Food

델리프랑스 커피 & 베이커리
Delifrance Coffee & Bakery

몰라먀인에서 최고의 분위기를 자랑하는 빵집으로 커피나 빵의 맛이 상당히 세련된 편이다. 몰라먀인에 오래 머문 외국인들은 종종 이곳에 모여 티타임을 즐기곤 한다.

Address	366(A), Strand Rd., Mauangone Qt., Mawlamyine
Open	08:30~19:00
Cost	조각케이크 500~1,000짯, 조각피자 600~800짯, 아이스커피 1,200짯
Tel	09-566-0192

Food

도푸 Daw Pu

저가의 현지인 음식점으로 외관은 허름한 편이고 오직 미얀마식 커리와 흰밥을 먹을 수 있을 뿐이다. 하지만 깔끔한 음식은 우리 입맛에 딱 맞는다. 간판에 영어가 작게 쓰여 있어 알아보기 힘들지만 몰라먀인 현지인들이라면 대부분 이곳을 알고 있을 정도로 유명한 곳이니 방문해보자.

Open	11:00~21:00
Cost	커리종류 1,500짯
Tel	057-22796

Food

봉지 Bone Gyi

타일 벽으로 깔끔한 분위기의 중국식 레스토랑으로 대체로 우리 입맛에 잘 맞는다. 음식이나 서비스도 비교적 세련되고 직원들도 친절하다.

Open	10:30~22:30
Cost	요리 2,000~6,000짯
Tel	09-870-1947

Food
⑤

미초 Mi Cho

인도계 커리를 파는 작고 허름한 현지인 식당이지만 이곳에서 파는 치킨 커리는 몰라먀인에서 가장 부드럽고 맛있다. 서양 여행자들에게 많이 알려진 관계로 가격은 비싼 감이 있다.

Access	탄린 브리지 가기 전에 위치
Open	10:00~21:00
Cost	커리 2,000~2,500짯

Food
⑥

먀탄린 Mya Than Lwin

해변가에 있는 음식점으로 약간은 어두운 느낌이 나지만 맛있는 중국 음식을 먹을 수 있다. 특히 저녁에 각종 안주와 함께 시원한 미얀마 생맥주를 마실 수 있다.

Access	YKKO 옆
Open	17:00~23:00
Cost	요리 2,500~4,500짯, 미얀마생맥주 600짯
Tel	09-4253-24006

Food : 추천
⑦

해안(강변) 노점 식당

매일 저녁 일몰 시간이 되면 몰라먀인 남쪽 해안에 위치한 공터에 각종 노점들이 하나둘 불을 밝힌다. 주로 인도계 무슬림들이 운영하는 꼬치 노점이 대부분이지만 볶음밥이나 국수 등 다양한 길거리 음식도 판매한다. 한쪽에는 아이스박스에 각종 주류나 음료를 판매하고 있어 시원한 바닷바람을 즐기며 맥주를 마실 수도 있다. 저녁이 되면 도시 전체가 금세 어둡고 한적해지지만 이곳만은 꽤 늦게까지 북적북적한 분위기를 즐길 수 있다.

Access	해안도로변
Open	18:00~23:00
Cost	200짯~

Stay : ★★ 추천
①
신데렐라 호텔 Cinderella Hotel 📶

작지만 내부의 모든 공간이 각종 공예품으로 아름답게 장식되어 있으며 넓은 창으로 밝은 느낌의 객실은 편안한 침대와 각종 소품들로 아늑하다. 각종 음료나 과일이 서비스로 제공되며 디럭스룸에는 아이팟이나 다리미까지 갖추어져 있다. 여러 직원들의 친절한 서비스도 가히 미얀마 최고의 수준을 자랑한다.

Address	No.21, Baho Rd., Sitkei Gone Quarter, Mawlamyaing
Access	다운타운
Cost	싱글 25$, 더블 45~55$ 부대서비스 조식
Tel	057-24411
Web	www.cinderellahotel.com

Stay : Guesthouse
②
오로라 게스트하우스 Aurora Guesthouse

저렴한 게스트하우스답게 조식이나 와이파이 제공이 안 되고 침대도 약간 불편하지만 깐깐한 주인아저씨 덕에 가격대비 상당히 깔끔한 방에 묵을 수 있다. 선풍기 방들 중 창문이 없는 방은 약간 답답한 감이 있다.

Access	다운타운
Cost	(에어컨)싱글 15$, 더블 20$ (선풍기)싱글 6$, 더블 12$
Tel	057-22785

Stay : ★★
③
응웨모 호텔 Ngwe Moe Hotel 📶

현지인을 대상으로 하는 3층 건물의 호텔로 특별히 고급스럽지는 않고 욕실도 구식이나 적당한 공간에 나름 깔끔한 편이다. 해안에 위치하여 일몰을 감상하거나 산책을 하기 좋은 편리한 위치에 있다. 구 건물 옆에 새로 대규모의 건물을 건설 중이다.

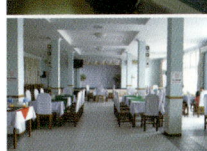

Access	해안 도로
Cost	싱글 45$, 더블 55$ 부대서비스 조식
Tel	057-24703

Stay : ★ 추천
④
샌달우드 호텔 Sandal Wood Hotel 📶

외관은 평범하지만 깔끔하고도 저렴한 가격, 친절한 서비스로 만족스러운 곳이다. 스탠더드룸은 에어컨이 없지만 넉넉한 공간에서 쾌적하게 지내고 싶다면 괜찮은 선택이 될 수 있다.

Access	다운타운
Cost	스탠더드 20~25$, 수피리어 30~35$ / 부대서비스 조식
Tel	057-27253

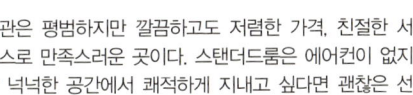

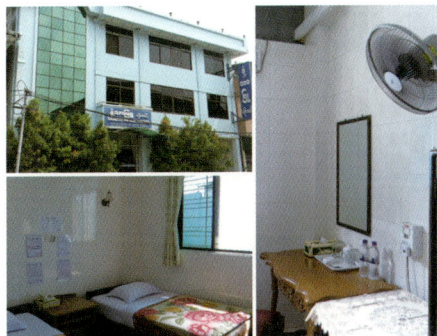

Stay : Guesthouse

브리즈 게스트하우스
Breeze Guesthouse

각종 여행정보가 가득하여 투어도 저렴하게 진행할 수 있어 많은 외국인 여행자들이 몰리는 곳이다. 건물 외관은 나쁘지 않지만 내부시설은 상당히 열악한 편이며 가격도 비싼 편이다. 침대에 벌레가 있다거나 바퀴벌레가 바닥에 지나간다는 소리가 많으니 투어를 제외하면 웬만하면 이곳은 피하는 것이 좋다.

Access 해안 도로
Cost   더블룸(공용욕실) 14~20$, 더블룸(에어컨) 25$
        부대서비스 조식
Tel   057-21450

Stay : ★★

애트란 호텔 Attran Hotel

방갈로 스타일의 약간은 오래된 구식 호텔이다. 해변에 위치하였으나 특별한 이점이 있는 것은 아니며 대체로 밋밋한 편이다. 디럭스룸의 경우는 분리된 거실과 조금 더 고급스러운 가구로 이루어져 있지만 시설에 비해서는 비싸다.

Access 해안 도로
Cost   리버뷰방갈로 75$, 가든뷰 45$ / 부대서비스 조식
Tel   057-25764

Stay : ★★★

스트랜드 호텔 Strand Hotel

몰라먀인에서 가장 고급 호텔답게 로비나 외관은 웅장하게 꾸며져 있으나 내부는 다른 지역의 수준에 못 미치는 편이다. 룸은 깔끔하지만 기본적이고 욕실은 촌스러운 편이다. 바다 옆에 위치하고 있음에도 불구하고 방이 아닌 복도에서 바다가 바라보이도록 되어 있어 아쉽다.

Access 해안 도로
Cost   수피리어 90$, 디럭스 110$ / 부대서비스 조식
Tel   057-25624

Stay : Guesthouse

나와랏 모텔 Nawarat Motel

기차역 부근에 위치하여 이동이 불편하지만 가장 저렴한 가격에 상대적으로 깨끗한 방에서 묵을 수 있다. 에어컨룸은 새 건물에 있어 깔끔하고, 구 건물의 저렴한 방들은 저렴한만큼 청결도가 떨어진다.

Access 기차역 앞
Cost   에어컨더블 10,000짯(공용욕실), 15,000짯
        선풍기더블 8,000짯(공동욕실)
Tel   057-27416

Intro

트로피컬 시티, 더웨이
Daway

더웨이는 비교적 작지만 시내 중심에 모여 있는 사원군 사이로 거대한 열대나무가 자리하여 아름다운 도심 분위기를 연출한다. 인근에는 남부 미얀마에서 가장 아름다운 마웅마간 해변과 작지만 독특한 사원들, 높다란 열대나무가 서 있는 풍광이 잊지 못할 광경으로 다가온다. 원래 몬족이 살던 이곳은 11세기 바간 왕조가 장악한 이후 태국 수코타이 왕조, 아유타야 왕조를 거쳐 다시 미얀마 타웅고 왕조로 복속되는 등 근대에 이르기까지 태국과 미얀마 사이 치열한 영토분쟁이 있어 왔다. 따닌타리 주의 주도로서 본래 티크나무, 천연고무, 각종 열대과일 등 풍부한 자원을 바탕으로 성장하던 더웨이는 최근 태국과의 건설 계획으로 새로이 떠오르는 핫플레이스가 되고 있다.

> **Travel Tip**
> 1. 세계에서 가장 '축축한' 도시 중 하나인 더웨이는 열대몬순기후로 인해 11~4월 사이의 건기를 제외하면 하루에도 엄청난 양의 비가 쏟아진다. 우기에는 인근 바다나 도로 사정도 좋지 않아 각종 운송수단이 비상시적으로 중단되곤 하며 여행자의 안전도 보장할 수 없으므로 각별한 주의가 필요하다.
> 2. 다운타운 시장 근처에 ATM이 있고, 싱싱한 과일도 많이 있다.

더웨이
Daway

- 마웅마간 비치
- 마웅마간 비치 리조트
- 다이아몬드 크라운 호텔 / Diamond Crown Hotel
- 쉐타웅자 파고다 / Shwe Thaungza
- 띵가산 티 숍 / Tingasan
- 골든 드래곤 / Golden Dragon
- 제야테산 호텔 / Zayar Htet Sen Hotel
- 정션 Junction
- 병원
- 뉴라이트 호텔 / New Light Hotel
- 하이파이 보트티켓
- 아와렝 티 숍 / Awaroung
- 에야와디 은행
- 마켓
- 주유소
- 미스 유 Miss You
- 포춘익스프레스 보트티켓 판매소
- CB은행
- 워너 티 숍 / Winner
- 3D 레스토랑 / 3D Restaurant
- 더웨이 버스터미널

주요 도시에서 더웨이 들어가기

✚ 항공·버스·보트

출발	교통편	출발시간	요금	소요시간	설명
양곤	에어만달레이(6T), Air KBZ(K7)	별도 확인	100~110$	1시간	항공사별로 운항편수 변동이 있다. 더웨이공항코드(TVY).
몰라마인	시외버스	19:00	11,000짯	12시간	몰라마인 남부의 쩨쪼터미널에서 하루 한 번 운행하는 시외버스가 있다.
딴부지얏, 예	픽업트럭	수시 출발	3,000짯 5,000짯	4시간 6시간	딴부지얏 → 예 예 → 더웨이
메익	시외버스 보트	03:30 11:30	7,000짯 25$	9시간 4시간	육로로 가는 것보다 보트로 가는 게 훨씬 빠르고 편하디.
꼬따웅	보트	05:00	65$	12시간	태국의 라농에서 국경을 넘어 꼬따웅으로 넘어온 뒤 곧장 더웨이까지 보트를 이용할 수 있다.

더웨이에서 다른 도시로 이동하기

✚ 버스·보트

도착	교통편	출발시간	요금	소요시간	설명
몰라마인, 양곤	고속버스	15:00, 16:00, 17:00	15,000짯	12시간, 17시간	쭉 뻗은 도로에 비해 버스는 좋지 않은 편이다.
메익	시외버스	06:00	7,000짯	8시간	하루 1대뿐이므로 미리 예약해야만 제대로 된 자리에 앉아서 갈 수 있다.
	보트	04:00	25$	4시간	세 군데의 보트회사에서 경쟁적으로 더웨이-메익-꼬따웅 노선을 운행한다.
꼬따웅	시외버스	05:00	28,000짯	24시간	메익-꼬따웅 육로이동은 무척 열악하다.
	보트	04:00	60$	12시간	최신식 스피드보트를 이용하게 되므로 안전에는 큰 염려를 하지 않아도 된다.
더웨이 보트회사 연락처 (예약전화)	포춘익스프레스 Fortune 에야나디 Ayeyeinadi 하이파이 Hi-Fi		059-22144 059-22444 059-22191		각 회사별로 출발일이 다르니 숙소에 문의를 하거나 보트회사별로 전화하여 확인해야 한다.

✚ 더웨이 시내교통

◎ **툭툭**
2,000~3,000짯(20분 소요, 하이웨이 버스터미널→다운타운 요금 기준)

◎ **오토바이택시**
짧은 거리 기본 500짯~, 마웅바간 비치는 5,000짯

◎ **오토바이 1일 대여**
10,000짯~

Sightseeing

더웨이 시내 한쪽 쉐따웅자 파고다 근처에는 많은 수의 사원들과 오래된 목조 수도원(쉐짜웅지Shwe Kyaung Zi) 등이 모여 있다. 각각의 사원들은 대부분 작은 규모에 불과하지만 더웨이 특유의 열대나무가 이들 사원들과 어울려 그 자체로 독특한 분위기를 풍긴다. 작은 골목골목 사이 숨어 있는 파고다들을 찾아내는 재미도 쏠쏠하다.

Sightseeing

쉐따웅자 파고다 Shwe Taung Za Paya

더웨이 시내 중앙에 위치한 넓고 잘 정비된 사원으로 입구의 노점상들이 이 사원의 중요성을 말해준다. 다양한 모양과 크기의 탑들, 중앙에 위치한 사원 내 화려한 금불상 등으로 여러 볼거리가 이곳만의 독특한 분위기를 만들어낸다. 더운 한낮에도 많은 도시인의 휴식처 역할을 하고 있다.

● 더웨이의 중심이 되는 파고다

Sightseeing

야칸타웅 파고다 Yakantaung Paya

더웨이에서 약 15분 정도 떨어진 외곽 언덕 위에 위치한 사원으로 언덕으로 오르는 계단 옆에 길게 줄지어 서 있는 탁발승의 행렬이 멀리서부터 장관을 이룬다. 계단 중간에 있는 작은 사원 안에는 약간은 우스꽝스러운 표정을 한 독특한 불상이 모셔져 있다. 언덕 꼭대기의 사원 주위로 한가로운 논밭이 펼쳐진 남부 미얀마의 시골 풍광을 볼 수 있다.

● 더웨이 외곽의 한적한 파고다

Sightseeing

마웅마간 비치 Maungmagan Beach

더웨이 인근에서 유일한 화이트 샌드 비치. 더웨이 시내에서 강을 건너면 시작되는 드문드문 작은 집들이 서 있을 뿐인 한적한 풍경도 아름답다. 해변 입구에 들어서면 둥글게 펼쳐진 기다란 해변 옆 빽빽하게 서 있는 열대나무들이 장관을 이룬다. 해변에 단 하나 있는 리조트를 제외하면 대부분 나무로 지어진 간이레스토랑이 해변에 설치되어 여유롭고 편리하게 해변을 즐길 수 있다. 평소에는 한적하지만 축제기간에는 인근에서 수많은 인파와 각종 노점상들이 이곳에 몰려 복잡하면서도 활기찬 분위기로 바뀐다.

● 더웨이에서 오토바이 30분(5,000짯)

Food ①

정션 레스토랑 Junction Restaurant

우리 입맛에 잘 맞는 샨 음식을 주로 파는 음식점으로 가격도 저렴하다. 이곳에서 파는 아이스크림 셰이크도 현지인에게 인기 있는 품목이다. 분위기는 특별히 세련되지는 않지만 깔끔한 편이다.

Open	11:00~21:00
Cost	식사류 1,500짯, 셰이크 1,000짯
Tel	09-4986-7458

Food ②

띵가산 티 숍 Tingasan

현지인에게 인기 있는 티 숍으로 이곳에서 파는 빵은 꼭 한 번 먹어보길 권할 만큼 맛있다. 국수도 판매하는데 맛이 약간 짜기는 하지만 출출할 때 한 끼를 달래기에 손색이 없다.

Open	06:00~17:00
Cost	빵 200짯, 국수 600짯, 러펫예 300짯

Food ③

미스 유 Miss you

뉴라이트 호텔 뒤편에 위치한 이곳은 중국요리와 태국요리를 잘한다고 소문이 자자하다. 저녁이면 현지인들로 제법 북적이는 곳이다. 마땅히 갈 곳이 없으면 여기를 가자.

Open	11:00~22:00
Cost	중국요리 2,000~4,000짯, 태국요리 2,000~4,500짯

Stay : ★ 추천

❶

뉴라이트 호텔 New Light Hotel 📶

신축 호텔답게 잘 정돈된 객실이 깨끗하고 쾌적하면서도 저렴한 가격, 친절한 직원들로 만족스럽다. 터미널에서 마을로 들어가는 메인도로 중간에 있어 이동에도 편리하다. 외국인 여행자를 위한 서비스가 완벽하지는 않지만 최선을 다한다.

Cost	싱글 20$, 더블 25$
	부대서비스 조식

Stay : ★★

❷

제야테산 호텔 Zayar Htet Sen Hotel 📶

깔끔하면서도 규모 있는 숙소로 좀 더 시내 중심에 있어 시장이나 관광지에 접근하기 편리하다. 나름 체계적인 서비스를 제공하는 편이지만 외국인 여행자를 위한 여행정보는 부족하다.

Cost	스탠더드 40$, 수피리어 45~55$,
	디럭스 60$ / 부대서비스 조식

Stay : ★★

❸

마웅마간 비치 리조트 Maungmagan Beach Resort 📶

마웅마간 해변에 위치한 유일한 리조트로 해안도로 끝에 있어 약간 한적한 편이다. 시설은 그럭저럭인 수준이지만 외국인에게는 별다른 대안이 없는 만큼 많은 외국인 여행자들이 이곳에 묵는다.

Cost	방갈로타입 더블룸 65$
	부대서비스 조식
Tel	09-2506-13357

Intro

변화의 땅, 메익
Myeik

따닌타리 지역에서 가장 큰 도시인 메익은 주위의 아름다운 섬들인 메익 군도 Myeik Archipelago 외에도 미얀마에서 가장 큰 어촌으로도 손꼽힌다.

또한 앞으로 이 지역을 동남아 최대의 어시장으로 개발하려는 미얀마 정부의 의지가 강한 만큼 앞으로 많은 변화가 예고되는 곳이기도 하다. 비록 아직까지 메익 주변 섬들을 외국인이 방문하는 것은 제한되어 있어 아름다운 바다를 기대하고 이곳으로 온 여행자들은 실망하기 쉽지만, 선착장에 정박한 수많은 배들과 각지에서 몰려든 상인들로 그 어느 곳보다 활기찬 분위기를 느낄 수 있다.

> **Travel Tip**
> 1. 여름철이면 폭우가 쏟아지는 열대몬순기후대에 위치하므로 6~8월은 피하는 것이 좋다. 인근이 도로사정이 좋지 않을 뿐 아니라 보트로 이동 시에는 위험할 수 있다.
> 2. 선착장 인근의 마켓에는 각종 열대과일을 저렴하게 판매하는 수많은 노점상들이 있고, 근처에 KBZ은행과 몇 개의 은행들이 더 있다. 이곳에서 환전이나 ATM기를 이용할 수 있다.

주요 도시에서 메익 들어가기

✚ 항공 · 버스 · 보트

출발	교통편	출발시간	요금	소요시간	설명
양곤	에어만달레이(6T), Air KBZ(K7)	별도 확인	120~140$	2시간	양곤에서 출발한 비행기는 더웨이를 잠시 들렀다가 메익으로 온다. 메익공항코드는 MGZ.
몰라먀인	시외버스	19:00	18,000짯	17시간	몰라먀인 남부의 쩨쪼터미널에서 하루 한 번 출발하는 버스는 더웨이를 경유하여 메익에 도착한다.
꼬따웅	보트	05:00	45$	8시간	미얀마 땅끝마을인 꼬따웅에서 출발한 보트는 더웨이를 가기 전에 메익을 한 번 들렀다가 간다.

메익에서 다른 도시로 이동하기

✚ 버스 · 보트

도착	교통편	출발시간	요금	소요시간	설명
몰라먀인, 양곤	고속버스	05:00	18,000짯, 21,000짯	17시간, 25시간	이 구간을 육로로 버스 여행하는 여행자들은 많지 않다. 간혹 자전거로 이동하는 서양 여행자는 있다.
더웨이	시외버스	03:30	7,000짯	8시간	버스터미널에서 더웨이행 버스가 있다.
더웨이	보트	11:30	25$	4시간	더웨이에서 아침에 출발한 보트는 땅끝마을 꼬따웅으로 가기 전에 메익을 경유한다.
꼬따웅	시외버스	23:00	20,000짯	15시간	도로가 제대로 정비되지 않아 험한 길이다. 외국인은 육로 이동 시 허가증이 필요하다.
꼬따웅	보트	08:00	40$	8시간	여행자들뿐만 아니라 현지인들도 이 구간은 대부분 보트를 이용한다. 간단한 간식거리는 필수다.
메익 보트회사 연락처 (예약전화)		포춘익스프레스	059-41908		선착장 근처에 보트회사들이 밀집해 있으므로 직접 예약을 해도 되고 각 숙소에서 예약할 수도 있다.
		에야나디	059-41142		
		하이파이	059-41142		

✚ 메익 시내교통

◎ 오토바이

1일 대여 : 묵고 있는 숙소에서 흥정을 도움 받으면 좀 더 저렴하다. 10,000짯
택시 : 버스터미널에서 다운타운까지는 10분이면 충분하다. 1,000짯(10분 거리)

Activity
❶

안다만 보트트립(메익 ↔ 꼬따웅) Andaman Boat Trip

 매일 출발, 40$, 8시간 소요

2013년 8월에 태국-미얀마 간 육로가 개방되고 더욱 주목을 받고 있는 이동 방법으로 꼬따웅에서 메익을 거쳐 더웨이까지 운항한다. 몰라먄인 남쪽 지역의 교통 제반시설이 미흡하고 특히 꼬따웅-메익 구간은 미얀마 내에서도 도로사정이 가장 좋지 못한 관계로 많은 사람들이 보트를 이용한다. 보트는 세 개의 회사가 함께 혹은 번갈아가며 운항하는데 가격은 동일하다. 시설은 약간의 차이가 있을 뿐이어서 일정에 맞는 보트를 이용하면 된다. 보트 선착장은 메익, 꼬따웅의 경우 시내 중심가에 있어 편리하며 특히 많은 사람들이 이용하는 메익 선착장 입구에는 각종 간식거리나 과일을 사고파는 모습이 또 다른 볼거리를 연출한다. 보트 내부에는 편안한 좌석과 에어컨이 배치되어 있으며 각종 영화를 볼 수 있고, 라면도 판매한다. 갑판 위에 오르면 주변의 풍경도 감상할 수 있다. 사람들의 손이 닿지 않은 보래 해변의 작은 섬이나 배 위에서 거의 대부분의 생활을 하는 바다집시인 모켄족 Moken이 타는 작은 배 등 독특한 풍광을 즐길 수 있다.

Sightseeing
❶

떼인도지 파고다 Thein Daw Gyi Pagoda

1751년 지어진 파고다로 메익 언덕 가장 높은 곳에 위치하고 있다. 언덕 위의 둥근 파고다 옆에는 불상을 모셔놓은 사원이 자리하는데, 사원 주변을 둘러싸고 처음 지어진 당시에 놓여진 12개의 경계석이 자리하고 있다. 사원 입구에는 서양식으로 앉은 불상과 사원 뒤쪽에 누워 있는 큰 와불이 모두 매끈하면서도 투박한 독특한 외관을 하고 있다. 사방으로 열려 있는 언덕에서는 바다 멀리까지 탁 트인 전망이 시원스럽다.

 메익에서 반드시 가봐야 할 파고다

Sightseeing
❷

티리밍글라 호수 Thiri Mingalar Lake

복잡한 시내에서 벗어나 북쪽으로 가면 열대나무로 우거진 넓은 호수가 나타난다. 호수 중간에는 낫 사당이 있고 한쪽에는 오리배도 있어 마을사람들의 산책로나 유원지로 사용되는 곳으로 연꽃이 필 때면 더욱 아름답다. 한적한 호수 가장자리의 티 숍에서는 간단한 간식거리나 러펫예를 파는데 모두 맛이 좋은 편이어서 마을 사람들은 할일 없는 낮이면 이곳에 앉아 여유를 즐기곤 한다.

 메익의 유원지

Sightseeing ③
메익 군도 Myeik Archipelago

메익과 꼬따웅 사이 안다만 해역에 약 800개 이상의 섬이 광범위하게 분포되어 있는 것을 메익 군도라 한다. 대부분의 지역이 오염되지 않은 채 남아 있으며 한 번도 사람의 발길이 닿지 않은 섬들도 있다. 최근까지 정부에 의해 개발이 제한된 관계로 외부와 단절되어 아시아의 마지막 여행지로 손꼽히고 있다. 수많은 섬에는 열대나무가 우거져 있고, 사람의 손길이 닿지 않은 해변이 펼쳐진다. 깨끗한 바다에는 산호와 열대어, 돌고래나 상어까지 다양한 생물이 살아가고 있어 다이버들에겐 꿈의 바다라 불린다. 대부분의 섬이 비어 있지만 비교적 큰 섬에는 미얀마인이나 바다집시라 불리는 모켄족, 살론족, 파슈족이 살고 있다. 특히 보트 위에서 대부분의 시간을 보내는 살론족의 독특한 생활상을 엿볼 수 있어 좋다. 메익 군도는 아쉽게도 외국인의 개별 여행은 제한되어 이곳을 방문하려면 값비싼 패키지여행을 최소한 한 달 전에 예약해야만 한다. 숙소는 현재 꼬따웅 인근에 몇 개의 리조트만 운영되고 있는데, 개방적인 분위기와 함께 새로운 리조트가 늘어날 전망이다.

● 아직 개발되지 않은 순수한 땅

Sightseeing ④
빅 부다 Big Buddha

메익 바다 건너 보이는 작은 섬에 거대한 와불의 모습이 인상적이다. 오른손으로 머리를 받치고 선착장 쪽으로 누워 있는 모습이 마치 마을사람들의 뱃길을 수호하려는 듯하다. 비록 특별한 이름 없이 빅 부다로만 지칭되고 있지만 마을에서 가장 중요한 불상 중 하나로, 외국인도 특별한 허가 없이 불상이 있는 섬까지 배를 타고 건너갈 수 있다.

● 메익의 가장 중요한 불상

Food ①

까라웨익 Karaweik

국수 전문 음식점으로 식사 시간이 되면 많은 사람들이 붐벼 한눈에 알아 볼 수 있다. 로컬식당이지만 입구부터 깔끔한 파란색 외관이 눈에 띈다. 현지인들이 주로 찾는 곳으로 맛도 그만큼 보장되어 있으며 어느 곳보다 깔끔하여 더욱 쾌적한 식사를 할 수 있다. 손으로 적은 영어 메뉴가 있어 주문하기도 편리하다.

Open	08:00~21:00
Cost	식사류(볶음, 국수) 1,500짯
Tel	059-41212

Food ②

야다나우 Yadanar Oo

메익에서는 상당히 깔끔하고 고급스러운 편인 중국음식점으로 서비스도 좋은 편이며 맛도 일품이다. 주로 외국인 여행객들이나 부유한 가족여행자들이 많이 들른다. 밤이 되면 2층 테라스에는 자리가 없을 정도로 인기 있다.

Open	11:00~22:30
Cost	중국식요리 3,500~9,000짯
Tel	059-42352

Food ③

야타손 커피 & 베이커리
Ya Tha Sone Coffee & Bakery

나름 신식 빵집으로 커피는 지나치게 달달하지만 빵은 어느 정도 외국인의 입맛에도 맞는 편이다. 다른 지역으로 이동하기 전에 여기에서 간식거리를 준비해 떠나보자.

Open	08:00~21:00
Cost	아이스크림 500짯, 시원한 음료 800~1,200짯, 빵 300~1,000짯

Stay

전반적으로 시설에 비해 상당히 요금이 비싼 편이며 특히 외국인에게 비싸게 부른다. 최근에 빌라촌을 조성하는 등 여러모로 발전하고 있는 도시이나 아직까지 호텔 수준이 낮은 편이므로 여기에 있는 숙소 외에는 새로이 오픈하는 호텔을 물색해보자.

Stay : ★★★ 추천
❶
에인토퓨 호텔 Eain Taw Phyu Hotel

메익에서는 가장 세련된 구조와 시설을 가진 최신 호텔로 작은 수영장까지 갖추고 있다. 2014년에 새로 오픈하였으나 양곤에 있는 호텔과 체인인 만큼 서비스도 세련된 편이다. 매니저가 양곤에서 파견되어 영어가 잘 통하여 지역의 정보나 도움을 얻을 수 있다.

Address	No.42, Kan Phyar Main Road, Kan Phyar Qtr., Myeik
Cost	더블룸 60~80$ / 부대서비스 조식
Tel	059-42055

Stay : ★★
❷
먀씨자인 호텔 Myaseesein Hotel

바다 건너 거대한 와불이 바라보이는 곳에 위치한 호텔로 현지인들에게 더욱 유명하다. 인근의 마켓이나 선착장을 이용하기에도 편리하다. 시설은 고급스럽지는 않지만 비교적 깔끔한 편이며 인기 있는 곳이므로 이곳에 묵기 위해서는 미리 예약을 해야 한다.

Cost	더블 50$
	부대서비스 조식
Tel	059-41272

Stay : Guesthouse
❸
돌핀 게스트하우스
Dolphins Guesthouse

방은 넓은 편이며 오래된 숙소지만 가격대비 깔끔하게 관리되고 있다. 넓은 마당과 2층 테라스가 특별히 잘 꾸며진 것은 아니지만 잠시 한숨 돌리기에는 나쁘지 않다. 메익에서 외국인에게 가장 잘 알려진 숙소지만 특별히 여행정보가 있는 것은 아니고 영어도 쉽게 통하지 않는다.

Cost	싱글 25$, 더블 40$ / 부대서비스 조식
Tel	059-42868

Intro

끝이 아니라 시작, 꼬따웅
Kawthaung

국경 지역 특유의 번잡한 분위기로 대부분의 여행자들은 이 곳을 빠르게 지나치지만, 태국과는 다른 미얀마만의 분위기가 독특하다. 바다에서부터 눈에 띄는 금빛 파고다들과 그 위의 미얀마 국기, 아침이면 어김없이 들려오는 불경 소리가 미얀마에 왔음을 실감하게 한다. 국경 지역인 만큼 태국에서 넘어오는 뜨내기나 범죄자들도 많으므로 미얀마의 다른 지역과 달리 안전에 각별히 신경 쓰는 것이 좋다. 그러나 이따금씩 집요하게 달라붙는 호객꾼들을 제외하면 대부분의 시민들은 여전히 지나칠 정도의 친절함으로 여행자들을 맞이한다. 미얀마 남부의 육로가 마침내 허용되어 이곳으로 드나드는 외국인 여행자가 점차 늘어날 것으로 보인다. 태국에서 작은 배를 타고 국경을 넘는 과정이 흥미진진하지만 때에 따라 매우 위험할 수 있으므로 시간적인 여유를 가지고 날씨를 잘 살펴야 한다.

> **Travel Tip**
> 1. 열대몬순기후답게 우기(특히 6~8월)에는 많은 비가 내린다. 특히 태국 국경인 라농과는 약 30분 걸리는 짧은 거리다. 주로 작은 배를 이용하여 건너게 되므로 날씨가 좋지 못할 때 건너는 것은 매우 위험하다.
> 2. 다운타운 메인도로변에 KBZ 은행이 있고 ATM기도 쉽게 이용할 수 있다. 국경지대답게 태국의 바트화도 어디에서든지 통용되지만 환율은 좋지 못하므로 되도록이면 미얀마의 화폐인 짯을 사용하는 것이 유리하다.

주요 도시에서 꼬따웅 들어가기

✚ 항공 · 보트

출발	교통편	출발시간	요금	소요시간	설명
양곤	에어만달레이(6T), Air KBZ(K7)	별도 확인	170~190$	3시간	점점 더 많은 국내선 항공사가 남부 미얀마 노선에 뛰어들고 있다. 꼬따웅공항코드 KAW.
메익	보트	08:00	40$	8시간	안다만을 가로질러 꼬따웅까지 이어지는 해안길은 아시아의 마지막 남은 여행지로 꼽힌다.
라농 (태국)	보트택시	수시 출발	250바트	30분	사람을 모으지 않고 바로 출발이 가능하다.
	롱테일보트	수시 출발	50바트(1인)	30분	8명 정도가 모이면 출발한다.

꼬따웅에서 다른 도시로 이동하기

✚ 항공 · 보트

도착	교통편	출발시간	요금	소요시간	설명
양곤	에어만달레이(6T), Air KBZ(K7)	별도 확인	170~190$	3시간	다운타운 KBZ은행 1층에 KBZ항공사가 있다.
더웨이	보트	05:00	65$	12시간	꼬따웅에서 새벽 5시에 출발한 스피드보트는 메익을 거쳐 저녁에 더웨이에 도착한다.
메익	보트	05:00	45$	8시간	시외버스가 운행하지만 도로와 버스 모두 열악하다.
꼬따웅 보트회사 연락처	포춘익스프레스 Fortune		059-51718		각 회사별로 출발일이 다르다. 숙소에 문의하거나 보트회사에 전화해보자. 각 사무실은 꼬따웅 묘마 제티 앞에 모여 있다.
	에야나디 Ayeyenadi		059-51963		
	하이파이 Hi-Fi		059-51969		

✚ 꼬따웅 시내교통

묘마 제티에서 보트 및 택시를 잡을 때 몰려드는 호객꾼들을 조심하자. 무엇이든 거의 2배의 가격을 요구한다. 끈질기게 따라오는 호객꾼들은 특히 동양인을 만만하게 보는 경향이 있으므로 단호하게 거절하는 것이 좋다.

◎ **오토바이 1일 대여**
미얀마 전역에서 오토바이 대여료가 가장 비싼 편이다. 15,000~20,000짯

◎ **오토바이택시**
묘마 제티에서 짧은 거리를 가도 1,000짯 이상을 부른다. 대기하는 택시보다 지나가는 택시를 잡자. 1,000짯(10분 거리)

◎ **툭툭**
묘마 제티에서 시내까지 2,000짯

꼬따웅(미얀마) ↔ 라농(태국) 국경정보

미얀마 출입국사무소	운영	06:00~17:00	태국 라농에서 입국 시 출입국사무소에 여권을 맡기면 2주 단기비자(비자피 10$)를 받을 수 있지만 안다만 클럽리조트(보트 100바트, 15분 소요)와 꼬따웅 시만 관광이 가능하다. 다른 지역으로 이동하려면 미리 미얀마 비자를 받아야 한다.
	위치	묘마 제티 옆	
이동수단	롱테일보트	50바트(1,500짯), 30분 소요	8~10명이 모이면 출발한다.
	보트택시	250바트(8,000짯), 30분 소요	보트 1대를 통째로 빌려 이동한다.
통용되는 화폐			호텔과 레스토랑에서는 미얀마 짯과 태국 바트가 모두 통용되지만 환율은 미얀마 짯이 훨씬 좋다. 다운타운에는 은행들이 많이 있으므로 쉽게 환전할 수 있다.

파론똔똔 비치 가는 길

- 파론똔똔 비치 / Palautonetone Beach
- 꼬따웅

꼬따웅 / Kawthaung

- 가든 호텔 / Garden Hotel
- 삐도에이에 파고다 / Pyidawaye
- 꼬따웅 호텔 / Kawthaung Hotel
- 허니 베어 호텔 / Honey Bear Hotel
- 태국 라농
- KBZ은행
- 막 레스토랑 & 비어 Mark Restaurant & Beer
- 제이본 카페 J-bon Cafe
- 시계탑
- 보트티켓 판매소
- 출입국 사무소
- 묘마 제티 선착장
- 킹 베인나웅 동상 / King Baintnaung
- 미얀마 땅끝, 베인나웅 포인트(빅토리아 포인트)

Sightseeing

베인나웅 포인트(빅토리아 포인트)
Baintnaung Point(Victoria Point)

베인나웅 포인트 혹은 빅토리아 포인트로 불리는 이곳은 미얀마 남단을 표시한 작은 삼면 구조물이다. 벽면에는 베인나웅 왕과 왕비의 부조가 있고, 아름답게 조성된 해안산책로는 언덕에 있는 베인나웅 왕의 동상까지 이어져 있다.

● 미얀마의 땅끝마을

Sightseeing

베인나웅 왕 언덕 King Baintnaung Hill

빅토리아 포인트 바로 옆 언덕 위에 미얀마 제2의 통일왕조를 세운 베인나웅 왕의 동상이 서 있는 공원이 조성되어 있다. 열대나무가 우거진 산책로는 멋진 배가 드나드는 바다의 풍광과 어우러져 데이트를 하거나 산책을 하는 현지인들의 좋은 쉼터가 되고 있다.

● 뷰포인트

Sightseeing

삐도에이예 파고다 Pyidawaye Pagoda

꼬따웅 가장 높은 언덕에 위치한 메인 파고다로 사방에서 이곳으로 이어지는 길이 나 있다. 중앙의 파고다 내부에는 사방이 유리모자이크로 화려한 가운데 여러 불상이 놓여있다. 파고다 옆에서 바다를 향하고 있는 거대한 불상이 이 마을을 수호하는 듯 서 있다. 높은 곳에 위치한 만큼 마을과 바다가 한꺼번에 바라보이는 전망이 시원하다.

● 꼬따웅의 메인 파고다

Sightseeing

파론똔똔 비치 Palautonetone Beach

4마일 레스토랑 앞에서 다리를 건너 파론똔똔 섬으로 들어가면 작은 마을이 나온다. 마을을 지나 반대편에 위치한 작은 해변으로 이곳의 유일한 모래해변인 만큼 평소에는 한산하지만 주말이나 축제가 있을 때는 많은 사람으로 붐빈다. 아주 작은 해변으로 특별히 잘 관리되는 편은 아니지만 비치 앞으로 보이는 작은 섬과 배의 풍광이 아름답다.

● 가는 길이 아름다운 섬

Food ❶

막 레스토랑 & 비어
Mark Restaurant & Beer

길 건너편에 바다가 보이는 미얀마 생맥주 및 커피숍으로 야외에도 테이블이 깔려 있어 넓고 시원한 분위기다. 특히 야간에 맥주 한잔하기 좋으며 음식도 깔끔한 편이다.

Access	묘마 제티를 등지고 왼쪽에 보임
Open	10:30~22:00
Cost	미얀마생맥주 600짯, 요리 3,000~5,000짯

Food ❷

제이본 카페 J-bon Cafe

나무가 우거진 넓은 야외에서 마시는 커피와 러펫예가 시내의 많은 티 숍과는 차별된 분위기다. 볶음국수 등 간단한 식사도 저렴하면서도 맛있다. 꼬따웅 모든 오토바이 기사들의 쉼터 역할을 하고 있는 곳이기도 하다.

Access	메인로드에서 베인나웅 언덕 들어가는 코너에 위치
Open	07:00~17:30
Cost	커피 500짯, 아이스커피 800짯, 간단한 식사류 800짯

Food ❸

4마일

꼬따웅 시내에서 파론똔똔 해변으로 가는 도중에 해산물을 파는 레스토랑이 있는 거리가 여러 곳 있다. 시내에서의 거리에 따라 2마일, 3마일, 4마일로 불리는데 그중 3마일은 바다가 바로 보이는 해변에 있다. 하지만 레스토랑 수준은 4마일이 더 나은 편이다. 4마일은 바다가 바로 보이지는 않지만 넓은 정원에서 분위기 있게 식사할 수 있다. 태국식 요리와 싱싱한 해산물을 먹을 수 있다.

Access	파론똔똔 섬 가는 길의 4마일에 위치
Open	11:00~21:00
Cost	태국 시푸드 3,000~8,000짯

Food ❹

쉐꾼따 Shwe Kyuntha

아기자기한 화분이나 통나무 등으로 비교적 잘 꾸며진 레스토랑으로 작은 해변 바로 옆에 위치하고 있다. 시원한 맥주 한잔하기에는 충분하다. 특히 새우튀김이 맛있다.

Access	파론똔똔 비치
Open	11:30~18:00
Cost	미얀마병맥주 2,000짯, 새우튀김 6,000짯

Stay : ★ 추천

❶ 꼬따웅 호텔 Kawthaung Hotel

묘마 제티에서 오토바이로 약 3분 거리에 있는 호텔로 외관이나 복도는 좀 허술해 보이지만 시내에서 가장 좋은 경관에 밝고 저렴한 분위기의 방을 얻을 수 있다. 각 방에는 신형 에어컨과 작은 미니 바도 갖추고 있으며 스태프도 친절하다.

Cost	싱글 25~30$, 더블 35~45$ / 부대서비스 조식
Tel	059-51474

Stay : ★

❷ 가든 호텔 Garden Hotel

묘마 제티에서 오토바이택시로 약 5분 거리에 위치한다. 외관과 로비는 전반적으로 깔끔한 편이며, 객실은 낡았지만 밝은 느낌이다. 2층 테라스와 1층의 넓은 레스토랑이 좀 더 여유로운 분위기를 만든다.

Address	Shwe Minwon Road, Padaukshwewar Quarter, Kawthaung Township.
Cost	싱글 30$, 더블 45$
Tel	95-59-51731, 95-9-5645262
Email	reservation@gardenhotelmm.com
Web	www.gardenhotelmm.com

Stay : ★

❸ 허니 베어 호텔 Honey Bear Hotel

선착장 바로 옆 바다가 바라보이는 위치에 있어 숙소를 찾기 편리하다. 밝은 보랏빛 외관이나 중국식 인형이 장식된 1층 로비는 비교적 깔끔하지만 구형 에어컨에 미니 바도 없고 전체적으로 허름한 객실이 가격대비 비싼 편이다. 각 방의 수준이 조금씩 다르므로 이곳에 묵기로 했다면 여러 방을 보여 달라고 하자.

Cost	싱글 45$, 더블 45$ / 부대서비스 조식
Tel	059-51352

Tip 배를 타고 태국으로!

걸어서 국경을 건너는 것도 신기하지만 배로 건너는 국경은 이곳만의 특별한 경험이다. 우선 여권과 여권사본 2장을 준비하여 묘마 제티 옆 출입국관리사무소로 향한다. 근처에서 배를 잡아주는 호객꾼이 붙기도 하지만 직접 제티에서 흥정하는 것이 저렴하다. 출국도장을 받은 뒤 태국으로 향하는 배를 잡아타면 배는 선착장을 나서자마자 다시 작은 섬에 정차하여 미얀마인들만 따로 출국 심사를 한다. 본격적으로 해협을 가로지른 지 15분 정도면 태국 라농에 도착하게 되는데, 양쪽의 전혀 다른 분위기가 이곳이 국경임을 말해주는 듯하다. 태국 국기가 휘날리는 작은 섬에 잠시 정차하여 짐 검사를 마치면 배는 다시 라농의 선착장 한쪽 구석으로 향한다. 이곳에서 미얀마인들의 입국 심사를 꼼꼼하게 한 후에야 비로소 선착장 중간에 내릴 수 있다. 외국인은 이곳에서 태국 입국 심사를 하게 된다. 20분 남짓 짧은 여정이지만 우기나 날씨가 나쁠 때는 매우 위험할 수 있으니 시간적인 여유를 갖고 국경을 건너자. 미얀마 남부보다 훨씬 세련된(?) 라농에서 또 다른 여행을 시작해 보자.

Step to Myanmar 1
미얀마 여행 준비

1 여권 만들기

모든 여행자들은 여권을 항상 휴대하고 있어야 한다. 또한 항공권을 구입하거나 비자를 받기 위해서는 유효기간이 6개월 이상 남아 있는 여권을 가지고 있어야 하므로 유효기간이 얼마 안 남은 여권을 소유하고 있거나 처음 해외여행을 준비한다면 가까운 접수처에서 여권을 만들어야 한다. 외교부 여권안내 홈페이지(www.passport.go.kr)에서 여권발급에 관한 내용을 확인할 수 있다. 구비서류, 사진규정, 수수료 그리고 접수할 수 있는 가까운 관공서를 검색해보자. 여권발급에는 며칠의 기간이 소요되므로 여행출발일자를 고려하여 여유를 두고 신청해야 한다.

2 미얀마 비자 받기

＋ 미얀마 비자의 종류

① 관광비자
28일까지 체류가 가능하며, 비자신청서, 사진 1장, 여권, 항공여정서, 여행일정표(영문)가 필요하다. 오직 1회만 사용이 가능하다.

② 비즈니스(상용)
70일까지 체류가 가능하며, 비자신청서, 사진 2장, 여권, 항공여정서, 출장증명서(영문)가 필요하다. 출장증명서에는 반드시 회사 명판과 직인이 있어야 한다.

③ 수행(명상)비자
90일까지 체류가 가능하며, 비자신청서, 사진 2장, 여권, 항공여정서, 미얀마 수행센터의 초청장(원본)이 필요하다.

④ 복수비자
70일까지 체류가 가능하며, 비자신청서, 사진 2장, 여권, 항공여정서, 영문출장증명서가 필요하다. 출장증명서에는 반드시 회사 명판과 직인이 있어야 한다. 신청은 관광비자, 상용비자를 최근 2년 이내 5번 이상 받은 경우에만 가능하며 여권유효기간은 반드시 1년 이상의 여유가 있어야 한다.

＋ 한국에서 비자 받기

서울 한남동에 미얀마 대사관이 있어서 직접 비자를 받을 수 있다. 대사관은 미얀마의 공휴일이나 축제기간에 쉬는 경우가 많으므로 휴무 여부를 확인하는 것이 좋다. 항공여정서의 경우 발권된 항공서를 요구하는 것은 아니며, 항공권 예약 화면을 출력해가면 된다.

주한 미얀마 대사관

주소 : 서울 용산구 한남동 723-1(한남초등학교 정문 앞)
전화번호 : 02-790-3814
비자 소요기간 및 요금 : 일반-3박 4일, 25,000원, 급행-1박 2일, 40,000원
접수시간 : 월~금 09:30~11:30
수령시간 : 월~금 15:00~06:30
준비서류 : 비자신청서, 사진 1장, 여권, 왕복항공여정서, 여행일정표(영문)
특이사항 : 단수비자. 1회만 사용 가능
수령 후 확인사항 : 여권번호, 비자번호, 비자종류, 비자발급일, 서기관 사인, 비자 스탬프

✚ 태국에서 비자 받기

태국을 여행 중이라면 배낭여행자들이 자주 찾는 방콕과 치앙마이에서도 미얀마 비자를 받을 수 있다. 태국-미얀마 간 육로 국경이 열리면서 많은 서양여행자들이 태국에서 미얀마 비자를 받고 있으니, 서류를 미리 준비하고 일찍 찾아가길 권한다. 항공여정서는 필요 없다.

방콕 미얀마 대사관

주소 : No.132, Sathorn Nua Road, Bangkok(BTS수라싹역 3번 출구 50m 앞/세인트루이스 병원 건너편)
전화번호 : (+66) 022-337-250

치앙마이 미얀마 영사관

주소 : 9/4 Maneenopparat Soi 3, Sriphum, Amphoe Mueang, 50200 Chiang Mai
전화번호 : (+66) 52-004-211

비자 소요기간 및 요금 : 2박 3일(관광비자) 810바트, 1박 2일(관광비자) 1,035바트, 당일 발급(관광비자) 1,260바트
접수시간 : 월~금 09:00~12:00
수령시간 : 월~금 15:30~16:30
체류기간 : 관광(28일), 비즈니스(70일)
준비서류 : 비자신청서, 여권, 여권사본, 여권사진 2장

✚ E-Visa 신청으로 도착비자 받기

항공을 이용하여 양곤, 네피도, 만달레이 국제공항으로 입국할 경우에 한하여 E-Visa 신청을 통한 도착비자를 받을 수 있다. 3일의 기간이 소요되며 여행비자의 경우 50$의 비용이 든다. 신청이 성공적으로 완료된 경우 입국비자승인확인서를 메일로 받게 되며, 확인서는 반드시 종이로 출력하여 입국해야 한다. 공항에 도착하여 입국심사대 옆에 위치한 도착비자 발급처에 확인서와 여권을 제출하면 비자를 받을 수 있다.
홈페이지 : evisa.moip.gov.mm/NewApplication.aspx

✚ 비자 연장

비자 연장은 원칙적으로 불가능하지만, 비자기간 만료로부터 14일까지는 1일당 3$의 벌금을 출국 시에 지불하면 체류가 가능하다. 그러나 비자기간이 끝난 경우에 호텔숙박이나 항공권 예약이 불가능할 수 있으므로 신중해야 한다. 또한 벌금을 내지 않고 출국한 뒤 미얀마 재입국 시에 문제가 될 수 있다.

3 국제선 항공권 준비

항공권은 해당 항공사 사무실이나 여행사, 혹은 인터넷 사이트를 통해서 구입할 수 있다. 출발하는 날짜와 직항, 경유 횟수 등에 따라 요금차이가 있다. 또한 일정변경에 따른 페널티가 있을 수 있고 유효기간이 짧은 항공권은 연장이 불가능한 경우가 발생할 수 있으므로 꼼꼼하게 살펴보는 것이 좋다. 또한 여권에 기재한 영문 성명과 항공예약 시의 영문성명이 동일한지 잘 체크하자. 항공권이 발권되면 보통 이메일로 E티켓을 보내주는데, 인터넷이 되는 곳이라면 어디서든 다시 뽑을 수 있는 장점이 있지만 미리 한 장 더 뽑아놓는 것이 편리하다. 현재 한국에서 미얀마로 가는 직항 항공편은 대한항공에서 운항하고 있으며 양곤으로만 입국 가능하다(2014년 말에 운행되었던 인천-만달레이 간 미얀마 항공편은 더 이상 운항하지 않고 있다).

주요 항공사 및 사이트
대한항공 www.koreanair.com
타이항공 www.thaiair.co.kr
베트남항공 www.vietnamairlines.com
말레이시아항공 www.malaysiaairlines.com
싱가포르항공 www.singaporeair.com
중화항공 www.china-airlines.co.kr
캐세이패시픽 www.cathaypacific.com
중국남방항공 www.cs-air.co.kr
중국동방항공 www.ceair.com
녹에어 www.nokair.com
에어아시아 www.airasia.com

4 여행정보 수집

여행지를 선정하고 여행정보를 찾는 데서부터 여행이 시작된다. 각종 에세이나 가이드북 외에도 인터넷의 각종 카페나 블로그를 참고하는 것도 좋지만 미얀마의 경우 최근 많은 변화를 보이고 있어 정보가 정리되지 않는 감이 있으므로 좀 더 전문적인 여행 사이트를 참고하는 것이 좋다. 여행정보 외에도 출발 전 현지 안전정보를 해외안전여행 홈페이지(www.0404.go.kr)에서 꼭 확인하는 것이 좋다.

✚ 참고할 만한 여행 사이트
미얀마 관광청 www.myanmartourism.org
미얀마 이민국 evisa.moip.gov.mm
작은별 여행사 홈페이지 www.smallstartour.com
작은별 여행사 블로그 blog.naver.com/koreahdc
네이버카페 미야비즈 www.myabiz.com
다음카페 밍글라바 www.mingalaba.co.kr
태사랑 여행자커뮤니티 www.thailove.net
모닝미얀마 교민잡지 www.yangon.co.kr

5 여행루트 만들기

대부분의 여행자는 양곤, 바간, 인레 호수, 만달레이를 방문하는 것 외에, 좀 더 색다른 미얀마를 원하는 경우 서쪽의 므라우나 남부 파안, 몰라먀인 지역을 선호한다. 관광비자가 28일로 짧고, 이동거리는 만만치 않으므로 배낭여행자들은 주로 야간버스를 이용해 이동을 하는데, 양곤과 인레 혹은 바간을 잇는 고속도로는 곧게 뻗어 있고 최신식 VIP버스가 많아서 장시간이 소요되더라도 크게 힘들지는 않다. 미얀마 지도를 보고 본인의 여행스타일에 맞는 지역을 선정해 루트를 짜보자. 만달레이-바간 구간은 많은 여행자들이 보트를 이용하여 에야워디 강을 즐기고, 만달레이-인레는 비록 버스 이동이 힘든 구간이긴 하지만, 트레킹을 위해 껄로까지 버스를 이용한 뒤 껄로에서 2박 3일 트레킹을 통해 인레로 도착한다. 삔우린-시뽀 간에는 곡테익 철교를 감상하기 위해 기차를 이용하는 여행자들이 많다.

6 숙소 · 항공 · 버스 예약

몇 해 전까지만 해도 예약이 불가능한 숙소가 많았지만, 최근 많은 호텔예약사이트를 통해서 미얀마의 숙소를 예약할 수 있게 되었다. 고급 호텔의 경우 호텔예약사이트를 통해 예약 시 할인혜택도 받을 수 있지만, 상대적으로 저렴한 숙소의 경우에는 호텔예약사이트를 이용할 경우보다 현지에서 지불하는 것이 더 저렴한 경우가 많다. 숙소 외에 미얀마 국내선 항공이나 버스의 경우에는 최근 예약대행사이트가 생겨나고 있다. 인터넷에서 예매하는 것보다는 현지의 여행사에서 구매하는 것이 좀 더 저렴하지만, 성수기에 여행 일정이 잡혔다면 당일 구입이 쉽지 않으므로 미리 예매해 놓는 것이 좋다.

미얀마 버스티켓(시외버스 예매사이트) www.myanmarbusticket.com
오웨이 여행사(숙소, 국내선항공, 시외버스 예매사이트) www.oway.com.mm

7 달러, 신용카드, 현금카드

미얀마에서 한국화폐는 환전할 수 없으므로 한국에서 달러를 준비해가야 한다. 달러가 구겨지거나 구권인 경우는 받지 않으므로 반드시 빳빳한 신권으로 준비해야 한다. 환율은 100$가 가장 좋다. 신용카드는 점차 확대되고 있지만 여전히 고급 호텔을 제외하면 사용가능한 곳이 많지 않고 여행자수표는 환전할 수 있는 곳을 찾기 힘들다. 주요 여행지에서는 ATM을 손쉽게 찾아볼 수 있으므로, 만약을 대비하여 국제현금카드를 챙겨가는 것도 좋다. 1회 최대 30만 짯까지 인출가능하며, 1일 인출가능한 최대 금액은 100만 짯이다. 돈을 조금 뽑든 많이 뽑든 1회 무조건 5,000짯의 수수료가 부과된다.

325

8 여행자보험

여행 중에는 물건을 잃어버리거나 혹은 질병, 상해 등 예기치 못한 손해가 발생하기 쉬우므로 되도록이면 여행자보험을 가입하는 것이 좋다. 실수로 타인에게 피해를 준 경우에도 일정부분 혜택을 받을 수 있는 상품도 있다. 물건 분실의 경우 관할 경찰서에 분실증명서를 받아와야 하고 치료를 받은 경우 병원에서 진단서와 영수증을 받아와야 한다. 스마트폰이나 인터넷으로 간편하게 가입할 수 있다. 보험상품에 따라 보상정도와 범위가 달라지므로 먼저 확인하고 가입하도록 하자.

9 짐 꾸리기

종류	체크 V	비고
여권		이거 없으면 어디도 못 가요. 공항 갈 땐 반드시 챙겨오세요.
여행경비		100$(훼손되지 않은 신권), 10$, 1$(소액권도 사용 가능합니다) 예) 1$=1,000원=1,000짯
항공권		미리 메일에서 출력하세요.
신용카드		미얀마에도 점점 신용카드를 받는 곳이 생겨나고 있습니다.
현금카드		비상용으로 챙겨주세요. 미얀마도 조만간 ATM 천국이 될 것입니다.
취침 시 입을 옷		인레 호수 지역은 고원지대로 저녁에 추워요. 버스 탈 때도 긴 팔은 필수!
반소매 옷&반바지		사원 입장이 안 되니 주의하세요.
카디건		살짝 추울 때 걸치세요.
긴바지 혹은 원피스		하나 정도 챙겨가면 요긴하게 쓰겠죠?
속옷		여행하는 일정에 맞게 취향별로 챙겨주세요.
수영복		고급 호텔의 수영장이나 해변에 가실 분들은 필수!
모자		챙이 넓으면 좋아요. 한낮의 미얀마 햇살을 피할 수 있어요.
선글라스		여행 느낌 내는 데는 최고!
작은 우산		접이식 우산이나 양산을 챙겨주세요.
슬리퍼		미얀마 여행 때는 슬리퍼만 신고 다니세요. 사원 입장은 맨발이라 편해요.
치약&칫솔		휴대용으로 챙기면 이동 시 편해요.
비누&샤워 타월		숙소에 있지만 이동 시 쓰려면 챙기세요.
샴푸&린스		호텔에 따라 없는 곳도 있어요.
면도기&빗		숙소에 없을 수도 있으니 미리 챙겨가세요.
화장품(선크림)		한낮의 인레 호수는 햇볕이 강해요.
지사제&감기약		여행 때 아프면 고달파져요.
반창고		밴드 하나쯤은 비상용으로 챙겨두세요.
카메라		남는 건 사진뿐! 충전기와 보조 배터리도 챙기세요.
노트북		스마트폰, 태블릿 PC와 함께 가져가세요.
보조가방		복대가 필요 없는 미얀마. 보조가방 메고 시내 관광하기 좋아요.
비닐팩		가방 정리가 잘 돼 아주 요긴해요.
소형랜턴		갑작스러운 정전과 사원의 그림 감상 시 좋아요.

* 에티켓 및 주의사항

우리나라 80년대에 '서비스'라는 개념이 있었나요? 미얀마도 마찬가지입니다. 선진국 수준의 서비스는 아직 기대할 수 없습니다. 때로는 불합리한 것에 대해서 웃음으로 넘기는 여유가 필요합니다. 먼저 열린 마음으로 현지인을 대한다면 그 마음에 화답할 거예요.

Step to Myanmar 2
미얀마 들어가기

1 한국 출국

출국수속시간을 고려해 출발시간에서 2시간 전까지는 출국수속을 밟아야 하므로 그 이전에 인천공항에 도착하는 것이 좋다. 명절이나 휴가철에는 평소보다 훨씬 일찍 도착해야 하며 인천공항 라운지나 면세점을 이용하거나 인터넷 환전을 한 후 공항의 은행에서 돈을 찾으려고 한다면 그 시간도 감안해야 한다. 3층의 출국장에 도착하여 항공권을 끊은 항공사의 카운터로 가서 여권과 예약확인증을 제출하고 짐을 부친다. 기내에는 작은 보조가방 정도만 소지할 수 있지만 기내반입금지품목을 소지하지 않도록 확인하자. 여권과 보딩패스, 수화물표를 받아 출국장으로 향하는데 1만 달러 이상을 소지하거나 고가의 물건을 가지고 나갔다가 다시 입국할 경우 세금을 부과하지 않기 위해서는 휴대물품반출신고서를 작성하는 것이 좋다.

2 미얀마 입국

✚ 항공

양곤, 네피도, 만달레이에 국제공항이 있으며 인천에서 출발하는 직항편을 이용할 경우 자정 무렵에 양곤국제공항에 도착한다. 비행기내에서 승무원에게 미얀마 입국카드를 받아 작성하면 되는데 이름과 여권기재사항만 정확하게 적으면 큰 문제없이 입국할 수 있으므로 너무 걱정하지 않아도 된다. 미얀마 비자는 입국 전에 미리 받아야 하며, 도착비자를 받고자 하는 경우 서류를 구비하고 입국심사대 옆에 위치한 도착비자발급창구에서 여권과 서류를 제시한다. 미얀마의 국제공항은 모두 무척 작은 편이지만 입국심사가 비교적 오래 걸리는 편이다. 입국심사를 받은 뒤 짐을 찾고, 세관검사대를 통과해 입국하면 된다.

✚ 육로 (2015년 11월 기준)

미얀마는 중국, 인도 ,방글라데시, 라오스, 태국 5개국과 국경을 맞대고 있지만 외국인의 자유로운 육로 이동은 태국 국경에서만 허용되고 있다. 미얀마에서 중국(미얀마 무세Muse─중국 루이리Ruili 국경)과 인도(미얀마 타무Tamu─인도 모레Moreh 국경)로의 이동은 미리 여행허가를 받아야 하므로 미얀마 국영여행사(MTT)나 현지 여행사에 문의해보자. 여행허가증의 발급은 최대 4주 이상 소요될 수 있다. 방글라데시와는 이동이 불가능하며, 최근 라오스와의 국경에 우정의 다리가 완공되어 2016년까지는 외국인의 자유로운 왕래가 허용될 것으로 기대되고 있다.

미얀마 ↔ 태국 육로 국경 이동하기

국경비자는 발급하지 않고 있으므로 반드시 미리 비자를 받아놓아야 한다. E-비자를 신청할 경우 양곤과 만달레이, 네피도 국제공항에서만 도착비자를 받을 수 있다.

① 따찌렉 Tachilek ↔ 매사이 Mae Sai

국경 통과는 쉽게 가능하지만, 따찌렉에서 짜잉통 Kyaing Tong 까지만 육로 이동이 가능하고, 미얀마 내륙으로는 여행허가증 없는 육로 이동이 허용되지 않아 항공편을 이용해야 한다.

② 미야워디 Myawaddy ↔ 매솟 Mae Sot

가장 많은 여행자들이 이용하는 국경으로 파안, 몰라먀인, 짜익띠요를 방문하기에 좋다. 매솟에서 썽태우(20바트)나 오토바이택시(200바트)로 쉽게 국경을 건널 수 있으며 미야워디 쪽 국경에서도 몰라먀인이나 파안행 사설택시(5시간 소요, 1인 10,000짯)가 대기하고 있다. 혹은 미야워디 국경에서 바로 양곤(08:30, 16:00, 13시간 소요, 25,000짯)이나 파안을 거쳐 만달레이(09:30, 22시간 소요, 22,000짯)로 가는 버스도 이용할 수 있다.

③ 티끼 Htee Ki ↔ 푸남론 Pu Nam Ron

태국 깐차나부리에서 푸남론으로 1일 4대의 버스(70바트)가 운행하고 있다. 푸남론에서 미얀마 국경 티끼까지는 오토바이택시(100바트)를 타야 하며 걸어서 국경을 넘을 수는 없다. 티끼에서는 대기하고 있는 사설택시(5시간 소요, 25,000~30,000짯)를 이용하여 가까운 다웨이 Dawei 로 이동해야 한다. 늦은 시간에 국경을 넘거나 비가 지나치게 많이 오는 우기에는 차가 없을 수도 있으므로 출발 전에 태국 깐차나부리에서 미리 확인하자. 다웨이에서 티끼로 향하는 미니버스는 1일 1대(23,000짯)로 숙소에서 예약할 수 있다.

④ 꼬타웅 Kawthoung ↔ 라농 Ranong

깊은 바다를 작은 배(롱테일보트, 수시출발, 50바트) 하나로 건너게 되는데, 날씨만 좋다면 30분이면 충분히 국경을 건널 수 있지만 날씨가 좋지 않은 경우에는 전복 위험이 있으므로 특히 우기에 신중하게 이동해야 한다. 라농에서는 방콕 등 각지로 향하는 여행자 버스가 많다. 꼬타웅에서 다웨이로는 육로 이동이 가능하지만 도로와 버스 사정이 열악하여 24시간 이상 걸린다.

Step to Myanmar 3
지금은 여행 중

1 시차

미얀마는 그리니치 표준시로 +6시 30분이며(GMT +6:30) 한국 시간에서 2시간 30분을 빼면 된다. 예를 들어 한국이 오전 9시라면 미얀마의 경우 오전 7시 30분이 된다.

2 교통

✚ 국내선 항공

현재 많은 항공사에서 국내선 항공을 운영한다. 항공사에 따라 같은 구간의 경우에도 요금차이가 있지만, 지나치게 저렴한 항공사의 항공편은 여타 항공편보다 연착이나 출발시각 변경이 잦은 점을 염두에 두어야 한다. 양곤–바간–인레 구간의 경우 완행처럼 운영되고 있으므로 경유지에 잘못 내리지 않도록 하자. 각 항공사의 홈페이지는 양곤 부분 참고(p.56).

✚ 시외버스

양곤과 바간, 만달레이, 인레, 네피도 등 주요 여행지를 운행하는 시외버스의 경우 대체로 최신식 에어컨버스를 이용할 수 있다. 미얀마에서 가장 좋은 시설의 버스를 운영하는 회사로는 JJ Express와 Elite가 있다. 좋은 서비스의 야간버스를 탈 경우 물과 담요는 기본으로 제공하며 중간에 식당도 들르기 때문에 별다른 준비 없이도 편리하게 이용할 수 있다. 주요 구간의 경우 성수기가 아니라도 당일 버스를 이용하기는 쉽지 않으며, 각 버스터미널에서는 회사마다 각기 버스티켓을 판매하므로 전체적인 버스스케줄을 알기 어렵다. 특히 양곤의 아웅밍글라 버스터미널의 경우 무척 넓고 복잡하므로 약간의 수수료를 감안하더라도 숙소나 시내의 여행사에서 버스티켓을 구매하는 것이 낫다. 숙소에서 픽업을 해주거나 도착지의 숙소까지 데려다 주는 경우는 별로 없으며, 여행사에서 구매 시에 일부 픽업서비스가 포함되기도 하므로 픽업 여부를 미리 문의하자. 작은 버스회사의 경우 미니밴을 이용하기도 하는데, 이 경우에는 종종 같은 가격에 원하는 곳에 내려주는 서비스를 제공한다.

✚ 보트

미얀마 보트여행을 즐길 수 있는 곳으로는 바간–만달레이, 시트웨–므라우, 파안–몰라먀인 구간이 있다. 파안–몰라먀인 구간의 경우 최근 도로가 건설되어 외국인 여행객들을 위한 특별한 관광용 보트가 비정기적으로 운영되고 있어 현지 사정을 파악해야 한다. 가장 쉽게 보트여행을 즐길 수 있는 곳으로는 바간–만달레이 구간이 있으며, 버스로 이동할 경우 5시간 걸리는 거리를 하루 종일 이동해야 한다는 단점이 있지만, 미얀마를 가로지르는 에야워디 강을 중심으로 살아가는 많은 미얀마 사람들의 모습을 가까이서 볼 수 있는 점이 매력적이어서 많은 여행자들이 이용한다.

✚ 시내버스, 픽업트럭
우리나라의 시내버스와 비슷한 모양새의 시내버스는 양곤에서만 찾아볼 수 있다. 미얀마 고유의 숫자를 사용하여 알아보기는 힘들지만 몇몇 주요 노선의 시내버스는 저렴한 가격에 이용할 수 있는 장점이 있다. 같은 노선의 버스라도 버스의 시설에 따라 가격이 조금씩 달라진다. 만달레이에서는 씩업트럭이 앞부분에 번호를 달고 노선버스의 역할을 한다. 그 외의 지역에서도 역시 일정 구간을 정기적으로 운영하는 픽업트럭을 쉽게 찾아볼 수 있으므로 저렴한 가격에 이용해보자. 대체로 시내 구간은 500짯 정도이며 1,000~2,000짯이면 인근 도시까지도 이동할 수 있다.

✚ 승용차, 오토바이
미얀마 전역에서 가장 손쉽게 찾아볼 수 있는 이동수단은 오토바이지만, 양곤 중심가와 바간의 올드타운 내부에서는 이용이 금지되어 있다. 이에 따라, 만달레이에서는 택시의 역할을 오토바이가 대신하고 있고, 양곤에서는 미터기는 없지만 승용차 형태의 택시가 운행하고 있다. 외국인의 경우 차량이나 오토바이의 자가 운행은 미리 허가를 받은 뒤 현지인 가이드를 대동해야 하는 것이 원칙이다. 그러나 여러 관광지에서 오토바이 대여점을 쉽게 찾아볼 수 있다.

✚ 사이카
자전거 옆에 앞뒤로 앉을 수 있는 의자가 달린 것을 말한다. 택시의 역할을 하며 보통 가까운 곳을 이동하는 데 사용된다. 앞으로 점차 사라져갈 이동수단이므로 기회가 되면 한 번쯤 이용해 보자.

✚ 자전거
언덕이 많지 않은 곳이 대부분이므로 미얀마에서 자전거는 무척 좋은 이동수단이다. 보통 1,500~2,000짯이면 하루 종일 대여가 가능하지만 전조등이 있는 자전거는 없다고 보아야 하므로 개인 여행자는 해가 진 뒤 자전거를 이용하는 것을 삼가는 것이 좋다. 쉽게 도난당하지는 않지만 그래도 잠금장치가 있는지도 확인하고 대여하자. 오토바이 운행이 금지된 바간에는 전기 자전거를 빙자한 전기스쿠터를 대여할 수 있으며 오래된 전기자전거의 경우 쉽게 방전되므로 최대한 새것으로 대여하고 틈틈이 재충전을 요구하는 것이 좋다.

3 통신

미얀마의 통신사정은 최근 1년 사이에 급속도로 발달하고 있다. 이제는 웬만한 여행지에서 모두 로밍이 가능하며 현지의 유심칩도 저렴하게 구입할 수 있다. 현재 미얀마국영통신회사인 MPT를 비롯해 Ooredoo, Telenor 세 회사에서 동일한 가격(1,500짯)으로 유심칩을 판매한다. 선불요금을 1만 짯 이상 충전하면 비교적 빠른 속도의 3G도 이용할 수 있지만, 저렴한 인터넷 패키지도 판매한다. 인터넷 패키지는 550mb에 2,800짯 정도로 구입이 가능하다. 대체로 모든 숙소에서 와이파이가 가능하지만, 식당은 양곤을 제외하면 아직 와이파이를 구비한 곳이 드물다.

4 우편

미얀마에서 한국으로 우편을 보내는 것은 생각보다 쉽다. 주요 여행지 중심에 우체국이 있으며 대략 2주면 우편이 도착하고 비용도 저렴한 편이다. 양곤에서 한국으로 엽서를 보내는 경우 500짯이면 충분하므로, 소소한 기념품보다는 멋진 미얀마 사진이 담긴 엽서를 골라 친구나 가족에게 보내면 좋은 기념이 될 수 있다.

5 환전

미얀마 화폐는 50짯, 100짯, 200짯, 500짯, 1000짯, 5000짯, 10000짯의 지폐가 있으며 동전은 없다. 지나치게 낡은 돈은 받지 않는 곳도 있으므로 거스름돈으로 너무 구겨진 돈을 받으면 바꿔달라고 하자. 달러는 절대 접지 말고 아주 빳빳하게 보관해야 한다. 환율은 100$가 가장 좋으며, 달러 외의 화폐는 지역에 따라 환전이 어려울 수 있고 여행자수표는 양곤에서도 환전이 쉽지 않다. 대부분의 숙소에서 달러를 받으며 짯으로 계산할 때보다 이득인 경우가 많지만 기타비용은 현지 화폐로 지불해야 한다.
공항 환전소는 대체로 오전 6시부터 밤 10시까지, 시내 곳곳의 사설환전소는 밤 8시나 9시까지 운영한다. 환율은 사설환전소가 좋은 편이지만 공항도 크게 떨어지지 않으며 지방보다는 양곤에서 환율이 좋은 편이다. 보족 시장이나 술레 파고다 근처에서 환전을 제안하는 사람에게 사기를 당하는 경우가 많으니 반드시 정식 점포가 있는 환전소를 이용하고, 꼭 그 자리에서 금액을 확인하도록 하자. 공항택시도 달러로 이용이 가능하므로 늦은 시간에 도착하여 환전이 힘든 경우를 대비해 소액권을 준비하자.

6 숙박

미얀마의 숙박요금은 동남아에서 가장 비싼 축에 속한다. 가격대비 시설도 낙후된 편이지만 최근 비교적 저렴하면서도 깔끔한 호텔과 게스트하우스가 속속 오픈하고 있다. 저렴한 게스트하우스도 대체로 괜찮은 조식을 제공하며, 각종 버스티켓의 구입이나 마차예약 등도 저렴한 수수료로 대행해준다.

Step to Myanmar 4
SOS 미얀마

✚ 여권 분실
먼저 관할경찰서에 여권 분실신고를 하면 여행허가증에 도장을 찍어준다. 그 후 양곤에 있는 한국 대사관에 가서 여권을 다시 만들어야 한다. 약 2시간 정도 소요되며, 15$의 수수료를 받는다.

✚ 신용카드 분실
최근 일부 호텔이나 대형 음식점에서 신용카드를 받기는 하지만 아직도 활용도는 미미하다. 신용카드 분실 시에는 바로 해당 카드사로 분실신고를 해야 한다.

✚ 항공권 분실
미얀마 국내선은 아직도 종이항공권을 쓰는 항공사가 더러 있다. 전자항공권이야 출력한 것을 분실하여도 메일에서 다시 출력해서 쓸 수 있지만, 미얀마 국내선의 종이항공권을 분실할 경우에는 항공사별로 수수료를 지불하고 재발행을 하거나 아예 새로 구입을 해야 한다.

✚ 소지품 도난
미얀마에서 소매치기나 강도를 만나는 일은 거의 없지만 외국인 여행자는 눈에 띄어 범죄의 대상이 되기 쉬우므로 긴장을 놓지 않아야 한다. 도난을 당할 경우 여행자보험 가입자는 우선 경찰서에 가서 분실도난증명서를 받아야 한다. 도난증명서는 자세한 사건 경위와 함께 도난 당한 물건의 구체적인 모델명까지 기록해야 하므로 휴대폰, 노트북 등 가지고 있는 전자기기의 모델명을 미리 알아두는 것이 좋다. 경찰서에서 도난증명서를 작성할 때는 단어 사용에 주의해야 한다. 분실(Lost)은 본인의 부주의로 물건을 잃어버렸다는 뉘앙스가 강하기 때문에 보상이 어려워질 수 있으므로, 반드시 도난(Stolen)이라는 표현을 써야 한다.

✚ 신속해외송금제도
해외여행 중, 도난이나 분실 등으로 일시적으로 궁핍한 상황에 놓였을 때, 국내의 지인이 외교통상부 계좌로 원화를 입금하면 현지의 재외공관에서 현지화폐로 여행객에게 여행경비를 전달하는 제도가 있으므로 필요한 경우 대사관에 문의하여 보자.

양곤 소재 한국 대사관

➕ 의료서비스

각 지역 시장에 약을 파는 상점들이 있지만, 유통기한을 잘 확인해야 한다. 대부분의 약은 중국이나 태국에서 수입되는 것이며 비교적 경미한 감기나 배탈의 경우에는 효과가 있지만 그렇지 않은 경우 병원을 이용하는 것이 좋다. 양곤이나 만달레이 등 큰 도시에 위치한 병원이 좀 더 좋은 편이다. 많이 아프다면 먼저 의사의 진료를 받아보고 심한 경우 최대한 빨리 귀국하는 것이 좋다. 자가진단으로 시간을 오래 끌 경우 위험한 상태에 이를 수 있다.

➕ 주 미얀마연방공화국 대한민국 대사관

주소 : No.97, University Avenue Road, Bahan Township, P.O.Box 1408, Yangon
가는법 : 양곤외국어대학 부근 인야 호수 남쪽에 위치하며 인야 로드와 까바예 파고다 로드 중간 지점에 위치
운영시간 : 08:30~17:30
대표전화 : 01-527142
긴급연락처 : 09-4211-58030(근무시간 이후 또는 휴일에 긴급한 조치를 요하는 사건, 사고 관련 사항)
이메일 : Myanmar@mofa.go.kr
홈페이지 : mmr.mofat.go.kr

➕ 미얀마 내 주요 긴급연락처

경찰 199
화재 191
앰뷸런스 192
교통사고 550630
양곤종합병원 01-281722
재미얀마한인회 09-43118713
대한항공 01-249155

Step to Myanmar 5
서바이벌 여행 회화

➕ 많이 쓰이는 표현
안녕하세요. 밍글라바 မင်္ဂလာပါ
감사합니다. 쩨주딘바데 ကျေးဇူးတင်ပါသယ်
천만에요, 괜찮습니다. 야바데 ရပါတယ်
얼마입니까? 벨라웃레? ဘယ်လောက်လဲ

➕ 소개하기
나는 한국사람입니다. 쩌노 코리아 루묘 바
쭌도 키뵤야: 루묘바 ကျွန်တော် ကိုရီးယား လူမျိုးပါ
만나서 반갑습니다. 뛰아다 완따바데
뛔야다 ငွေ့ရသာပါတယ်
당신의 이름은 무엇입니까? 띤 나메 베루 쿼바들레?
싱 나몌 바롣 쾨바들레? သင် နာမည် ဘယ်လို ခေါ်ပါသလဲ
제 이름은 **입니다. 쩻마(여자)/쩻녀(남자) 나몌 **핏바데
쭌므 (မိန်းမ)/ 쭌도(ယောက်ျား) 나몌 ** ဖြစ်ပါတယ်
또 만나요. 쏭자 데다뱃 ဆုံးတော့တာပေါ့

➕ 감정표현
좋아해요. 짜잇대 ကောင်းတယ်
싫어요. 머짜잇 부 မကြိုက်ဘူး
미안합니다. 아나바데 အားနာပါတယ်
정말 죄송합니다. 더개배 아나바데 တကယ် အားနာပါတယ်
실례합니다. 쩨주뷰삐 ကျေးဇူးပြု၍

➕ 질문하기, 답변하기
이것은 무엇입니까? 다바레? ဒါ ဘာလဲ
어떻습니까? 배로레? ဘယ်လိုလဲ
어떻게 생각하십니까? 배로 팅 바달레?
ဘယ်လို ထင်ပါသလဲ
정말이에요? 데겔라? တကယ်လား
예. 호웃깨 카마 ဟုတ်ကဲ့ ခင်ဗျာ
아니오. 힝 잉 ဟင့်အင်း

그렇습니다. 호웃 빠 대 ဟုတ်ပါတယ်
좋습니다. 까웅 바비 ကောင်းပါပြီ
정말입니다. 다개 바 တကယ်ပါ
모릅니다. 마띠 바 부 မသိပါဘူး
알아요. 띠바대 သိတယ်
없어요. 매시 부 မရှိဘူး
있어요. 시대 ရှိတယ်
예뻐요. 흐라대 လှတယ်
맛있어요. 싸로까웅대 စားလို့ကောင်းတယ်
맛없어요. 싸로 마까웅부 စားလို့မကောင်းဘူး
배고파요. 바익 싸대 ဗိုက်ဆာတယ်
배불러요. 바익 띤똬뻬 ဗိုက်တင်းသွားပြီ
좋아해요. 짜익대 ကြိုက်တယ်
나빠요. 마까웅부 မကောင်းဘူး
사랑해요. 칫대 ချစ်တယ်
가세요. 똬바 သွားပါ
오세요. 라바 လာပါ
드세요. 싸바 စားပါ
갈게요. 똬떠메 သွားတော့မယ်

➕ 숫자
0 또웅야 ၀		20 나-재 ၂၀	
1 띳 ၁		30 똥새 ၃၀	
2 닛 ၂		50 응아재 ၅၀	
3 똥 ၃		100 떠야 ၁၀၀	
4 레 ၄		200 네야 ၂၀၀	
5 응아 ၅		300 똥야 ၃၀၀	
6 차웃 ၆		500 응아야 ၅၀၀	
7 쿠닛 ၇		600 차웃야 ၆၀၀	
8 씻 ၈		1000 떠-타웅 ၁၀၀၀	
9 꼬 ၉		5000 응아타웅 ၅၀၀၀	
10 떠새 ၁၀		10,000 떠-따웅 ၁၀၀၀၀	

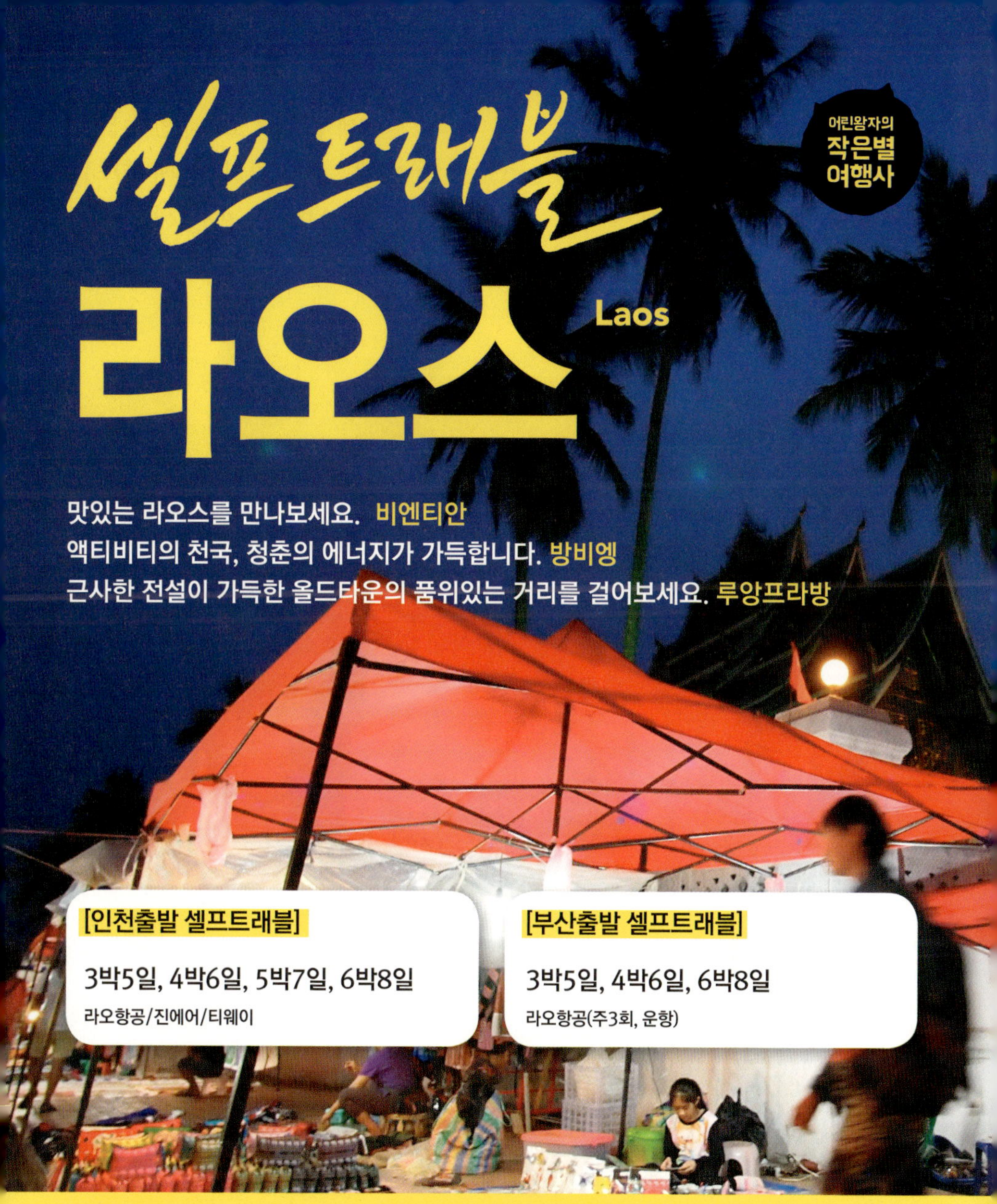

셀프 트래블
라오스 Laos

어린왕자의 작은별 여행사

맛있는 라오스를 만나보세요. **비엔티안**
액티비티의 천국, 청춘의 에너지가 가득합니다. **방비엥**
근사한 전설이 가득한 올드타운의 품위있는 거리를 걸어보세요. **루앙프라방**

[인천출발 셀프트래블]
3박5일, 4박6일, 5박7일, 6박8일
라오항공/진에어/티웨이

[부산출발 셀프트래블]
3박5일, 4박6일, 6박8일
라오항공(주3회, 운항)

예약문의: 02-775-8788   예약메일: booking@smallstartour.com
1:1카톡상담: 친구추가 검색 '작은별여행'   홈페이지: www.smallstartour.com

** 셀프트래블이란?
출발전 여행에 필요한 물품과 현지정보를 충분히 제공하여 여행자 본인만의 여행을 진행할 수 있도록 지원해주는 색다른 여행방식 입니다.

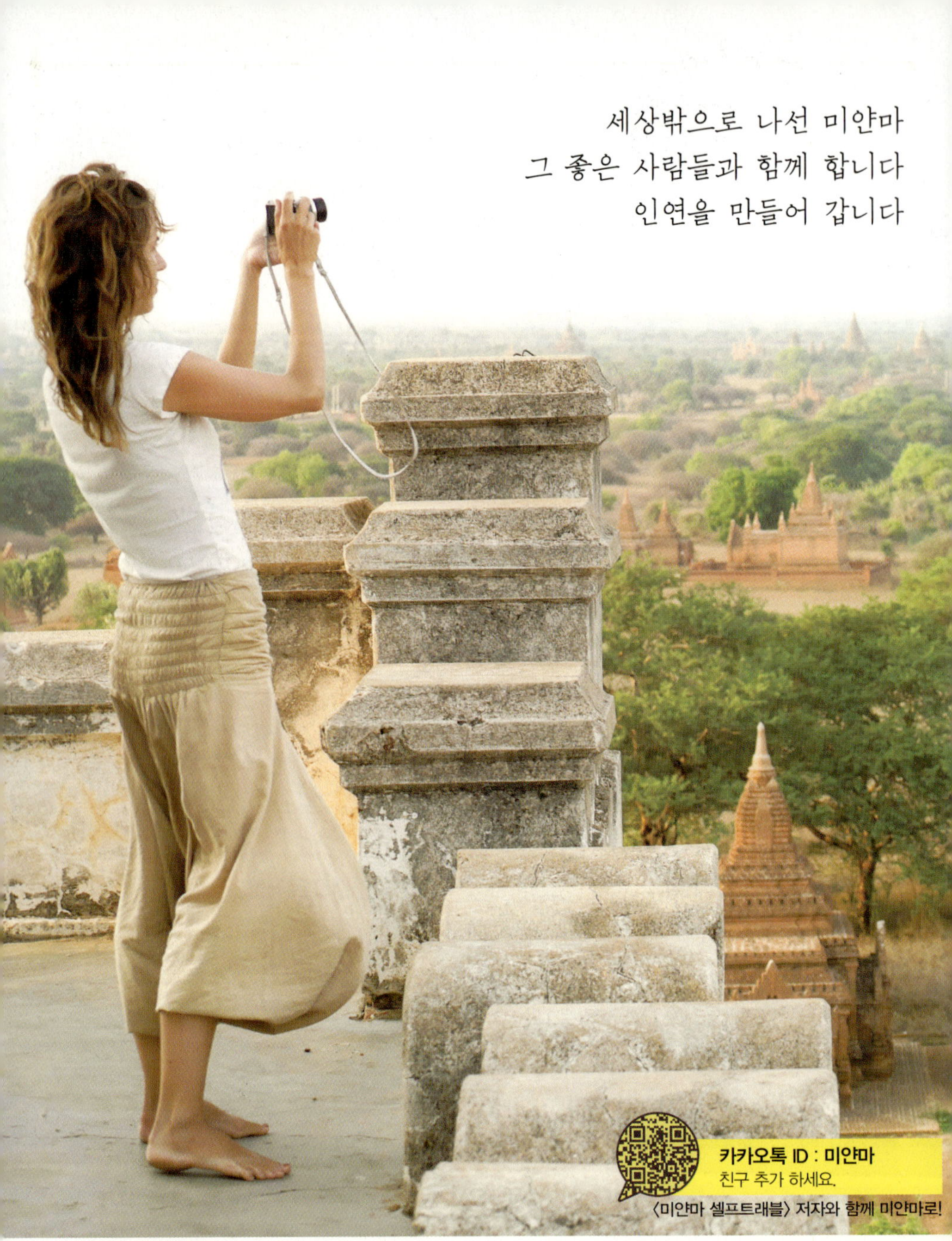

세상밖으로 나선 미얀마
그 좋은 사람들과 함께 합니다
인연을 만들어 갑니다

카카오톡 ID : 미얀마
친구 추가 하세요.
〈미얀마 셀프트래블〉 저자와 함께 미얀마로!

어린왕자의
작은별
여행사

서울오피스
TEL 02-775-8788
ADD 서울특별시 종로구 창덕궁길 29-6 (1층)
WEB http://www.smallstartour.com

양곤오피스
ADD No. 3/B, Parmaukkha Lane, Aung Theiddi Kyaung St, Mayangone Tsp, Yangon